公路安全保障工程
实用手册

郭克清　徐希娟　金宏忠
陈增建　上官甦　赖友兵　　编著

人民交通出版社
China Communications Press

内容提要

本书是在全面总结全国各地公路安全保障工程试点经验的基础上，广泛吸收国内外同行研究成果和先进经验，按交通部公路安全保障工程的最新建设要求，分工程理论基础、工程的措施、工程的应用、工程的实施及评价四大部分编写而成，旨在进一步指导全国公路安全保障工程的实施及应用。

本书具有体系完整兼顾创新，实践操作与理论分析并重，研究涉及范围广，实证分析贴切、务实等特点，是全国公路系统开展公路安全保障工程的重要参考指导手册。

图书在版编目（CIP）数据

公路安全保障工程实用手册/郭克清等编著. —北京：人民交通出版社，2007.3

ISBN 978-7-114-06345-9

Ⅰ.公… Ⅱ.郭… Ⅲ.道路工程－工程施工－安全管理－中国 Ⅳ.U415.12

中国版本图书馆 CIP 数据核字（2006）第 153348 号

书　　名：公路安全保障工程实用手册
著 作 者：郭克清　等
责任编辑：张　淼
出版发行：人民交通出版社
地　　址：（100011）北京市朝阳区安定门外外馆斜街 3 号
网　　址：http：//www.ccpress.com.cn
销售电话：（010）85285838，85285995
总 经 销：北京中交盛世书刊有限公司
经　　销：各地新华书店
印　　刷：廊坊市长虹印刷有限公司
开　　本：787×1092　1/16
印　　张：20.5
字　　数：520 千
版　　次：2007 年 3 月　第 1 版
印　　次：2007 年 3 月　第 1 次印刷
书　　号：ISBN 978-7-114-06345-9
印　　数：0001—3000 册
定　　价：42.00 元

前言

qianyan

随着公路交通事业的飞速发展,道路交通安全问题成为人们越来越关注的热点。我国每年发生交通事故70万余起,死亡10万多人,直接经济损失30多亿元,伤亡人数高居世界首位。为最大程度地减少公路交通事故伤害,降低事故伤亡率,保障人民群众的生命财产安全,交通部于2004年初,决定在全国组织实施以“消除隐患、珍视生命”为主题的公路安全保障工程。为了贯彻交通部推广的“安全、环保、节约”的公路建设新理念,推进安全保障工程“针对性、宽容性、创造性”的处治原则,对公路安全保障措施的实施、应用及评价等内容进行系统、全面地研究是十分必要的。

公路安全保障工程是融合安全、环保、可持续发展为一体的全面提高全国国省道干线公路管理养护水平的一项基础性工作,它把安全、经济、环保、有效的理念融入到公路的日常管理养护之中,是与保通、保畅紧密相联的一项日常工作。作为造福于民、呵护生命的社会工作,公路安全保障工程是一项长期艰巨复杂的工程,需要不断深化、完善,以满足21世纪国民经济的发展对国省道干线公路网管理养护水平的需求。

本书是在全面总结全国各地试点经验的基础上,按交通部公路安全保障工程的最新建设要求,广泛吸收国内外同行研究成果和先进经验而编写的,旨在指导全国公路安全保障工程的实施及应用。与同类研究相比,它体现了以下几个特点:第一,体系完整并有所创新;第二,注重实用性同时充分体现理论水平,避免了以往手册只注重实践操作,忽视理论分析的状况;第三,研究涉及范围广,广泛地吸纳了国内外的最新研究成果;第四,在语言表达上言简意赅,在理论叙述上深入浅出,在实证分析上贴切生动。

本书共四篇十七章,第一章为绪论,是全书的总纲。第一篇为公路安全保障工程理论基础篇,由第二章至第四章组成,详细阐述了公路安全保障工程的理论基础知识;第二篇为公路安全保障工程措施篇,由第五章至第七章组成,从公路路侧、标志、标线等方面对公路安全保障措施进行了探讨研究;第三篇为公路安全保障工程应用篇,由第八章至第十四章组成,主要讨论公路安全保障工程在各特殊路段的具体应用状况;第四篇为公路安全保障工程实施及评价篇,由第十五章至第十七章组成,主要研究了公路安全保障工程的实施情况及实施效果评价。

本书第一、第三、第五章由西安市公路勘测设计所郭克清同志编写;第二、第四章由西安市公路勘测设计所陈增建同志和中咨华科(北京)交通建设技术有限公司上官甦共同编写;第

六、第八章由长安大学公路学院赖友兵编写；第九、第十章由西安公路研究所徐希娟高级工程师编写；陕西省公路局金宏忠、马讯、王贤良共同编写第七章；第十一章由孙世峰、厉强编写；第十二章由翟栋栋、牛天培编写；第十三章由黄兰华、王胜利编写；第十四章由刘乙橙、耿娟编写；第十五章由吴宜淞、王亚兵编写；第十六章由吴海刚、赵建伟编写；第十七章由杨佩佩、刘芳侠编写。全书由郭克清编写样章和总纂定稿，担任主编；徐希娟、上官甦、赖友兵、金宏忠负责统稿、核对和审查工作，担任副主编。

本书的编写、出版得到了交通部北京公路研究所、人民交通出版社有关同志的帮助与支持，同时本书引用了部分专著与论文的一些资料，在此我们由衷地表示感谢。

该书的编写是在2006年全国公路安全保障工程实施和研究的基础上进行的，出版时按照交通部2006年发布的第16号、第33号“关于发布《公路交通安全设施设计规范》(JTG D81—2006)、《公路交通安全设施施工技术规范》(JTG F71—2006)、《高速公路交通工程及沿线设施设计通用规范》(JTG D80—2006)的公告”上的要求进行了局部调整。鉴于作者水平所限，书中难免有疏漏和不当之处，敬请读者批评指正。

编　者

2007年1月

目　录
Mulu

第一篇　公路安全保障工程的理论基础

第二篇　公路安全保障工程的措施

第四篇 公路安全保障工程的实施及评价

第一篇

公路安全保障工程的理论基础

第1章 绪论

“公路安全保障工程”主要是对山岭重丘区低等级公路中的急弯、陡坡、傍涧(河、湖、沟)路段,增设安全防护设施,完善交通标志、交通标线,对公路及其沿线设施中存在的影响行车安全的明显隐患进行整治,改善公路交通条件,以期公路交通事故明显减少,公路交通环境更为安全、高效,公路交通安全水平明显提高。

1.1 公路安全保障工程的定义、产生与发展

1.1.1 公路安全保障工程的定义

公路安全保障工程是对公路上存在行车安全隐患的路段,采用以交通工程措施为主要手段进行综合整治,并改善公路日常养护工作,以提高公路行车安全性的专项工程。

1.1.2 公路安全保障工程的产生与发展

道路交通事故是世界性的灾害和世界性难题。国际红十字会1999年公布的数据表明,全世界每年死于道路交通事故的人数达50多万人,受伤者达到500多万人,交通事故已成为严重的世界性问题。2004年“世界卫生日”的宣传主题为“道路安全、防患未然”。通过政府和社会各阶层的通力合作,强化交通安全的宣传教育,完善道路基础设施,推行更为有效的技术措施,造福社会。

党的十六届三中全会提出,要坚持以人为本,树立全面、协调、可持续的发展观,对新时期公路交通工作提出了更高、更新的要求。坚持“以人为本”,要求我们以实现人的全面发展为目标,从人民群众的根本利益出发谋发展、促发展、让发展的成果惠及全体人民;落实科学的发展观,要求我们按照“五个统筹”的要求,实现经济发展和人口、资源、环境相协调,走生产发展、生活富裕、生态良好的文明发展道路。因此,各级交通主管部门必须把满足公众日益提高的出行需求作为努力方向和工作目标,全面提升公路建设和养护工作水平,使群众出行能够走得了、走得好、走得安全。

关爱生命,珍视生命,是现代文明的重要标志,也是实现经济、社会和人全面协调发展的必

然要求。公路基础设施的安全与否直接关系着公路交通参与者——人的生命安全。经过一段时间的快速发展,我国公路通车里程和车辆保有量急剧增长,公路设施建设取得了举世瞩目的巨大成就,对公路交通的需求也不断增加。但是,长期以来,受资金、环境、理念等众多因素的制约,以及目前车辆状况、公路设施建设、交通法规、交通管理工作和交通参与者的素质,还不能完全适应交通运输事业发展的需要,公路交通在质量和功能、服务和管理等方面还不能全面适应社会和国民经济发展的要求,导致交通事故频繁发生,给国家和个人都带来了巨大的损失。特别是一些早期建成的山区公路坡陡弯急、傍沟临涧,缺乏必要的安全防护设施,事故频发,无法满足公众安全期望和全面建设小康社会的要求。道路安全对人类健康和社会经济的影响,引起了政府和公众的高度重视。为了全面提高我国公路设施的服务水平,保障行车安全,交通部于2004年初,决定在全国组织实施以“消除隐患、珍视生命”为主题的公路安全保障工程。计划用3年时间完成全国国省干线公路上的急弯、陡坡、视距不良、路侧险要等路段的综合整治工作,最大程度地减少公路交通事故伤害,降低事故伤亡率,为人民群众的生命财产安全提供保障。

交通运输业是国民经济中一个重要的物质生产部门,它对促进社会生产力的发展,加快物资和人员的流动,改善人民的生活以及巩固国防均具有十分重要的作用;在综合运输系统中,公路运输发挥着巨大作用,公路运输具有机动灵活、适应范围广、可以实现门到门的运输等特点,公路交通运量在全部运量中均占相当高的比例;特别是近些年来高速公路里程的增长,使得公路交通运量突飞猛进的增长。但是,公路交通促进国民经济与社会发展的同时也带来了许多负面影响,如交通事故、空气污染等。

随着公路交通事业的发展,交通事故也在不断增加,对人类的生命和财产安全构成了极大的威胁。据统计,自从汽车问世以来的100余年中,全球死于交通事故的人数逐年增加,到目前为止,累计死亡人数已达3 300万人,而且其上升势头一直未得到有效的控制。据联合国统计,20世纪全世界每年死于道路交通事故的人数由70年代的30万增加到80年代的50万,受伤人数每年达2 000万。虽然世界各国都采取了不同的安全措施以减少道路交通事故的发生,但是交通事故发生的次数及死亡指数仍然较高。总体上是:

(1)世界交通安全指标数值呈增长态势;

(2)发达国家好于发展中国家;

(3)欧洲和北美洲平均水平要高于亚洲平均水平。

分析表明,公路交通运输一方面积极地促进我国经济建设,另一方面又以交通事故的形式对社会和经济造成消极的影响,从而阻碍了公路交通运输的发展。

1.2　道路交通安全形势

1.2.1　国外道路交通安全概况

由于世界各个国家和地区在交通发展状况、文化素质、汽车保有量等方面的差异,各国道路安全状况相差很大。全世界对交通安全进行了大量的研究,西方发达国家从20世纪70年代以来,交通事故死亡人数逐渐下降(表1-1)。因驾驶员行为的改善,公路和车辆设计优化以

及交通法规的完善，这种趋势还将持续保持下去。

工业化国家交通事故死亡人数的发展 表1-1

年 代	1990年	2000年	2010年	2020年
欧盟15国	55 000	50 000	40 000	35 000
美国	43 000	40 000	36 000	33 000

(1) 欧共体国家交通事故概况

据统计，欧共体国家每年道路交通事故死亡5万人，受伤150万人以上。自罗马条约签署至1995年，12个国家约200万人死于交通事故，几乎4 000万人受伤。因道路交通事故造成的经济损失也相当可观，每年约为700亿欧元。

为了降低事故率，改善道路安全状况，欧共体国家采取了一系列措施，包括限速和安全带的使用等。称作Gerondeau的道路安全专家委员会于1991年提出的欧洲道路安全政策报告，通过分析道路安全状况，提出了60多种技术对策。通过实施这些措施，至2000年因道路交通事故死亡人数和严重受伤的人数降低了20%～30%。这些措施目前在国际上依然具有一定的影响。在欧共体国家中，德国是道路交通事故率较低的国家之一。

(2)美、日、英等国家

美、英两国在20世纪70年代，其道路交通事故，特别是死亡事故达到了顶峰，后来由于采用了交通工程学的理论与方法，对道路交通事故进行综合治理，如加强安全教育、进行交通参与者管理、强调交通标志的作用、研究交通行为、公路线形设计优化、公路平纵线形组合以及相应工程技术措施，使交通事故的发生和严重性得到了明显的遏制；到80～90年代，又加强了对车辆的安全性能、车辆的安全保护措施、以及安全行车管理等方面的研究，使目前的道路交通事故处于一个相对稳定的水平，交通安全明显好转。

在英国、澳大利亚兴起的"道路安全审计(Road Safety Audit)"，后又被美国人所推崇(但在美国所进行的相关内容和英国、澳大利亚有所不同)，这项工作已经在英国、澳大利亚、瑞典等国家先后建立了"道路安全审计"制度和规范，从道路建设前期的工程可行性研究、初步设计、施工图设计、投入运营前直至运行中等各个阶段都进行道路安全评价，并采取有关工程措施，从而最大限度消除由于道路交通环境、设施原因所引发的交通事故。美国联邦公路局还在近期推出了具有本国特点的IHSDM(Interactive Highway Safety Design Model，交互式的公路安全设计模型)系统，为公路安全评价提供了核心的技术支持和系统平台。

日本的公路网密度居世界之首，达303km/100km^2。战后的日本经济快速发展，车辆每年以10%的速度递增，道路交通事故也随之迅速增加。为了遏制急速上升的交通事故，1966年日本开始制订和实施"交通安全综合计划"，经过十多年的努力，终于使日本的道路交通事故死亡人数从1970年的最高峰(16 765人)持续下降。

加拿大通过持续的道路安全计划和各级政府部门、安全机构及一些强制性组织的参与，使得道路安全状况得到明显改善。最成功的是国家实施的居民强制性计划，到1995年，实现了95%以上的驾驶员使用安全带的目标。从1989年起，1993年是道路交通事故唯一一次上升的年份。三年内，加拿大通过技术和政策措施成功地将交通事故死亡人数控制在3 500～3 700人，比1982～1990年间的年平均死亡人数4 100～4 350有了明显的降低。

(3)发展中国家

由于发展中国家机动化的发展，全球交通事故死亡总人数继续上升（见表1-2）。1990年大约50万人死于交通事故，其中发达国家约15万人，发展中国家35万人。

全球交通事故死亡人数的发展趋势　表1-2

年　代	1990年	2000年	2010年	2020年
工业化国家	150 000	<150 000	<150 000	<150 000
发展中国家	350 000	850 000	1 400 000	2 000 000
合计	500 000	1 000 000	1 550 000	2 150 000

根据世界银行的统计，1990年发展中国家与地区每年因机动车事故死亡的人数高达35万人，其中2/3与行人有关，且大部分为儿童，导致发展中国家的经济损失达14～20亿美元，约为GNP的1%～2%。世界银行的道路安全专家曾指出，发展中国家对道路安全问题的认识水平可分为三级：

第一级：在这类国家中，对道路安全问题缺少认识，事故资料几乎没有，缺少事故数据统计系统。对道路安全问题的发展趋势所知甚少，没有专门的机构负责道路安全事宜，政府也不太关心道路安全问题。

第二级：政府意识到了道路安全问题，但却未给予重视，道路交通事故资料残缺不全。媒体开始注意，一些大学或研究机构开始研究道路安全问题。

第三级：政府认识到了道路安全问题并给予关注，建立了改进的道路事故资料管理系统，成立了一些机构并培训职员，可进行道路交通事故黑点的分析，开始进行道路安全教育，研究机构尽管缺少数据资源，但正进行道路安全方面的研究。

1.2.2　我国道路安全现状

我国道路交通安全的研究工作起步较晚，大量研究始于20世纪80年代。90年代以来，随着公路通达里程的不断延伸，强化了道路运输在综合运输体系中的基础性地位，使道路运输业发展成为服务范围最广、承担运量最大、发展速度最快的一种运输方式。公路建设特别是高速公路、高等级公路的建设，促进了交通运输的发展，公路建设的绝对数量指标与发达国家的差距在明显缩小，但其相对数量指标特别是安全性能仍有相当差距，公路交通建设的发展和交通条件的改善将是一项长期的战略任务。

对我国交通安全的统计数据分析表明：虽然交通运输环境和条件得到了较大改善，但交通的安全程度并没有因此而得到提高，交通事故总体上仍呈增长趋势，虽然人口数量在不断增长，但是10万人口死亡人数总体上也在不断增加，这说明交通事故次数的增长超过了人口的增长指数，交通事故直接经济损失令人触目惊心。

随着我国《“十一五”公路水路交通发展规划》的制定，到2010年，我国公路交通基础设施建设的目标是：公路基础设施有效供给总量明显增加，结构明显合理、质量明显提高。然而，交通安全问题正逐步成为制约我国公路运输事业进一步发展、区域间经济的协调发展以及人民对客运需求的急剧增长的主要因素。据2004年10月11日发布的一份国际权威报告——《世界预防道路交通伤害报告》指出，2002年，我国一共有25万人死于道路交通事故，死亡率为19（即每10万人中有19人死亡）。报告还列表说，我国1998年的道路交通事故死亡率比1975年增加了24.3%，仅次于非洲的博茨瓦纳（383.8%），居全球第二位，而在同一时期，加拿大的死亡率则下降了63.4%。

目前,我国的道路交通安全形势十分严峻,道路交通事故发生次数和死亡人数几年来一直高居世界前列,并以较高的比例在逐年增长,1990年—2005年交通死亡人数和事故次数分别以平均每年6.7%、5.3%的速度增加。

发达国家的安全现状比我国要好得多。这是因为他们对交通安全的研究工作相当重视,有专门的交通安全研究机构。为了降低我国交通事故总数,减轻交通事故造成的损失,使得国民出行更加安全、高效、舒适、经济,政府需要更加重视道路安全工作,采取一系列有效的措施;努力改善我国目前越来越严峻的道路交通安全状况。

1.2.3 实施公路安全保障工程的紧迫性

近年来,各级交通管理部门在解决交通安全问题上也付出了不懈的努力。例如各地公安机关和安全监督管理部门以创建"平安大道"、"畅通工程"、"交通安全村"为载体,大力开展道路交通事故预防工作;广泛开展交通安全宣传活动;建立健全道路交通事故快速抢救机制;积极开展治理道路交通事故多发点段、交通安全隐患点段等工作。类似的工作有效地减少了道路交通事故。但是我国的道路交通安全形势依然很严峻。就绝对数而言,我国已经成为世界上道路交通事故最多的国家之一,2001年以来,全国交通事故死亡人数,连续4年超过10万人,而且事故致死率比欧洲发达国家要高出10倍以上,经济损失更加惊人。

对于公路来说,2005年,全国公路上发生交通事故272 840起,造成76 689人死亡,分别占总数的60.6%和77.7%,其中高速公路上交通事故造成6 407人死亡,占总数的6.5%,比2004年上升2.8%;2005年全国共发生的47起特大交通事故中,在公路上发生44起,造成746人死亡,分别占总数的93.6%和92.3%,其中高速公路上发生10起。根据相关部门事故资料的统计,我国70%的事故发生在二级以下的公路。

我国对交通安全设施系统的研究始于20世纪80年代,初期主要结合我国国情和道路交通特点,对交通安全设施的材料、结构形式和设置原则等展开了全面的研究。近年来,我国的公路安全设施在研究和实践上都取得了一定的进步,广大科研机构不断致力于新材料、新技术的开发应用,加强了相应设施的检测技术的研究工作。同时,以"安全、环保、舒适、和谐"为主旨的公路设计理念也逐步运用到交通安全设施系统的设计工作中。但是在公路交通安全设施的应用方面还存在以下问题:

(1)只注重高速公路的重点路段,忽视二、三级公路,尤其是县乡公路。

(2)二、三级公路上的交通安全设施设置数量不完善、不配套,设施陈旧粗糙,许多危险路段甚至连最基本的警告标志和防护设施都没有,因而运营车辆和货车冲出路基跌落深谷的重大事故屡屡发生。

(3)对于四级及其以下公路,由于养护管理体制的约束以及养护费用的限制,交通安全设施极其不完善,这些问题在一般地区对交通安全影响不是很大,但是在特殊地区由于地形条件较差,这些问题是引发交通事故的主要原因之一。

(4)公路养护作业时,因作业路段缺乏足够的诱导、警示和安全防护设施而导致作业人员伤亡、交通堵塞甚至交通事故的比率正逐步上升。

由以上的问题可见,我国二级以下的公路交通安全状况急需整治。在加快公路建设进度,

调整地区间路网等级结构，提高交通可持续发展能力的同时，还应不断完善二级及以下公路的交通安全设施，保证我国公路交通运输业的可持续发展，充分保证公路行车的交通安全性。

1.3　公路安全保障工程研究的主要内容及相关学科

公路安全保障工程研究不是一项普通、简单的交通工程，而是一项复杂的系统工程，它涉及许多学科和领域。因此，要系统、全面地进行公路安全保障工程的研究，就需要一支具有广泛知识和坚实理论基础的道路交通安全研究人员组成的队伍。

具体而言，道路交通安全研究人员不仅要具备道路工程、汽车工程、交通心理学、行为学、气象学、统计学以及相应的计算机知识等相关学科的知识基础，还需要具备道路交通事故统计分析、交通心理与交通安全、汽车性能结构与安全、交通环境与交通安全、道路交通条件与交通安全、交通环境评价、交通安全评价与事故预测、交通安全措施等相关知识，同时还需借鉴国内外先进经验，努力创新。

1.3.1　公路安全保障工程研究的主要内容

(1)道路交通安全行政管理研究

道路交通安全行政管理研究包括交通安全管理机制、政策、勤务和技术行政管理信息系统等。其中交通安全管理机制研究内容包括条块关系、机动能力、通讯手段、警力配备、技术装备、队伍素质训练及机构设置等；交通安全管理政策研究内容包括法系、立法与执法、技术政策、规范与标准等；交通安全管理勤务研究内容包括安全管理勤务模式、岗位规范、行为规范、装备标准等；交通安全技术行政管理信息系统研究内容包括方式、方法、格式、采集、处理、统计、存储、检索以及反馈制度等。

(2)道路交通安全技术研究

道路交通安全技术研究强调的是综合性，包括人、车、路、环境等诸方面的安全技术问题，一般均通过事故分析与对策进行研究。其中人的研究包括对交通参与者的人体、心理、生理等各方面从防护的角度去研究，通过事故成因及事故特征分析，应用模拟及再现技术，寻求规律性的参数与结论；车的研究包括驾驶、碰撞、故障、仿真等，这些均要立足于事故成因分析的基础上，而所有试验设备及试验装置，以及有关测定方法和技术手段均属特殊条件和特殊要求制约下的应用技术研究；路的研究包括道路适应性方面的几何条件、采光条件、安全防护、道路等级与功能划分、路面条件、附属工程条件等；环境的研究包括气候、降水、地形、地理、人文、街道化程度、路况、车型、车型混入率、交通干扰、专业运输、文化及职业特征等对交通安全的影响。

(3)道路交通安全设施研究

此项研究内容包括道路安全设施、车辆安全设施、驾驶员安全设施、行人安全设施、交通安全设施环境、交通安全训练、交通安全救援与救护技术等。其中道路安全设施研究内容包括设施的设计、结构、形式、材料及技术等；车辆安全设施研究内容主要是车辆故障预防或是保险、应急时用户选择的车辆辅助安全设置；驾驶员、行人安全设施研究是对驾驶员、行人等各种不同交通参与者提供的一种交通过程中的安全服务；交通安全设施环境包括安全设施系统所构成的交通环境的整体安全性及其综合性，涉及到交通参与者人体要素的交通安全适应性、心里要素的交通安全适应性、生理要素的交通安全适应性；交通安全训练研究包括对驾驶员从学科、素质训练及缺陷校正，以及对交通参与者进行终生交通安全意识教育和安全宣传研究；交通安全救援与救援技术包括对救援与救护的方法、技术及设备的研究。

1.3.2 相关学科

公路安全保障工程研究涉及到许多学科和领域，作为研究人员需要具备如下相关知识基础：道路工程、汽车工程、交通心理学、行为学、气象学、统计学以及相应的计算机知识等。

(1)道路工程

为研究道路条件与安全的关系，应具备道路工程中有关几何线形、道路结构、路面、标志标线及安全设施等基础知识。

(2)汽车工程

为研究车辆的安全性，应具备汽车工程中有关汽车制动性、操纵稳定性、汽车安全装置与结构以及汽车安全监测设备等基础知识。

(3)交通心理学

交通心理学是一门应用科学，它把心理学的方法和原则应用于交通中的人。作为道路交通安全研究的基础知识，交通心理学着重研究交通中与人有关的领域，包括人与机器（驾驶员与车辆的关系）、人与环境（驾驶员与道路及标志）和人与人（驾驶员与行人）之间的相互关系。

(4)行为学

汽车在道路上行驶时，从环境传来的信息对驾驶员的感觉器官产生刺激作用，并被接收、传送至大脑中枢。驾驶员经过思考、判断，做出决定后产生行为，即操纵汽车的行驶。应用行为学相关知识，研究驾驶员在行驶过程中的行为特征，进而提出预防措施，避免交通事故的发生。

(5)气象学

气候对行车安全有很大的影响。据统计，恶劣大气下的交通事故率明显高于正常气候条件下的交通事故率。应用气象学有关知识，研究气候条件下的交通活动特点、注意事项和一些特殊的操作方法，可以克服恶劣条件对交通的不利影响，保证行车安全。

(6)统计学

为了预防和正确处理交通事故，必须客观、全面地认识交通事故现象。应用统计学的知识，对道路交通事故进行统计分析，查明交通事故总体的现状、发展动向以及各种影响因素对事故总体的作用和相互关系等，以便从宏观上定量地认识交通事故的现象、本质和内在规律性。

(7)计算机知识

道路交通安全的管理、评价等是个庞大的系统，涉及大量的信息，包括与交通安全密切相关的道路信息和道路相关安全信息。为了道路安全技术研究的开展和道路安全管理，应建立包含道路信息和交通信息的道路安全信息系统数据库，这就需要具备相应计算机知识。

1.3.3 相关知识

(1)道路交通事故统计分析

①事故统计调查与统计分析方法；

②交通事故的分布特点；

③事故多发地点的鉴定及成因分析；

④道路交通事故信息系统。

(2)交通心理与交通安全

①驾驶员心理；

②行人心理；

③事故心理。

(3)汽车性能、结构与安全

①安全行驶性能；

②安全装置与结构；

③人体耐冲击性与伤害基准。

(4)道路交通条件与交通安全

①交通流状态；

②几何线形；

③道路结构物。

(5)交通环境与交通安全

①交通危害；

②道路景观；

③交通环境保护；

④交通环境评价。

(6)交通安全评价与事故预测

①交通安全评价

我国目前尚没有学者提出比较完整的道路安全评价系统的框架，进行道路安全审计工作时，仍然采用根据历史事故资料结合专家评价的方法。并且，从道路安全审计的大方向上看，我国目前开展的课题集中于车，即车辆的行驶性能、车速等与交通事故之间的关系，在人和路方面开展的研究很少。现阶段我国的路网建设迅速发展，同时道路交通事故却呈逐年上升的趋势，因此借鉴和参考发达国家的经验，拓宽我国道路安全审计研究的范围，尽快制定道路安全审计法规，对减少我国居高不下的交通事故最具有现实意义。

②事故预测

预测是科学决策的重要前提，道路交通安全决策也不例外。我国的道路交通事故目前正处在多发的关键时期。道路交通事故在一段时期内，随着经济的发展，汽车保有量的增加，还有增长的趋势。在道路交通规划、设计、管理、法规和教育等方面，道路交通安全的科学决策显得越来越重要。不仅需要决策的交通安全措施在数量上越来越多，而且对时间和质量的要求也越来越高。因此，做好道路交通事故预测工作，对提高道路交通安全管理工作水平具有十分重要的意义，它能使我们找出道路交通事故发生的规律以及在现有道路交通条件下道路交通事故未来发展趋势，为制订道路交通安全对策提供理论依据。而道路交通系统的非线性、随机性、动态性以及不确定性特点，决定了作为道路交通系统行为特征量的道路交通事故预测的复

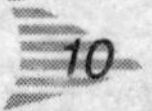

杂性，现有道路交通事故预测方法都存在着各种各样的不足，因此根据道路交通系统的非线性、随机性、动态性以及不确定性特点，研究出适应我国道路交通特点的道路交通事故预测方法，做好道路交通事故预测工作，对道路交通安全评价、规划以及决策具有重要的现实意义。

(7)交通安全措施

①交通安全设施；

②交通管理与控制措施；

③交通服务设施；

④交通法规与安全教育；

⑤事故紧急救护；

⑥安全措施效益分析。

第2章 道路交通事故构成因素及主要对策

2.1 概述

2.1.1 交通事故的定义、构成要素及现象

(1) 交通事故的定义

在2003年10月28日第十届全国人民代表大会常务委员会第五次会议通过并自2004年5月1日起施行的《中华人民共和国道路交通安全法》(以下简称《安全法》)第一百一十九条中,对道路、车辆、交通事故重新进行了定义。

①道路

道路是指公路、城市道路和虽在单位管辖范围但允许社会机动车通行的地方,包括广场、公共停车场等用于公众通行的场所。

②车辆

车辆是指机动车和非机动车。

③机动车

机动车是指以动力装置驱动或者牵引,上道路行驶的供人员乘用或者用于运送物品以及进行工程专项作业的轮式车辆。

④非机动车

非机动车是指以人力或者畜力驱动,上道路行驶的交通工具,以及虽有动力装置驱动但设计最高时速、空车质量、外形尺寸符合有关国家标准的残疾人机动轮椅车、电动自行车等交通工具。

⑤交通事故

交通事故是指车辆在道路上因过错或者意外造成的人身伤亡或者财产损失的事件。

(2)交通事故的构成要素

从以上定义中看出,构成交通事故应具备的4个要素:

①驾驶员行为

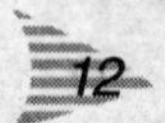

交通事故是道路系统中，由于人、车、路、环境，管理诸要素的配合失调引起的不良后果。而人是四大要素中唯一的自主型变量，因此，人是交通事故的核心。国内外的交通事故统计表明，有 80% ~90% 的交通事故是由人的因素造成的，包括驾驶员的操作失误、麻痹大意或违章行驶等，还包括行人和骑车人不遵守交通法规等。从统计结果的总体上看，交通事故的关键在于机动车驾驶员，因为相对于行人和骑车人来说，机动车驾驶员是交通强者。因此，在讨论交通事故时，研究人的因素主要是研究机动车驾驶员的行为。

影响驾驶员行为的因素包括生理和心理两个方面，按延续时间的长短，又分为短时因素和持续因素两种情况，如图 2-1 所示。

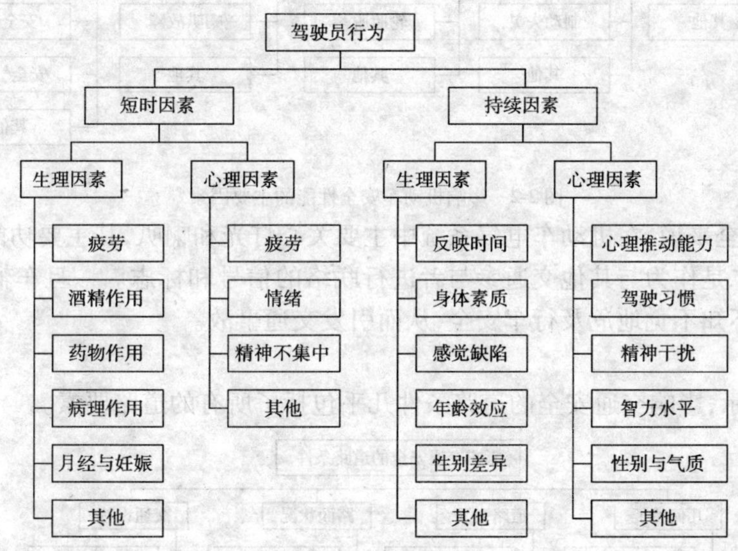

图 2-1　影响驾驶员行为的主要因素

②机动车安全性能

造成交通事故的第二大要素是车辆。在道路上行驶的车辆，既有机动车，又有自行车和其他非机动车，其中机动车是一种快速的交通工具，能量最大，防护性也最好。但这种防护性只保护驾驶员和车内人员，因此，相对于自行车和其他非机动车，机动车是交通强者。研究车的因素主要是研究机动车的特性。然而，这并不意味着研究车辆的所有性能及其结构，而只是研究对于交通安全构成威胁的性能。

如图 2-2 所示，影响机动车安全性能的因素主要有转向系统、制动系统、行驶系统和电气系统。

机动车的转向系统是直接关系到车辆操纵性能的关键机构，对交通安全的影响最大。转向系统的零部件若有异常现象发生，便有可能使车辆不能保持在正常车道内行驶，或者造成翻车事故。

机动车的制动系统是降低车速或停止行驶的控制机构，是行车安全的核心部件之一。统计表明，车辆因制动失灵或因制动力不足致使距离延长、跑偏、侧滑而引起的事故占车辆事故总数的 15% 左右，而其中的一半以上是由制动侧滑引起的。

对交通安全影响最大的是车轮和轮胎，在车辆的行驶过程中，若轮胎爆裂、磨损严重、充气不足或车轮脱落都可能直接或间接地引发交通事故。

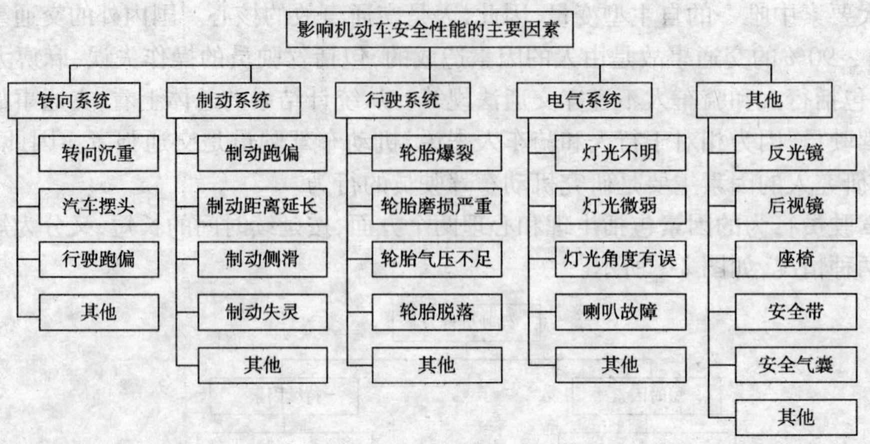

图 2-2　影响机动车安全性能的主要因素

对于交通安全来说，在机动车电气系统中主要关心灯光和喇叭，其主要功能一是为夜间或雾天行车照明，二是作为与其他交通参与者进行联络的信号和标志。一旦车辆的电气系统出现故障，可能会不知不觉地危及行车安全，从而引发交通事故。

③道路条件

如图 2-3 所示，影响交通安全的道路条件几乎包括了所有的道路要素。

图 2-3　影响交通安全的道路条件

道路的几何要素或线形组合不合理，都可能导致交通事故发生。道路的几何要素包括平、纵曲线，横断面及其相互间的协调，还包括视距保证。讨论道路的几何特征对交通安全的影响时，在平面线形中应当考虑曲线半径、曲线偏角、曲线长度、缓和曲线、直线段长度、线形的连续性以及平面线形与地形的适应等；在断面线形中应当考虑纵坡度、纵坡长度、竖曲线半径等；在横断面布置中应当考虑横断面形式、行车道宽度、路肩、路缘带、路拱、中央分隔带、车道加宽、超高，以及边坡和边沟等；线形的协调性主要指的是平纵曲线的配合；在视距保证中应当分清停车视距、错车视距、会车视距和超车视距。

道路交叉口是道路交通的枢纽。对于高速公路和城市快速路出入口应当考虑的因素有出

入口形式，出入口间距，加、减速车道和辅助车道的设置等；平面交叉口通常是事故高发点，因此除考虑其交通控制方式外，还要有足够的视距保证；对于立体交叉应当着重考虑匝道的线形及其与主线相衔接的端部特征；在环行交叉中应当考虑的因素包括环岛的半径、交织车道数和交织段长度等；当道路与铁路相交时，应当着重考虑控制方式和信号的设置。

路面状况对交通安全也有较大影响，当车辆在凹凸不平或有塌陷、翻浆等病害的道路上行驶时，驾驶员为了防止颠簸，可能会突然避让，驶向其他车道，由此引发交通事故。另外，潮湿或泥泞的路面由于附着系数下降，也容易发生交通事故。

完善的、设施合理的交通工程设施对于减少交通事故，提高道路交通安全是重要的保障。这些设施包括安全护栏、轮廓标、交通标志、标线、防眩板、道路照明等。

④环境因素

影响道路交通安全的环境因素可分为自然环境和人工环境两个方面，各自所包含的内容如图2-4所示。

在自然环境中，地理位置指的是北方冰雪地区还是南方潮湿地区，或者西北戈壁、沙漠地区等；地形条件指山岭重丘区还是平原微丘区；气象条件包括晴天、雨、雪、雾等天气情况；植被和生态对于交通安全的影响也不可低估，在德国，近年来车辆与路侧树木相撞的事故就频频发生，而在生态保护良好的地带，野生动物的出没常常引发交通事故；时间指的是白天还是夜晚、黄昏还是拂晓，事实证明，黄昏和拂晓这两个时段容易发生交通事故。

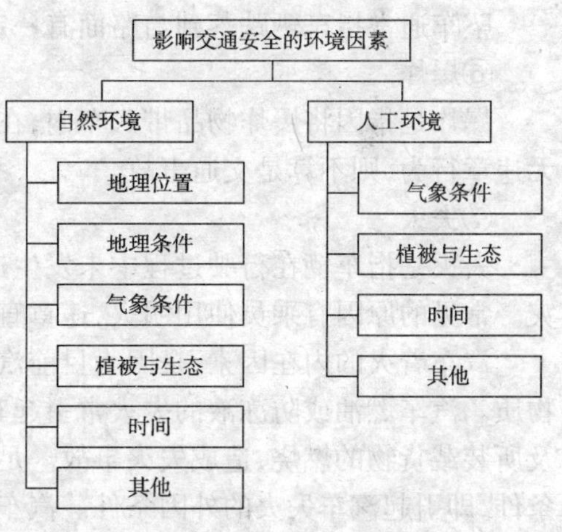

图2-4 影响交通安全的环境因素

人工环境中对交通安全影响较大的主要有土地使用状况、路侧干扰、道路障碍物等。土地使用状况指的是居住区、工业区、商业区，还是文教区等；路侧干扰主要指路侧广告、霓虹灯等，如果设置不合理，会影响驾驶员的视线或分散其注意力；障碍物指的是道路上影响车辆正常行驶的人工物体，如未能及时迁移的电线杆、养护维修设置的临时围挡、其他车辆行驶时遗落在道路上的物体以及停在道路上的故障车辆等。

上述4种要素，可以作为鉴别道路事故的必要条件和依据，在实际工作中加以运用。

(3)交通事故的形态

交通事故的形态，即交通事故参与者之间发生冲突或自身失控肇事所表现出来的具体事态。交通事故可被分为碰撞、碾压、刮擦、翻车、坠车、爆炸、失火和撞固定物及其他等9种基本形式。

①碰撞

碰撞是指交通强者（相对而言）的正面部分与他方接触，或同类车的正面部分相互接触。碰撞主要发生在机动车之间、机动车和非机动车之间、机动车与行人之间、机动车与非机动车之间、非机动车与行人之间，以及车辆与其他物体之间。根据碰撞时的运动形态，机动车之间的碰撞可分为正面碰撞、侧面碰撞、追尾碰撞等。

②碾压

碾压是指作为交通强者的机动车对较弱者如自行车或行人等的推碾或压过。虽然在碾压之前，大部分已发生碰撞，但在习惯上一般都称为碾压。

③刮擦

刮擦是指交通强者的侧面部分与他方接触，造成自身或他方损坏。刮擦主要表现为车刮车、车刮物、车刮人。机动车之间的刮擦，可根据运动情况，分为会车刮擦和超车刮擦。

④翻车

翻车是指部分或全部车轮悬空、车身着地的现象，通常是车辆未发生其他事态而造成的翻车。翻车一般分为侧翻和滚翻两种，车辆的一侧轮胎离开地面称为侧翻，所有的车轮都离开地面成为滚翻。为了准确地描述翻车过程和最后的静止状态，也可用90°、180°、270°、360°、720°翻车等概念。

⑤坠车

坠车通常指车辆跌落到与路面有一定高度差的路外，如坠落桥下、坠入山涧等。

⑥爆炸

爆炸是指因将爆炸物品带入车内，在行驶过程中由于振动等原因引起爆炸造成事故。若无违章行为，则不算是交通事故。

⑦失火

失火是指车辆在行驶过程中未发生违章行为，而是由于某种人为或技术原因而引起的火灾。常见的原因有乘员使用明火，违章直流供油，发动机回火，电路系统短路、漏电等。

汽车着火的内在因素，是因为目前汽车使用的各种燃料以及部分防冻液，都是易燃的液体物质。汽车燃油或防冻液的失火常引起车辆本身的可燃物质，如轮胎、油漆、木质车厢、油封以及所装载货物的燃烧，造成失火事故。足够的温度和充分的空气是易燃物品进行燃烧的必备条件，即引起汽车失火的外因条件。汽车失火常造成严重的车辆事故，这种火情燃烧突然、迅速、难以扑灭。许多车辆常由于失火而报废，并导致人员甚至是重大人员伤亡。因此，防止汽车失火事故，必须坚持预防为主、扑救为辅的原则。具体的预防措施和方法是，除了在车库、车场和汽车上设有必需的消防器材外，最重要的还是平时维护好车况，严格控制各种火源，加强对油料使用的管理。

⑧撞固定物

撞固定物指车辆在行驶过程中与固定物体相撞。这些固定物多种多样，如前面车辆的遗洒物、道路作业现场的物品，固定的交通设施、未及时迁移的电杆或障碍物等。车辆碰撞固定物造成的不总是单车事故，还可能造成驶向路侧或驶入逆行，造成与其他固定物如树木或其他交通参与者相撞事故，当其后有紧随车辆时，后车可能由于制动不及，造成尾撞事故。

⑨其他

指以上8种事故形态未涵盖的所有交通事故，如车辆碰撞突然出现的动物、家禽等。

2.1.2 交通事故的分类

对交通事故进行分类，目的在于分析、研究、处理和预防交通事故；同时，也便于通过统计和从各个角度寻找对策。分析的角度和方法不同，对交通事故的分类也不同。通常，交通事故

分类方法主要有以下 6 种。

(1)按事故责任分类

根据交通事故主要责任方涉及的车种和人员,在统计工作中常将交通事故分为 4 类。

①机动车事故

机动车事故是指事故当事方中汽车、摩托车、拖拉机等机动车负主要以上责任的事故。但在机动车与非机动车或行人发生的事故中,机动车负同等责任的,也视为机动车事故,因为在道路上行驶,机动车相对为交通强者,而非机动车或行人则属于交通弱者。机动车驾驶人员违反交通法规而发生的事故包括:违反安全驾驶规程,违反限制车速的规定(如超速、高速行驶等),强行超车、逆行,通过交叉路口不减速,左、右转弯及掉头不适当,违反停车或临时停车规定;违反优先通行的原则,路口闯红灯,与前车不保持安全间距,装载不适当,酒后开车,机械故障,过度疲劳,违反铁路岔口通行规定,以及摩托车、轻便摩托车驾驶人因违反交通法规行车等所造成的交通事故。

②非机动车事故

非机动车事故是指自行车、人力车、三轮车、畜力车、残废人专用车等按非机动车管理的车辆负主要以上责任的事故。在非机动车与行人发生的交通事故中,非机动车一方负一半责任的应视为非机动车事故。因为非机动车与行人相比,非机动车属于交通强者,而行人则属于交通弱者。

③行人事故

行人事故是指在事故各方当事人中,行人负主要责任以上的事故。行人违反交通法规,包括无视交通信号,不走人行道,而在快车道或慢车道上行走,随意横穿公路或斜穿公路,在停放车辆前后横过公路,儿童在街路上玩耍,行人在公路上作业或行走时精神不集中等。

④其他事故

其他事故是指其他在道路上进行与交通事故有关活动的人员负主要以上责任的事故,如因违章占用道路造成的事故等。

(2)按事故后果分类

根据人身伤亡或者财产损失的程度或数额,交通事故分为轻微事故、一般事故、重大事故和特大事故。1992 年 1 月 1 日起,事故统计和处理中统一使用的交通事故等级划分标准为轻微事故、一般事故、重大事故和特大事故。

①轻微事故

轻微事故是指一次造成轻伤 1 至 2 人,或者财产损失机动车事故不足 1 000 元,非机动车事故不足 200 元的事故。

②一般事故

一般事故是指一次造成重伤 1 至 2 人,或者轻伤 3 人以上,或者财产损失不足 3 万元的事故。

③重大事故

重大事故是指一次造成死亡 1 至 2 人,或者重伤 3 人以上 10 人以下,或者财产损失 3 万元以上不足 6 万元的事故。

④特大事故

特大事故是指一次造成死亡3人以上,或者重伤11人以上,或者死亡1人,同时重伤8人以上,或者死亡2人,同时重伤5人以上,或者财产损失6万元以上的事故。

按照国家统计局批准的交通事故统计范围的规定,轻微事故只作处理,不作统计。其中,事故等级划分标准中的死亡事故,是指因道路交通事故而当场死亡和受伤7d内抢救无效死亡的。在事故统计中,1987年公安部《关于做好交通管理统计工作的通知》中规定的统计范围不变动,死亡,仍以事故发生后7d内死亡的为限。而一般国际标准为30d,即发生交通事故后在30d死亡的就算交通事故死亡。严格地讲,如果进行国际比较,就要将交通事故乘相应的时间系数,如表2-1所示。

交通事故死亡的时间标准系数 表2-1

交通事故死亡时间(d)	30	7	6	3	1	现场
时间系数	1	1.07	1.09	1.12	1.2	1.35

注:该时间系数由欧洲运输部长会议提出。

(3)按事故原因分类

任何交通事故的发生都有其原因,因此,从原因上可以把交通事故分为主观原因造成的事故和客观原因造成的事故两类。

①主观原因造成的事故

主观原因是指,造成交通事故的当事人本身内在的因素,如主观过失或有意违章,主要表现为违反规定、疏忽大意和操作不当等。

违反规定是指,当事人由于思想方面的原因,不按交通法规规定行驶或行走,致使正常的道路交通秩序混乱,发生交通事故,如酒后开车、非驾驶员开车、超速行驶、争道抢行、故意不让、违章超车、违章超载、非机动车走快车道、行人不走人行道等原因造成的交通事故。

疏忽大意是指,当事人由于心理或生理方面的原因,没有正确地观察和判断外界事务而造成的失误。如心里烦躁、身体疲劳等都可能造成精力分散,反应迟钝,表现出瞭望不周,采取措施不当或不及时;也有的当事人仅凭主观想象判断事务,或过高地估计自已的技术,过分自信,引起驾驶行为不当而造成了事故。

操作不当是指,驾车人技术生疏、经验不足,对车辆和道路情况不熟悉,遇有突然情况惊慌失措,引起操作失误。如有的驾驶员制动时误踩加速踏板;有的骑自行车人遇到紧急情况不知停车等而造成的交通事故。

②客观原因造成的事故

客观原因是指车辆、环境、道路方面的不利因素而引发了交通事故。客观原因特别是道路、环境和气候方面的因素,在某些情况下往往诱发交通事故。对于道路和环境方面的因素目前还没有很好的调查和测试手段,所以,事故分析中往往会忽视这些因素,这需要引起人们的重视。

任何一起交通事故都有其促成事故发生的主要情节和造成事故损害后果的主要原因。绝大多数交通事故都是因为当事人的主观原因造成的,客观原因占的比重比较小。

(4)按事故第一当事人或主要责任者的内在原因分类

这类交通事故一般分为3种,即由于交通事故第一当事人或主要责任者的观察错误、判断错误以及操作错误所引起的交通事故。

①观察错误

观察错误是指，由于当事人心理或生理方面的原因，对外界环境的客观情况没有正确的观察；或由于道路条件不好，交通标志不清，以及由于交叉路口冲突区域太大等引起的观察错误。

②判断错误

判断错误包括对对方车辆的速度、行动，对道路的形状和线形以及自己车辆与对方车辆的距离判断有误，或过分相信自己的技术以至于对自己车辆的性能和速度估计判断有误。交通事态判断过程常发生在极短的时间内（一般为 1/10s 级）。根据国外的统计资料，由于判断错误而引起的交通事故占 30% ~35%。

③操作错误

操作错误主要是指技术不熟练，特别是新驾驶员，由于对车辆和道路不甚熟悉，遇到紧急情况时就不能应付自如，容易出现慌乱，发生操作错误而引起交通事故。此外，由于车辆本身机械故障（如制动失灵），更易导致驾驶员操作错误。

（5）按事故的对象分类

①车辆间的交通事故

车辆间的交通事故是指因车辆之间发生刮擦、碰撞而引起的事故。刮擦是车辆侧面接触的现象，可分为超车刮擦、会车刮擦等。碰撞又常分为正面碰撞、追尾碰撞、侧面碰撞、转弯碰撞等。这类事故在发达国家发生较多，约占事故总数的 70% 以上。

②车辆对行人的交通事故

车辆对行人的交通事故是指机动车对行人的碰撞、碾压和刮擦等事故。这类事故包括机动车闯上人行道以及行人横穿道路时发生的交通事故。其中，碰撞和碾压常导致行人重伤、致残或伤亡。刮擦相对前两者后果一般比较轻微，有时也会造成严重后果。这类事故在发达国家较少出现（占 10% ~20%），在我国据公安部 1994 年统计为 26.35%。

③机动车辆对非机动车的交通事故

由于我国公路交通主要是混合交通，因而这类事故在我国主要表现为机动车碾压骑自行车人的事故。有关自行车的交通事故在我国交通事故总数中所占比率超过 30%，伤亡人数约占交通事故伤亡总人数的 25%。

④车辆自身事故

车辆自身事故是指机动车没有发生碰撞、刮擦等的翻车和坠落事故，例如，车辆由于行驶速度太快，或车辆左右转弯或掉头时所发生的翻车事故，以及在桥上因大雾天气或因机件失灵而产生的机动车坠落的事故等。

⑤车辆对固定物的事故

车辆对固定物的事故是指机动车与道路两侧的固定物相撞的事故。其中，固定物包括道路上的作业结构物、护栏、路肩上的水泥杆（灯杆、交通标志杆等）、建筑物以及道旁树等。

（6）按事故发生地点分类

交通事故发生地点一般是指哪一级道路，城市或郊区以及城市或乡村 3 种。

在我国，道路分为高速公路、一级、二级、三级、四级公路 5 个等级；也可分为公路与街道。前者是指郊区或乡村道路，后者是指城市道路。另外，还可按在道路交叉口和路段所发生的交通事故来分类。

其他分类方法还有:按伤亡人员职业类型分类;按肇事者所属行业分类;按发生事故时的气候分类;按发生事故的道路类型、线形、路面类型、路面状况等分类;按肇事驾驶员所持驾驶证种类、驾龄分类。

2.1.3 交通事故的特点

交通事故具有如下特点:随机性、突发性、频发性、社会性及不可逆性。

(1)随机性

从系统论观点看,交通运输系统本身是一个复杂的系统,与周围环境相互作用时会构成一个动态的大系统。在这样的动态大系统中,每一环节的失误都会引发整个系统的大事故,而这些失误绝大多数是随机的,由此引发的事故也是随机的。

道路交通事故往往是多种因素共同作用或相互引发的结果,其中有许多因素本身就是随机的(如气候因素),而多种因素正好凑在一起或相互引发则具有更大的随机性,因此道路交通事故的发生必定带有极大的随机性。

(2)突发性

道路交通事故的发生通常并没有任何先兆,即具有突发性。驾驶员从感知到危险至交通事故发生这段时间极为短暂,往往短于驾驶员的反应时间与采取相应措施所需时间的时间之和。或者即使事故发生前驾驶员有足够的反应时间,但由于驾驶员反应不正确、不准确而操作错误或不适宜,从而导致交通事故。

(3)频发性

由于汽车工业的高速发展,车辆急剧增加,交通量增大,造成车辆与道路比例的严重失调,加之交通管理不善等原因,造成道路交通事故频繁,伤亡人数增多,道路交通事故已成为世界性的一大公害。许多国家因道路交通造成的经济损失约为其国民生产总值的1%。因此,人们称道路交通事故是“无休止的交通战争”。

(4)社会性

道路交通是随着社会和经济的发展而发展的客观社会现象,是人们客观需要的一种社会活动,这种活动是人们日常生活和工作必不可少的。在目前现代化的城市中,由于大生产带来的社会分工越来越细,人际间的协作和交往也越来越密切,使人们在道路上的活动日趋频繁,成为一种社会的客观需求。

道路交通事故是伴随着道路交通的发展而产生的一种现象,无论何时,只要人参与交通,就存在涉及交通事故的危险性。道路交通随着社会的发展不断地进行演变,从步行到马车到汽车,以至形成今天的规模。这个过程不仅表明人们对道路交通的追求意识和发展意识,也证明了道路交通事故是随着社会发展和经济发展而发展的客观存在的社会现象,即道路交通事故具有社会性。

(5)不可逆性

道路交通事故的不可逆性是指不可重现性。事故是人、车、路组成的系统内部发展的产物,与该系统的组成因素有关,并受一些外部因素的影响。尽管交通事故是人类行为的结果,但却不是人类行为的期望结果。

从行为科学的观点看,社会上没有哪种行为与事故发生时的行为相类似,无论如何研究事

故发生的机理和防止措施，也不能预测何时何地何人发生何种事故。因此，道路交通事故是不可重现的，其过程是不可逆的。

(1)干线公路交通事故特点

干线公路交通事故多为“三车事故”，即超车事故、会车事故和停车事故。在我国目前交通运输中，干线公路的“三车事故”不仅多，而且后果也十分严重。

①超车事故

驾驶员在干线公路上行车，因车辆技术状况不同、装载轻重不同、行驶速度不同，高速车超越低速车是一种常见现象，谁也不能要求汽车跟在拖拉机后边行驶、小车跟在大车后面爬行。在超车过程中，由于超车时速快，时间长，一旦遇到对向来车，稍有措施不及或操作失误，就会发生相撞事故。

②会车事故

在干线公路上行车，由于汽车驾驶员大多习惯于压路中心行驶，加之车速快，思想麻痹，会车时，本希望对面来车让路，对面来车也想要对方让路，双方都把希望寄托在对方。当两车临近时才发现双方都不相让，急右转打方向躲避，但往往为时已晚，躲避不及，两车相撞，因为车速快，撞击力大，所以事故后果一般都比较严重。

③停车事故

车辆在运行中发生故障后，驾驶员停车检修本属正常现象。但在干线公路上，由于车辆速度过快，机械承受力大，车辆损坏现象较城市多，所以在干线公路上，不时有车辆停在路旁，甚至抛锚在路中修理。如果跟车距离近，当前方紧急停车时，后车若措施不及，就会发生后车碰撞前边停放车辆事故。特别是在夜间，不少停放车辆不开尾灯，也不靠边，又没有在远方设置障碍物或在车后安装危险警告示意牌，这样，其他过往车辆碰撞停放车辆就成了常见事故。

(2)山区公路交通事故特点

我国山区公路交通事故比较多，特别是重大恶性交通事故70%以上发生在山区公路上。

我国山区公路的交通事故特性主要表现有：坡道事故、弯道事故、窄道事故和雨雪道路事故四种，即所谓“四道事故”。我国的山区道路中的“四道事故”是由山区公路特性决定的。

我国地域辽阔，山区众多，山区公路不但长而且等级低，路侧防护设施严重匮乏，排水以及其他道路设施相比其他地区道路也是很不完善，弯道、坡道、窄道比比皆是，下雨下雪后又变成雨路、雪路、冰路、泥路或冰雪泥水兼有的道路，这就是我国山区公路的基本情况，也是我国山区道路交通事故存在的极大隐患。在这样的公路上行车，容易发生“四道事故”。“四道事故”一旦发生，车辆不是掉进山沟，就是翻进深谷，往往车毁人亡，损失特别惨重。全国很多重大恶性交通事故多发生在山区“四道”上。

①坡道事故

坡道事故是指汽车在坡道上行驶时，因重力分力的作用，造成汽车前溜或后溜，使汽车翻向路边、山沟、渠河所形成的事故。

因为在山区行车制动频繁，加之制动力大，所以往往会出现制动失效现象；有时也因为制动过于频繁，制动阀发热失效；也有时因制动管路断裂，制动皮碗漏气、接头老化漏气漏油等失效。汽车在坡道上行驶，制动一旦失效，不仅会引发交通事故，而且经常是重大、特大交通事故。

②弯道事故

弯道事故是指汽车在弯道上行驶，由于离心力的作用致使汽车的方向回不过来而冲出弯道，翻于公路外侧，或者撞在树上、坠入山沟、掉入河里而造成的交通事故。

汽车在弯道上行驶，一方面在牵引力的作用下，汽车向前运行，另一方面汽车转弯时向外侧产生离心力，如果汽车速度快、载重量又大、弯道转弯半径过小，汽车产生的离心力过大，致使汽车不能按一定弯度转弯，向外冲出公路而造成交通事故。

我国有许多高原山区，弯道多而急，尤其是盘山公路或半山公路，不仅弯道又多又急，而且常常是上坡带转弯或下坡带转弯。驾驶员驾车行驶在弯道上，稍有不慎，就要发生事故，并且往往是重大或特大事故。发生弯道事故的主要原因是：汽车在弯道上行驶速度快，装载超载，驾驶员操作失误。此外，公路弯道半径过小，公路无外超高或外超高过低，转弯处无标志或标志不明显，临沟涧处无护墙、护栏等，也是造成弯道事故的重要原因。

③窄道事故

窄道事故是指因道路过窄，在会车时发生碰撞而造成的车祸损毁和人员伤亡事故。我国山区公路多数属于低等级公路，有不少还是等外公路，加上年久失修，风吹雨淋塌方，造成山区公路狭窄，同时简易狭窄桥梁也很多，汽车在窄路上行驶，本来就十分危险，驾驶员本应格外小心，但有的驾驶员遇窄路不提前减速，思想麻痹，冒险通过；有的路段本来只能单行通过，但有的驾驶员会车时却不礼让，抢占有力地方或抢先通行，这样往往在窄道或窄桥上发生两车相撞而掉进山沟、河流一类的悲惨事故。如果是在窄道兼弯道和坡道上行车，其危险性更大。

④雨雪道路事故

雨雪道路事故是指汽车在雨、雪、冰、泥路上行驶时，由于路滑和驾驶员操作不当，致使汽车掉沟、碰撞、翻覆所造成的财产毁损和人员伤亡事故。

在晴天时，路面与轮胎间的附着系数为 0.6 左右；在下雨时或下雨后，附着系数变为 0.4 左右；在下雪时或下雪后，附着系数降为 0.2 左右；在结冰或道路被冰雪覆盖时，附着系数更小，为 0.1 左右。由规范可知，在附着系数为 0.4 ~ 0.6 时，基本可保证车辆行驶的稳定性；在附着系数为 0.4 以下时，车辆行驶就不稳定了。

2.1.4　交通事故的发展趋势

交通事故的发生及变化过程是受经济增长因素、道路条件因素、交通意识因素、管理机制因素、地理环境因素、区域交通安全理念因素等多因素的综合影响过程。而每种因素的影响及多种因素的联合作用表现为时间上的阶段特征和空间上的区域特征。其阶段特征为：事故的上升期—高峰期—下降期—波动期—平稳期，如图 2-5 所示。

这对各国、各地区具有普遍性规律，不同的是各阶段的时间不同，峰值不同，水平不同；机动车增长、出行次数、交通法规建设、交通安全技术标准的制定、交通安全对策、交通安全设施、交通安全评估体系、交通安全管理、政府协调机构、交通事故预防体系、交通事故救援体系、驾驶员行为评估体系、交通保险体系、交通安全意识、交通安全志愿者群体、交通安全投资、交通安全技术、交通安全管理理念、道路条件、机动车管理、道路安全管理、以人为本的理念及实施等在不同阶段有着不同的强度，如表 2-2 所示。

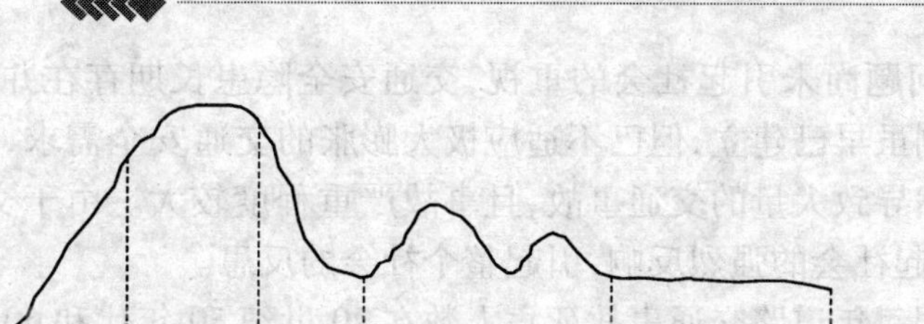

图2-5　交通事故的发展规律

事故不同阶段影响因素特征　　表2-2

影响因素	上升期	高峰期	下降期	波动期	平稳期
机动车增长	↑↑	↑↑↑	↑↓	↑↓	↑↓
出行强度	↑	↑↑	↑↑	↑↑	↑↑
交通法规建设	↓↓	↓	↑↑	↑↑↑	↑↑↑
交通安全技术标准	↓↓	↓	↑↑	↑↑↑	↑↑↑
交通安全对策	↓↓	↑↓	↑↑	↑↑↑	↑↑↑
交通安全设施	↓↓	↑↓	↑↑	↑↑↑	↑↑↑
交通安全评估体系	↓↓↓	↑↓↓	↑↑	↑↑↑	↑↑↑
交通安全管理机制	↓↓	↓↓	↑↑	↑↑↑	↑↑↑
政府协调机构	↓↓↓	↓↓	↑↑	↑↑↑	↑↑↑
交通事故预防体系	↓↓↓	↓↓	↑↑	↑↑↑	↑↑↑
交通事故救援体系	↓↓	↑↓	↑↑	↑↑↑	↑↑↑
驾驶员行为评估体系	↓↓	↑↓	↑↑	↑↑↑	↑↑↑
交通保险体系	↓↓	↓	↑↑	↑↑↑	↑↑↑
交通安全意识	↓↓	↑↓	↑↑	↑↑↑	↑↑↑
交通安全志愿者群体	↓↓↓	↑↓↓	↑↑	↑↑↑	↑↑↑
交通安全投资	↓↓	↑↓	↑↑	↑↑↑	↑↑↑
交通安全技术	↓↓	↑↓	↑↑	↑↑↑	↑↑↑
交通安全管理理念	↓↓↓	↑↓↓	↑↑	↑↑↑	↑↑↑
道路条件	↓↓	↑↓	↑↑	↑↑↑	↑↑↑
机动车管理	↓↓	↑↓↓	↑↑	↑↑↑	↑↑↑
以人为本	↓↓↓↓	↓↓	↑	↑↑	↑↑↑↑

注:很强↑↑↑;强↑↑;一般↑;很弱↓↓↓;弱↓↓;较弱↓;波动↑↓。

(1)事故上升期特征

处于事故上升期,人、车、路、环境等方面都处于发展阶段,尤其是道路正处于普及阶段,此时的交通发展是为了适应经济发展的需要,工作重点是加大道路建设,促进国民经济的发展,但道路建设和安全设施的设置远远落后于交通安全需求的增长速度,没有系统的交通规划。

此时，交通安全问题尚未引起社会的重视，交通安全隐患长期存在并迅速增多。交通安全法规、交通安全机制虽早已建立，但已不适应极大膨胀的交通安全需求，交通安全需求与供给的不平衡加大，必然导致大量的交通事故，且事故严重程度较大。由于交通事故的社会性，交通安全问题必然引起社会的强烈反响，引起整个社会的反思。

据统计，我国每年道路交通事故死亡人数在20世纪50年代和60年代仅为几百人至几千人，70年代为1~2万人左右，1986年超过5万人，1993年超过6万人，1995年超过7万人，1999年超过8万人，2000年超过9万人，2001年超过10万人。1991年至2004年14年间道路交通事故死亡人数从53 292人猛增至105 930人，受伤人数从160 219人增加至546 485人，死亡人数及其增长速度，世界罕见。而同期美国道路交通事故死亡人数控制在41 000人左右。

目前，交通安全形式日趋严峻，一方面是交通需求旺盛，供需矛盾加大；路网结构、级配不合理，道路质量低，安全设施不完备，通行条件差；交通工具总体构成不合理，安全性能差；交通参与者自觉遵守法规的意识有待加强；另一方面交通安全管理工作专业化、标准化程度低，管理体制、机构协调性差，长期以来一直把交通事故的处理作为重点，忽视了对交通事故的预防，致使管理手段落后，改善措施落后。

研究表明，道路交通事故总量趋势与国民经济的发展有着密切的联系。国民经济发展到某一阈值，交通事故迅速上升；国民经济发展到某一阈值，交通事故下降，如图2-6所示。一般而言，国民经济发展速度低，交通事故下降，反之则上升。我国国民经济发展速度近几年一直保持在8%左右，处于事故上升阈值区间，同时，我国处于经济体制改革、政府职能转变、企业转换机制的过渡期，导致交通系统处于波动期，交通安全供需矛盾尖锐，交通事故呈上升趋势是正常的。

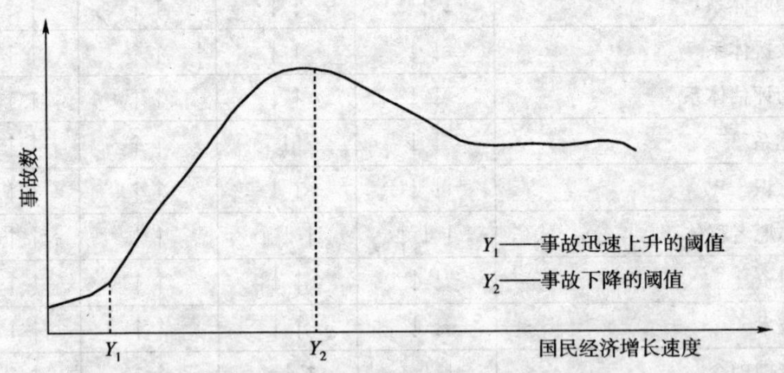

图2-6　国民经济增长速度与事故数关系示意图

(2)事故高峰期特征

事故高峰期相对来说是个特殊阶段，既符合交通安全发展的规律，又是国家稳定发展所不愿经历的阶段。在这个时期内，由于道路交通条件、管理水平乃至国民的交通素质与高速增加的机动车数量不相适应，交通事故特别是交通事故死亡人数也呈大幅增加的趋势。此阶段虽然采取紧急治理措施，但由于交通安全系数的惯性和管理效果的滞后性，交通事故会继续增长，但上升速度会逐渐减缓。

事故高峰期的交通安全问题的日趋严重并不仅仅是由于某一因素或某一方面影响造成

的，而是长期积累的结果。换言之，交通安全问题的根源是长期以来人们在交通安全的规划、管理与发展上未能按经济规律办事的一个必然结局。

(3)事故下降期特征

在事故下降期，注重分析交通事故产生的原因，借鉴国内外交通安全管理经验，改变以往经验型的管理模式，注重交通安全理论的研究，初步形成“教育、工程、执法和急救”的“4E”科学策略，并在实践中不断完善，积极构建交通事故预防体系、交通安全保障体系、交通事故救援体系和交通安全管理评价体系的框架，现代交通安全文化氛围逐渐形成，逐步形成交通安全管理的综合预防雏形，即交通安全管理由被动型向适应型发展：

①从注重偿还历史欠账转向适度超前，交通不仅为适应经济发展的需要提供保障，而且要发挥交通的引导作用，积极促进经济发展战略目标的实现；

②从注重数量转向质量与数量并重，不仅要满足人们的基本交通需求，而且要提供高质量、高水准的交通服务；

③从注重建设转向“建管”并举，不仅要加快交通建设，而且要提高综合管理水平，发挥交通设施效率；

④注重全局统筹，注重安全管理的反馈，保证安全管理的实效性；

⑤注重交通安全管理理论与方法的研究，找出交通安全规律，为达到本质安全化奠定理论基础。

(4)事故波动期特征

道路交通系统是一个复杂的、开放的、实时动态的大系统，系统要素在时间和空间上存在着不对称性，系统发展的趋势不确定，系统要素的多种耦合关系使系统具有脆弱性，同时系统还有保持原有状态的惯性，此外，认识的滞后性，管理效果的滞后性，安全管理要求的实时性和多样性，也使交通事故的发展极有可能出现波动期。

研究系统波动机制，目的在于形成对交通安全系统长期发展波动性的科学认识或战略眼光，并从中得出适应或减缓交通安全系统波动的战略决策。

①适应波动性的战略决策。在一定时期逐步摸清系统的波动幅度与波动周期，有预见地提前采取行动，运用一定宏观调控措施提前影响那些不利的趋势来减缓波动。

②改善波动性的战略决策。通过各种方法减少或降低系统的延滞程度，加快系统的反应速度。比如，通过加快信息、安全设施等基础建设，提高国民的安全意识水平，增强环境的有机性，从根本上减缓波动及其危害。

(5)事故平稳期特征

道路交通安全系统具有自组织、自适应、自协调的能力，即系统中大量存在的子系统以及子系统成分在空间位置、活动时序和功能关系上遵守相应的规定。对于道路交通安全系统，只有当系统的有序度严格达到并保持在某个阈值以上时，系统的安全目标才能被实现；反之，当系统的无序度保持在某个阈值以上而又不可能给系统输入负熵流时，系统的崩溃将是不可避免的。因此，对道路交通安全管理系统要不断输入负熵流（交通安全管理规划方案的调整、实施与滚动），缩短系统由无序向有序转化的过程，或者保持与提高系统的有序度，保障系统安全目标的实现。

通过综合分析美国和英国等其他国家的现代化安全管理经验，总结出事故平稳期的主要

特征为：

①安全管理贯穿始终

系统安全的基本原则是从一个新系统的规划、设计阶段起，就要开始安全工作，并且要一直贯穿于整个系统寿命期间内。在特定组织实施管理活动的全过程中都要进行安全管理，检查、监测、识别、评价并控制可能出现的安全隐患。

②全方位安全管理

安全技术的广泛应用，加速了安全管理信息的处理，使安全管理由定性逐渐走向定量，先进管理经验和方法得以迅速推广。各种安全监控，安全防范技术设备的使用，成为现代安全管理的重要特征之一。

③安全目标管理

安全目标管理是确定在一定时期内应该达到的安全总目标，分解展开、落实措施、严格考核，通过组织内部自我控制达到安全目的的一种安全管理方法。它以总的安全管理目标为基础，逐级向下分解，使各级安全目标明确、具体，各方面关系协调、融洽，把全体成员都科学地组织在目标体系之内，使每个人都明确自己在目标体系中所处的地位和作用，通过每个人的努力来实现安全目标。

④完整的管理体系

运用管理信息系统，形成多级安全管理网络。管理信息系统主要包括对信息的收集、录入、信息的存储、信息的传输，信息的加工和信息的输出（含信息的反馈）5 种功能。它把现代化信息技术引进管理部门，通过通信网络把不同地域的信息处理中心联结起来，共享网络中的资源，加速信息的周转，为管理者的决策及时提供准确、可靠的依据。

2.2 交通事故调查

交通事故及其相关数据资料是进行道路安全研究最基础的数据，也是制订和评价道路安全改善设施的依据。然而由于交通事故的随机性和不可重复性，获得交通事故数据有很大难度。特别是进行与道路交通技术有关的研究时，收集到满意的道路交通事故数据资料相当困难。总体而言，事故数据的来源有以下几个方面：

（1）交通警察部门

交通警察部门是交通事故处理的执法部门，所拥有的数据最全面。但交通警察部门采集的数据主要是为了认定事故责任、处理事故赔偿和违章处罚，而较少是为了从道路交通技术的角度研究道路安全的。从知识结构上看，交警与医学专家和工程专家是有区别的，对事故信息（特别是事故的严重性和原因）的判别存在一定偏差。另外，交警数据往往不能完全符合道路安全研究的需要，特别是道路、交通等相关因素常被忽略。同时，由于大量的轻微事故一般不记录入档，所以使数据的统计特性受到影响。

（2）公路管理部门

当交通事故的处理涉及公路财产的理赔时，公路部门也会有相应的数据。

（3）保险部门

现在车辆保险是非常普遍的，几乎所有的投保车辆在事故发生后均会向保险公司申报。

因此，保险公司可以得到很大一部分交通事故资料。有时甚至是很轻微的事故，也会在保险公司的记录中反映。然而，保险公司数据的缺陷是显而易见的，保险公司直接关注的是事故的损失，其他数据，特别是与安全相关的数据保险公司并不关心。因此，也无法从保险公司得到。

(4)医院

医院的数据更加单一，只有死亡和到医院治疗的伤者才会有记录。另外，除医疗研究人员外，医院也不会对交通事故伤亡作专门精确的统计。因此，来自医院的数据仅能作为参考。

交通事故调查因调研的目的不同而有很大差别，因此交通事故调查应做好调查计划，详细规划应采集的相关数据。否则，调查而得的数据将可能与调查目的不相符。

(5)专项调查

除上述部门外，其他一些部门为了获取自己需要的有关数据，也进行一些专项调查，如社会公共机构常在做人口调查时，进行有关交通事故中的伤、残、死亡情况的调查。

目前，我国因管理上的条块分隔和国家社会数据资源的不共用问题，使得获得全面真实的数据有很大难度。

2.2.1 交通事故调查的目的与意义

交通安全是国民经济发展和社会安定的重要方面，也是道路交通管理的两项基本任务之一。我国通常用交通事故次数、伤亡人数、受伤人数、财产损失四项指标来描述，为了预防交通事故，确保道路交通系统的安全通畅，必须对交通事故现象有个客观、全面的认识。交通事故调查与分析为查明交通事故总体的现状变化趋势和各种特征提供了统计数据，采用科学的统计分析方法，可以从宏观上定量地认识交通事故的本质和内在的规律性。

交通事故的调查与分析是一项繁重的工作，明确事故的原因和责任也是必不可少的工作。总体而言，交通事故的调查与分析可为今后防止和减少事故而采取有效措施提供依据。

(1)鉴别与确认交通事故多发路段，并提出防护措施；

(2)评价道路几何线形指标、视距和环境条件，以便提出改善工程或改变管理与控制方法的依据；

(3)调查总结各类防止交通事故的交通工程设施的效果并提出改进的办法；

(4)为改进道路规划、设计与维护提供依据；

(5)为修正交通法规提供依据。

交通事故的调查与分析对于指导交通管理，道路设计和规划有许多重要意义。如掌握事故的变化规律和交通管理中的薄弱环节，明确交通管理目标、重点及对策，发现控制事故多发区域及地点并加以改进等，以此减少事故数量，从而减少人员伤亡及经济损失，提高人们乘车出行的安全感，同时促进了社会的安定。

从交通安全政策与管理方面考虑，交通事故调查与分析的目的主要分为以下4个方面：

(1)为制定交通法规、政策和交通安全设施提供重要依据；

(2)检验某项交通安全政策和措施的实际效果；

(3)为交通管理提供统计资料；

(4)为交通安全教育和交通安全研究提供资料。

作为以改善道路安全状况为总目标的交通事故调查与分析，其具体目的有以下几个方面：

(1)研究整个路网的道路安全状况,制订路网安全改善战略规划;

(2)路网级事故多发点鉴别与改造设计;

(3)项目级事故多发点鉴别与改造技术设计;

(4)为道路安全评价及其他安全项目研究提供基础数据,积累经验。

2.2.2 交通事故调查的要求与内容

公路交通事故调查总体上讲是为研究公路交通安全状况,为改善道路安全状况为目的的。因此公路交通事故调查就不仅仅是收集道路交通事故数据,还要采集相关道路技术状况、道路环境、交通状况、人文状况等资料。

不同的调查目的,对道路交通事故的调查内容不尽相同。在进行交通事故资料调研之前,应明确目的,确定必须得到的数据资料和应尽可能得到的数据资料,制订较为详细的调研计划。

对于以调研整个路网的道路安全状况、制订路网安全改善战略规划为目的的,其调查内容主要集中在宏观数据方面,包括:

(1)路网所在区域人口结构、分布及其增长率;

(2)路网区域内经济发展历史与趋势;

(3)交通运输客货运周转量的发展情况;

(4)道路交通事故的总量、类别、发展趋势、主要原因与事故类型(特别是不同用户群体的事故);

(5)汽车保有量、汽车类别构成及汽车性能总体状况;

(6)路网中公路等级分布及其事故情况;

(7)路网内交通量分布及各条公路上的交通量、交通量组成;

(8)道路交通执法和道路安全教育状况;

(9)其他。

对于以路网级交通事故多发点(路段)鉴别和改造计划为目的的道路交通事故调查,调查内容要进一步细化,主要包括:

(1)上一次路网改造后,路网各路段的道路交通事故总量、类别、事故原因和事故类型;

(2)路网内主要人口居住或出入点、学校等分布情况;

(3)道路等级及其长度在路网内的分布;

(4)主要大型交叉口的分布;

(5)各路、路段交通量及其构成;

(6)各路、路段主要道路现状及其沿线环境;

(7)其他。

对于项目级交通事故多发点(路段)鉴别和技术改造,调查内容主要针对所要改造的道路或大型交叉口进行,调查范围更小,但内容更细,主要包括:

(1)沿线道路交通事故分布情况(应具体到百米桩以内或具体的出入口、交叉口);

(2)事故原因沿线勘察,这里的事故原因不仅仅指交警事故数据中提供的原因,还应进行沿线实地勘察;

(3)道路几何线形、交叉口类型和技术参数;

(4)道路沿线桥梁、隧道等结构物及其与路基段的过渡形式;

(5)交通标志标线、交通安全设施的状况;

(6)沿线路面状况(主要影响道路安全的路面表面特性);

(7)沿线人口居住及其出入情况(学校、村庄、厂矿企业的分布,公路离小城镇的距离等);

(8)交通量及其构成;

(9)沿线道路景观;

(10)气象资料(包括雨、风、雾、雪等),沿线特殊气象特征(如侧向风、积雪、局部雾团等);

(11)其他可能影响道路交通安全的因素。

2.2.3 交通事故调查的方法

交通事故及其相关资料的调查方法有以下几种:

(1)在有关管理部门收集数据资料

如到交通警察部门收集交通事故数据、气象部门收集有关气象资料、公路管理部门收集道路原始设计资料和改建与养护历史数据、交通量观测资料等。

(2)现场调查

现场调查是处理事故的基础,是分析鉴定事故的依据。为了研究交通事故与道路交通环境等方面的关系,很多情况下现场勘察和调查也是必不可少的,如当确定了某些路段事故较明显地高于其他路段时,不仅需要通过事故记录分析原因,更重要的是进行现场勘察和调查。

(3)沿线调研

沿线勘察与调研的内容可以是道路线形状况、交通安全设施状况、自然环境、交通状况、村镇及居民点状况、沿线学校、特殊问题、交叉口的位置与环境等。沿线调研勘察必要时应在不同的时间、气象条件和交通状况下进行。现场调研的另一项重要工作是对交通状况进行观测,包括必要时的交通量及其交通组成观测。

(4)问卷调查

道路用户是道路安全的受益者,对道路交通安全状况和交通环境有最直接的感受,因此可以通过不同的道路用户如驾驶员、行人及沿线居民等进行调查。问卷内容可以包括对道路交通环境的认识、某些事故多发路段的事故情况、交通拥挤情况等。

(5)专题试验研究

对某些特定道路与交通环境进行跟踪调查或进行必要的行车试验等。

(1)现场调查

1)交通事故现场的概念及分类

交通事故现场,是指发生事故的地点及事故有关的空间场所。根据现场的完整真实度一般可分为三类:

①原始现场　指没有遭到任何改变或破坏的现场。

②变动现场　指由某种人为的或自然的原因,致使现场的原始状态有一部分、大部分或全部面貌改变的现场。

③伪造现场　指当事人为了逃避责任，毁灭证据或达到嫁祸于人的目的有意改变或布置的现场。

2）现场调查的含义和内容

现场调查是对交通事故现场的情况（当事人、车辆、道路和交通条件），用科学的方法进行时间、空间、心理和后果的实地验证和查询，并将所得结果完整、准确地记录下来的工作。

①时间调查　确定发生交通事故的时间坐标（这是人类活动的最基本坐标之一），是分析事故过程的一个重要参数。

②空间调查　调查各有关物体（车辆、散落物、印迹、尸体等）的相对位置，用来确定车辆相互运动的速度、路线和接触点。

③心理（书证）调查　调查当事人的心理状态、身体和精神条件，交通条件（车、路、环境）对当事人的影响。

④后果调查　查明人员伤、亡情况，致伤、致死的部位和原因，车物损坏和物资损失情况。

现场调查，是取得客观的第一手资料的唯一途径，是交通事故处理的核心，是采取预防事故对策的关键。现场调查的程序主要有：尽快赶赴事故现场，采取应急措施，保护现场，现场勘察，确定并监护事故的当事人，询问当事人和调查证人，现场复核，处理现场遗留物，恢复交通。

3）现场丈量及绘图

①现场丈量

a. 确定方位　即确定肇事路段的走向，通常用道路中心线与指北方向的夹角来表示（图2-7）。若肇事路段是弯道可用进入弯道的直线与指北方向的夹角和转弯半径表示（图2-8）。

图2-7　直道方位　　　　图2-8　转弯处方位

b. 选定坐标　在事故现场附近选定一永久性的固定点做为固定现场的基准点。

c. 现场定位　即把事故现场的一个主要点确定在一个固定的位置。

d. 丈量道路　先勘察道路的走向，附近的交通标志、安全设施、停车视距，后丈量路面、路肩、边沟的宽度和深度。

e. 丈量主要物体及痕迹。

f. 丈量肇事接触部位。要丈量车与车、车与人、车与畜或其他物体上相对应的部位，以及其距地面的高低、形状的大小（长、宽、深）、受力方向等。

②绘制现场图

a. 现场草图通常包括现场位置和周围环境，以及遗留有痕迹、物证的地点，运动的关系，将事故现场的情况给人以总观的印象。要求内容完整、齐全、尺寸准确。

b. 平面图是以出事地点为中心，把痕迹、其他物体的相互关系，按比例、图例标准绘制的现场图，要求完整、准确、规范。

4）现场摄影

现场摄影是现场调查的组成部分。应用摄影方法可以细致地、真实地反映事故现场情况，并把与事故有关的、不便提取的、用文字及绘图难以表达的痕迹和物证，迅速、准确、清楚地记录下来，为研究和处理事故提供有利证据。用专用的摄影设备还可以准确地记录现场内各有关物体、痕迹的位置，经过一定处理后，还可以得到正确的现场平面图。

①现场摄影内容

a. 环境摄影　拍摄现场道路的全貌和现场周围的环境情况，表明事故现场所处的位置以及与周围事物的关系，用以说明现场环境和有关人、车的行进路线。

b. 概貌摄影　以整个现场或现场中心地段作为拍摄内容，主要目的是把现场的整个情况如道路、车辆、伤亡人员原始位置、制动痕迹等反映出来。

c. 中心摄影　拍摄与事故有关的重要物体或路段特点以及物体与痕迹的关系等，反映现场中心部分的情况。

d. 细目摄影 拍摄现场内发现的痕迹、文字材料等各种物证，记录这些物证的大小、形状、特征等。

②现场立体摄影

现场立体摄影是一种测量手段，可以代替实际的现场测量工作。现场立体摄影须使用专用的立体摄影机。使用现场立体摄影法，可以简化现场调查与测量过程，使现场图的绘制能够在现场撤除以后进行。这样可以缩短事故现场的保留时间，使正常的交通秩序得以尽快恢复。

(2)当事人调查

1)确定事故当事人

交通事故当事人，系指车辆驾驶人员、受伤(死亡)人员和其他有关人员。除逃逸的死亡交通事故外，当事人多数是明确的。有的事故当事人单一，而有的事故当事人互相交叉。

根据事故的基本情况，尽快确定当事人，并开展调查，是查明事故的真相，便于事故调查工作顺利进行的重要方法之一。

2)调查重点当事人的内容

①一般自然的情况：如姓名、年龄、民族、籍贯、文化程度、职务、工作单位、政治面貌、驾驶经历、准驾车类、驾驶证字号、有无违章、肇事前科。

②出车目的、行车路线、装载情况。

③出车前是否检查车辆技术状况、休息是否充足、有无思想负担、是否饮酒等。

④使用挡位和行驶速度。

⑤距对方(车、人、畜、物)多远感到危险，使用的挡位和时速。

⑥距肇事地点多远，采取何种措施，是否减速、鸣号、开灯、打舵避让，行驶方向及位置。

⑦发生事故时运动形态的具体情况。

⑧对方在发生事故前后的车速、行驶方位或行人行走动态，采取措施情况。

⑨对事故发生的原因、责任的看法和依据。

(3)车辆调查

车辆调查是对交通事故车辆技术状况进行检查和鉴定，对与交通事故有直接关系的乘员、装载情况进行了解和认定。其内容主要包括：转向、制动、挡位、轮胎、喇叭、灯光、后视镜、雨刷器及乘员、装载的具体情况。有的事故必要时可鉴定机械内部状况。对检验内容、试车路面、试车次数、检验结果等各项调查都要做好记录。

(4)道路调查

交通事故与道路条件和交通环境有着密切关系，必须认真检查和鉴定，分析交通事故的道路原因，从中吸取教训和提出改进措施。

道路调查的内容有：路面状况(有无积雪、冰冻、干湿、平整度等)、车道宽度、路基、路边构造物、桥涵的质量、道路的坡度、弯道超高、视距、天气影响(雨、雪、雾等)以及是否白天或晚上等。判断道路条件的依据是《公路工程技术标准》(JTG B01—2003)。

2.2.4 交通事故调查报告

交通事故统计报告是书面文字记录，汇总交通事故的情况，各项数据应具有客观性、系统性、全面性和科学性。

交通事故报告的范围为：凡违反道路交通规则造成的人员伤亡、牲畜伤亡、车辆财物损失均应列入统计报告范围，具体要求：

(1)统计报告的项目与标准必须真实、准确并具有严密的统一性，范围、项目、指标、表示期限等内容均应按国家统一规定表格进行填写。

(2)统计报表要数据准确、反映真实、全面并逐级上报。

(3)交通事故的一般统计报告制度是向上级报送统计表，分为月报、季报和年报3种。

2.3 交通事故分析

道路交通事故分析的目的在于，在繁多的个性(特殊性)之中，找出共性，以便有针对性地采取防范措施，减少交通事故，提高交通安全水平。通过对交通事故的大量分析，进行交通事故预测，得出规律性结论，为采取决策提供依据。同时，也可对现行的行政政策进行研究和比较，即对所采取政策的有效程度和道路安全设施的投资效率进行具体分析。

交通事故分析的任务是对导致相似伤害和损失的事故原因进行研究。事故分析必须依据所分析的事故总体中事故案例的再现。事故调查和分析的因果链，见图2-9。

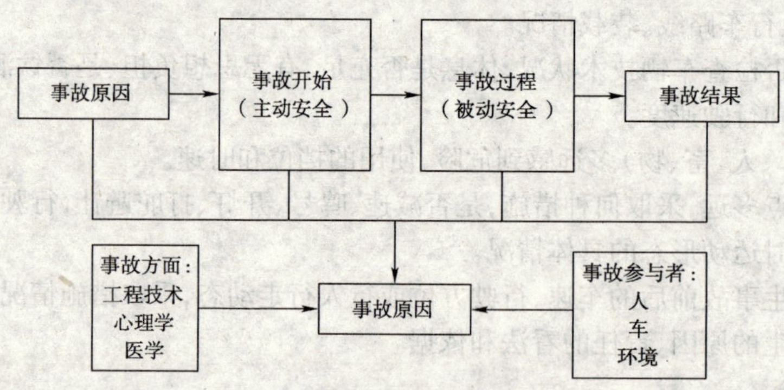

图2-9　事故调查和分析的因果链

交通事故分析主要是分析事故发生的原因，利用统计学的方法对交通事故进行分类，找出事故的重点或典型类型和形态，提出改进交通安全管理、汽车安全设计、道路交通安全设施等措施。交通事故分析结果具有统计特性，是对一个地区或整个国家交通安全状况的总体评价。

交通事故分析在于借助已收集到的信息、资料、数据，进一步科学地说明事故发生的原因，并解释或描述交通事故发生全过程的运动状态，明确各方当事人应负的责任，应当吸取的经验和教训，分析降低交通事故后果应采取的必要措施等。除了评估速度分布和质量关系分布规律以及与乘员座椅位置、碰撞方向的关系，还可阐述车辆乘员的碰撞位置、相互作用以及典型的受伤机理，从中获得诸如工程技术、医学、心理学领域的理论和经验，从而对改善道路交通安全作出贡献。

2.3.1 道路交通事故的一般分析

(1)影响交通事故因素的分析

交通系统由人、车及路组成，因此分析道路交通事故时应该从“人、车、路”三因素着手。

1)人的因素分析

道路交通事故组成因素中，人的因素在事故总数、死亡人数及受伤人数中所占的比例都远远大于其他因素之和，即作为交通参与者的人是交通事故发生原因中一个最主要的因素。造成这种局面的部分原因是驾驶员的责任，部分是行人和非机动车使用者的责任。

①驾驶员的因素分析

在引发道路交通事故因素中，包括驾驶员、车内乘客、行人及骑自行车者等人的因素所占比例各不相同。机动车驾驶员为最主要的因素的交通事故居多。由驾驶员造成的交通事故之所以如此之高，主要与驾驶员的下列特性有关。

a. 驾驶员的处理信息特性

驾驶员驾驶车辆在道路上正常行驶，需要不断地认知情况、作出判断并实施操作。情况→判断→操作这一过程，实质就是获取信息和处理信息的过程。驾驶员的信息处理过程如图2-10所示。

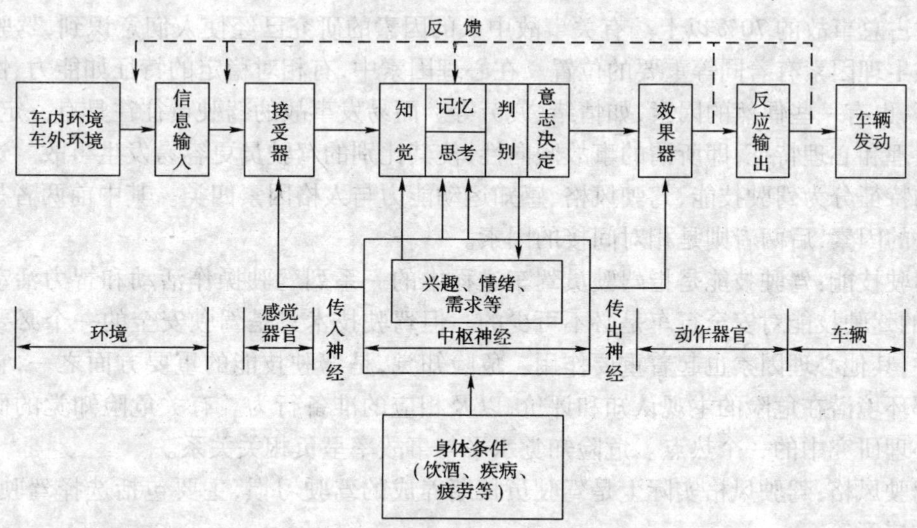

图2-10　驾驶员的信息处理过程

图2-10表示由环境获得信息，由接受器（感觉器官，主要是视觉、听觉、触觉等）经传入神

经系统传递到信息处理部(中枢神经系统),经过思考判断,做出决定,然后经传出神经系统传递到效果器(手脚等运动器官),从而使汽车产生运动。如果效果器在响应上有偏差,导致汽车操作响应异常,则必须把此信息返回到中枢神经系统进行修正,然后经传递由效果器执行修正后命令。实际上,驾驶员的情绪、身体条件、疲劳程度以及疾病、药物等与安全驾驶都有密切关系,情报处理的正确与否对响应特性有很大的影响。驾驶员对信息的处理,是在一定的时间下进行,并在一定时间内完成的。如果不能及时准确地对信息进行处理,必然引发交通事故。

b. 驾驶员的驾驶能力与疲劳程度

驾驶员的正确操作在很大程度上取决于他们的工作能力。所谓工作能力是指驾驶员的正确判断能力和操纵能力。当驾驶员疲劳时,工作能力就会大幅度下降。根据统计资料,驾驶员连续驾车12h后发生严重交通事故的概率是连续驾车8h的1.5倍。此外,连续工作7h以上的驾驶员所造成的交通事故数约占交通事故总数的1/3以上。统计资料还表明,40%～70%的交通事故与驾驶员疲劳有关。

驾驶员的疲劳过程与驾驶员在行驶过程中所接受的信息量大小有关,当信息过多(交通状况复杂)时,会使驾驶员的心理活动过度紧张而导致疲劳过早出现;反之,若信息量不足,会使驾驶员的心理活动强度下降,因长时间单调操作,使驾驶员更快地感到疲乏,这样就会导致驾驶员在道路交通状况突然发生变化时,心理准备不足,来不及应付。

疲劳会引起人体机能上的一系列变化,如受疲劳影响,注意力、判断能力、视觉敏锐性和对速度感知的准确性下降,视野变窄,脉搏加快,血压上升,反应时间增加,动作配合失调等。所以疲劳后驾驶员就容易发生交通事故,因此一旦发现有疲劳现象时应停车休息或采取其他措施来恢复注意力。试验证明,在驾驶中几次短时间的休息,要比总时间相同的一次长时间休息更为有效。要防止驾驶员疲劳,应对驾驶员的工作和休息时间做合理安排。

c. 驾驶员的心理特征

交通事故发生的众多因素中,驾驶员自身的因素是最主要的。一般认为,由驾驶员责任引起的事故占总事故的70%以上。有关事故中人的因素的研究已经使人们意识到,驾驶员的心理因素与生理因素有着同等重要的位置。在心理因素中,有相对稳定的特征如能力、性格和驾驶技能等;也有一些偶然的因素,如情绪、疲劳等。而易发事故的驾驶员往往具有一定潜在的、稳定的生理和心理特征,即所谓的事故倾向性,使其比别的驾驶员更容易发生事故。这里把这些稳定的特征分为驾驶技能、驾驶风格、感知运动能力与人格因素四类。其中前两者是直接与驾驶有关的因素,后两者则是相对间接的因素。

ⓐ驾驶技能:驾驶技能是指驾驶员驾车过程中的一系列驾驶操作活动和智力活动。很显然,熟练的驾驶技能对安全行车是必不可少的。但驾驶技术只是驾驶安全的一个必要但不充分的条件,其他心理因素也起着重要作用。危险知觉,是驾驶技能的重要方面之一,它主要是指对外部环境潜在危险的主观认知和评价,以及相应的准备行为。有关危险知觉的研究是交通事故心理研究中的一个热点。危险知觉水平与事故率呈负相关关系。

ⓑ驾驶风格:驾驶风格实际上是驾驶员长期养成的驾驶习惯,主要包括选择驾驶速度、是否超车和违章等。

ⓒ感知运动能力:感知运动能力是指驾驶员的反应速度、知觉、注意、判断等基本素质。驾驶员的综合反应能力对驾驶安全非常重要。驾驶员通过视觉所获得的信息占全部信息的

80% 以上。但是，驾驶员静视力与事故的相关程度很低，动态视力与事故的关系则较密切。驾驶员的暗适应能力对行车安全也很重要。这些基本视觉功能与事故率的关系在老年驾驶员中表现得尤为突出。

ⓓ人格因素：驾驶员的人格因素与事故的关系也是人们普遍关注的问题。人们广泛研究了内、外向性格、神经质等与事故的关系，但均没有得出一致的结果。有些研究者认为，驾驶员行为与人格维度间的可靠关系应通过次级量表来测量，而不应用一个笼统量表的分数来衡量。

d. 驾驶员制动反应特征

一般汽车上装有液压式或气压式的行车制动装置。需要制动时，驾驶员用右脚踏下制动踏板，通过液压或气压机构的作用使制动器动作，利用制动器内部的摩擦和车轮与路面间的摩擦消耗汽车的动能，达到减速或停车的目的。汽车的制动过程如图 2-11 所示。图中 t_1 为驾驶员反应时间，即驾驶员发现危险情况后至开始出现反应动作将右脚移动到制动踏板上所需要的时间；t_2 为开始踏下踏板到汽车上出现制动力所经过的时间（制动滞后时间）；t_3 为制动力增长时间；t_4 为制动力达到最大值以后的持续制动时间；t_5 为停车后到制动解除所需要的制动放松时间。

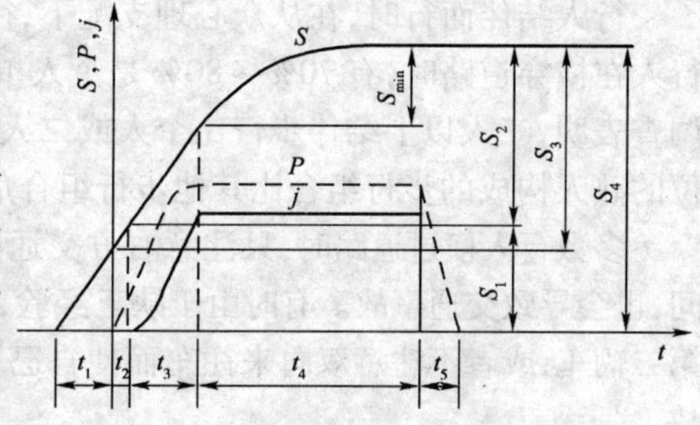

图 2-11　汽车的制动过程

S-制动距离；P-制动踏板力；j-制动减速度；S_{min}-在 t_4 时间内的最小制动距离；S_1-在 t_1 和 t_2 时间内驶过的空驶距离；S_2-在 t_3 和 t_4 时间内的实际制动距离；S_3-在 t_2、t_3 和 t_4 时间内的制动距离；S_4-在 t_1、t_2、t_3 和 t_4 时间内的制动距离

由于驾驶员的操作方法以及汽车制动装置结构的差异，上述各段时间的长短也各不相同，但一般来讲，驾驶员反应时间 t_1 一般为 0.3～1.0s。反应时间长短与驾驶经验、熟练程度和疲劳情况有关。

制动滞后时间 t_2 依据汽车制动法规要求，气压制动系不能超过 0.6s，液压制动系不能超过 0.3s。

制动力增长时间 t_3 为从开始产生制动力至达到某一稳定值所经历的时间。试验表明，此段时间气压制动系为 0.4～0.9s，液压制动系为 0.15～0.2s。

在持续制动时间 t_4 中，车轮呈拖滑状态，其减速度基本保持不变。

制动放松时间 t_5 是放松制动踏板至制动力消失的时间，此时减速度为零。制动放松时间影响汽车的操纵稳定性，因此规定 t_5 不得超过 0.3s。

由图 2-11 可以看出，驾驶员在采取制动的整个过程中，发生人的反应滞后和机械动作滞后。前者为从紧急情况发生时起，驾驶员意识判断到进行操作引起的时间滞后；后者为制动踏板消除空行程并踏满最大行程使制动力发生制动作用所形成的时间滞后。

制动全过程包括驾驶员看到信号后做出行动反应、制动系协调、持续制动和制动彻底放松四个阶段。其中制动系协调时间包括制动滞后和制动力增长时间。制动不良是造成交通事故的重要原因，如果驾驶员在汽车制动的各个阶段不协调或出现问题，均会引发严重交通事故。

②行人、骑自行车者及车内乘客因素分析

引起交通事故的人的因素中，除了驾驶员外，行人、骑自行车者及车内乘客在交通事故中也是不可忽视的因素。

a. 行人的心理特征

行人的交通特性是由行人的心理特征决定的，主要表现为以下特点：

行人决定是否开始横穿道路的主要依据是自己与驶近的汽车间的距离。根据国外的调查，如果车速为30～39km/h，行人开始横穿道路时，与驶近的汽车平均距离为45m，当车速为40～49km/h时，平均距离为50m。

行人横穿道路时的平均步行速度与年龄和性别有关。在一般情况下，13～19岁行人的平均步行速度为2.7m/s，20～49岁为1.8m/s，50岁以上为1.5m/s。从整体来看，男性平均为1.57m/s，女性平均为1.53m/s。

行人结伴而行时，在从众心理支配下，往往互相以对方为依赖，忽视交通安全而导致事故。行人在横穿道路时，有70%～80%是个人单独步行，其余20%～30%是二人或三人结伴步行。调查表明，三人以上结伴步行比个人或二人同行的事故危险性大，由成人带领儿童或由同一单位的熟人构成的步行组合比其他步行组合危险性大。

多数行人横过道路时，只注意右方交通而忽视左方交通，往往使自己闯入了左方行车的空间，也会导致交通事故。有时由于缺乏经验，顾此失彼，往往只顾躲第一辆车而忽视了后边还有第二辆车，或者不注意双向来往车而使自己处于两车流相会的夹缝中，这些都极易导致行人事故。

b. 不同行人的行为特征

根据不同年龄，行人可分为儿童、青年人和老年人；按性别可分为男性和女性行人。

ⓐ儿童行人的行为特征：儿童穿越道路时，不懂得观察和确认是否安全。在没有确认安全的情况下横穿马路是儿童行为的一大特征。研究表明，1～4岁的儿童中，经常有60%以上的人在没有证实安全的情况下就横穿马路，5～8岁的儿童有30%左右。一般儿童到9～12岁左右，才能基本上达到和成人一样，能够对道路交通情况进行很好的观察和判断。交通量和行人平均确认安全次数的关系如图2-12所示。由图2-12可以看出，随着儿童年龄的增加，确认安全的次数增加，但与成年人还有一定的差距，特别在交通量较大的地方，成年人与儿童的差距更大。

此外，儿童常常跑步穿越道路。在穿越道路时，儿童的心理负担比成人大，往往急于到达道路的另一侧而跑步穿越。图2-13表示不同年龄、性别的儿童跑步横穿道路的比例。由图2-13可以看出，男孩跑步横穿道路的比例比女孩多，特别是5～8岁的男孩所占比例较大，3人中约有1人跑着穿越道路。

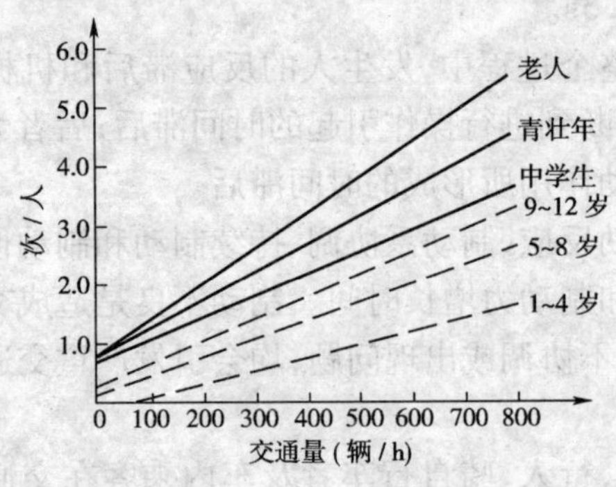

图2-12　交通量与行人平均确认安全次数

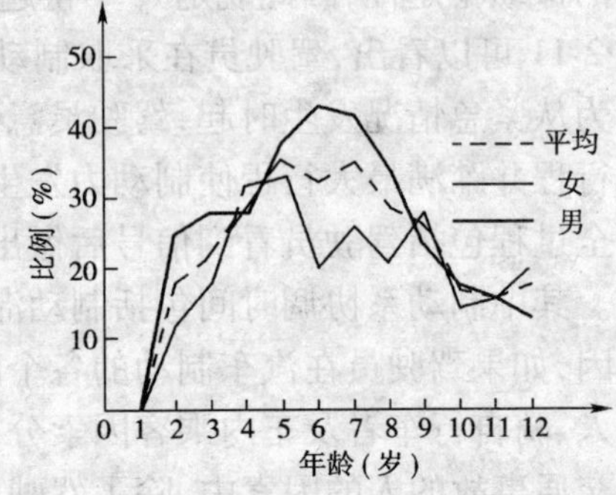

图2-13　不同年龄的儿童跑步横穿道路的比例

ⓑ老年行人的行为特征:老年人生理机能衰退,感觉和行为都显得迟钝,发现和躲避车辆的能力下降,对机动车辆速度和距离判断的误差大,有时因判断不清而与机动车辆争道抢行。老年人喜欢穿深颜色的衣服,在夜间或傍晚时,不易被发现。老年人在横穿道路时,有突然折回的现象,这种情况很危险,常使驾驶员措手不及而造成事故。据统计,老年人死于交通事故,大多发生在横穿道路的时候。虽然老年人有以上缺点,但老年人比较谨慎,乱穿道路的行为不多。

ⓒ青壮年行人的行为特征:青壮年人精力充沛、感觉敏锐、洞察力强、反应速度快、应变能力强、对交通法规也比较熟悉,一般不易发生行人交通事故。但是青壮年人的社会工作和家庭负担较重,出行时间多,行走距离远,这就增加了发生交通事故的客观因素。特别是其中的青年人,好胜心强,经常不甘示弱,常与汽车争高低,如对汽车鸣喇叭置之不理,对过往车辆视而不见,经常任意穿越道路。因此,这些人发生交通事故多在横穿道路和交通拥挤的时候,尤其在强行拦车、强行搭车、偷扒汽车中发生的事故最多。据统计,青壮年在车祸中的死亡率,约占交通事故总死亡人数的 30% 以上。

ⓓ女性行人的行为特征:女性一般较男性细心,观察周围交通环境比较仔细,规范行为的意识比较强烈,能自觉遵守交通规则。女性的这一心理特征比较有利于女性行人的自身安全。女性行人的反应一般较男性慢,行动比较迟缓,女性的这一心理特点,造成她们穿行道路的时间较长,事故发生的机会增多,故对其步行安全很不利。女性行人情绪一般不如男性稳定,应变能力较差,属于非稳定型的交通参与者,女性行人在正常情况下,比较细心,也有耐心,能自觉遵守交通法规。但在危险紧急情况下,往往恐慌万状,手忙脚乱,有时中途停顿,进退两难,有时盲目乱跑,不知所措。女性行人的这一心理特征很容易导致自身伤害。女性行人喜欢穿比较艳丽的服饰,她们极易被驾驶员发现而避免不必要的行人交通事故,女性行人的这一心理特征,有利于自身保护。

无论是儿童、青年人、老年人,在交通通行中均属于弱势群体,都容易在道路交通事故中受到伤害。此外,与机动车相比,骑车者也属于弱势群体,也容易在道路交通事故中受到严重伤害。

行人及骑自行车者通常被称为车外交通参与者,又都是无防护的交通参与者,在道路交通事故中最易受到伤害,受到伤害后也最易形成死亡或重伤的恶性交通事故。中国道路交通的一个显著特点就是大多数城市道路机非混行,在这种情况下,自行车是一种不太安全的交通工具。行人一般都想走距离比较短的路程而达到目的地,而在觉得危险程度高时一般都能遵守交通规则。但在预见不到危险或时间紧急的时候,就可能冒险采取违反交通规则的交通行为,有时酿成事故。对车内乘客而言,只要遵守交通规章制度(如不携带危险品上车,不违章拦车爬车等),一般不会成为引起道路交通事故的直接原因。

从以上分析可以看出,行人和骑自行车者都是弱势交通群体,中国的交通法规对其采取的是保护态度,有一些本来是由行人或骑自行车者引起的道路交通事故,在认定原因时被认为是机动车驾驶员所引发的。因此,实际上中国由行人及非机动车引起的道路交通事故占总数的比例可能更大。减少车外交通参与者造成的道路交通事故的措施,主要有实行机非分隔、车人分离等,同时需要加强对这类人群的安全教育。

2)车辆因素分析

①车辆自身的主动安全性

车辆自身的主动安全性，反映了车辆驾驶员在正常操纵状况下，汽车能够按照驾驶员的认知运行，有效地避免或减少事故发生可能性。主动安全性通常取决于车辆的制动性，操纵稳定性，汽车的后备功率，关键总成部件的疲劳强度，汽车的照明效果，驾驶员工作区环境质量等因素。对于高速行驶的车辆来讲，车辆的空气动力稳定性，也是不可忽视的影响因素。

a. 车辆动力性

车辆的后备功率对安全性的影响，表现在车辆高速行驶的超车过程中。在超车过程中，超车车辆与被超车车辆的并行阶段是整个超车过程中最危险的阶段，最大限度地减少超车并行阶段的时间，可以有效地减少发生事故的机会。要减少并行时间，超车车辆必须具有足够的后备功率，使其迅速提高车速，增大与被超车车辆的速度差。由于车辆所受空气阻力消耗的功率与车速的三次方成正比，在低速行驶时尚可忽略，但是，在高速行驶状态下，我们必须充分考虑这一因素。

b. 车辆操纵稳定性

由于车速的提高幅度较大，车辆的操纵稳定性就愈显重要。良好的操纵稳定性可以保证车辆在各种行驶状态下不会出现失稳现象，从而避免高速行驶时受到来自路面的干扰后突然方向失控，使高速行驶的汽车能够按照驾驶员的意图调整方向、转弯和躲避障碍物。因此，转向部件结构形式、零部件的加工精度和抗疲劳强度必须具有高标准要求。

c. 车辆制动性

通常认为，汽车的制动性主要有三个方面：制动效能（制动距离和制动减速度）；制动效能的恒定性；制动时车辆的方向稳定性。通过对高速行驶车辆的行驶状况的分析可知，由于路况条件好，车速较高且持续时间长，其制动使用的频率并不高，而制动强度较大。

d. 车辆轮胎

据国外统计，在因车辆因素死亡、重伤事故中，由于车辆轮胎造成的占20%；而在国内高速公路上由爆胎引起的车毁人亡事故更是屡见不鲜。爆胎的主要原因是行驶车速较高，行驶时间长，轮毂和轮胎产生的热量很大，轮胎自身散热性不好；轮胎驻波临界车速低，行驶车速接近该速度，都可能导致轮胎爆破。轮胎爆破后如果驾驶员采取措施不及时或措施不当，就会使方向失控而发生事故，且爆胎前车速越高，事故损伤越严重。此外，轮胎花纹排水性的好坏，直接影响到轮胎在雨天湿滑路面的附着力和制动效能的发挥。

e. 车辆空气动力稳定性

车辆在行驶过程中，常遇到与行驶方向不一致的横向风的干扰，产生侧向力、侧向力矩和侧倾力矩，形成车辆失去操纵的倾向。在低速行驶状态下，这种倾向一般不会改变车辆的行驶方向，而在高速状态，如果汽车外形设计不正确，其空气动力稳定性不好，遇到横向风很大的情况下，就有可能使汽车失去操纵而造成交通事故。

②车辆的被动安全性

车辆的被动安全性，体现了车辆在发生事故的过程和之后，如何保证成员不受伤害或最大限度减少伤害程度的能力。被动安全性包括车辆的耐撞性能、抗翻滚性能，成员的约束系统、吸能结构，不同车辆碰撞相容性问题和碰撞后紧急撤离等。车辆主动安全性的提高，有助于减少事故的发生，但无法避免。当事故发生时，如何最大限度地降低事故带来的损失，减少乘员

损伤,往往更加重要。

a. 车辆安全结构

在高速公路上不同车辆追尾相撞事件经常发生,在此类事故中质量轻、刚度小的车辆往往损失严重,所以应考虑不同车辆的共存性问题。首先是碰撞高度问题,大型车辆的保险杠位置比小型车辆的高,对小型车极为不利。例如轿车与货车尾部相撞,已发生轿车钻入货车尾部的情况,这时轿车前部的安全结构不能发挥作用,而货车尾部直接侵入轿车乘座舱,据统计这类事故的死亡率为一般交通事故的 3 倍。

b. 车辆安全设施

成员致伤原因主要是乘员与车内结构发生的二次碰撞,防止二次碰撞或减少二次碰撞中乘员所受的碰撞力是减轻乘员伤亡的重要途径。座椅安全带,安全气囊等约束系统、柔性转向柱、软化内部结构等均是减缓二次碰撞的有效措施。在追尾事故中,前车的高靠背座椅和头枕能避免乘员颈部受到严重损伤。另外,应考虑高速碰撞时车门的闭锁性,防止乘员被抛出车外发生三次碰撞。

无论是车辆的被动安全性,还是车辆的主动安全性,均对道路交通事故的发生产生重要影响。部分国产汽车固有性能差是我国道路上因车辆故障引发的交通事故明显多于国外的客观原因之一。另外,我国在对驶入道路车辆的安全技术性能检查上力度不够、措施不当,致使部分带病车辆行驶在道路上,使得道路上存在着较为严重的车辆故障隐患。

3)道路因素分析

每一次道路交通事故的发生,都是由驾驶员、车辆及道路条件因素组成的系统相互协调作用受到破坏的结果。系统的任一部分的正常机能受到破坏都会引发事故。而在处理事故进行责任认定时,都简单地认为是驾驶员的原因造成的,涉及机械与道路状况的很少,甚至没有。但道路作为系统中的基础设施,对交通安全确实起着重要作用,甚至在某种特殊条件下起着决定性的作用。多数国家从交通管理部门的统计结果所知,认为事故的基本原因是驾驶员的粗心和失误,一般占 70% 左右,而道路条件仅为 12%。但从诸多事故的背后,仔细分析内在隐含的本质原因,不难发现至少 40% 以上的事故都是由于困难与不舒适的道路条件造成的。为了弄清道路因素在交通事故责任认定和处理中的重要地位,以便找出事故发生的真正原因,从而制订出切实可行的对策,提高道路行车的安全性,保证人民生命财产不受损失,在处理事故和责任认定时必须详细深入地分析道路条件因素。

①道路种类和规格

统计结果表明,道路等级和路面结构形式与交通安全存在联系,交通事故随着道路等级和路面结构形式的变化而变化。随着道路规格的上升,相同平均日交通量发生的事故次数减少,4 车道高速公路的 100 万公里事故次数较一级公路低;平均日交通量的上升导致事故次数逐渐增加。

②道路线形的因素

道路线形与交通安全的关系包括曲线半径、曲线频率、转角、坡度与坡长、线形组合与安全的关系。G108 线 1995—2000 年的调查结果表明:交通事故约有 33% 发生在平、纵曲线上,随着平曲线曲率的增大,事故发生的频率增加。道路中可能出现的与安全关系密切的线形组合为:平曲线上有多个变坡点;竖曲线内有多个平曲线;小曲线与短直线组合成的断背曲线、凸曲

线、凹曲线设置小半径平曲线起点；凸曲线顶部、凹曲线底部设置反向平曲线拐点。有研究表明随纵坡坡度的增加和坡长的减小，事故发生的频率增加。研究还表明，大纵坡与平曲线重合时，道路交通事故有所增加。

③视距因素分析

视距不良等条件下可以充分验证视距对交通安全的影响。通过对 G318 线甘孜州境内 K2755 ~ K2814 路段的调查结果进行统计分析，得出图 2-14。通过与美国交通安全手册数据进行比较分析可知：视距越小，交通事故率就可能越高。

④其他道路因素分析

路面状态会影响交通安全。路面状态通常包含的因素有路面强度、稳定度、平整度、路面病害等。根据摩擦学的原理与汽车受力分析和操纵稳定性的分析可知，路面湿润、下雨、结冰状况下，汽车的制动性能、操纵稳定性能、抗侧滑性能都会大大降低，尽管驾驶员按照限制车速行驶，也可能引发交通事故，这种事故的间接原因为路面性能的降低。对于高等级公路，路面集料的性能直接影响路面的抗滑性能和耐久性。这种性能的好坏也会影响交通的安全水平。此外，路面的平整度会影响车辆行驶时的平顺性、方向稳定性等操纵性能，从而对安全水平产生一定程度的影响。

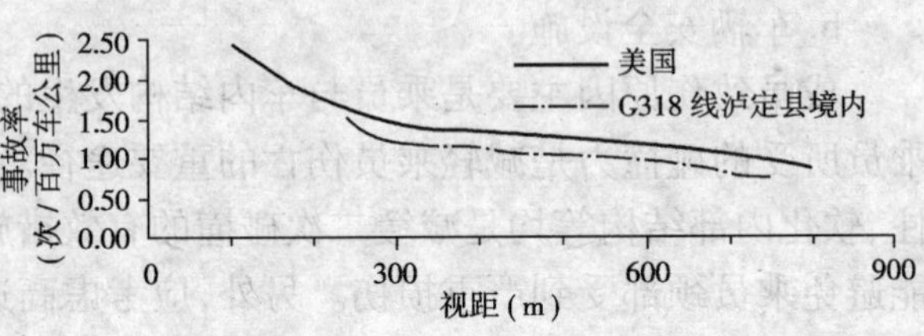

图 2-14　视距与交通事故关系示意图

行车道宽度（包括路肩的宽度在内）的增加可以缓解驾驶员在曲线路段超车或错车时的紧张心理，有利于降低交通事故发生的可能性。

交通流量是影响道路交通安全的主要因素。随着交通流量的增长，事故数目呈增长的趋势。根据国外的研究成果，交通流量是影响交通安全的首要因素，交通流量与事故率有着非线性的关系，可以用平滑曲线来拟合。

实践证明，完善合理的交通标志、标牌、标线的设置可为驾驶员提供充足的交通信息，从而提高交通的安全水平和行车的舒适性。交通标线对交通渠化、分道行驶及交通流诱导起到重要作用，标线线形的流畅程度、与道路路线的一致性、几何尺寸的规范性、夜间的可视认性能以及与路面的附着能力都会对交通安全产生影响。

交通警示标志的安全信息水平与道路实际情况的符合程度也影响交通安全，提供比实际安全水平更低的标志信息有利于交通安全，这在前面已经进行了说明。道路防护设施中隔离栅的线形平顺性和与道路环境的协调性会对驾驶员心理产生影响，从而影响安全行驶。防撞护栏的立柱和护栏的质量、尺寸规格、色彩的均匀一致性会对交通安全产生影响；线形的走向与路线走向的一致性和流畅程度会影响交通安全。由于绿化不合理或建筑物规划与交通环境不协调造成的视线受阻和视距降低可能导致行车安全性能降低；由于绿化的不合理造成的道路照明状况受到影响可能使驾驶员产生昏眩或者压抑的感受，从而可能导致事故发生。

（2）分析交通事故的主要方法

在交通事故分析过程中，常采用以下几种方法。

1）统计分析法

统计分析法就是用能够客观、全面反映交通事故本来面目的数据资料，如通过交通事故的

次数、死亡、受伤、财产损失、原因、地点、时间、道路、车辆、驾驶员、骑自行车人、行人等数据资料，来准确、全面地反映事故的原始状态，据此做出科学的推理和判断，揭示交通事故总体的内在规律，进而采取解决问题的对策。统计分析方法的全过程，可分为三个基本步骤，即调查、整理和分析。

2）分类法

分类法又称为分层法，是把数据资料按照不同的目的、要求、需要、性质区分的方法。它既是加工处理数据的一种重要方法，又是分析交通事故或其他问题原因的基本方法。其目的是经过分类，搞清楚性质不同的数据资料及错综复杂的交通事故原因，给出一种明确、直观、规律性的概念。

按时间、当事人、车辆、道路、事故原因、事故现象、人体受伤部位、死亡时间情况、车辆隶属关系等分类，是分析交通事故常用的数据分类方法。分类也可以根据实际情况和分析的项目进行。但是，不论如何分类，在原始统计报告资料中必须有这些内容。

3）统计表格法

统计表格法是交通事故统计分析中常用的一种方法。根据不同的分析目的，将统计分析的结果编制成各种表格。表格内可以包括各种必要的绝对指标和相对指标的具体数值，例如《交通事故月报表》就采用这种方法。

4）直方图法

直方图由一系列高度不等的矩形组成。其横坐标可以是性质不相同，但互相有联系的各种因素，也可以是同一因素的数值分段。各矩形的高度代表对应横坐标的某个指标值。直方图的特点是形象直观。用直方图进行交通事故统计分析，不仅可以反映出交通事故的变化和趋势，还可以比较出各种因素对交通事故的影响程度。

5）坐标图法

简单的坐标图由一个横坐标和一个纵坐标构成。横坐标一般是连续数列，例如时间、年龄等。纵坐标可以是某一绝对指标或相对指标。用坐标图进行分析比较，有很强的直观性，一般用来表示交通事故中某一特征指标的发展变化过程以及趋势。

6）圆图法

圆图是将要分析的项目按比例画在同一个圆内。整个圆周360°被看作是100%，半圆周180°，相当于50%，90°扇形相当于25%。用圆图法可以直观地看出各个分析项目所占比例大小。

7）事故分析图

事故分析图用来分析交通事故在道路上的分布情况和事故多发地点。其做法是在道路图上，用规定的简明符号将实际发生的交通事故时间、事故形态、事故发生前肇事车的行驶状态和方向、行人或自行车的前进方向、事故后果等标注在相应的位置上，即得到事故分析图。

8）因果分析图

因果分析图也叫特征因素图，因其形状特殊，也称树枝图或鱼刺图。制作因果分析图时，应集思广益，尽可能地把交通事故的各种大小原因客观地、全面地找出来，绘在因果分析图上。

因果分析图适用于分析交通事故的原因。它直观、逻辑性强、因果关系明确，因此便于采取相应预防措施。它既可以对事故总体进行分析，也用于对单项原因进行分析，还可对具体案

例进行分析。

9）排列图法

排列图法也叫巴雷特图法。它是找出影响交通事故主要原因的一种有效方法。这种方法有两个纵坐标、一个横坐标、几个矩形及一条曲线。左侧纵坐标表示事故次数或死亡人数、受伤人数等；右侧纵坐标表示事故发生频率（以百分比表示）；横坐标表示要分析的各个因素，按影响程度的大小从左至右依次排列；矩形高度表示某个因素影响效果的大小；曲线表示各因素作用大小的累计百分数，常称为巴雷特曲线。采用排列图来反映交通事故的主要原因时，通常把累计百分数分为三类：将0～80%频率的影响因素作为A类因素（关键因素），80%～90%频率的影响因素作为B类因素（次要因素），90%～100%频率的影响因素作为C类因素。如果全力解决A、B两类因素，就能够解决90%的交通事故问题。

排列图的制作过程如下：

①将发生事故的原因进行分组，并计算各组的频率数。

②将左纵坐标作为次数（频数）；将右纵坐标作为出现该类问题的次数占总次数的比重（频率）；将横坐标表示为事故分组，按各类因素出现的频数多少依次自左向右排列。

③将各因素的累计频数值以曲线连接，得出用坐标图表述的巴雷特曲线。

10）故障树分析法

故障树又称FTA（Fault Tree Analysis的缩写）图。故障树是工程上分析故障的一种方法。它应用在交通事故分析上，可定性地分析引起事故的直接和间接原因。

FTA图分析事故的步骤如下：

①找出与事故有直接联系的若干原因；

②把每一直接原因分解成若干个第二层原因；

③继续分解第二层原因；

④直到认为不能或不必继续分解为止。

将上述步骤的关系用约定的符号绘制成图形的形式，就得到FTA图。FTA图每层原因都与上层原因有直接关联，并且认为上、下层原因之间存在着逻辑“与/或”关系。

2.3.2　交通事故成因分析

交通事故的成因主要分为两类，即主观因素和客观因素。主观因素主要是指人为因素；而客观因素包括车辆、道路、交通、气候等因素。

（1）交通事故的主观成因分析

在所有交通事故中，90%以上交通事故的发生都或多或少含有人的因素，因此人是事故分析的主要对象。不同性别、年龄、体质的驾驶员，其生理、心理、感知、分析、判断和反应均不完全相同。而感知迟钝、判断不准、操作失误在事故中占绝大多数，其中感知错误所占的比重最大，这多半是由于驾驶员身体、生理、精神和情绪等状态以及年龄、经验等内在原因所致。

判断错误主要是对过街行人，如儿童或老人行动的方向速度判断失误以及看错了前方的道路线形，误判了对方的行动等所造成的，如驾驶员判断的车头间隔往往比实际的间隔小。

（2）交通事故的客观成因分析

1）车的因素分析

在大量事故统计资料中，由于车辆的各种故障而造成的交通事故虽不太多，但从预防考虑仍是一个重要因素，如转向系统、制动性、轮胎的技术性能均有影响。

不同性质或行业的车辆，不同动力性能的车辆造成的交通事故亦不同，社会车辆的交通事故多，主要由于企事业单位车辆零星分散、管理不善所致，一般专业运输车辆事故率较小。

从宏观角度出发的著名的研究成果，有根据从1930年到1950年若干国家交通量和交通事故的统计数据，进行国际性的比较求出的交通事故率之例，根据该研究可知每10万人的年度的死亡人数 D/P 与每千人汽车保有量 N/P 之间呈指数关系，即 $D/P = 0.0003 \times (N/P)^{1/3}$ 关系，对1960—1967年的统计数据也得出同样的关系。

此外，在城市中由机动车与自行车等造成的交通事故亦有一定的规律性。自行车占交通事故比重很大，须认真研究其预防措施。

2）道路与交通环境的因素分析

①道路的种类与规格

交通事故发生状况也因道路的种类、规格而变化。事故件数随着日平均交通量的增加而增加，而郊区高速公路上的事故比一般高速道路增加比例大。此外，交通事故件数与车道数也有关系，6车道道路比4车道道路事故增加比例小。

在一般国道上死亡事故件数较多。从1987年前后开始增加的情况看，一般国道、市镇乡村道的增加程度逐渐增大。

②道路线形对交通事故的影响

道路几何线形要素构成是否合理，线形组合是否协调，对交通事故有较大的影响。

a. 曲线半径

有10%～12%的道路交通事故发生在平曲线上，并且在半径愈小的曲线路段上，发生的交通事故愈多，即曲率愈大，事故率愈大，曲率在10以上的事故率剧增。表2-3是英国的格蓝维尔（Glanville）在白金汉（Buckinghamshire）调查的结果。

曲率与交通事故的关系 表2-3

曲率	交通事故率（每百万车英里）（%）	曲率	交通事故率（每百万车英里）（%）
0～1.9	2.6	6～9.9	3.8
2～3.9	3.0	10～14.9	13.6
4～5.9	3.5	15以上	14.9

b. 曲线的频率

曲线出现频率对道路交通事故的影响，只有在半径小于600m时才显示出来。在路上较频繁地设置曲线会相应地减少道路交通事故，对于大半径弯道，曲线设置频率的相对影响很小。如表2-4所示，随着道路弯曲度增加，事故数量迅速下降；相反，在1km内曲线数增加，曲线半径减小不可避免地会导致以死亡数为特征的事故严重性增高，如表2-5。

c. 转角

在平曲线路段上，转角对事故数量的影响要比曲线半径的影响大，当平曲线的转角不超过20°时，道路就不会超过“清晰视距矩形”的范围。所谓“清晰视距矩形”即离驾驶员50cm处

(挡风玻璃处),尺寸为10cm×6cm的范围,转角越大则事故率越高。

d. 陡坡

从表2-6德国高速公路统计资料可以看出,随坡度加大,竖曲线半径变小,事故率增加。

曲线频率与交通事故率的关系　表2-4

曲线半径(m)	1km内的曲线数	1百万车公里的事故数(次)
>580	0.3	1.6
	0.6~1	1.87
	2.5~3	1.5
580~290	0.3	3.06
	0.6~1	2.62
	2.5~3	2.6
<175	0.3	8.2
	0.6~1	3.7
	2.5~3	2.2

英国曲线频率与交通事故严重性的关系　表2-5

平均转角 [(°)·km^{-1}]	1百万车公里的死亡人数			
	曲线半径大于1 500m的曲线	曲线半径(m)		
		1 500~600	600~300	<300
0~25	0.75	0.75	0.63	5.38
25~50	0.56	0.56	0.56	0.93
50~75	0.44	0.31	0.56	1.00
175	0.25	0.31	0.63	0.75

坡度与交通事故率　表2-6

坡度(%)	交通事故率(每亿车公里)(%)	坡度(%)	交通事故率(每亿车公里)(%)
0~1.99	46.5	4~5.99	190.0
2~3.99	67.2	6~8.00	210.5

e. 线形组合

交通安全的可靠性不仅与平曲线形、纵坡有关,而且与线形组合是否协调有密切关系,即使线形标准均符合规范,但组合不当亦会导致事故增加。

f. 大纵坡与平曲线重合时,道路行车事故大大增加,如表2-7所示。

弯道与坡道重合产生的交通事故率　表2-7

纵坡(%)	沿下列半径的曲线行驶,在100万车公里上发生的道路交通事故数				
	>10 000m	3 000~4 000m	2 000~3 000m	1 000~2 000m	400~1 000m
0~2	0.28	0.42	0.40	0.50	0.73
2~4	0.20	0.25	0.20	0.70	1.06
4~6	1.05	1.30	1.50	1.85	1.92
6~8	1.32	1.65	1.70	2.00	2.33

g. 一个大平曲线上有几个变坡点，或一个竖曲线内有几个平曲线时，会使视线不平衡，驾驶员易发生判断错误。

h. 短直线介于两同向曲线之间形成断背曲线，使司机产生错觉，误看成反向曲线，发生操作错误，造成事故。

i. 凸形曲线顶部以及凹形竖曲线底部设小半径平曲线起点，前者使司机失去引导，后者使司机产生视觉误差，引起事故。

j. 凹形竖曲线过短易发生视觉错误，引起司机对上坡估计过陡，造成碰车、翻车。

k. 凸形竖曲线顶部或凹形竖曲线底部设反向平曲线拐点，也容易造成事故。

l. 视距

视距对交通事故影响很大，视距不良明显地增加事故率（表2-8），这在小半径弯道视距不良地段，小半径凸形竖曲线视距不良地段，交叉口与铁路平交处以及超车视距不足地段尤为明显。

双车道道路上视距与交通事故率 表2-8

视距（m）	交通事故率（每百万辆公里）（件）	视距（m）	交通事故率（每百万辆公里）（件）
<240	1.49	450～750	0.93
240～450	1.18	>750	0.68

③车道宽度对交通事故的影响

一些调查研究表明，车道宽度加宽事故减少。科布（Cope）曾将386km（240mile）长的两车道道路从5.5m（18ft）扩宽到6.7m（22ft），通过调查证明，道路扩宽后在交通量较少的地点能减少21.5%的事故率，在交通量大的地点可减少46.6%的事故率（表2-9）。

由于路面扩宽而减少肇事的比率 表2-9

扩宽前的交通事故率（每百万辆公里）（件）	减少比率（%）	扩宽前的交通量（辆/d）
<1.5	21.5	2 170
1.5～1.9	25.2	2 284
2.0～2.4	34.4	2 700
>2.4	46.6	3 006

路肩加固或拓宽后事故率会减小，但当路肩宽度大于2.5m以上时，对道路交通事故的影响就不明显了。

日本的车道宽度与交通事故发生件数状况如表2-10。由该表可知，随着道路宽度的增加，每公里事故发生件数增加，特别在相当于干线道路的13.0m以上宽度的道路上，事故发生的可能性较高。除此之外，交通事故也与道路性质相关，也因路肩、中央分隔带、路面状况而异。

道路宽度、昼夜间交通事故件数 表2-10

道路宽度（m）	昼	构成率（%）	夜	构成率（%）	合计	构成率（%）	每公里交通事故发生件数
<3.5	20 733	4.7	4 342	2.1	25 075	3.9	0.1
>3.5	78 881	18.0	21 958	10.7	100 839	15.7	0.1
>5.5	217 775	49.8	103 347	50.2	321 122	49.9	1.8

续上表

道路宽度(m)	昼	构成率(%)	夜	构成率(%)	合计	构成率(%)	每公里交通事故发生件数
>9.0	60 766	13.9	36 285	17.6	97 051	15.1	1.8
>13.0	45 120	10.3	32 165	15.2	76 385	11.9	5.5
>19.5	10 632	2.4	7 762	3.8	18 394	2.9	7.0
其他道路	3 227	0.7	1 004	0.5	4 231	0.7	—
合计	437 134	100.0	205 963	100.0	643 097	100.0	—

注:1. 道路宽度在人行道与车道分开时为车道宽度。

2. 对高速汽车国道、汽车专用道路等上下行车道由中央分隔带、隧道等分离时道路宽度为单向车道宽度。

设置中央分隔带可以防止两对向车流相撞,减少交通事故,如表2-11所示。

设中央分隔带对交通事故的影响　　表2-11

交通量(辆/d)	四车道上每100万车公里的事故率(件)								
	无分隔带			有分隔带			有分隔带与入口检查站		
	1	2	3	1	2	3	1	2	3
<5 000	1.94	1.0	5.6	0.31	3.1	—	—	4.0	
5 000~10 000	1.31	1.37	7.3	0.62	1.5	4.0	—	—	2.1
10 000~15 000	1.31	2.19	6.9	0.89	2.12	5.3	—	—	1.4
>15 000	3.9	2.55	4.1	—	2.74	5.1	—	—	1.5

注:在第1栏内为万德日利斯(荷兰)的资料;在第2栏内为拉法(英国)的资料;在第3栏内为别尔沃利德(美国)的资料。

④路面状态与交通事故的关系

路面强度、稳定性、平整度以及路面病害与交通事故有关,主要是路面光滑易发生交通事故。在美国宾夕尼亚的交通事故调查中发现,路面湿润、降雪、结冰时事故率分别为路面干燥时的2倍、5倍和8倍。英国格拉斯科市对路面粗糙化处理前后的事故率统计表明,粗糙化后大大提高了安全率,见表2-12所示。

不同路面状况同交通事故率(件)的关系　　表2-12

粗化前后	路面干燥	路面滑溜	路面不温而滑溜	路面积雪结冰	合计
粗燥化前	21	44	15	2	82
粗燥化后	18	5	4	0	27

从表2-13可知路面状态和照明对交通事故的影响。从表中可以看出,道路湿润和黑暗程度与重大事故增加有密切的关系;因降雪和冻结造成的事故在总事故件数中的比例不太大。

⑤交通状况对事故率的影响

a. 交通量。交通量与交通量事故率的关系受车行道宽度、路肩宽度、视距以及交通环境影响较大,从而难以孤立地分析两者的关系。一般地,在交通量小时,车辆行驶主要取决于道路条件和车辆本身性能,交通事故发生与这两者相关;随着交通量增大,交通条件占主流地位,由于车辆相互影响导致交通事故。研究表明交通量、车流速度与交通事

故的关系如图 2-15。

路面状态与照明对交通事故的影响 (单位:人) 表 2-13

地区		明(日光)				暗(夜间)			
		干燥	湿润	降雪,冻结	雾	干燥	湿润	降雪,冻结	雾
标准地区	死亡	1 385	162	1	9	955	261	9	9
	重伤	24 891	3 285	89	104	11 692	3 393	91	123
	轻伤	92 869	13 998	342	429	29 871	9 697	312	403
非标准地区	死亡	1 150	173	5	14	797	163	4	23
	重伤	9 924	1 620	88	169	5 015	1 124	56	171
	轻伤	21 004	3 979	205	388	8 381	2 411	168	317

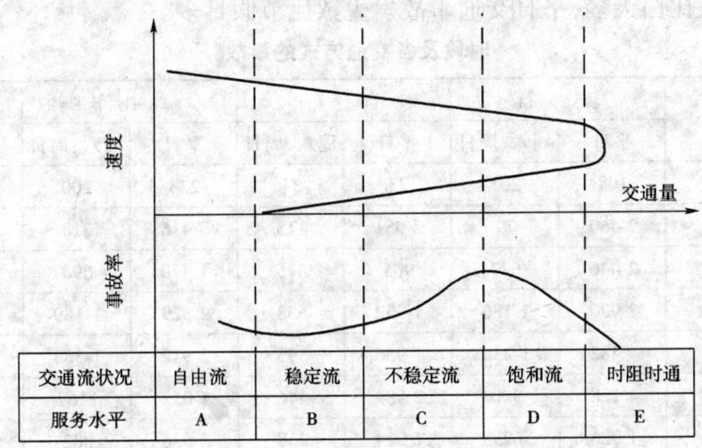

图 2-15 交通量、车速和交通事故的关系

b. 行车速度。研究表明,交通事故的多少与道路上各种车辆行驶速度的离散程度成正比,即车速太快或太慢均易肇事,而顺应交通流的一般速度则是安全的。

c. 混合交通与事故。在超车、快慢车多的路段以及机动车与非机动车混合行驶时,因各车辆间时速相差太大,均易发生事故。表 2-14 为交通流中载重车混合率与交通事故率的统计资料。它表明当混合率达 20% 时交通事故迅速增加。我国城市中机动车与自行车肇事件数约占总事故的 30% 左右,而主要是由于混合行驶、斜向冲突、交叉、正面冲突所致。

载重汽车混合率和交通事故率 表 2-14

小轿车与摩托车辆数	载重汽车辆数	载重汽车混合率(%)	每亿车公里交通事故率(件)
7 318	1 117	13.0	43
3 390	630	14.0	47
4 537	1144	20.5	72
2 945	780	21.0	97
2 065	600	22.6	142
703	225	24.3	118
875	325	27.0	145
3 660	1 450	28.5	184
2 340	1 105	32.5	195
4 415	3 420	44.5	260

d. 交通事故与信息特征。在复杂的高速车流中，驾驶员通过视觉、听觉、触觉等感官，从不断变化的交通环境中，获得各种信息，常见的有：突显信息（即行人或自行车突然闯到车前）；潜伏信息（即具有隐蔽性的信息、未被发现的有病的正在行驶的车辆、超高不足的弯道等）；微弱信息（即不易于接受的信息，如黄昏难以看清的障碍物，往往容易发生犹豫、疏忽甚至错觉）；先兆信息（即信息出现以前所具有的某种预兆，如酒后开车、超速行驶均为事故征兆）。

不同特征的信息使驾驶员产生不同的感受，产生不同的心理反应，引起不同的安全感，这些均与交通事故有很大关系，信息的安全感高于实际的安全程度则易发生事故，信息的安全感低于实际的安全感则比较安全。

e. 时段。表 2-15 为英国的统计结果。可以看出每一时段交通事故的发生情况。一般夜间死亡事故发生数比白天多，平日交通事故发生数比节假日多。

时段及各交通方式的事故 表 2-15

时 段	步 行		自行车		摩托车		汽 车	
	平日	周六、周日	平日	周六、周日	平日	周六、周日	平日	周六、周日
0 点—7 点	108	205	73	31	223	200	967	1310
7 点—9 点	2 460	79	2 051	113	3 416	218	4 862	813
9 点—12 点	2 046	677	904	375	1 470	698	4 152	1 896
12 点—14 点	2 990	1 186	1 252	558	2 529	1 189	4 529	2 623
14 点—17 点	4 482	1 236	1 956	595	2 912	1 364	5 668	3 178
17 点—19 点	4 128	900	2 589	446	4 052	1167	6 133	2 768
19 点—22 点	1 926	629	1 014	238	2 536	882	4 799	2 336
22 点—24 点	1 562	843	377	112	2 166	897	5 925	3 142

2.3.3 交通事故统计分析

交通事故统计是用数字的形式对交通事故的有关记录进行汇总、统计与分析。交通事故统计结果是计算事故分布的基础，统计的准确性和完整性对道路交通安全管理工作具有重要意义。交通事故常用的统计指标，主要有绝对指标、相对指标、平均指标和动态指标等几种。

（1）绝对指标

绝对指标是用来反映事故总体规模和水平的绝对数量，根据所反映的时间状况不同，绝对指标可分为时点指标和时期指标。前者反映某一时刻上的规模和水平，例如某一年的汽车拥有量、人口总数等，后者反映某一时间间隔的累积数量，例如某一年内或某一月份内的事故次数、事故伤亡人数等。

绝对指标是认识事故总体的起点，又是计算其他相对指标的基础，在事故统计分析中具有重要意义。我国目前在交通安全管理上常采用的绝对指标有交通事故次数、受伤人数、死亡人数和直接经济损失，即交通安全四项指标。

（2）相对指标

绝对指标虽然可以反映事故总体的概貌，但不能揭示总体内部的规律性。而且有些绝对指标由于没有共同基础而难以直接进行对比，为此就需要建立相对指标。

相对指标是通过对事故总体中的有关指标进行对比而得到的。利用相对指标可深入地认识交通事故的发展变化程度、内部构成、对比情况、事故强度等。此外，还可把一些不能直接进行对比的绝对指标放在共同基础上来分析比较。

相对指标可分为结构相对数、比较相对数、强度相对数以及动态相对数。

①结构相对数

事故结构即事故总体的组成状况。为了从结构方面认识事故总体，就需要建立结构相对指标。结构相对数的计算如下：

$$结构相对数(\%)=\frac{总体中某部分的数值}{总体全部数值}\times 100\% \tag{2-1}$$

②比较相对数

比较相对数有两种类型，一种是将同一总体中有联系的两个指标相对比；另一种是同类现象在同一时期内的指标数在不同地区间进行对比。其计算方法为：

$$比较相对数(\%)=\frac{乙地某种指标值}{甲地同种指标值}\times 100\% \tag{2-2}$$

③强度相对数

强度相对数是两个性质不同但有密切联系的绝对指标相互对比，例如事故死亡人数与机动车保有量之比、事故死亡人数与车辆总运行里程之比等，用以表现事故总体中某一方面的严重程度。事故统计分析中所用的事故率（次/万车）、伤人率（人/万车）、死亡率（人/万车）、经济损失率（千元/万车）即为强度相对数指标。强度相对数的计算方法为：

$$强度相对数(\%)=\frac{某一绝对指标数}{另一有联系而性质不同的绝对指标数}\times 100\% \tag{2-3}$$

(3)平均指标

平均指标是事故总体的一般水平的统计指标，其数值表现为平均数。平均数可以使总体各单位之间的同类指标数的差异抽象化，将共同性因素显现出来，以便于观察总体的一般水平。

平均数可分为算术平均数、调和平均数、中位数、几何平均数等。算术平均数又可分为简单算术平均数和加权算术平均数。

①简单算术平均数

计算公式为：

$$\overline{x_{简}}=\frac{\sum_{i=1}^{n}x_i}{n} \tag{2-4}$$

式中：$\overline{x_{简}}$——简单算术平均数；

x_i——总体中第 i 个单位的某种指标数；

n——总体中单位总数。

②加权算术平均数

计算公式为：

$$\overline{x_{加}} = \frac{\sum_{i=1}^{n} x_i f_i}{\sum_{i=1}^{n} f_i} \tag{2-5}$$

式中：$\overline{x_{加}}$——加权平均数；

f_i——总体中第 i 个单位的权数；

x_i——总体中第 i 个单位的某种指标数。

③几何平均数

计算公式为：

$$\overline{x_{几}} = n\sqrt{\prod_{i=1}^{n} x_i} \tag{2-6}$$

式中：$\overline{x_{几}}$——几何平均数；

x_i——总体中第 i 个单位的某种指标数。

(4)动态指标

为进一步认识事故现象在时间上的发展变化规律，需要一些动态分析指标。在交通事故统计分析中，常采用的动态分析指标有动态绝对数、动态相对数和动态平均数。

1)动态绝对数

动态绝对数包括动态绝对数列和增减量。

①动态绝对数列

就是将反映事故现象的某一绝对指标在不同时间上的不同数值，按时间先后顺序排列起来形成的数列。

②增减量

是指事故指标在一定时期内增加或减少的绝对数量。由于使用的基准期不同，增减量可分为定基增减量和环比增减量。前者在每次计算时，都以计算期前的某一特定时期为固定的基准期(一般取动态绝对数列的最初时期作为固定基准期)，用以表明一段时间内累积增减的数量；后者在计算时，都以计算期的前一期为基准期，用以表明单位时间内的增减量。

2)动态相对数

动态相对数是同一事故现象在不同时期的两个数值之比。动态相对数指标主要有事故发展率和事故增长率。

①事故发展率

是本期数值与基期数值之比值，用以表明同类型事故统计数在不同时期发展变化的程度。事故发展率又可分为定基发展率和环比发展率两种。

定基发展率即本期的统计数与基期统计数的比率，计算公式为：

$$K_g = \frac{F_C}{F_E} \times 100\% \tag{2-7}$$

式中：F_C——本期统计数；

F_E——基期统计数。

环比发展率即本期统计数与前期统计数的比率，即

$$K_b = \frac{F_C}{F_B} \times 100\% \tag{2-8}$$

式中：F_B——前期统计数。

②事故增长率

表明事故统计数以基期或前期为基础净增长的比率。增长率分为定基增长率和环比增长率。定基增长率即定基增减量与基期统计数的比率，即

$$j_g = \frac{F_C - F_E}{F_C} \times 100\% \tag{2-9}$$

环比增长率即环比增减量与前期统计数的比率，即

$$j_b = \frac{F_C - F_B}{F_B} \times 100\% \tag{2-10}$$

3）动态平均数

动态平均数包括平均增减量、平均发展率和平均增长率。

①平均增减量是环比增减量时间序列的序时平均数，可用简单算术平均数计算。

②平均发展率是环比发展率时间序列的序时平均数，采用几何平均算法。

③平均增长率可视作环比增长率的序时平均数，但它是根据平均发展率计算的，而不是直接根据环比增长率计算。

（5）事故率

道路交通事故率是表示一定时期内，一个国家、某一地区或某一具体道路地点的事故次数、伤亡人数与其人口数、登记机动车辆数、运行里程的相对关系。事故率作为重要的强度相对指标，既可表示综合治理交通的水平，又是交通安全评价的基础指标，应用广泛。根据计算方法和用途的不同，可分为亿车公里事故率、人口事故率、车辆事故率和综合事故率等，具体算法如下：

①亿车公里事故率

$$R_N = \frac{D}{N} \times 10^8 \tag{2-11}$$

式中：R_N——年间亿车公里事故次数或伤亡人数；

D——全年交通事故次数或伤亡人数；

N——全年总计运行车公里数。

亿车公里事故率是国际上广泛应用的一种事故率指标，其值越小，说明交通安全状况越好。

关于车公里数，可采用以下几种计算方法：以每辆车的年平均运行公里数乘以运行车辆数；用道路长度乘以道路上的年交通量（或由年平均日交通量推算出年交通量）；以所辖区全年总的燃料消耗量（升）除以单车每公里平均燃料消耗量（升/车公里）。

②百万辆车事故率

$$R_M = \frac{D}{M} \times 10^6 \tag{2-12}$$

式中：R_M——年间百万辆车事故次数或伤亡人数；

D——全年交通事故次数或伤亡人数；

M——全年交通量或某一交叉口进入车辆总数。

一般用百万辆车事故率计算交叉口的交通事故率。

③人口事故率

$$R_{\mathrm{P}} = \frac{D}{P} \times 10^6 \tag{2-13}$$

式中：R_{P}——每100万人的事故死亡率；

D——全年或一定时期内的事故死亡人数；

P——统计区域人口数。

④车辆事故率

$$R_{\mathrm{V}} = \frac{D}{V} \times 10^5 \tag{2-14}$$

式中：R_{V}——每10万辆机动车的事故死亡率；

D——全年或一定时期内的事故死亡人数；

V——机动车拥有量。

⑤综合事故率

$$R = \frac{D}{\sqrt{VP}} \times 10^4 \tag{2-15}$$

式中：R——综合事故率，也称死亡系数，即1年间或一定时期内道路交通事故死亡率；

D——全年或一定时期内事故死亡人数；

V——机动车拥有量；

P——人口数。

综合事故率是万车事故率与万人事故率的几何平均值，考虑了人与车两个方面的因素，但未考虑车辆行驶里程。

交通事故死亡率是交通安全评价的重要指标。但是，仅根据死亡人数确定的事故死亡率还不能全面地表明事故的伤害程度。因此，有时还必须采用事故当量死亡率这一指标。在当量死亡率中，事故死亡数除包括实际死亡人数外，还应再加上按轻伤、重伤折算的当量死亡人数。当量死亡人数按式(2-16)计算：

$$D_{\mathrm{s}} = D + K_1 D_1 + K_2 D_2 \tag{2-16}$$

式中：D_{s}——当量死亡人数；

D——死亡人数；

D_1、D_2——分别为轻伤和重伤人数；

K_1、K_2——分别为轻伤和重伤换算为死亡的换算系数。

系数 K_1 和 K_2 应遵循统一的折算原则制定，这样，这一指标就能比较全面地对交通管理的安全度做出评估。

在采用的事故分析指标中，绝对指标有事故次数、受伤人数、死亡人数和经济损失，相对指标有10万人口事故死亡率、亿公里运行事故率和死亡率、万公里道路事故死亡率等，平均指标有平均每起事故死亡人数、路段各区间平均亿车事故率，平均事故次数等。并针对我国事故资料的实际情况，对事故指标进行了以下改进和调整：

(1)针对我国没有车公里数的记载，采用统计时间段路段的交通量乘以该路段的长度来代替车公里的方法来计算亿车公里事故率。

(2)采用事故严重性指数(即事故死亡人数与受伤人数的比值)评价事故的严重性。

(3)根据当量事故总次数ETAN计算万车当量总事故率。

(4)根据事故死亡人数及其换算系数、当量交通参与者数量、当量机动车数量、公路里程及公路事故系数确定了事故强度,并进一步定义了交通事故的动态强度。

上述各项事故分析指标中,绝对指标是基础,相对指标、平均指标和动态指标都要通过绝对指标来确定;反过来,相对指标、平均指标和动态指标更确切地反映了通过绝对指标难以反映的事故规律。通过采用事故指标,研究事故分布的特征和规律,达到减少事故次数、降低事故严重程度的目的。

2.4 交通事故多发点(路段)鉴别

事故多发路段(点)是道路上交通事故相对集中的地方,自然成为交通事故防治的切入点和重点。事故多发路段(点)的鉴别既是解决现有道路交通安全问题的需要,也是为交通事故的预测和预防提供第一手的资料。

2.4.1 交通事故多发路段(点)的概念、特征及发展趋势

(1)交通事故多发路段(点)的概念

据国内外的有关资料,事故多发路段(点)的定义有多种不同的表述,但大都没有作相对精确的定义,国内更多的是使用“事故多发路段(点)”一词,国外则多称为事故黑点,因此事故多发路段(点)的鉴别也称为道路事故黑点鉴别。尽管“事故多发路段(点)”从字面上不难理解,但也正因为它过于通俗,以往在判断和处理事故多发路段(点)时往往凭一时的事故水平甚至主观感觉,以致于产生较大的随意性。因此,对事故多发路段(点)作一个定义,对客观、统一的判断和分析事故多发路段(点)是十分必要的。

澳大利亚Monash大学的K. W. OGDEN在《道路安全工程指南》一书中将事故多发路段(点)定义为:道路系统中事故具有无法接受的高事故发生率的位置。

湖南大学冯桂炎教授从事故的分布特征角度指出:事故密集分布的路段和交叉口称为事故多发点或路段。

北京工业大学任福田、刘小明教授则认为:“在计量周期内,某个路段的事故次数明显多于其他路段,或超过某一规定的数值时,则该路段即为危险路段。”

归纳起来,对事故多发路段(点)的定义虽略有差别,但基本概念还是比较一致的。

事故多发路段(点)是指:在较长的一个时间段内、发生的道路交通事故数量或特征与其他正常位置相比明显突出的某些位置(点、路段或区域),国外称为Accident prone Locations、Hazardous Locations或俗称Black-spots。

事故多发路段(点)的含义有几个重要的内涵:

①严格地讲,这里的“位置”可以是一个点,一个路段,整个一条道路,或一个区域。其中“路段”和“点”是最常研究的,因此,以往的资料一般称为“事故多发路段(点)”。“区域”仅在特殊条件下才进行。因此,在不讨论“区域”问题的时候,仍可采用“事故多发路段”一词,它应

包括点和路段。在对路网安全状况评价时，要判别某一条路为事故多发道路，可采用“事故多发道路”一词。

②事故多发路段(点)对评价的时间段有要求，即“较长一段时间”。这主要是为了避免事故统计的偶然性，这个“时段”的长度应根据所研究道路的运营状况分析确定，通常为1～3年，时间段不宜过短，如果过短，事故的偶发性过大，不能说明一般规律，容易将某些偶然集中发生的交通事故误认为是事故多发路段(点)；但也不宜过长，如果过长，则易受道路运营状况和环境变化的影响，难以反映出事故分布的真实情况。通常在选择的时间段内，项目级应无重大的改扩建工程，否则应分段分析研究。另外，所研究位置的交通量及交通组成等也应作为重要因素加以考虑；在评价的时段内，交通量和组成不应有重大的变化。

③定义中的道路交通事故的数量是一个广义的概念，它指的不仅可以是事故的绝对次数，也可以指死亡人数、受伤人数、各种事故率、死亡率、事故损失等不同指标。除了上述表征事故严重程度的指标外，某些事故特征的发生量和比例(如超速引起的事故比例、追尾或对向碰撞事故的比例等)也可以作为分析事故多发路段(点)的指标。

④定义中的“正常”和“突出”是事故多发路段(点)分析的关键点，也是安全评价的主要内容之一。“正常”与“突出”是相辅相成的，没有“正常”就无所谓“突出”；相反，不是为了寻找“突出”点，“正常”的判定也毫无意义。“正常”值的取得通常都来自于事故的历史资料，可以是研究对象本身的历史资料，也可以是相似道路的历史资料。

(2)交通事故多发路段(点)的特征

交通事故多发路段(点)应具有如下特征：

①时间特征

由于交通事故对于具体路段属于小概率事件。为了避免事故统计的偶然性，事故多发路段(点)时段的确定，通常为1年、2年或3年，目的是寻找出交通事故多发路段(点)的时间及空间分布规律，特别是突变性。

②空间特征

交通事故多发路段(点)表现为点特征、线特征及面特征，如交叉口、路段、局域路网。

③统计学特征

不同点、线、面交通事故频数差异分布的统计学意义。这就涉及交通事故的基础水平，地区差异问题，也是事故多发路段(点)确立的原则问题，因此事故多发路段(点)的确立具有极大的相对性。

④阶段性特征

由于经济发展不平衡，导致交通发展不平衡；交通安全发展不平衡，导致交通事故发展不平衡。事故多发路段(点)的确立标准具有相对性，因此交通事故多发路段(点)诊断标准具有阶段性特征。

⑤交通特征

交通事故多发路段(点)确立离不开交通特征，特别是交通流量、交通结构、交通需求、交通设计、交通管理等等，事故多发路段(点)是相比较而言的。因此强调事故多发路段(点)必须强调交通特征可比性。

⑥频率特征

研究地点交通事故相对的稳定性是确立交通事故多发路段（点）的前提，频率特征另一方面是强调事故的频数，而不是事故的严重程度。

⑦分级特征

由于交通事故多发路段（点）具有阶段性、交通特征、交通事故频率特征，对于交通事故多发路段（点）一定要分级管理，重点治理。

（3）交通事故多发路段（点）的发展趋势

1）事故多发路段（点）生成期特性

事故多发路段（点）的形成是在某一特定环境下驾驶差错多发形成的，如雾、雪等恶劣天气，因此事故多发路段（点）在时间上存在阶段性，即事故多发路段（点）发映出的非正常事故特性只是在某一时间段凸现；事故多发路段（点）也具有空间阶段性，即路网上的事故多发点常常是某一使交通流不匹配处；事故多发路段是使驾驶员驾驶资源枯竭处，如长直线路段的某一距离段，可使驾驶员产生视觉疲劳等；在人群分布上，事故多发路段（点）也存在阶段性，因为不同类型的人群在生理、心理、生活习惯、文化水平等方面存在较大差异、某一事故隐患可能仅触发某一人群的不安全行为，或者同一环境状态，对于某一人群是安全的，对于其他人群则可能是不安全的。

事故多发路段（点）生成期的特点为上述事故路段、点分布（时间分布、空间分布及人群分布）的单一性或综合性显现。单一性指事故多发路段（点）形成原因较为单一，由时间分布影响因素、空间分布影响因素或人群分布影响因素中的某一因素形成事故多发路段（点）；综合性指事故多发路段（点）形成原因较为复杂，由时间分布影响因素、空间分布影响因素或人群分布影响因素中的几个因素综合作用形成事故多发路段（点）。

在道路交通系统中，不同角色的人群不可避免地会出现失误（指人的行为结果，偏离了规定的目标或超出可接受的界限，并产生了不良影响的行为）。驾驶人员出现操作失误，管理人员出现管理失误等等。

失误可以分为以下两类：

①随机失误

由人的行为、动作的随机性质引起，与人的心理、生理原因有关。随机失误往往是不可预测的。事故多发路段（点）生成期期间，这种随机失误会逐渐由小概率事件累积为大概率事件，当发生概率超过某一阈值时，系统就会进入事故多发路段（点）高峰期。

②系统失误

由系统设计不足或人的不正常状态引发的失误属于系统失误。系统失误与工作条件有关，类似的条件可能引发失误再出现或重复发生。事故多发路段（点）高峰期是事故多发路段（点）生成期的突变，系统失误特征更为明显。

总之，在事故多发路段（点）生成期期间，事故多发路段（点）处的交通驾驶环境会使人的失误逐渐增多，当由失误引起交通事故达到或超过某一阈值，系统就会由事故多发路段（点）生成期发展为高峰期。

2）事故多发路段（点）高峰期特性

交通安全是各要素相互耦合的交集效应，安全隐患往往是耦合匹配关系减弱时的非交集结果。

事故多发路段(点)高峰期是生成期的延续,此时交通行为与交通法规约束条件不对称、交通管理与交通需求不对称、交通流特性与路网结构不对称、交通信息与交通技术不对称、交通方式与交通政策不对称、静态交通与动态交通布局不对称、交通不同需求群体行为和道路功能匹配性不对称等一系列不协调问题已经凸现,系统抗干扰性最弱,多因素作用机理复杂;时空有序状态和无序状态相互叠代的变动系统完全处于无序状态;事故因素的积累效应,已经大大超越系统固有损伤承受极限,系统的隐患、危险已向事故突变。

3)事故多发路段(点)下降期特性

对两处采用不同安全改善措施的事故多发路段(点)进行安全研究,两种安全措施被应用之前,两个地点的事故危险趋势同为 R_1,且设两种安全措施开始采用的时间为第 0 年(图 2-16),两种不同的安全措施效果迥然不同,在第①处,交通行为是逐渐改变的,表示着道路使用者随着对这一新的安全措施的日益熟悉,其交通行为日趋安全,以至于 3 年以后,事故危险性趋于零。而在第②处,其效果则完全不同。一开始,交通行为就发生了剧变,道路使用者在这一新的安全措施下,是极为谨慎小心的,从而使事故危险急剧下降趋于零,而随着时间的推移,道路使用者对这一安全措施日渐不以为然,而导致交通行为麻痹松懈,以致事故危险日益上升,直至恢复到采用安全措施之前的事故危险水平。

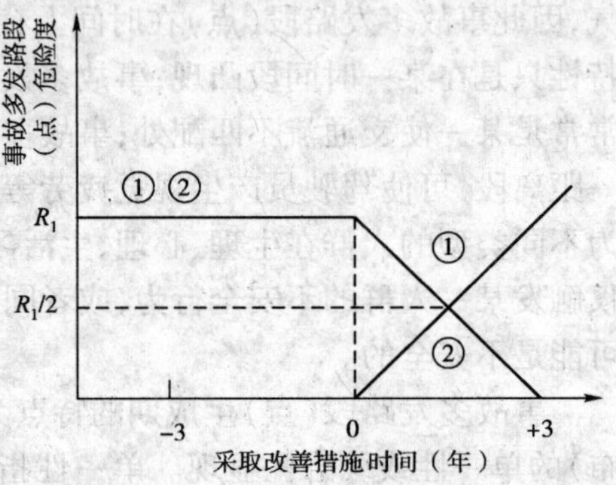

图 2-16　两种改善措施所导致的事故危险变化趋势

很显然,大多数情况的发展过程与前面所提到的是相似的。由于人的感知功能的变化,所以某一项安全措施效果在开始时的效果往往是很大的。同时,由于感知觉的特点,其发展趋势也可能发生变化。因此,不仅要考虑整个时间范围内的行为和事故危险的变化,而且还要考虑到其事故危险的趋势性质,即在某些时间阶段将呈下降趋势,而在另一时间阶段,事故危险性又将呈上升趋势。

4)事故多发路段(点)平稳期特性

由事故多发路段(点)下降期特性可知,事故多发路段(点)平稳期是一个动态稳定期,即前一阶段的诱发交通事故的主要因素已经被消除,同时交通安全系统本身具有向安全、有序化方向发展的趋势,因此,系统成分在空间位置、活动时序和功能关系上遵守相关规定,故事故多发路段(点)处于平稳期。

但交通安全管理要素之间存在着耦合效应问题,科学技术的发展使事故具有技术密集性、隐蔽性、物质高能性,一旦耦合匹配关系减弱,就有可能出现安全隐患。交通系统组成成分数量巨大,信息技术、通讯技术等等使系统要素耦合关系变得更加微妙,同时系统要素本身就具有不确定性,从而导致系统发展的不确定性。此时,诱发事故的次要原因可能转变成主要原因,为此,事故多发路段(点)的治理是一个系统工程,是一个闭环效应。

2.4.2　交通事故多发路段(点)调查的目的与意义

从道路安全工程研究的角度,事故多发位置鉴别的目的是"通过对事故多发段点的道路交通环境、人文、特征等与事故(类型、特征、原因)的关系的研究,发现影响道路安全的因素和规律,用于指导今后的道路与交通设计。"

分析典型是科学研究的基本方法,事故多发位置对研究交通事故与道路的关系就具有典型意义,它是事故的集中表现,事故达到一定数量特别是事故的某些特征的重复出现,有利于分析事故的特点、原因,从而获得规律性的东西。因此,对事故多发位置的研究在国内外都开始得很早,并成为道路安全研究的两大应用领域之一(另一应用领域是道路安全评价)。

从单个道路交通事故来看,它的发生具有很大的偶然性,虽可找到最直接的诱因,但实际往往是驾驶员、车辆和道路等诸多因素综合作用下的结果。如果事故与道路因素基本无关,则事故的发生地是随机的。换句话说,从事故在道路上的分布来看,如果沿道路每一处的交通运行环境均不存在缺陷,事故与道路因素无关,则事故沿道路的分布是随机的。虽然,不能说道路上零星分布的事故与道路无关,但如果在道路的某些点或路段,事故呈现集中的特点(特别是某一类事故呈集中的特点),则可以肯定地说这些事故与道路交通环境显然存在某种联系,常与公路线形、交叉口设计、交通安全设施和道路周边环境等因素密切相关。因此,事故多发位置对研究事故与道路的关系具有特别的意义,同时,这也是公路设计和管理部门应特别关心的问题。

从事故多发位置本身来看,它所占道路的长度通常很少,却集中了较大比例的交通事故,严重的会形成所谓的"魔鬼路段"、"老虎口",具有极大的危害性。如某国道 K1461 ~ K1463,在 3km 的路段上 3 年发生事故 49 起;某高速公路山区段 K313 + 950 ~ K316 + 065 在 2.1km 的路段上 4 年累积发生事故 129 起,仅在 K313 + 950 ~ K314 + 000 不足百米的路段上就发生 19 起事故;某山区高速公路 K483 + 300 ~ K484 + 000 在该 700m 的路段上 1998 年一年发生交通事故 6 起。每公里事故率大大高于其他路段。

从工程的角度讲,事故多发位置的鉴别与改造是改善道路安全状况的有效技术途径,大部分情况下也是最为经济的。

鉴别并对鉴别出的事故多发位置采取有针对性的改善措施,能以最小的投入,最大限度地降低全路的事故率,可取得较大的社会和经济效益。以某国道岳阳至长沙段为例,全线 140km 范围内,包含事故多发路段的道路长约 33km,占全路长的 23.5%,而在这 33km 上发生的事故数为 365 起,占全路事故的 47.5%;其全线 3 年每千米事故的平均值为 5.73 起,而上述事故多发路段 3 年每千米事故的平均值达 11.06 起,如通过事故多发路段的鉴别和整治使其事故率下降到平均水平,则全线事故可下降 22.3%。从全国来看,1999 年全国公安交通管理部门共受理道路交通事故 412 860 起,83 529 人死亡,286 086 人受伤,造成直接经济损失 212 401 万元,如能通过事故多发路段的鉴别和整治使其事故率下降 20%,则全国可平均减少事故 8 万多起,减少直接经济损失 4.2 亿元,社会和经济效益显而易见。

对事故多发位置上发生的典型事故案例进行分析,一方面可以找到事故的主要原因并加以整治,从而改善现有道路的安全水平。更重要的一方面是通过事故多发位置研究可以获得事故与道路交通条件之间的联系,找出道路交通设计中的缺陷,而从各单项指标看,这些缺陷往往并不违反现有的设计规范的规定,其研究结果可为道路安全评价提供技术支持,通过道路安全评价,将一些安全隐患消灭在规划、设计阶段。显然,这方面的意义要大于事故后的道路环境整治。

2.4.3 交通事故多发路段(点)调查需要的交通数据

道路事故数据涉及许多方面,从记录对象划分,完整的道路交通事故数据可分为事故和环境两个方面。

(1)事故方面的数据

事故方面的数据包括事故地点、事故对象、事故形态、事故类型、事故结果和事故原因等,是对所发生事故的描述。

1)事故地点

事故地点的记录方式通常可以以“线”和“点”两种方式作为索引,以线作为索引即是以道路里程桩号作为定位标志,确定事故发生的位置。这种方法使用最为普遍,一般路段事故都采用这种方法;以点作为索引是以道路上的一些特征位置作为定位标志,最常见的有平面和立体交叉口、道路的出入口、路线上的特征点等。

桩号定位有位置明确、数据记录、存储方便、容易与道路数据联系的优点,但当道路里程桩不全的时候会给定位带来误差;特征点定位有位置明确、能有助于反映事故特征和原因的优点,但数据记录、存储麻烦,用计算机进行计算统计往往无法处理。因此,在实际应用中最好两者结合使用,以桩号定位为主,辅以位置特征说明,发挥两者长处。

另外,事故位置的确定还可以采用坐标法,以大地坐标或局部坐标作为定位标志。由于事故现场的坐标确定在实际操作中较复杂,通常不直接采用坐标来定位,但在事故信息系统中,为了建立图形数据之间的相互联系,必须采用坐标。

2)事故时间

事故时间应记录:年、月、日、时刻。时刻应记录到“分”。

3)事故对象

事故对象是指事故涉及的所有对象,包括:机动车、非机动车、人、动物和路边或路中的物体。

首先应记录事故的当事方的情况:是车—车相撞,人—车相撞或车—物相撞。事故可以是单车事故、两个当事者之间的事故、也可能是两个以上的当事者的多重事故。一般记录中以第一、第二当事者为主要对象,其他当事者根据涉及的直接程度列为第三、第四当事者。

其次,记录当事各方的情况:

机动车和非机动车数据包括:车种、车牌号、车况(特别是有无故障)。

当事人数据包括姓名、性别、年龄、职业、驾龄、身体状况(酒后、疲劳、突发疾病等)和出行目的。

动物和物体数据比较简单,一般只记录名称和位置。

4)事故对象的行为状态

事故数据记录的是发生事故时事故对象的行为状态。车辆可能是在正常行驶,也可能是在起步、倒车、变换车道、超车、转向、加/减速、制动、停车等状态;交通事故中的人除了机动车驾驶员、乘车人、骑车人外,最多的是行人,行人发生事故时的形态可能有:路边行走、穿越道路、路边站立等;乘车人通常在交通事故中总是被动的和无过错的,但也有特殊的情况,如:强行扒车、跳车等。事故对象行为在交通记录中是一项十分重要的数据,它可以帮助交警部门判

断事故的原因和责任。另一方面,也有助于公路管理部门发现在设计、施工和管理措施上的问题。目前交通警察部门关于事故对象行为的记录一般以事故现场草图形式表示。

5)事故形态

事故形态指的是事故发生后的具体事态。单车的事故形态可分为:翻车、坠车、失火等。车辆与车辆之间事故形态可分为:碰撞、刮擦等。根据车辆与车辆之间的相对位置和运动方向,碰撞可分为:对撞、对向侧撞、同向侧撞和尾撞。刮擦可分为:同向刮擦和对向刮擦。另外单车事态也可以在多车事态发生后重复发生。车辆与人之间的事故事态可分为:碰撞、刮擦、碾压、拖挂等。车辆与固定物体之间的事态分为:碰撞、刮擦等。事故形态常决定了事故的后果,也可用来判断事故的原因和责任。

6)事故结果

事故的结果包括:死、伤人数,车辆和设施损坏情况等,并由此可计算出直接经济损失和间接经济损失。在此基础上,还可以确定事故等级。我国现行的《道路交通事故处理办法》(公安部1991年)将事故分为轻微事故、一般事故、重大事故和特大事故。

7)事故的原因

交通事故的发生原因往往是很复杂的,既有主观原因,也有客观原因;既有直接原因,也有间接原因;既有显性原因,也有隐性原因。当然,作为交通的参与者,不外乎有人、车、路三方面。按照对事故影响的直接程度、一般的交通事故数据按主要原因和次要原因记录。

①人的原因

人的原因主要是指人的过失行为,包括:违反交通法规及其他有关的管理规定、疏忽大意和操作不当。

违反交通法规及其他有关的管理规定在事故记录中占有很大一部分的比例,主要有:违章超车、超速行驶、争道抢行。另外还有酒后驾车、无证驾驶、违章装载、疲劳开车等。骑车人的违章行为有:进入快车道行车、突然拐弯、突然穿越马路等。行人的违章行为有:乱穿马路,违章跨越隔离栏等。

疏忽大意主要是指由于心理或生理方面的原因造成注意力不集中,反应迟钝,对情况判断失误导致事故的情况。

操作不当是指驾驶员由于技术原因,对情况做出错误的反应,采取错误的动作导致事故。

②车的原因

车辆原因主要是指:使用过程中由于保养检查不够、失修或机件调整不当等造成的事故。如制动或转向失灵、制动转向灯损坏等。

③路的原因

道路的原因有很多方面,主要的有:道路结构方面的缺陷,如路面损坏、路肩松软等;交通条件方面的缺陷,如交通混乱、平面交叉渠化不当、标志标线不全等;线形方面的缺陷,如视距不良、急弯陡坡、局部瓶颈等。另外还有路侧环境的缺陷,如建筑物离路过近、行道树遮挡视线、路侧加油站、商店进出口设置不当等。

需要指出的是:在人、车、路三方面的原因中,人和车的问题比较容易确定责任,而道路方面的原因除明显由于当时的养护管理不当引起的事故外,其他问题按照目前的法律法规很难确定责任。因此,在现有交通事故数据中道路原因的记录明显较少。这也是道路管理部门在进行安全分析时应特别注意的。

(2)环境方面的数据

环境方面的数据包括了除交通事故涉及者(人、车、车载物体)之外的交通外部因素,它涉及道路设施、交通设施与管理、天气气候条件、照明条件、路侧环境、交通环境等多个方面。如果说事故方面的数据大多与事故有着直接和显性的联系的话,则环境方面的数据往往只是间接的和隐性的。虽然统计数据显示与道路环境因素直接有关的交通事故约为30%,但许多安全专家指出道路交通的环境因素对事故的影响远不止这么多。在很多情况下,道路、交通环境影响、诱导了人的行为。

①道路设施

道路设施数据包括道路几何设计要素(如平曲线半径、缓和曲线要素、纵坡、竖曲线半径、路面宽度等)、道路路面条件(如路面类型、路面损坏程度、路表摩擦系数、路肩质量等)、道路设施数据还包括视距条件等。

②交通设施与管理

交通设施与管理数据包括控制与管理方式(对路段可以是全封闭、半封闭和不封闭、对交叉口可以是信号灯、无信号灯、环形交叉或立交等)以及与控制和管理方式相对应的交通标志、标线、分隔栏和信号灯等。

③天气气候条件

天气气候条件包括晴天、雨雪天、雾天、路面冰冻、积雪等。

④照明条件

照明条件主要指黄昏或晚上、有无照明、照明方式等。

⑤路侧环境

研究表明,路侧环境对交通事故影响很大。路侧环境包括非等级道路交叉口、路边店、加油站、工矿企业进出口、路边村庄、单幢建筑物、树木植被等影响人心理行为的因素(如路两侧的坟地、阴森的自然环境、过于吸引人注意力的自然或人造景物等),特殊情况下还有路侧一些工厂的污染等。

⑥交通环境

交通环境是指交通的产生和出行影响,如交通量、交通饱和度、地区车辆保有量、人口、车速分布等。

在事故数据和环境数据两者中,事故数据是道路安全分析最基础的数据,而环境数据对安全分析则是非常关键的。从某种程度上说,事故数据的最大贡献在于发现事故,而环境数据则能引导我们找出事故潜在的根本原因和所应采取的改善措施。

2.4.4 交通事故多发路段(点)分析

道路交通事故是驾驶员、车辆、道路、环境以及管理等系统相互间的匹配性失调造成的。本节主要针对车辆、道路环境以及管理等事故多发路段(点)致因因素进行分析。

(1)车辆因素

我国2001年因车辆原因引起的道路交通事故占事故总数的3.75%,在高等级道路上这一比例更高,明显高于发达国家2%的比例。汽车安全性能是客观原因之一。另一因素为我国对驶入高等级道路的车辆安全技术性能检查上力度不够、措施不当，致使在道路上行驶的部分车辆存在着较为严重的故障隐患。

据统计，我国 2001 年道路上引发交通事故的车辆故障因素主要为制动失效、制动不良、灯光失效以及其他机件故障等，前两者所占比例之和高达 61.2%。

（2）道路环境因素

在交通事故原因分析方面，普遍存在一种尽量从驾驶员或车辆方面寻找原因的倾向。因此，我国道路交通事故统计中由道路及其环境因素造成的事故比例较低。2002 年事故统计中由道路环境因素造成的道路交通事故所占比例不到 1%，而美国、英国等发达国家所占比例分别达到 31.8% 和 34%。这在一定程度上降低了研究者对道路环境因素的关注程度，对道路交通安全状况的改善也起到了一定的负面作用。

道路及其环境因素实际上是交通事故多发的一个重要原因。道路交通事故在道路空间分布上有分散型和密集型两种。分散型分布的事故多与驾驶员及其他道路使用者的不安全行为以及车辆因素有关；密集型分布的事故多与道路环境因素有关，这种类型的分布常造成道路交通事故多发路段（点），其事故成因分析时应侧重于道路状况及其附属设施、相关环境因素的分析。

①道路直线线形

在对新疆地区某公路直线长度大于 5km 的路段及两端平曲线的调查发现，直线路段的事故率达 85% 以上，一半以上直线路段的事故率达 100%。原因是长直线路段易使驾驶员产生单调、疲劳、反应迟钝，在超车或遇到紧急情况时判断失误或反应不及时引起交通事故。

对长直路段长度的限制，国际上尚无严格规定，有的提出行车间隔 2 ~ 4min 应有一个弯度，有的提出每隔 2 ~ 3km 就该有个弯度。城市道路环境复杂，对于直线长度的约束较少，但郊县、乡村道路则必须加以限制（表 2-16），具体设置的时候还需要结合地形地貌综合考虑。

郊县、乡村道路直线长度限制值　　表 2-16

设计速度（km/h）	60	80	100	120
直线长（m）	400 ~ 1 500	600 ~ 2 000	800 ~ 2 500	1 000 ~ 3 000

②道路曲线线形

当车辆在曲线道路上行驶产生的离心力大到使车辆失去平衡时，车辆便可产生滑移或者颠覆。据统计，因曲线设计不合理造成的交通事故占 12% 左右。

公路设计中，路线设计技术人员在确定路线转向以及选取曲线半径时，不能仅从工程上考虑满足车辆安全行驶要求。

③路面状况

当光滑路面与弯道、陡坡、视距不良等条件耦合在一起时，发生事故的可能性很大。国内某公路事故多发路段 1 年发生事故 13 起，其中有 7 起是因为冬天路滑引起的，占事故总数的 63.6%。

路滑事故的发生往往是弯道、陡坡等不良条件综合作用的结果。我国的研究表明，加铺抗滑表层后可使雨天交通事故减少约 80%。

④路侧环境因素

道路两侧的交通吸引点经常有车辆、行人进出，使正常运行的车流受到很大影响；路边停靠的车辆是促使其他车辆违法占道行驶的重要原因，违法占道行驶造成的交通事故占事故总数的30%。

路侧建筑物、树木或季节性农作物是影响视线的主要屏障物。事故的数量与交通量以及交叉口的视距有密切的联系，因视距的影响使得很多交叉口成为事故多发点。

(3)管理因素

我国道路交通相关部门众多，其工作内容包括交通规划、交通设计、交通建设、交通运营、交通管理等。各部门之间职能交叉，相互间的机制协调、标准协调、监督保障目标协调等尚需进一步完善。国内外部分国家的道路交通管理分工如表2-17所示。

从表2-17可以看出，国外立法与执法是分离的，这样有利于执法的效率与公正，有利于道路安全水平与运营效率的提高。

交通安全管理强调管理的闭环效应，即规划→设计→建设→运营→管理→再规划的无缝衔接、多通道反馈模式(图2-17)。目前存在的问题主要表现为道路规划中的安全内容缺乏，缺少相应的道路交通安全规划。

国内外部分国家道路交通管理分工　　表2-17

交通建设与管理		国别					
		美国	英国	法国	瑞典	日本	中国
交通法规的制定		T	T	T	T	P、T	P、T
驾驶员与执照	驾驶员培训	T	T	T	T	P	T
	执照发放	T	T	T	T	P	P
汽车牌照	车检	T	T	T	T	T	P、T
	牌证发放	T	T	T	P	T	P
道路标志、标线	设置	T	T	T	T	T	P、T
	执行	P	P	P	P	T	P、T
交通讯号	设置	T	T	T	T	P、T	P、T
	执行	P	P	P	P	P	P、T
交通事故	事故处理	P	P	P	P	P	P
	事故分析	T	T	T	T	T	P、T
安全教育		P	P	P	P	P、T	P、T

注：T-公路交通部门；P-公安警察部门。

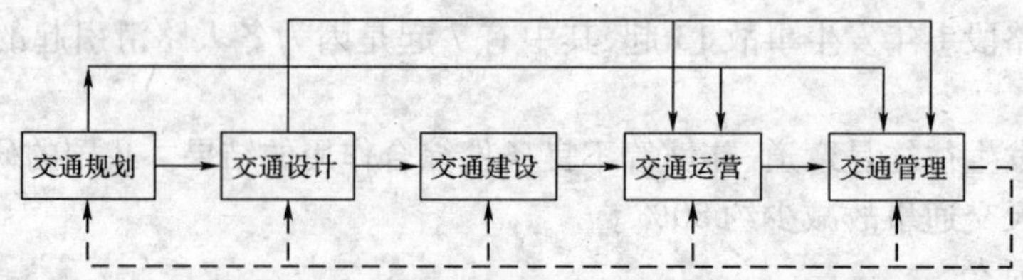

图2-17　道路交通无缝衔接管理模式

2.4.5 交通事故多发路段(点)位置鉴别指标和方法

(1)交通事故多发路段(点)位置的分类方法

事故多发位置可以在不同的范围、不同的深度上进行研究,发生的事故在道路上的集中程度也不尽相同,由此,其评价指标、鉴别方法也各有不同。

由于完整的事故数据的获得相对较困难,结合实际工作经验,根据研究范围和深度,建议将事故多发路段(点)位置分为路网级和项目级。

1)路网级

路网级主要是对整个路网的安全状况的评价,从而发现:

①路网中事故较多的道路

找出路网中事故较多的道路,主要是为了了解路网上的各条道路的事故状况和新的道路安全的关键因素,为进一步制订事故多发路段的改造方案提供依据。

②路网中事故较集中的区域

路网中事故较集中区域的鉴别较多的用于城市道路网、居民区、商业区等。在公路网中可以对具有不同特征的地区(或县),如山区县和平原县、人口密集地区和人口稀疏地区的比较进行安全评估。其结果可以对具有不同特征的地区的安全状况作出评价,提出道路规划、设计和管理中的各自不同的安全对策;同时也为进一步研究提供目标。

③路网中某一事故特征集中的位置分布

在路网中进行某一事故特征集中的研究是十分有意义的。它可以是具体位置特征的分析,如路网上的所有平面交叉口事故研究、路网上所有城镇过境段事故研究。也可以是某一事故类型的分析,确定路网内某一特定类型事故的主导原因,如路网上所有尾撞事故的分布研究等。这部分分析从研究深度上讲比较微观,有区别于前两类分析。

2)项目级

项目级的事故多发位置鉴别通常以一条道路(较长的公路也可以是其中一段)为范围进行事故多发路段或事故多发点的研究。这样的分析是在微观层面上的,与前面所述的澳大利亚的分类方法基本相同,这里不再展开叙述。

从上面的分类分析可以看出:不同层次、不同范围的事故多发位置的鉴别有着其不同的目的和要求。同时,不同层次、不同范围的事故多发位置的鉴别对数据也有不同的要求。反过来,数据也会对鉴别指标和方法的选用产生影响,有时甚至是起决定性作用的。

(2)交通事故多发路段(点)位置鉴别指标

1)绝对数

绝对数指标是反映交通事故状况的基本指标,常用的有:事故次数、死亡人数、受伤人数、直接经济损失等,习惯上称为 4 大指标。

绝对数指标简单、清晰,是其他评价指标的计量基础。上述绝对数一般在事故记录中可直接获得。但是绝对数指标是静态的、孤立的,无法反映实际道路、交通条件的差异对事故的影响。特别是用于路网级道路事故多发位置的鉴别时,由于路网内各条路的交通量不同,失去可比性。因此,除绝对数指标外,人们通常用相对数作为事故的评价指标。

2)相对数

在相对数指标中，人们引入了一些事故关联因素作为比较的基础，这些关联因素与事故有着直接或内在的联系，从而使相对于这些关联因素的事故指标有较好的可比性。这样的关联因素很多，常用的有：车辆保有量、交通量、人口、区域面积等。

①公里事故率

公里事故率即平均每公里的事故数，也称事故频数。由于将公路长度作为考虑因素，使事故次数更具有可比性，是仅次于事故次数的基础指标。

$$R_L = \frac{A}{L} \tag{2-17}$$

式中：A——事故数量，起；

L——公里长度，km。

②车辆事故率

车辆事故率表示在一定区域内按单位机动车保有量所平均的交通事故数，最常用的是万车事故率。

$$R_V = \frac{A}{V} \times 10^4 \tag{2-18}$$

式中：R_V——万车交通事故率，起/万车；

A——事故数量，起；

V——机动车保有量，辆。

同上，将事故数量 A 换成其他绝对值指标，如死亡人数、受伤人数、直接经济损失等，则车辆事故率还可表示万车死亡率、万车受伤率、万车损失率等。

当研究的区域范围变大，机动车保有量数量较大时，为方便起见，事故率也可用百万车或亿车来计量。

③人口事故率

人口事故率表示在一定区域内按人口所平均的交通事故数（死亡人数、受伤人数、直接经济损失）。其表达式为：

$$R_P = \frac{A}{P} \times 10^4 \tag{2-19}$$

式中：R_P——每万人交通事故率，起/万人；

A——事故数量，起；

P——区域内人口总数，人。

④综合事故率

综合事故率是万车事故率与万人事故率的几何平均值：

$$R_{PV} = \frac{A}{\sqrt{V \times P}} \times 10^4 \tag{2-20}$$

式中：R_{PV}——综合事故率，当 A 采用死亡人数时，R_{PV} 也称死亡系数；

A——事故数量，起；

V——机动车保有量，辆；

P——区域内人口总数，人。

⑤车公里事故率

车公里事故率是指在一定区域内，按所有机动车行驶一年的公里数总和所平均的交通事故数（或伤亡人数）。通常以百万车公里事故率或亿车公里事故率来表示。

$$R_K = \frac{A}{K} \times 10^8 \tag{2-21}$$

式中：R_K——1年间每亿车公里事故数，起/亿车公里；

A——区域内1年总运行车公里数事故；

K——域内1年总运行车公里数。

总运行车公里数是一个宏观的平均值，可以有几种方法估算：

$$K = \text{区域内每车辆的年平均运行公里数} \times \text{区域内总车辆数}$$

$$K = \text{各分段公路长度} \times \text{各分段公路上统计年内的交通量}$$

$$K = \frac{\text{区域内全年总的燃料消耗量(L)}}{\text{单车每公里平均燃料消耗(L/车公里)}}$$

3）当量事故数与当量事故率

相对数指标虽然考虑了相关因素，但大多是对某一因素单独考虑、计算，每一种事故率都反映了事故的一个侧面，而对综合因素的反映是不够的，既然事故是多因素综合作用的结果，则应采用一些综合指标。以下介绍的是一些国家采用的事故综合指标。

①当量事故次数

当量事故次数，有时也称当量死亡人数。它是考虑到在交通事故中，事故次数对事故严重性的描述不够，同样的事故次数，严重程度不同，其损失及对社会的危害程度也不同，不能将不同严重性的事故数简单地累加，而是根据死亡、受伤及经济损失等对社会危害性的大小赋予不同的权值，提出当量事故次数。常用的算法有：

a.
$$A_{EQ} = A + k_1 D + k_2 W + k_3 L \tag{2-22}$$

式中：A_{EQ}——当量事故数；

A——实际事故次数，起；

D——死亡人数，人；

W——受伤人数，人；

L——直接经济损失，万元；

k_1、k_2、k_3——死亡、受伤和直接经济损失的权重。

b.
$$B_{EQ} = D + k_1 D_G + k_2 W_F + k_3 L \tag{2-23}$$

式中：B_{EQ}——当量死亡人数；

D——实际死亡人数，人；

D_G——重伤人数，人；

W_F——轻伤人数，人；

L——直接经济损失，万元；

k_1、k_2、k_3——重伤、轻伤和直接经济损失的权重。

②当量事故率

当量事故率是以当量事故数（当量死亡数）来计算前面的各种事故率，从而更综合的反映

事故水平。如当量车公里事故率为：

$$R_{KEQ}=\frac{A_{EQ}}{K}\times 10^{8} \tag{2-24}$$

4)致死率

致死率是通过死亡人数占伤亡人数的比例来表征事故的严重水平。

$$d=\frac{D}{W+D}\times 100\% \tag{2-25}$$

式中：d——致死率或死亡率，%；

D——死亡人数，人；

W——受伤人数，人。

综合以上各项指标，它们都具有各自的特点，都从不同的侧面，不同的深度反映了事故的水平。

(3)交通事故多发路段(点)位置鉴别方法

国内外在鉴别事故多发点时，经常采用的方法有事故频率法、事故率法、矩阵法、质量控制法、当量总事故次数法、临界率法、基于统计推导的鉴别法、累计频率曲线法、横断面安全系数法、全系数法及道路事故鉴别专家系统法等。

1)事故频率法

该方法选取一临界的事故次数作为鉴别标准，如果某路段的事故次数大于临界值，则被认为是事故多发点。该方法的优点是计算与选择方便，一目了然；缺点是当若干地点事故次数相差不多时，难以做出客观的判断，即该方法没有考虑不同地点的道路环境条件及交通条件差异，可能导致将非事故多发点当作事故多发点进行改善。因而该方法只适用于鉴别小型的交叉口或道路系统。

2)事故率法

20 世纪 40 年代以后，发达国家普遍开展了交通量调查工作。在鉴别事故多发点时，具有了交通量数据，因此，在道路交通安全评价中提出了事故率法。对路段而言，该方法以每年百万车公里的事故次数作为评价标准，交叉口则以百万车的事故次数作为评价标准。当路段或交叉口的事故率超过某一可接受的临界值时，即被认为是事故多发点。由于考虑了交通量与路段长度的影响，该方法要优于事故频率法。但是，这种方法容易导致两种情况：具有低交通量、低事故数的路段拥有高事故率；而具有高交通量、高事故数的路段拥有低事故率。因此，当以它作为唯一标准进行事故多发点鉴别时，同样也可能导致将非危险路段当作危险路段进行改善，或滤掉了更为危险的路段。

3)矩阵法

该方法也称事故次数和事故率综合法，即把事故次数和事故率结合起来作为鉴别事故多发点的标准，水平轴代表事故次数，垂直轴代表事故率。每一路段在矩阵中用一矩阵单元表示，矩阵单元的位置则表达了路段的危险程度，最危险的路段具有最高的事故次数和最高的事故率，在矩阵中位于右上角的单元。该方法的优点在于矩阵的大小可以根据使用者的需要来确定，同时兼顾了事故频率法和事故率法；缺点是只表示了路段的危险程度，而不能对低事故次数高事故率的路段或高事故次数低事故率的路段做出本质的区别，只是简单地将其看成是非事故多发点，同时也没有考虑临界值与严重程度的决定性作用。如图2-18所示，以事故次数作为横坐标，以事故率作为纵坐标，按事故次数和事故率的一定值，将图中划出不同的危险度区域（矩阵单元），如危险级别Ⅰ的区域比危险级别Ⅱ的区域内的评价对象更危险。图中右上角的矩阵单元是最危险区域，亦是交通事故次数和事故率均很高的事故多发地点。

4）当量总事故次数法

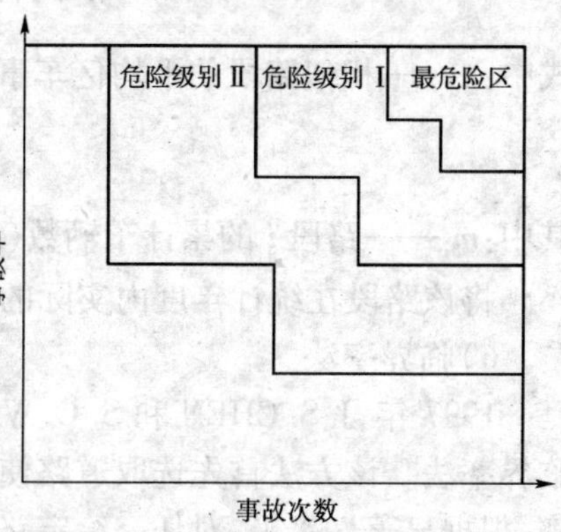

图2-18 事故次数与事故综合法示意图

如果将严重程度不同的事故统一对待，只进行事故次数的简单累加，往往造成判断的失误。例如，拥有同样事故次数的两条路段，其中一条路段的事故死亡人数比另一条路段的事故死亡人数高，很显然，具有高死亡人数的路段的危险性也要高。如果不考虑事故的严重性，将判断为两者具有同样的危险性。因此，为了更准确地判断事故多发点，鉴别时应考虑事故的严重性，为此提出了当量总事故次数法。由于该方法没有考虑交通量和路段长度，也存在与事故频率法同样的缺点，同时权值的确定对结果的影响也非常大。该方法通过一些计算方法赋予受伤及死亡人数一定的权值来计算事故的严重程度，通过一些计算方法赋予受伤及死亡事故一定的权值来计算事故的严重程度，其基本公式为：

$$ETAN = k_1 F + k_2 J + TAN \tag{2-26}$$

式中：$ETAN$——当量总事故次数；

F——死亡事故中死亡人数；

J——事故中受伤人数；

TAN——总事故次数；

k_1、k_2——死亡、受伤的权重。

5）质量控制法

上述各种鉴别道路交通事故多发点的方法都有各自的优点，虽然也存在一定的缺陷，往往受适用条件的限制，但可以根据道路的实际情况选取合适的鉴别方法。质量控制法可以用来鉴别道路条件及交通条件大致相同的道路上的事故多发点。

1956年，Norden等人提出了质量控制法。该方法不同于以上各种方法，首先它假设各路段的事故次数服从泊松分布，然后将路段的事故率与相似路段的平均事故率做比较，而不是与所有路段的平均事故率做比较。根据显著性水平确定事故多发点的综合事故率的上、下限，如果所考察路段的事故率大于上限值，则被认为是事故多发点。本质上讲，质量控制法是一种基于假设的理论性方法。实际应用表明，该方法要比传统的统计方法好，但它没有确定事故多发点改善的优先次序，也没有考虑事故的严重性程度。

在应用质量控制法鉴别事故多发点时，首先假定任何情况下，交通事故发生的概率服从事故频率的泊松分布，即某路段在时间 t 内发生 n 起交通事故的概率可用式（2-27）表示：

$$P(n|\mu,t) = \frac{e^{-\mu t}}{n!}(\mu t)^{n} \tag{2-27}$$

式中：μ——该路段的事故频率。

n 的均值与方差分别为：

$$E(n)=\mu t \qquad Var(n)=\mu t$$

若这一分布的置信水平取95%，则上限值 R^+ 为：

$$R^+=\lambda+1.96\sqrt{\frac{\lambda}{m_i}}+\frac{1}{2m_i} \qquad (i=1,2,\cdots,n) \tag{2-28}$$

式中：λ——相似路段的平均亿车事故率(次/亿车)：

$$\lambda=\frac{\sum E(n)}{\sum m_i} \tag{2-29}$$

其中：m_i——路段 i 的累计车辆数(亿车)。

将该路段在统计年度内实际的亿车事故率与 R^+ 对比，若大于 R^+ 则该路段为事故多发点。

6)临界率法

1997年，J. S. CHEN和S. C. WANG总结了以上各方法的优缺点，提出了鉴别危险路段的临界率法。该方法首先选取道路使用者能够忍受的最高事故率作为临界率，对于不同的临界率，根据显著性水平，对任一给定路段给出相应事故多发点最低的事故率。当某一路段的事故率超过临界的事故率时，即被认为是事故多发点。由于统一考虑了事故多发点的重要特征(包括事故的严重程度、交通量和路段长度)，该方法要优于以上各种方法。同时，通过选取不同的危险率，该方法能够确定事故多发点改善的优先次序。但是，随着经济的发展和人民生活水平的提高，临界率也是变化的。为此，有关部门应该及时更新数据库，以便根据交通事故及道路改善资金的情况选取合适的临界率。

从以上分析可以看出，目前所有鉴别事故多发点的方法大多是依赖于对交通事故的历史数据的统计分析。尽管以交通事故的历史数据作为评价方法的基础有其优越性，但是，由于它所要求的交通事故历史数据比较长，交通条件是随历史的变化而有所变化的，因此不同历史时期的交通事故的原因也有所不同，造成收集的事故资料时过境迁，不适合于现实的鉴别；再者，对交通事故的统计也存在不完善，甚至有些较小的事故没有记录在案，造成所统计的事故数不准确。此外，由于道路设施建成后，根据其运营结果来改善道路交通安全状况，会使投入资金变高。为此，应在道路建设前就对潜在危险路段进行识别，以提高道路安全水平。由于这一原因，以上各种方法所确定的事故多发点方法在某种程度上或许存在一些不准确性。因此，未来的研究应该考虑到这一点，同时考虑事故导致因素间的复杂影响及鉴别的精确程度，寻求其他的方法来解决事故多发点的鉴别。从目前的一些技术来看，交通冲突技术可以弥补交通事故历史数据的缺点，同时，它已经在交通安全领域得到广泛应用，如交叉口事故的预测，事故的分析等，但是对其在事故多发点的鉴别中的应用并没有给予足够的重视。

7)基于统计推导的鉴别法

尽管上述方法可以完成初步的事故多发点的筛选，但仍会遇到一些问题，例如，如果两个同类地点的事故数相同，它们各自的安全度就难以区分。解决的办法是考察这两个地点的历史事故数据，由此得出其当前的地点安全水平。通常，在一定的道路条件、设施条件、警力配备和交通流量下，尽管采取多种综合措施，路口和路段上总还会有交通事故发生，而事故数量的年度平均值，反映了一个地点的平均安全度水平。同时，只要再从这个地点的历史事故数据离散特征中找到一定置信度时的波动范围，就可以通过对比当前事故数与波动范围上限的差值，得知该地点目前的安全水平，从而明确其应受到的关注程度。这种利用原始数据求解波动范围上限的做法与地点分类法是相似的，不同之处在于不能利用正态分布来计算。由于交通事故是一种偶发事件，从时间序列角度上看是服从泊松分布的。所以，如果某个地点最近 n 年发生 X 起事故，要求判别第 n 年的安全水平，则应当从该地点事故泊松分布的累积概率密度函数来计算其置信上限。具体过程如下：假设 n 年之内在某一路口或路段上每年分别观测到 x_1，x_2，…，x_n 起事故，则可用样本平均值 $\overline{a}=(\sum_{i=1}^{n}x_i)/n$ 来表征该地点每年的潜在事故率 α，并且令 $X=\sum_{i=1}^{n}x_i$。由数理统计学的知识可知：n 个泊松分布的累积分布依旧服从泊松分布。因此，以每年的潜在事故率 α 为平均强度，在 n 年内发生 X 起事故的累积概率密度函数为

$$P(X,\alpha)=\frac{\sum_{j=0}^{x}e^{-\alpha}\alpha^{j}}{j!}\qquad(j=0,1,2,\cdots;\alpha>0)\tag{2-30}$$

但是，从式(2-30)中无法计算出 α 的置信区间，为此，必须进行数学迭代。

由于 x^2 分布的概率分布密度为

$$f(x)=\frac{1}{2^{\frac{v}{2}}\Gamma\left(\frac{v}{2}\right)}e^{\frac{x}{2}}x^{\frac{v}{2}-1}\qquad(x>0)\tag{2-31}$$

对它进行积分 $\int_{2x}^{\infty}f(x)\mathrm{d}x$ 后，可以得到 X^2 分布的概率密度函数 $P(X^2|v)$，即

$$P(X^2|v)=2^{-\frac{1}{2}v}\left\{\Gamma\left(\frac{1}{2}v\right)\right\}^{-1}\int_{x^2}^{\infty}e^{\frac{1}{2}x}x^{\frac{1}{2}v-1}\mathrm{d}x\tag{2-32}$$

上式右侧经过分部积分，积分完成后的表达式可以写成

$$P(X^2|v)=\frac{\sum_{j=0}^{t-1}e^{-m}m^{j}}{j!}\tag{2-33}$$

其中 v 为偶数，且 $c=\frac{1}{2}v$，$m=\frac{1}{2}X^2$。　(2-34)

可以明显看出式(2-30)和式(2-33)的右侧是同一个函数，存在下列关系：

$$X=c-1\qquad\alpha=m\tag{2-35}$$

由式(2-34)和式(2-35)可以得到

$$v=2(X+1)\qquad\alpha=\frac{1}{2}X^2$$

所以，年潜在事故率 α 的置信上限 α_u 可由 X^2 分布下概率点处的 X^2 值求出：

$$\alpha_u=\frac{1}{2}X^2(1-k)v=\frac{2(X+1)}{n}\tag{2-36}$$

其置信水平为$(1-2k)$，X 为 n 年内的事故总件数。这样，通过查表和简单计算可得置信度为$(1-2k)$时的年度事故数的合理波动的上限值 α_u，再将其与这个路口或路段第 n 年发生的事故件数 x_n 比较，就不难看出此处现有的安全水平。这种方法可以较好地解决相同事故数时的同类地点安全度判别问题。

8）累计频率曲线法

累计频率曲线法是用于微观事故多发点分析的方法。

①基本原理

累计频率曲线法是基于这样一个认识：在一条道路上，如果道路条件处处一样（不一定是无缺陷），则可认为事故发生的位置与道路无关，在统计量足够大时，事故沿道路分布理论上是均匀的。但实际上道路条件不可能处处一样，道路条件的不同，使实际的事故发生分布沿路是不均匀的，虽然其中有一定的偶然性，但有一点是不争的事实，即发生少量事故或不发生事故的路段占大部分，集中发生较多事故的路段是少部分，并且事故数越高的路段占的比例越小，将事故数（率）发生的频率排序，计算其累计频率，则能分离出累计频率很小、但事故数（率）很高的位置，作为事故多发路段的可能位置。

②方法

累计频率法是基于统计学原理的一种方法，该方法以每一单位长度（常用1km）发生的事故次数为纵坐标，以发生大于某一事故次数的累计频率为横坐标，绘制累计频率曲线。图2-19是某公路的事故累计频率曲线（A 曲线和 B 曲线）和高次多项式拟合公式（C 曲线）。

根据在中国多条道路进行的交通事故分析，上述曲线在累计频率5%～20%左右有一个突变点，在突变点下面，即累计频率不大于5%～20%的部分为事故率最高的部分，且事故随累计频率的微小变化而急剧增减，在突变点上面，事故率较小且曲线很平缓，累计频率的较大变化也不会引起事故率的急剧变化，因此，可以将事故累计频率小于5%～20%的地点作为可能的“事故多发点”。这部分地点长度比例较少，却占有很高的比例。

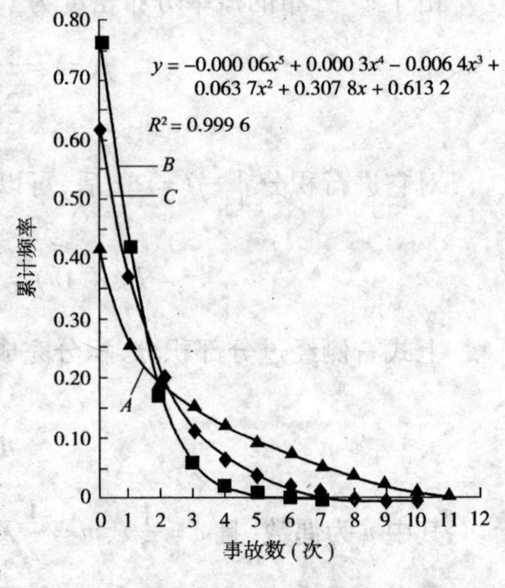

图2-19 事故累计频率曲线

③指标

当沿线交通量变化不大或缺乏交通量资料时，某一条道路的事故多发路段（点）的评价指标可采用公里事故数；当沿线交通量变化较大时，也可采用车公里事故率。

④适用性分析

a. 累计频率曲线法在确定事故的“正常值”和“突出值”时采用了一个相对的概念，对一条道路不是先定“正常值”是多少，“突出值”是多少，而是直接找出“突出”的点，则“突出点”上的事故数（率）就是这条路上的“突出值”。这样就避免了一个统一的“正常值”不能适应各条道路不同的事故状况的矛盾。因此，它能够适应中国目前事故状况差别大、道路安全基础研究缺乏的实际情况。

b. 对不同的公路，累计频率的突变点会在一定范围内变化，根据事故多发段所占比例的多少，累计频率的突变点会有所不同：事故多发段少，则突变点就靠近原点（累计频率值就小），反之突变点处的累计频率值就大。

c. 当事故分布较集中、位置比较确定，则曲线突变点比较明显，接近图2-19中的 A 曲线；

当事故离散、事故多发路段的特征不明显时，累计频率曲线上的突变点则不明显，接近图 2-19 中的 B 曲线。因此，实际分析中需要根据当地条件选择事故多发路段的分界点。

d. 因为统计的需要，道路被分成等长的单元，这会造成“削峰”的可能，因此，在实际应用中，选择累计频率突变点的时候应偏小一些，作为初步结果；另外，对初步选出的事故多发路段前后的单元也应注意检查。

上述各种鉴别方法虽然都能从不同的角度出发来鉴别事故多发点，但在实际应用时容易将一些条件（如交通量、道路条件或事故严重性等）忽略，使鉴别结果的准确性下降。因此，各种鉴别方法都有一定的适用条件。即使是对符合适用条件的道路事故多发点进行鉴别时，也应该结合具体情况对鉴别方法进行研究，以提高鉴别结果的准确性。

2.5 交通事故预防

2.5.1 交通事故预防分析

(1) 当前交通事故频发的主要原因

当前交通事故频发的主要原因主要体现在以下方面：

①市场竞争中交通事故风险被忽视

经济体制转变使企业和个人成为自主经营、自负盈亏的市场竞争主体，并在竞争中优胜劣汰。运输企业或个人常常为了经济利益而无视交通安全，各种违章行为时有发生且屡禁不止，为了获得高额的利润常常优先选择牺牲安全成本。

②缺乏综合性的交通事故预防控制法规

随着经济体制改革的不断深入，我国正处于由计划经济向市场经济的过渡阶段，在计划经济时期通过政府和行业行政命令进行交通安全管理，虽然取得了相当大的成效，但是这种管理模式已不能适应新的经济形势的需要，而现有的交通安全法律、法规体系很不完善，尤其缺乏约束力强的交通重大事故预防和控制法规，其结果是重大交通事故预防控制无法可依。

③交通安全管理体制不完善

在向社会主义市场经济转轨过程中，交通安全管理体制势必进行调整与改革。这涉及政府、企业等方面，其中政府安全管理体制改革居于主导地位。此外，在政府转变职能和企业转换机制的过程中，一些运输企业和行业主管部门放松了安全管理，安全责任制和安全管理队伍被削弱。

④缺乏预防和控制的交通安全监察培训，执法力度不够

当前交通安全监察人员大多数缺乏对重大事故预防和控制的安全监察专业培训，其数量和技术素质不能满足交通安全的需要，执法不严，有法不依的现象相当严重。在执法的过程中主观因素较多，不够科学和严谨。

⑤道路参与者交通安全意识薄弱，缺乏处理突发性事故和自我保护的能力

当前，道路参与者的安全意识薄弱；侥幸心理、省能、省时心理严重。这样就有可能诱使他们采取不安全的行为。由于安全素质低，常常缺乏处理突发性事故和自我保护的能力，增加了事故的风险性。驾驶员违章、行为规范差是交通事故的主要原因。

⑥重大事故监测技术水平低

我国对运输化学危险品过程中所发生的火灾、爆炸、毒物泄漏事故监测、控制设备和系统的研究起步较晚，与工业发达国家同类产品相比，大多数国产仪器和装备技术水平低，不能有效地监测和预测事故的发生，无法预料和防止灾难性事故，避免人员与财产的巨大损失。

⑦缺乏事故应急计划

应急计划是交通事故控制系统的重要组成部分，其主要目的是在事故发生后，通过应急措施迅速控制事故发展，将事故损失降到最低程度。由于缺乏必要的事故应急计划使得事故的后果扩大，危害范围加大。

⑧专业事故调查分析机构的力量薄弱

目前，交通事故调查、分析和预防在组织体制上存在重大缺陷，事故分析和处理的技术水平比较落后，由于没有详细的事故统计分析、没有挖掘事故数据背后的本质规律，没有认真总结事故的经验教训，使得同类事故重复发生。

⑨经济水平低下，道路通行条件差

由于我国的经济基础比较薄弱，道路的等级水平、通行能力较差、道路的安全设施不完备且在相当长的一段时间里难于改变。而且混合交通环境是产生交通事故的温床。这也是我国交通事故发生率居高不下的一个客观原因。

⑩交通安全管理队伍素质低

交通安全管理队伍是确保系统交通安全功能得以最优发挥的重要手段之一，队伍素质高低是重要的影响因素。当前交通安全管理队伍管理素质低下最主要表现在以下几个方面：

文化水平起点较低，基础较差，先天不足，后天失调。

思想观念较为陈旧落后，在日常管理工作中缺乏平等意识、公平意识，凭个人的意志实施具体的行政行为，在日常工作中墨守成规，凭经验办事，不认真钻研业务，缺乏创新精神，对新知识、新生事物有着本能的排斥，难以适应我国加入 WTO 后对交通安全管理工作提出的新的更高要求。

在管理队伍中，少数同志经不起改革开放和市场经济的考验，偏离民主法制的原则，偏离全心全意为人民服务的宗旨，其主要表现在：一是以权谋私，徇私舞弊，贪赃枉法；二是滥用自由裁量权，处罚畸轻畸重，显失公正；三是违反法定程序；四是执法中适用法律法规错误；五是不履行法定职责。

考核机制不健全，考核是对干部职工任用和奖惩的基础，是增资晋级的依据，也是激励和监督的重要手段，由于种种主客观的原因，当前在考核中因考核不科学，考核结果缺乏公正，导致不能以此作为奖惩的客观依据。

交通安全管理体制不顺，造成政令不够畅通。

⑪驾驶员培训质量差

驾驶员培训学校作为培养驾驶员的摇篮，在道路交通安全中负有不可推卸的责任。当前存在的问题主要体现在以下几个方面：

驾驶员培训工作与考试发证工作不能很好的衔接，市场监督检查不到位，致使驾驶员培训市场竞争无序，培训质量低劣，安全隐患严重；

对机动车驾驶员的市场准入管理不到位，使素质低劣的驾驶员不断涌入市场，导致驾驶员

队伍整体素质不高;以营利为目的,不注重培训质量的现象比较严重;

驾驶员培训市场经济运行秩序还存在一些突出问题,不公平竞争和行业垄断的现象在一些地方依然存在;

部分驾驶员培训学校缺乏自律意识和共同维护市场秩序的观念;

缺乏对培训全过程有效的监督管理体制。

(2)交通事故可预防性机理

交通事故防治是运用系统工程的思想和方法,分析交通事故信息,揭示交通事故发生、发展的规律,科学、有效地预测道路交通系统未来可能出现的状况,综合运用系统论、控制论、行为科学、管理科学、仿真技术和工程技术等方面的知识,对交通事故的演化机理、相关因素进行定性和定量分析,研究交通事故防治对策的分析、评价、优化的方法和技术以及对道路交通安全进行控制的方法。交通事故的可预防原理包括交通事故的因果性、随机性、潜伏性、再现性、可预防性、动态性等几个方面。

①交通事故的因果性

交通事故的因果性是指交通事故由相互联系的多种因素(人、车、道路、环境、管理等方面)共同作用的结果。引起事故的原因是多方面的,在伤亡事故调查分析过程中应弄清事故发生的因果关系,找到事故发生的主要原因,才有可能对症下药有效地防范。从偶然中找出必然性,利用动态的观点认识事故发生、发展和演化的规律,变不安全条件为安全条件;利用有效的预测技术全面、系统地预测系统未来可能的状态,依据预测结果采取合理、有效的控制措施把交通事故消除在萌芽状态之中。这就是防患于未然,预防为主的科学依据。

②交通事故的随机性

交通事故的随机性是指交通事故发生的时间、地点、事故后果的严重性是偶然的。这说明事故的预防具有一定的难度。但是,事故的这种随机性在一定范畴内也遵循统计规律。为此通过分析事故的统计资料,利用科学的数据处理手段可以找到事故发生的统计规律性,并依据交通事故发生的随机性采取相应的预测技术预测系统未来可能出现的状态,从而为交通安全决策提供必要的科学依据。因此事故统计分析和科学地选择数据处理手段对制订正确的预防措施有重大的指导意义。

③交通事故的潜伏性

表面上,交通事故是一种突发事件。但是事故发生之前有一段潜伏期。在事故发生前,人—车辆—道路—环境系统所处的这种状态是不稳定的,也就是说系统存在着事故隐患,具有危险性。如果这时有一触发因素出现,就会导致事故的发生。掌握了事故的潜伏性对有效预防事故起到关键作用,前文所构建的突变模型为探索交通事故发生的潜伏性提供了一种新的有效方法。

④交通事故的再现性

交通事故一经发生就成为过去。时间是一去不复返的,完全相同的事故不会再次显现。然而没有真正了解事故发生的原因,并采取有效措施去消除这些原因,就会再次出现类似的事故。所以应当采取科学的措施辨识和消除系统中所存在的各种危险因素,消除事故赖以存在的主客观条件,就能够杜绝同类事故的重复发生,这是能够做到的。

⑤交通事故的可预防性

从认识论而言，随着人类认识的发展人们总能够认识客观事物的本质规律。认识这一特性，对坚定信念、防止事故发生有促进作用。因此，人们应该充分利用各个学科的研究成果，采用科学合理的预测技术，从宏观和微观两个方面入手，从不同的侧面全面、科学地预测系统未来可能出现的状态，使决策者从不同的角度全面了解系统未来的状况进而采取合理有效的措施，从根本上消除交通事故发生的隐患，使交通事故的发生降低到最小限度。

⑥交通事故的动态性

交通事故是由人、车、路、环境等因素相互作用的不良结果。而人、车、路、环境这四要素都是在变化的，所以交通事故的发生也是在不断的变化之中。这就要求我们在预防交通事故的时候要有变化的观点和与时俱进的精神，具体问题具体分析，不能搞一刀切。

(3)交通事故的预防原则

①预防第一，防患未然的原则

做好交通安全的基础性工作，采用各种先进的技术手段和危险源辨识方法及时发现和处理事故隐患，消灭人的不安全行为和物的不安全状态避免事故的发生。总之预防交通事故的关键在于减少或控制危害，只有识别、消除和控制了危险源和事故隐患，才能从根本上防止交通事故的发生。

②根除事故原因的原则

要确保道路交通系统的安全功能得以正常发挥，首先应当对交通事故进行全面的调查与分析，找出导致事故发生的各种原因(人、车辆、道路、环境等因素)，认真彻底地消除造成事故的管理原因和基础原因，避免它们发展成为物(车辆、道路环境等)的不安全状态和人(道路交通参与者)的不安全行为。

③全面治理的原则

交通事故的原因是多面的。它们来自于交通参与者本身、车辆、道路、交通环境、交通组织、道路安全设施条件、交通安全管理水平、个人的性格气质、个人所处的社会环境与家庭环境、交通法律与法规等多方面的因素。要预防和减少交通事故，就必须在查明事故原因的基础之上从工程技术、信息技术、管理和教育等方面并综合各学科的研究成果采取系统的措施，从总体高度提高预防交通事故的能力，有效地控制事故的发生，确保道路交通系统的安全功能达到最优。

事故预防的基本对策是工程技术对策(Engineering)、教育培训对策(Education)和法制与管理对策(Enforcement)，即所谓的“3E”对策。就是说，要搞好道路交通安全必须以工程技术、教育培训和法制管理为主体。

④采用科学的预测技术原则

众所周知，预防措施的有效性取决于对研究对象未来发展状况的全面了解，只有对未来有一个详细的了解才能对症下药制订科学和行之有效的预防措施。因此在实际的交通安全管理工作中应依据实际情况，从系统的不同侧面入手，依据对象的不同特点，采用不同的方法对系统进行全面有效的预测，使交通安全管理决策者全面综合地评判系统未来可能出现的状况或发展趋势，进而采取有效措施把交通事故消灭在萌芽阶段，确保道路交通系统的安全功能得以正常发挥。

2.5.2 交通事故预防对策

根据事故致因理论可知交通事故的发生是人(道路交通参与者、交通安全管理人员等)和物(车辆、道路环境等)两大系列轨迹交叉的结果。因此,防止事故发生的基本原理就是使人和物的运动轨迹中断,使二者不能交叉。具体地说:如果消除了物的不安全状态,就消除了物的连锁;如果加强了对人的交通安全教育、培训提高安全意识和安全技能,进行科学、系统的安全管理,从生理和心理方面预防不安全行为的产生,就有可能消除人的连锁。这样,人和物系列轨迹就不会相交,事故就可以得到避免。在上述的两连锁中,消除人的连锁无疑是非常重要的,应该给予充分的重视。首先要对人员的结构和素质情况进行分析,找出容易发生事故的人员层次和个人以及人的不安全行为。然后,在对人的身体、生理、心理进行检查测验的基础之上合理选配人员。从研究行为科学出发,加强对人的教育、训练和管理,提高生理、心理素质,增强交通安全意识,提高交通安全技能,最大限度地减少和消除人的不安全行为。但也应该看到,人是有自由意志的,个人所处的社会环境和生活环境会对人产生巨大的影响,这些影响因素对人的影响程度和范围将随时间的推移而发生变化,进而造成人的生理和心理状态不稳定,致使人的安全可靠性也是随时间的变化而发生波动。在交通活动过程中,道路交通参与者往往会由于一些偶然因素而产生事先难以预料的不安全行为。从某种意义上来讲,人的不安全行为的发生概率不可能为零,要想完全防止人的不安全行为是不可能做到的,因此消除物的不安全状态就显得非常必要了。消除物的不安全状态,应该把重点放在提高车辆的主动与被动安全措施和提高道路的安全等级、完善道路交通安全设施等方面。物的安全化水平的提高有助于交通安全管理的改善和人的不安全行为的防止。人物轨迹交叉是在一定的环境条件下进行的,因此除了人和物外,为了防止交通事故的发生,还应致力于道路交通环境的改善。此外,还应从人机工程学原理入手,解决好人、车辆、道路环境的合理匹配问题,使车辆的设计和道路设计符合人的生理和心理需求。

人、车辆、道路环境因素是造成事故的直接原因;交通安全管理虽是事故的间接原因,但却是本质原因。道路交通参与者安全素质和安全技能的提高、车辆的控制和安全防护措施的加强、道路交通环境的改善等都有赖于安全管理水平和效能的提高;事故防止措施最终都是管理方面的措施。为此,必须极大地关注管理的改进,大力推进交通安全管理的科学化、现代化;应该对安全管理的状况进行全面地调查分析,找出管理上存在的薄弱环节,在此基础上确定从交通安全管理角度出发的预防事故发生的各项措施。

从上述的分析可以看出,道路交通安全建设是一项复杂的系统工程。其涉及交通参与者、车辆、道路、环境、社会经济发展、政策波动等方面的因素,为减少交通事故的发生频率和严重程度,提高交通系统的安全性,应采取安全系统论的思想,从法规、教育、工程、管理、科技等方面入手,系统地研究所应采取的各项具体措施。

(1)人为因素控制

人是交通活动的主体,即人是交通事故的制造者又是交通事故的直接受害者。正如前文所述,80%左右的交通事故是人的原因引起的。因此,人为因素的控制显得非常重要。人为事故的预防和控制,是在研究人与事故的联系及其运动的基础上认识到人的不安全行为是导致与构成交通事故的要素,因此要想有效预防、控制人为事故的发生就必须依据人机工程学原理

和交通安全心理学等原理,运用人为事故规律和预防、控制事故原理联系实际而产生的一种对交通事故进行超前预防、控制的方法。为此应从以下几个方面加强对人为因素的控制与预防。

①驾驶员的教育

机动车交通是道路交通的主体,其速度快、危险性大,因此提高驾驶员的交通道德水平、思想意识和技术水平,对预防交通事故有着十分重要的意义。不断提高驾驶员对安全行车的认识;提高交通道德水平、礼貌行车、保护交通弱者;树立安全第一的思想;增强遵守交通安全法规、安全行车的自觉性等几个方面提高驾驶员的交通职业道德。从学习安全行车常识、交流安全行车经验,分析事故的原因和隐患,逐步掌握安全行车规律,取得安全行车的主动权;熟悉车辆构造性能,练习维修保养等几个方面提高驾驶员的安全教育与培训。

②非机动车骑行人和行人的教育

我国目前交通组成复杂,其中非机动车所占的比例相当大,非机动车的运行对交通安全和交通秩序影响较大。非机动车骑行人和行人虽然是交通的弱者,但在实际交通中不遵守交通法规、随意穿行等违章现象非常普遍。加强对非机动车骑行人和行人的教育,不仅集中在安全教育上,还应加强对非机动车骑行人和行人的执法力度,使之了解自己的通行权,认识到违章的危险性,增强人们遵守交通法规的自觉性。

③强化交通参与者的适应能力

交通环境是变化的,不断出现新的信息。人们的视觉特性、听觉特性、触觉特性等直接影响着信息的接收能力。只有当这些感觉器官能够正确地接受交通环境中的信息刺激,才能保证人们获取信息的可靠性、能够随着环境的变化做出正确的反应,减少失误等。为此应从下面几个方面加强交通参与者的适应能力:首先应加强对驾驶员资格的审查,杜绝不符合驾驶员从业标准的人员进入驾驶员队伍,其次加强驾驶员以及对倾向于易发生事故的群体适应性测试。

④合理调节交通参与者的心理状态

人的失误与心理状态有关,合理调节人的心理功能,有利于减少失误,促进人的行为安全。所以驾驶员在驾驶车辆的过程中应保证良好的情绪,或者在情绪不佳时停止驾驶。通过改善工作条件、降低工作的单调性、进行必要的监督、检查和奖励措施等手段避免或缓解驾驶员的紧张情绪。此外还应该保证交通参与者的警觉水平。

⑤提高人的安全技能

人的交通安全知识丰富,并不等于就能够安全地进行交通活动。只有将安全知识变成安全技能,才能够取得预期的安全效果。安全技能的获得必须通过个人的努力和训练。因此在日常的生活中应该采取不同的方式提高人的安全技能。

⑥改变和抑制人的异常行为

众所周知,人一方面是事故要素,另一方面是安全因素。人的安全行为能保证系统交通安全,人的异常行为会导致与构成交通事故。因此,要想有效预防、控制交通事故的发生,必须做好人的预防性安全管理,强化和提高人的安全行为,改变和抑制人的异常行为,使之达到交通安全所必须的客观要求,以此超前预防、控制事故的发生。

(2)安全管理对策

道路交通安全管理是公安交通管理机关的一项重要工作,但保障交通安全是全社会的责任。因此,交通安全管理必须依靠社会力量的参与,进行综合治理,走交通安全社会化、现代化

之路,才能最大限度地预防和减少交通事故。应从以下几个方面提高道路交通安全管理。

①建立健全交通管理法律法规以及规章制度

交通法规规范了人们的交通行为,以法律的形式规定了交通主体的权利和义务。它是人们交通活动经验和教训的总结,也是道路安全畅通的保证,是判断交通活动是非的标准。因此政府应该建立和完善交通安全管理法律和法规,在实际的工作中做到有法可依。

②严格纠正和处理交通违章

交通违章是交通事故的主要原因,是人为因素。交通违章与交通事故成正比的关系,纠正和取缔交通违章是维护交通秩序、保障交通安全的重要举措。为此在实际的工作中要加大执法力度,使人民认识到不安全行为对交通带来的影响和危害,从思想上高度重视交通安全。

③改善交通管理的手段

采用先进交通管理手段,如酒精检测仪、车速检测仪、闯红灯监测仪、超载检测仪、压线或者越线行驶检测仪等。这些仪器有助于科学地捕捉到不安全的交通行为,对那些行为者具有震慑作用,可以减少交通事故的发生。改善交通管理手段,一是将先进的技术手段应用于交通管理,二是加大科研开发的力度,研制新的管理技术和手段。

④提高管理者的素质

确保交通系统的安全功能,仅仅强调驾驶员和行人是不够的。实践表明管理者的素质也是不可忽视的。为此,在实际的工作中应提高管理者的管理水平和方法,不断地充实管理者的业务能力和决策能力。

⑤加强交通规划,合理组织交通流

集中力量治理自行车和行人交通秩序,最大限度地控制交通总量的增长,提高路网通行能力。充分利用现有的路网实行绕流分流,疏散干线公路局部稠密的交通流,大力完善主要公路的交通安全设施,大力促进公路交通设施与管理的规划设施进程。

(3)车辆的安全化

车辆造成的交通事故及其损害后果与车辆性能是分不开的。由于车辆制动器失效或制动效果不佳、转向系失效等原因会导致交通事故的发生。车辆结构、保险杠、安全气囊、安全带、车内设计等因素也直接影响着交通事故的损害后果。因此,提高车辆性能可以减少交通事故及其损害后果。

①加强车辆的安全性研究

车辆性能的提高涉及车辆的主动安全性和被动安全性两方面。此外,车辆的设计也要从人—机工程学原理角度充分考虑人机性能的匹配。应从驾驶员对驾驶作业的耐受性、人体尺寸、人体的生物力学特性、人体的感知响应特性、人体的适宜驾驶姿势、人体的安全保护等几个方面考虑车辆的驾驶适宜性。创造良好的车内环境,减轻人的疲劳、缓解人的压力。

②加强车辆日常维护与技术检查

许多驾驶员对车辆的日常维护不够重视,机动车常常带病坚持行驶,也有一部分车辆超龄使用,这给行车安全带来很大的隐患。由于我国车辆技术水平比较差,且车型复杂,对营运车辆的安全检查有一定的困难。因此,必须加强对机动车的技术检查和管理。根据我国的情况,建议采取以下的措施改善车辆的安全状况:对车辆牌证实行计算机联网管理;对超龄车辆实行淘汰报废;加强对汽车维修与配件市场的整顿;改革营运车辆的安全检查制度等。

(4)道路的安全化

一般而言,道路条件主要是影响道路交通参与者获取正确信息的能力,进而影响交通事故的发展进程。从事故致因理论可以看出,道路的安全化是保障道路交通系统安全功能得以正常发挥的重要组成部分。为此,应从以下几个方面加强道路的安全化。

①加强道路的安全设计

根据以往的经验,事故多发点大多是由于道路设计不当造成的。因此,在道路设计阶段就要对道路的安全特性做出客观的评价,以及时发现道路规划、设计中的不安全因素并进行改正,寻求一种更加安全的设计标准或设计方案,从而使设计出的道路更符合行车安全的要求。道路安全设计着眼于对规划或设计中的道路做出事前安全评价。

②道路设计的宜人化

从人—机工程学原理而言,道路应保证驾驶员可靠地发现前方线路的全部情况,同时又要保证路侧有宽阔的视野。道路的线形设计应考虑以下几个方面:首先道路的线形要有良好的视线引导作用,使驾驶员能够对道路的线形、行驶路段的特征和线形的变化做出及时、准确的判断,防止产生视觉曲折、紊乱和错误等;道路线形应该连贯、均匀、协调舒畅,变化要柔和、过度要自然,避免不必要的剧变,从而减少视线跳跃的不适应而引起的事故;平面线形和纵面线形合在一起,应尽量使反向点重合,平、竖曲线的长度要均衡,纵横坡度合成要适宜,以有效地消除路线扭曲、视线曲折,缓和离心力变化引起的不适。

③道路与环境相适应

设计的道路要适应地形、地貌与树木、建筑物等景观匹配,形成协调一致,清晰、美观、富于变化的动态形象,缓解驾驶员在整个驾驶过程中的疲劳。但同时也应注意不能让道路两旁的树木影响驾驶员的视线。对于经常处于雨雪环境中的道路,管理部门应配备相应的设备和人员进行清扫,减少车辆制动失效或打滑造成的交通事故。对经常处于浓雾环境中的道路,则应适当增加照明设备,提高照明质量。道路两旁的交通标志要保证醒目。

(5)交通安全的科技对策

加大对交通安全科学研究的投入,定期制订交通安全研究计划,列出政府部门和全社会关心和急需解决的研究课题,划拨研究经费,充分调动有关研究机构和企业的积极性,开展道路交通安全科学研究。鼓励多渠道资金投入交通安全研究,支持研究成果的转化。充分利用人类科技进步的成果,把一些高科技成果在资金和条件允许的前提下尽快应用到道路交通安全上来,以确保系统交通的安全功能,减少交通事故的发生频率和人员、财产损失。

构建道路安全信息平台,构建交通系统的决策支持系统,建立全国道路交通事故数据库,并与相关统计数据库联网,提高统计数据的可靠性。完善和维持连续、统一、可靠的数据库系统,通过建立道路交通事故的数据库,不仅可以对实时的交通状况有所了解,而且可以对历史的数据进行挖掘,从而提取隐藏的预测性信息,为掌握道路交通安全动向,评价安全措施的效果,制定交通安全宏观政策和具体措施提供依据。

在汽车维修与检测领域大力推广应用新技术、新工艺和新设备,努力提高维修质量,确保营运车辆始终处于良好的技术状态之下,同时要利用现代计算机信息技术,建立和健全营运车辆技术档案和营运驾驶员安全管理信息系统,对营运车辆和驾驶员实施动态管理,同时对从事高速客运,危险货物运输的车辆,逐步引导推广安装 GPS、行车记录仪等先进技术设备,以便对

车辆运行、驾驶员行为进行有效监控,进一步提高运输安全保险系数。利用卫星技术、摄像电子技术、实现营运车辆运行过程的动态监控。

(6)交通安全的保险对策

保险作为一种风险分担的有效手段是现代社会文明的一个重要特征。当前,许多道路交通参与者缺乏保险意识,侥幸心理严重。为此政府应该加强保险政策的贯彻力度,提高人民的保险意识,减少肇事者和受害者的经济损失。

(7)交通事故的紧急救援对策

大量的事故统计数据表明,在我国交通事故死亡之中,约40%的人是当场死亡,其余60%的人死于医院或送往医院途中,其中30%的受伤者是因为抢救不及时而导致死亡;化学危险品在运输过程中由于交通事故而导致的二次灾害中,其危害的程度与影响范围与人们能否迅速采取控制措施密切相关,交通事故发生对道路通行能力影响的改善等都取决于人们能否及时采取有效的控制措施相关联。因此,为了确保系统的交通安全,使人员伤亡和财产损失降低到人类可接受的范围内,在采取预防措施的同时,必须尽快建立交通事故紧急救援系统,降低交通事故损失的程度和影响范围。

①紧急救援系统的构建

交通事故紧急救援系统的任务是及时准确获取发生交通事故信息,协调有关各方面迅速调集救援资源,采取紧急救援行动;交通事故发生后,提供紧急服务,包括消防、救护、环保、车辆牵引起吊,以便于车辆发生故障时,提供维修服务,帮助陷于困境的汽车驾驶员摆脱困境,在交通事故可能影响的范围内,为行车的驾驶员和乘客提供信息服务;其目的就是以最快的反应速度、用最短的时间排除事故,针对事故造成的后果应考虑设置以下救援资源。

内部资源准备　交通管理中心,负责统一指挥调度;监控设备,负责监控指挥救援工作全过程;交通巡逻车,负责巡视交通状况,事故报警,并及时处理一些轻度事故;牵引设备,负责清除事故现场车辆;路政设备,负责养护维修道路设备。

社会资源准备　紧急救援系统必须的社会资源有公安部门、消防部门、医院救护部门、环卫部门、应急通讯、特种物品(化学危险品等)处置部门,巡逻管理部门等。

②应急救援系统的工作流程

在运输过程中,当发生突发事件时,应急救援指挥中心与监控中心联动工作。救援指挥中心接到突发事件报警后,立即记录事故信息,包括时间、地点、事故类型、事故描述等,并同时启动监控系统、GPS系统、GIS系统等进行事故定位,对事故信息做出初步的综合分析和判断确认。依据实际情况,选取事先已研究提出的各种可能方案,根据不同的救援需求和各职能部门的分工,向各有关部门通报事故及救援需求信息,协调组织救援工作。在事故处理完毕后,应急救援中心下达处理结束命令,路网交通恢复正常。同时,应急指挥中心记录详细的事故救援处理报告,分析评价处理结果。

(8)降低交通事故的有效手段——ITS

智能交通系统(Intelligent Transportation Systems)简称ITS,它是将先进的信息技术、通讯传输技术、电子控制技术及计算机技术等综合运用于交通运输管理体系,通过对交通信息的实时采集、传输和处理,借助各种科技手段,对各种交通情况进行协调和处理,建立起一种实时、准确、高效的综合交通管理体系,从而使交通设施得以充分利用并提高交通运输的效率和安

全,最终使交通运输服务和管理实现智能化,使交通运输实现集约式发展。

ITS 的目标和功能主要包括:提高交通运输的安全水平;减少交通堵塞;提高运输网络的通行能力;降低交通运输对环境的污染程度并节约能源;提高交通运输生产效率和经济效益。ITS 的整体使用模式更加体现和重视人的能动姓,它向道路的使用者提供各种各样的综合信息,让道路使用者从不同的方案中选择适合自己的那一种,以诱导交通流为主,而不是以强迫为主,从系统整体功能方面增加了道路交通运输的安全性。

ITS 系统与交通安全有关的功能包括:交通管理系统(在途驾驶员信息、路径诱导、交通控制、突发事件管理、公、铁路交叉口管理等)、应急管理系统(紧急事件通告与人员安全、应急车辆管理)、商用车辆运营系统(自动路侧安全监测、车载安全监测、危险品应急响应等)、车辆控制与安全系统等几个方面。交通管理系统是智能交通系统的重要内容,可以对交通流量进行分析,对事故信息进行监测,对车辆状况进行预报和管理等。应急管理系统提高了对突发时间的报告和反应能力,改善了应急反应的资源配置。当发生交通事故时系统可以向周围的行人和车辆发出事故灾害通告,实施应急车辆管理,进行交通信号控制,对过往车辆进行疏导,帮助受灾车辆减轻灾害,避免事故灾害的进一步扩大。商用车辆运营系统能帮助商业车队在提高运输效率的同时,强化安全检查,并建立危险物资安全运输的信息跟踪处理、快速反应系统等,使公路系统的所有用户都得益于更为安全可靠的道路交通环境。车辆控制和安全系统能够有效地扩展视野,避免和防止纵向、侧向及交叉路口的碰撞,在发生碰撞时对成员进行安全防护,对危险进行预警。总的说来,ITS 系统提供了一套先进的手段和科学的方法,能进行全面控制和有效管理,提高人、车辆、道路环境等的安全水平,减少交通事故的发生,确保道路交通系统的安全功能得以最优发挥。

2.5.3 道路交通事故紧急救援

(1)道路异常交通现象及其成因分析

1)异常交通现象

道路的修建不可能无限制地满足不断增长的交通需求,所以,随着交通需求的自然增长所产生的交通阻塞现象,被视为自然性(或平常性)交通阻塞。道路上同时存在着另一种可能的情形,即由随机原因导致的道路通行能力急剧降低,或交通流行驶状态突变的情况,常称此为异常交通现象。其基本特征表现为:成因的不确定性、发生时间和地点的随机性。

2)异常交通现象的成因分析

①突发性交通事故

驾驶员的不当驾驶行为所致的交通事故;车辆故障所致的抛锚事故;道路设计不当所致的多发型交通事故;行驶中车辆落下物所致的突发事故。

②异常天气

大雾或大雨造成能见度降低,致使交通流速度下降、交通阻塞、事故多发;降雨、降雪以及结冰导致路面摩阻系数降低,造成异常交通现象。

③道路养护施工

道路养护工程常使施工路段形成瓶颈,造成交通阻塞,易发生交通事故。

上述的道路异常交通现象,都将造成道路通行能力下降,而且突发交通状态的预测存在着

一定的难度。

(2)异常交通紧急救援对策

异常交通紧急救援对策的基本考虑应是:最大限度地降低异常交通所致的人员和物的损失;恢复道路的通行能力;减少异常交通状态下道路的流入交通需求。

1)紧急救援管理部门的组织与分工

道路异常交通的紧急救援管理作业,涉及到诸多的业务部门,主要包括:①道路交通管理中心;②交通警察部门;③医务部门;④事故排除部门;⑤消防部门;⑥特种物品(化学物品等)处置部门;⑦巡逻管理部门。

2)信息采集与异常交通状态判断和预测

这里的信息是指道路环境(气象等)和交通状态(交通流量、密度、速度、排队长度、异常交通现象等)信息。异常交通现象类型的判断、确认是在信息采集的基础上,通过交通管理中心的人员来实现。异常交通状态的预测,则可运用状态模型加以预测。异常交通信息的采集手段有:

①基于检测器的异常交通信息采集

由于异常交通造成的交通阻塞消散时间与紧急救援的响应时间成指数关系,所以及时地发现异常交通现象具有重要的意义。为采集异常交通信息,有必要加大沿线检测器的密度,一般以500m间距为宜,事故多发地段还可以再加大此密度。

②基于紧急电话和巡逻手段的异常交通信息采集

这是常规的异常交通信息采集手段。突发事故发生后至被发现的时间,取决于紧急电话的设置密度和巡逻频率,一般情况下缺乏及时性。

③基于AIDS的异常交通信息采集

AIDS(Automatic Incident Detection System,交通状态自动识别系统)几乎可以在突发事故发生的同时获取异常交通信息,但由于该系统的成本较高,所以尚难在道路上大范围地使用。因此,事故多发段以外地点的异常交通信息采集,还需借助①、②的手段来实现。

④基于路车间信息系统的异常交通信息采集

路车间信息系统(RACS:Road/Automobile Communication System),是通过车辆上的装置和设于路上的通信接收与发射装置,实现行驶中的车辆与管理中心的通信。当车辆自身遇有险情时,可以通知管理中心,并通过该中心将此信息提供给周边的车辆。

3)提供交通信息服务

当发生异常交通现象时,及时地向其上游的车辆提供交通信息,既可以让这些车辆了解前方的交通状态,采取适当的对策预防尾撞事故的发生,又可以诱导上游的交通流绕行,一方面减少这些车辆的等候时间,另一方面降低事故突发路段的交通压力,为迅速恢复正常交通提供条件。常提供的交通信息包括:①通过信息板提供的关于异常交通现象的发生地点和事故类别的信息;②通过交通广播或车载导行系统提供的上述内容的交通信息;③流入和流出诱导信息;④车道或行驶速度限制信息等。

4)紧急救援方案的决策

在获悉异常交通现象发生后,应视其异常交通的类型和程度,迅速就以下的救援方案作出决策,即:①突发事件现场的调查与管理方案;②紧急救援技术方案与装备;③救援线路;④上

游流入交通的迂回诱导与控制管理方案；⑤关联平面道路的紧急管理方案。紧急救援方案决策是依据实际情况，选取事先已研究提出的各种可能方案的过程。

(3)道路异常交通紧急救援对策的系统化建设

1)救援资源

建立紧急救援系统的直接目的就是以最快的反应速度、用最短的时间排除事故。针对事故造成的后果，应考虑配置以下救援资源。

①内部资源

道路监控设备，负责监控指挥救援工作全过程；交通巡逻车，负责巡视交通状况，事故报警，并及时处理一些轻度事故；牵引设备，负责清除事故现场车辆；路政设备，负责养护维修道路设施。

②社会资源

紧急救援系统必需的社会资源有公安部门、消防部门、医院救护部门、环卫部门等。

2)紧急救援系统的任务及设施

紧急救援系统的任务：①及时获取发生交通事故的信息，协调有关各方面迅速调集救援资源，采取紧急救援行动；②交通事故发生后，提供紧急服务，包括消防、救护、环保、车辆牵引起吊、供应燃油，并进行现场事故处理；③车辆发生故障时，提供维修服务，帮助陷于困境的汽车驾驶员摆脱困境；④对控制下的匝道可立即改变控制方法，例如关闭路口匝道等措施；⑤在交通事故可能影响的范围内，为行车的驾驶员和乘客提供信息服务。

排除事故的措施：①提供紧急救援(安全、防护、消防和救护等)服务；②维修和牵引事故车辆；③改变交通管制方案；④提供交通事故信息等。在事故现场的处理过程中，应尽快排除能引起堵塞的车辆和人员，不要纠缠无关紧要的交通条文，尽可能在道路外完成对事故的调查。

3)救援系统结构

紧急救援系统为了能够完成救援任务，需建立如图2-20所示的系统结构。

道路紧急救援结构体制应采用立法的方式予以确认，这样就能使有关部门在法律上有着不容推卸的责任。紧急救援体系应尽可能发挥有关部门的优势和能力，在特别强调一体化管理制度的前提下，步调要一致，行动要迅速，从而保证紧急救援系统的有效运转。在确定体制之后，道路监控中心就以现有的消防、医疗等社会资源为基础，形成全天候运转的紧急救援实体，配备训练有素的救援人员和必要的设备、车辆等，并制订出总体的和具体的救援组织实施方案。

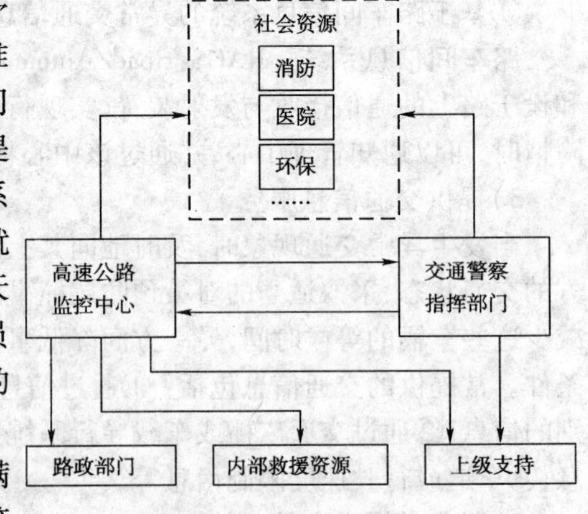

图2-20　救援系统结构图

紧急救援系统内各个方面的协调努力是圆满处理各种事故的基本条件。在控制中心，控制决策者与交通警察指挥部门紧密配合，协调工作。获得事故信息后，双方立即互通情况，统一指挥，紧急救援队伍按指令快速抵达现场并及时将有关信息反馈给控制室，并对现场实行必要的交通管制。控制中心根据反馈信息立即改变管理方案并向有关驾驶员提供有关交通事故的信息，事故现场勘察处理完毕以后，迅速解除紧急状况下的交通管制，恢复正常交通。采用此种救援体制能使有关各方职责明确、管理统一，从而满足我国道路运营管理的需要。

2.5.4 公路安全保障工程实施研究

目前我国公路通车总里程在2005年已达193.05万公里，仍排在世界第三位，其中高速公路通车里程达到4.1万公里，稳居世界第三位。高速公路约占公路总里程的2.1%，由于它的技术标准高、交通设施完善、管理养护工程严密，对行车快速、畅通、舒适安全能够得到保障。而据有关资料，截至2003年我国大于或等于二级公路为27.16万公里，占总里程的15%；三级及四级公路尚有116.7万公里却占总里程64.84%，而这些公路除城市外，大都分布在县、镇，与人民群众生产、生活关系密切。二级及二级以下公路上的交通事故约占事故总数的70%，群死群伤的特大事故在山区公路上发生的概率比平原区要高得多，其中急弯、陡坡、连续下坡、视距不良和路侧险要等五种类型的路段又是事故的高发路段。为此，在交通部下发的公路安全保障工程实施方案中明确：本次安全保障工程的实施范围是以上五个指标没有达到一定量化标准，而且目前没有采取有效防护措施的路段。

之所以这样确定，主要考虑两个因素：一是环保因素。实施公路安全保障工程的路段，一般都处于生态环境脆弱的山区，采用交通工程措施对环境的影响要远远小于土木工程手段；二是国情因素。采用交通工程手段，可以较快解决影响交通安全的主要矛盾，具有工期短、投资少的特点，符合我国国情。

公路安全保障工程是交通工程的具体化和标准化，对公路安全服务水平提出更高的要求，因此，交通工程的设计应充分考虑公路安全保障工程的实施，应将公路安全保障工程纳入国省道改建项目中，与项目立项、设计、施工和项目后评估同步进行。应确保建设资金到位、设计到位、质量优良。项目建设过程应充分听取各方意见，重视当地政府、公安交警和公路交通部门的建议，考虑沿线人民群众的需要，取得各方的支持与理解，创造良好的建设环境，形成全社会齐抓共管的长效机制。

对公路安全保障的总体要求，除要着重安全性外，还应注意舒适性、愉悦性，因此要体现公路与自然景观的协调，在改造、扩建过程中注意人为景观与自然景观的结合，尽可能减少对生态环境的破坏，力图在保障安全畅通的基础上，使公路融入青山绿水之中，这些工作的具体措施可分为下列几个方面。

(1)工程措施方面

由于路线标准低，使用了一些较低技术指标，甚至有极限值，如平面上半径小、弯急，纵面上陡坡，甚至连续下坡未设缓坡段，傍山路段视距不良，横面上路基宽度不足。这些地段容易形成交通阻塞、车辆碰撞、翻倒等交通事故，因此需要加大半径，在回头弯处，当条件允许时应局部予以拓宽。在纵面上可设置紧急停车带或爬坡车道，以免影响车辆通行能力和运输安全。在横断面上由于路基宽度不够，可采用外面增加防护工程，甚至修建半边桥；内侧用半山洞或棚洞，既加宽了路基也不致破坏环境。在视距不良地段，有条件时，可以采取内侧弯道加宽、加大了半径、路线中线外移，也提高了行车视距。

在安全、技术、经济诸因素比较下，对局部路段可采用改、移线措施。

此外，危桥也是安全保障工程重要内容之一，也应进行加固改造。

(2)主动引导方面

安全保障工程除了上述用工程改善线路状态外，通常采用方法之一为主动引导，即主要通过标志、标线来引导车辆安全通过险要地段，防止事故发生。

公路安全保障工程的实施应按照"安全、经济、环保、有效"的原则；应真正体现以人为本、以车为本的科学发展观；应根据公路、交通和环境条件，因地制宜选用适当的标志标线，并符合标准规范、经济实用、美观协调等要求。交通标志的设置应与交通标线配合使用，协调一致。应避免因警告、禁令和相关提示性标志的频繁使用，而使驾驶员产生麻痹心理；应采取综合措施，避免只侧重被动防护而盲目设防或过度设防，造成对环境及景观的破坏。针对各种有不同事故隐患路段情况，设置醒目而易识别的交通标志、标线，引导司乘人员及时采取有效措施安全通过。如在急弯陡坡前较远处设视认性强的急弯陡坡警告标志，这些标志包括上陡坡、下陡坡、连续下坡、急弯、反向转弯、连续转弯等，以提醒司机注意减速行驶；在弯道处设置诱导标、轮廓标、红色薄层标线、警示司机降低车速也改善了夜间行驶条件；同时在路线中间安装分道锥体，强行隔离对向行驶车辆，从而可避免碰撞。

在视距不良地段设置禁止超车标志，在事故多发路段，设置警告标志，在道路分岔、入口处设置鲜明指示标志，这对不熟悉路况的尤其是外地司机起引导作用。

标线方面：在陡坡顶前设置减速标线以降低车辆进入下坡前的初始速度。在有较多行人横穿的路段的前方和路线中重复设置减速标志，控制车辆行驶速度。

横向黄色减速线对于抑制车辆超速行驶、减少交通事故的发生有明显的效果，主要用于警告司机前方危险应集中注意力，减速慢行通过。采用这种方法简单易行、见效快，但影响行车的舒适性，且日常养护费用高。因此，对于目前大量使用的沥青混凝土路面和水泥混凝土路面，可通过科研立项、通过试验来确定更方便实用、费用更低的永久性措施。

在公路重要路段车辆多时采用可变情报板、频闪等动态标志，效果尤为显著。交通标志的设置应考虑防盗措施。

(3)适当防护方面

适当防护是指在交通事故发生时，通过路侧护栏等设施的保护，降低事故中人员的伤亡、车辆的损伤和对他人财物损毁程度。

交通工程的实施应充分考虑日常养护的要求，坚持两手抓，将两者有机结合起来。双向四车道公路宜采取物理分隔措施，以防止车辆越线行驶造成严重交通事故的发生。由于山区公路临河临崖险路多、弯多坡陡、车辆驶出路外的可能性大，如交通量大特别是大运量汽车较多的路段，为避免车辆冲出导致严重安全事故发生，降低维修养护费用，路侧护栏宜采用连续现浇钢筋混凝土形式。

防护工程一般设在路侧有高填方、高挡墙、急弯外侧、陡崖、陡坡、深沟、深涧险要路段设置，在保护失控车辆的同时，也可以提高视线诱导效果。由于防护对象不同选用的材料也各异，以达到希望为目的。防护设置要充分贴近自然，因地制宜，达到安全保障目的。如上述危险路段浇筑钢筋混凝土护栏，以加大防护力度，不应有所闪失；在路侧基础条件差，仅存在一般安全隐患的路段，可设置波形梁钢板护栏；在路侧风景秀丽、路基条件较好的路段，为使乘客欣赏沿途风光,可设置透视条件好的缆索护栏。

此外,因车速过快或连续刹车导致车辆制动失效,易造成追尾事故或对撞事故,交通事故发生率较高的长陡坡路段应考虑设置紧急避险场。由于紧急避险场是一种崭新的安保措施,没有行业标准,只能通过设计和试验,不断探索,不断改进完善。位置选择和消能形式是能否发挥紧急避险场作用的关键环节。但也有业内人士担心,如果失控车辆驶入避险场而发生伤亡事故,可能会引起法律纠纷,如何避免此类事件发生应引起有关部门的重视。

无论主动引导方面或者适当防护方面都是通过改善交通安全设施的方式,力求达到减小交通事故率和因交通事故发生后伤亡人数少,以降低交通事故的严重性,这种方式是贯彻执行公路安全保障工程的主要方式。

(4)加强人、车和交通安全管理

交通安全的保障除了重视道路外,还应加强人、车和交通安全管理方面的工作。

对车辆:应制止大货车的超载,大客车的超员,摩托车、自行车的超速,检查车辆是否超龄服役和刹车制动装置是否灵活。

对司机:禁止酒后驾驶、疲劳行驶、无证开车、不遵守交通规则、不听服交通指挥、在可视条件差时还强行夜间行车。

对交通安全管理方面:要重视道路养护、绿化,配备一定数量的路政和交警人员经常上路排查事故苗头,对违规的人要思想教育和惩罚并重,贯彻执行年检和驾驶证考试制度,交通事故发生要及时到位疏导和处理。在气候恶劣天气条件下如大雾、冰雪、台风、暴雨要采取措施防止一般事故,尤其恶性事故的发生;应重视基础资料的收集整理工作,对技术资料进行分析总结,形成系统的技术档案,提高试验工作的技术性和针对性。要把公路安全保障工程贯穿于公路建设和改造的全过程,把公路交通安全管理列入公路建设和日常养护的重要内容,加强安全防护设施的建设与维护,积极研究和探索适合国情的安全技术措施,为公路建设提供有效的安全技术保障。

第3章 判定标准和技术路线

实施公路安全保障工程，保障生命财产安全，首先就要找出公路安全保障工程实施路段。本章介绍如何找到公路安全保障工程实施路段，并通过在事故隐患路段实施公路安全保障工程，提高道路安全水平。

3.1 判定原则

判定公路安全保障工程实施路段时，应坚持“经济可能、技术可行、方案有效、全面把握、灵活选择”的原则，将公路技术指标与交通事故情况紧密结合，通过分析影响行车安全的主要因素，将存在隐患的路段纳入安全保障工程实施路段。

3.2 判定标准

满足事故指标的路段，通过事故多发原因的分析，确定公路本身存在影响行车安全的因素，如急弯、陡坡、连续下坡、视距不良、路侧险要等包含两种以上的组合，极易发生交通事故的路段（连续下坡加急弯路段等，直线加小半径曲线，连续急弯加视距不良）路段，作为安全保障工程实施的路段；满足事故指标的路段，通过事故多发原因的分析，不是公路本身存在影响行车安全的因素，而是人、车的因素如机非混行、行人横穿等，也可以作为公路安全保障工程实施路段，以减少其他因素对公路行车安全的影响。

另外，使用极限或接近极限路线几何指标的路段，虽然路线极限指标能满足规范要求，但在特定的环境条件下，不能满足道路安全方面的要求，也是危险路段。如山岭重丘区的急弯陡坡组合，不良的平面、纵面组合是形成事故多发点的重要原因。因此判定公路安全保障工程实施路段时，不能一味死板地卡标准，要灵活选择。此类采用极限或接近极限的指标值建设的路段，也应实施公路安全保障工程。

3.2.1 事故指标

2km 范围内 3 年发生过 1 起死亡 3 人以上的事故或 500m 范围内发生过 3 起以上死亡事

故的路段，作为公路安全保障工程中事故多发路段的判定标准。

3.2.2 公路指标

(1)急弯路段

是指平曲线半径(R)小于下列数值的路段。

——单个急弯

设计速度不小于80km/h　　$R<400m$

设计速度不小于60km/h　　$R<250m$

设计速度不小于40km/h　　$R<125m$

设计速度不小于30km/h　　$R<65m$

设计速度不小于20km/h　　$R<30m$

(2)连续急弯

设计速度小于60km/h，连续有三个或三个以上小于下列半径(R)的平曲线且各曲线间的距离(L)小于下列长度的路段。

设计速度40km/h　　$R<100m$　　$L<50m$

设计速度30km/h　　$R<65m$　　$L<35m$

设计速度20km/h　　$R<30m$　　$L<25m$

受公路周边环境等因素影响，有些急弯路段危险性要高于单个急弯路段，在选取实施路段时，可结合事故情况将连续急弯的R取值适当增大。

(3)陡坡路段

是指纵坡(I%)大于下列数值的路段。

设计速度不小于80km/h　　$I>4$

设计速度不小于60km/h　　$I>5$

设计速度不小于40km/h　　$I>6$

设计速度不小于30km/h　　$I>7$

设计速度不小于20km/h　　$I>8$

(4)连续下坡路段

是指越岭线连续里程大于3km、多个连续下坡且平均纵坡(I%)大于下列数值的路段。

相对高差为200~500m时，$I>5.5$

相对高差大于500m时，$I>5$

连续下坡路段的长度越长，危险性越大。在具体选取路段时，可以结合历史事故情况，将平均纵坡I的取值适当减小。

(5) 视距不良路段

是指会车视距(L)不满足设计速度要求的路段。

设计速度不小于80km/h　　$L<320m$

设计速度不小于60km/h　　$L<220m$

设计速度不小于40km/h　　$L<150m$

设计速度不小于30km/h　　$L<80m$

设计速度不小于 20km/h　　　　$L<60$m

(6)路侧险要路段

是指陡崖、深沟、填方边坡高度或路肩挡墙高度 $h\geqslant4$m 的路段,或至路肩边缘不足 3m 有湖泊、沟渠、高速公路、铁路等路侧险要的路段。

(7)路面抗滑能力不足路段

根据《公路水泥混凝土路面养护技术规范》(JTJ 073.1—2001)和《公路沥青混凝土路面养护技术规范》(JTJ 073.2—2001),沥青混凝土路面抗滑能力采用横向力系数 *SFC* 和摆式仪摆值 *BPN* 判定,水泥混凝土路面采用抗滑系数(横向力系数 *SFC*)判定。当不满足表 3-1 抗滑指标的要求时,宜进行处治。

抗滑指标要求　　表 3-1

评价指标	沥青混凝土路面		水泥混凝土路面	
	一级公路	其他等级公路	一级公路	其他等级公路
横向力系数 *SFC*	≥0.40	≥0.30	≥0.38	≥0.30
摆式仪摆值 *BPN*	—	≥32	—	—

3.2.3 其他因素

行人、自行车或环境等对行车造成安全隐患的路段,如隧道、平面交叉口、过村镇路段、公路条件变化路段如路基宽度变窄等。当然,造成交通事故的原因非常复杂,除人、车、路的原因外,还涉及环境、气象、交通量和交通组成等多种因素,各地在实施过程中也可以根据实际情况,在以上所提出的判定标准的基础上进行补充细化。

3.2.4 事故隐患路段判定标准

包含两种或两种以上危险路段情况的组合,极易发生交通事故的路段(如连续下坡加急弯路段、长直线加小半径曲线、连续急弯加视距不良和路侧险要路段等)。

3.3 技术路线

步骤一:首先根据 3.2.1 的事故指标选取路段集合 A,其中事故多发路段和隐患路段都应列为公路安全保障工程重点实施路段。

步骤二:在路段集合 A 中,根据 3.2.2 的公路指标选取路段集合 B。制定这些公路指标时已经考虑到运行速度对安全的影响。如果有条件,可以先对路段上主要车型的运行速度进行测试。如果运行速度高于设计速度,并且运行速度大于设计速度的差值超过设计速度与上一档设计速度的差值(绝对值),则应提高公路指标的要求;如果运行速度低于等于设计速度,可以降低公路技术指标的要求。

应根据公路整治措施的安全效益最大化原则对路段集合 B 中的路段整治措施进行排序,并根据资金安排计划。

步骤三:在路段集合 A 中,考虑 3.2.3 的其他因素选取路段集合 C。根据公路整治措施的

安全效益最大化原则对路段集合C中的路段整治措施进行排序，并根据资金安排整治计划。

可以将路段集合B和C合并为路段集合D，根据道路整治措施的安全效益最大化原则对路段集合D中的路段整治措施进行排序，并根据资金安排整治计划。

山区公路可以优先整治路段集合B中的路段。

平原区公路可以优先整治路段集合C中的路段。

第4章 实施步骤

4.1 收集基础资料

4.1.1 收集原始资料

通过走访有关部门及现场调查，收集交通事故、运行速度、路况、路侧条件、交通及气象条件等资料。各省可针对本省的特殊情况，因地制宜，有选择的收集基础资料。

(1)交通事故数据。应收集的交通事故数据主要包括:按路线汇总的交通事故数据(尤其是近3~5年)、事故地点、事故对象、事故形态、事故类型、事故结果和事故原因等。

(2)运行速度数据。对因超速引发交通事故的路段作重点调查，并通过实地观测获得运行速度数据。

(3)公路技术指标等数据。应收集的公路技术指标数据主要包括:公路几何设计要素(平曲线半径、纵坡、路基宽度等)、平面图、纵断面图、标准横断面图、路面结构图等。此外，还要掌握与公路安全保障工程紧密相关的交通标志、标线、安全防护措施等的现状、路侧环境等。

(4)交叉口类型和技术参数。

(5)道路沿线桥梁、隧道等结构物及其与路基部分的过渡形式。

(6)沿线路面状况(主要为影响道路安全的路面表面特性等)。

(7)沿线人口居住及其出入情况(学校、村庄、厂矿企业的分布、公路离小城镇的距离等)。

(8)交通量及其构成。

(9)沿线道路景观。

(10)交通量资料。应收集的交通量资料主要包括:年平均日交通量及主要交通构成等。

(11)气象资料。应收集的气象资料主要包括:雾、雪、雨、大风及其季节规律，沿线特殊气象特征，如侧向风、积雪、局部雾团等。

(12)其他可能影响交通安全的因素。

4.1.2 现场踏勘

现场踏勘的主要内容是:对已有相关资料的校核,如几何线形、交通设施状况、自然环境、交通状况及交通事故发生现场的校核等。重点掌握路侧危险程度、交叉口的位置与环境、沿线道路环境等重要信息。同时,对技术资料缺乏的公路,应对重点路段进行几何要素测量,如纵坡、平曲线半径、路面宽度、路面摩擦系数等。为分析交通事故原因、拟定和校核设计方案奠定坚实的基础。

4.2 资料分析和确定实施路段(点)

4.2.1 造成交通事故的因素

4.2.1.1 人的因素

(1)酒精、药物的影响;

(2)驾龄小、经验不足的司机;

(3)老年人;

(4)强超硬会;

(5)拒绝安全设施(安全带、头盔等);

(6)压力、疲劳、疾病等。

4.2.1.2 车的因素

(1)超载、刹车失效;

(2)道路上随意停车;

(3)车辆保养不够;

(4)车辆安全防护设施不足。

4.2.1.3 路的因素

(1)交叉口,冲突点过多、无控制出入;

(2)路幅过少、道路过窄;

(3)低标准线形(急弯、陡坡、视距不良等);

(4)路面条件:摩擦系数低,隧道内照明设施不足;

(5)安全设施不足:安全设施不到位、质量不过关、防撞能力差,标志、标线不齐全;

(6)路侧条件:路肩窄,路侧有硬物、深沟。

4.2.2 事故分析并确定实施路段(点)

在确定公路安全保障工程实施路段前,应结合本辖区公路交通的情况,按照“轻重缓急、分步实施”的思路制订本辖区实施总体规划,以发挥整条路线的规模效益。

确定实施路段时,应首先根据沿线交通事故分布情况(应具体到百米桩或具体的出入口、交叉口),确定事故多发的点、段。然后结合实施路段判定标准中的公路技术指标、其他因素等，最终确定具体实施路段。

确定事故多发点、段时，应剔除明显与公路技术状况无关的事故数据，如：酒后驾车、扒车等，并按路段分析造成交通事故的主要原因。

确定具体实施路段时，对于不符合路段判定标准中的公路技术指标要求，但属事故多发点、段，应加强这些路段交通管理工作，并进一步论证交通事故的成因。如果通过增设交通安全设施对预防和减少交通事故有明显作用，可以将这些路段纳入公路安全保障工程实施路段。

4.3 确定设计方案

4.3.1 工程设计

由于交通事故是人、车、路和环境共同作用的结果，因此交通事故不可能完全避免。安全设施设计为突出功能性、服务性和经济性，采用“经济可能、技术可行、方案有效”的设计原则，尽量利用原有设施、就地取材以降低工程造价。同时，设计方案中尽量考虑便于养护管理，减少人为破坏的可能性。

(1)主动引导

对于公路坡陡弯急，平面指标偏低，部分路段视距不良等情况，道路上的上述特点应及时、准确地通知汽车驾驶人员，使其能做到心中有数，提前采取必要的措施。

设计对策：设置必要的交通标志、标线、凸面反光镜、分道体、减速设施等。

(2)适当防护

所谓“适当防护”就是以减少群死群伤事故的发生为目的，对事故多发路段和隐患路段采用安全护栏进行重点防护，其他路段根据防撞等级适当防护。防护的形式有安全护栏和抗侧滑护轮带等。

(3)合理保障

合理保障包括设施位置的合理性和夜间路况信息供给的合理性。设施位置的合理性应遵从“主动引导、适当防护”的设计理念；国内外交通事故统计数据表明，无照明设施的道路交通事故约1/3发生在夜间，而重大交通事故则有50%发生在夜间，因此对无照明设施的公路而言，如何加强夜间行车的准确引导尤为重要。

设计对策：标志、标线反光材料的合理利用；增设视线诱导设施。

(4)旧材新用

原有的一些交通标志、浆砌片石示警墩、示警桩等为保障公路的安全已起到了一定的作用，尽管有些设置不尽合理、强度有所不足，但经过改造仍能使其发挥作用。设计时可考虑对原有护栏进行加固，提高护栏的防撞能力。

(5)因地制宜、经济实用

采取交通工程设施和工程措施时，应从实际出发，根据具体情况，在保证安全的前提下，最大限度的与自然环境及人文景观协调统一。对大自然的改造做到合理、经济，能用较低造价方式解决问题的，不用较高成本方式来解决。如路侧有一定宽度净区时能采取堆土防护及绿化方式解决问题的，决不用混凝土护栏解决问题；能用安全护栏解决的，就不用工程措施来解决。

(6)全线协调

虽然着重对事故黑点路段实施交通工程措施,但应注意实施路段与前后路段及全线设施的协调。例如山岭重丘低等级盘山越岭公路,急弯多,陡坡多,应避免"急弯"、"下陡坡"的警告标志林立,可以多设置辅助标志或形象化、人性化的图形标志警告、预告前方一段路的险峻情况,避免信息过载造成的信息疲劳、信息失效;可视具体情况尤其事故历史资料在弯道外侧设置部分防撞护栏,而其他路段采用加设线形诱导标、轮廓标或绿化等处治措施,而不宜大量连续设置防撞护栏的简单处理方法,使有限的资金用在刀刃上。

4.3.2 道路景观设计

景观设计包括自然景观和人文景观设计。道路景观设计的总体思路是:安全经济、融入自然、风格鲜明、兼顾环保。具体按照以下原则办理:

(1)功能优先原则

公路首先是供车辆行驶的,进行边坡景观设计,始终把公路的功能性原则放在首位,以满足交通安全和交通服务功能为首要宗旨。设计中把交通安全作为要点,采取以主动引导为主和被动防护为辅的思路,给驾乘人员以舒适和谐的感觉。在主动引导方面,采用形式各异的标志,在满足规范要求的前提下,尽可能做到提供足够的路况信息;在被动防护方面,对混凝土护栏的形式进行改造,在满足安全使用的前提下,对护栏的外观造形进行优化。

(2)自然优先原则

以生态学理论为依据,尊重自然,正视自然,保护自然,恢复自然。具体的做法是把因改建、养护公路时,路边产生的人为垃圾填埋,采用灌木混播或花草混播,恢复自然景观。对于墙式护栏的外观,可采用墙面装饰图案或采用油漆填涂各种色彩,融入自然,以达到接近自然的效果。对于混凝土护栏应谨慎采用,尽量减少因混凝土护栏过量引起的视觉污染。

(3)色彩优化原则

景观在大脑中的映射,可认为是人—景观关系协调性在时间上的扩展。根据动视角原理设置导向标。导向标的颜色采用国标颜色(红白相间、蓝白相间、黄黑相间),色彩间距按每10km左右路段变换一次。在面积较大的边坡、护面墙或重要的路段,可以适当考虑图案设计以增加边坡景观的观赏性,但考虑到公路行车动态和边坡美化施工难度,其图案设计力求简单、明快。在图案设计上采用流畅自然的标志对称图案、小动物指路图案等达到美化效果。注意设施色彩同沿线自然景观的融合,同时要考虑到沿线自然景观随季节变化的影响因素。

(4)绿化美化原则

以环境保护和美学理论为依据,环保和美化除了解决物质污染以外,还要解决司乘人员和其他人员的视觉污染问题。在绿化方面要考虑苗木的中长期效果,为方便养护和可持续发展打好基础,同时,应考虑到自然区划和苗木随季节变化的特点,选择常青的苗木种类,争取人为添景,景融入自然,同大自然景观相和谐、相辉映。

(5)可持续原则

公路的可持续原则就在于它能否连续为使用者提供安全舒适的服务。首先要选择成本较低而又能提供安全的设施,其次,对于绿化材料,应选择易生长、对环境有益的苗木,同时修剪

后可以替代视线诱导设施或指示标等。

4.3.3 其他设计方案

针对具体路段进行事故分析，如果依靠交通工程设施不能解决时，可考虑采用横断面加宽、增加太阳能频闪标志等措施，对路侧有可利用空地的长距离坡道，选择适当位置设置紧急停车带、降温池、避险车道、修整边沟、植树等。

4.3.4 确定设计方案

对实施路段存在的交通安全隐患和交通事故原因进行深入分析，制定实施方案，并进行经济和技术分析，最终确定实施安全保障工程的设计方案。

确定设计方案时，应遵守以下一般规定：

(1)方案选择：公路安全保障工程实施路段，一般都处于生态环境脆弱的山区。为减少对生态环境的影响。较快提高公路行车安全性，根据《公路安全保障工程实施方案》，应采取综合运用交通工程技术为主要处治措施。确定技术方案时，应在全面分析交通安全隐患的基础上，合理确定技术方案，注重环境保护和综合处治措施。

应重视通过现场勘察和科学分析，采取简易措施即可解决影响交通安全主要矛盾的技术手段，从而提高公路行车安全性的措施。如：因弯道内侧植物或边坡杂乱等阻碍行车视线时，应通过修剪树木，清除杂物等简易技术手段提高会车视距。

(2)交通标志设计：应根据公路、交通和环境条件选用适当交通标志，并符合标准规范，兼顾美观、经济等的要求。避免因警告、禁令和相关提示性标志的频繁使用，而使驾驶员产生麻痹心理。

应重视指路标志的设置工作。在设置指路标志时，应认真研究指路标志的内容，使驾驶员，特别是不熟悉当地地理情况的驾驶员明了相关的知名度较高的重要地名和旅游风景区等的路径。相关标志的公路编号和命名应严格按相关国家标准进行标识，如109国道北京段，指路标志上的公路编号应为“G109”或“109国道”，其命名为“京拉线”。同时，应按交通部相关规定完善里程碑(桩)系统。

就重视事故多发路段的提示性标志设置工作，并结合相关警告和禁令标志等，以提醒驾驶员谨慎驾驶。如“前方事故多发，请勿超速”等。

交通标志设置应与交通标线配合使用，协调一致。两块以上标志牌设置在一根立柱上时，应按警告、禁令、指示的顺序，先上后下、先左后右排列。

(3)交通标线：应根据路面宽度、交通量和视距等主要因素画设交通标线，并做到标准规范、线形流畅和衔接科学合理，充分发挥其引导交通流的功能。

应重视中心实线的应用。在不满足会车视距的路段，如急弯、平包纵等视距不良路段，应画设中心实线，禁止车辆的不安全超车，从而预防会车事故的发生。在容易发生会车事故的路段，还可同步设置突起路标和中央隔离设施等。

应重视平交路口的标线设置。根据交叉口的形式和交通流的特点予以合理渠化，明确通行优先权，尽可能消除交通冲突点，引导车辆有序通过交叉路口。

(4)护栏：应根据路侧危险程度、事故概率、行车速度和交通流组成等因素设置相应防撞

等级的护栏，并与周边景观相协调。避免盲目设防、过度设防，最大限度减少工程对环境和景观的破坏。

护栏形式的选择还要考虑当地的养护条件、环境和气候因素。如在北方积雪地区宜采用波形梁或缆索护栏，便于清除积雪。选择连续混凝土护栏的路段，还要考虑清扫、排水等因素。

(5)减速设施：可在超速极易导致交通事故的路段设置减速设施。减速设施形式的选择应考虑行车的舒适性、路面排水和日常养护等因素。慎用坎式等强制性的减速设施。

(6)视线诱导设施：应根据公路线形、路侧危险程度和其他设施的应用情况选择合理的设施形式。对于事故概率低、路侧危险程度不大、线形指标较好等路段，可选用示警桩、示警墩和轮廓标等视线诱导设施；对于线形指标较差的路段，可选用线形诱导标。

(7)其他交通工程设施的选用应坚持因地制宜、经济实用和标准规范等基本原则。

还应根据事故原因采取综合处治措施，针对影响交通安全的主要矛盾制订设计方案。设计完成后，还应在实施路段现场进行设计方案论证和校核，检查设计的工程措施是否针对事故形态、原因，是否与现场环境协调，是否与前后路段协调，是否便于现场实施等。避免警告标志林立、处处设防和处治措施单调呆板等情况。

鉴于安全保障工程实施路段的路线情况较为复杂，设计单位应做好设计现场交底和施工过程中的配合工作，及时解决施工过程中出现的技术问题，确保设计意图的实现。

4.4 工程施工、验收

公路安全保障工程是一项新型的特殊工程，诸多事项正在研究阶段，所以，各级实施单位应认真学习交通部《公路安全保障工程实施技术指南》(试行)，明确公路安全保障工程实施目的，以便指导日常工作。

工程实施应严格按照有关规定，实行项目法人制、招投标制、监理制，严格按合同管理，确保工程质量。

施工过程中除按常规要求之外，还要做到以下几点：

(1)协调好监理、业主、当地政府和沿线群众的关系，为施工创建一个良好的环境。

(2)安全条例和要求不仅项目经理部能做到，要求每一个施工人员，包括民工也要能做到。

(3)除注意自身安全之外，还要注意进入工地所有人员、包括行人和行车的安全。

(4)施工中应合理布置作业区，尽量少占路面，并按照交通部《公路养护安全作业规程》(JTG H30—2004)有关规定设置作业区标志；设专人指挥交通，确保施工路段的安全畅通。

(5)妥善处理好建筑垃圾和废水，不能对施工路段自然环境造成二次污染。

(6)对自然的破坏做到最小化，慎重砍伐施工界内的林木。开山放炮严格按操作要求执行，除注意安全之外，开挖量不能过大。

(7)施工时注意不得对道路污染和人为破坏。机械安装、材料运输、材料堆放必须按要求进行。

(8)按照投标书的承诺，精心组织施工，严格把好质量关，控制好进场材料全部合格，不得使用未经验收合格的材料和未经监理许可的施工工艺。

(9)认真填写中间交验报告书。

(10)施工过程中，特别是各种护栏的基础形式要合适、经济，及时同监理、业主、设计代表取得沟通，做到尽善尽美。

(11)对于设计文件，应严格按要求组织放样、施工。不得随意或未经同意就变更设计文件。

(12)做好施工记录。

(13)工程完工后尽快提交书面验收报告。

(14)结合公路安全保障工程的特点，对于安全设施应严格执行《高速公路交通安全设施设计及施工技术规范》(JTJ 074—94)，对于其他工程措施，应严格执行《公路养护技术规范》(JTJ 073—96)。

另外，建立健全符合公路安全保障工程特点的质量监管体系，确保工程质量，做好工程验收工作。同时，严格施工现场管理，合理布设施工作业区，做好交通组织管理工作，保证交通安全及现场施工人员安全。

4.5 效果评价

建立安全保障工程实施效果评价制度，建立安全保障工程实施技术文件档案，适时收集整理工程实施前后的防护设施破坏情况(分为人为破坏和车辆破坏)及实施路线的交通事故数据变化情况，依据翔实数据对工程实施效果及时做出客观评价，为完善公路安全保障工程相关技术标准提供依据。

4.6 日常养护

除了对安全保障工程实施的设施进行维护和更新以外，还应注重整治边沟、整治路侧边坡和环境、绿化及杂草清理等日常养护工作。通过日常养护和适当的工程手段等综合性处治措施、路侧宽容性改善措施、因地制宜的工程处理方法以及追求自然、利用当地土生土长植物进行绿化和水土保持方案，纳入公路安全保障工程的实施范畴。逐步改善国省道干线公路的交通安全状况，涉及日常养护应逐步采取措施的工作主要有：

(1)标志的设置：应从整个路网的角度考虑其一致性、系统性及人性化，加强地点距离标志和国省干道路网编号标志的设置及应用，逐步改善公路标志设置不明确、标志字符偏小、标志缺损、随意性大等不良状况，努力消除误导、易迷失方向等不良现象。

(2)除了路面和各种安全设施的改造之外，日常养护工作中要注意路侧环境如边坡和边沟的整修；条件许可时在小半径弯道处尽量加宽路基路面等。

(3)充分利用地形，注重服务性设施如停车区、观景台等的设置。

(4)注重平交路口的处理，强调路权概念，控制车辆驶入路口速度。干线与干线平交的交叉口，应考虑信号控制；干线与支线平交的路口，支线驶入方向宜使用限速丘和设置停车或减速让行标志；干线与机耕道(乡道)平交的路口，应尽量对支线进行一段路面(如10～15m)的硬化处理，设置限速丘、减速路面和停车让行标志，保障干线通行安全和整洁。

第二篇

公路安全保障工程的措施

第5章 公路安全保障工程路侧安全设施

由于公路建设受工程投资、服务理念及自然环境等因素的影响，对公路的行车安全性和舒适性不够重视，缺乏对公路使用者的考虑，尤其缺乏路侧设计方面的设计理念和方法，路侧安全问题诱发的交通事故越来越严重。研究路侧环境、交通设施对交通安全的影响，对于提高我国道路交通安全水平，保障行车安全，避免人员伤亡和财产损失有着重要的意义。

路侧一般定义为路面边缘以外的区域。路侧安全设计（Roadside Safety Design）是20世纪60年代末期，世界各国公路建设发展比较快的时候引起重视的；70年代末期，一些发达国家在"宽容道路设计"（Forgiving Highway Design）的概念已被广泛接受的基础上，开始将路侧安全设计引进、整合到道路设计的过程中。目前在国外，路侧安全设计已经是道路设计的一个重要组成部分。国内外许多学者致力于对路侧安全的研究，且取得了卓有成效的成果。进行科学的路侧安全设计，对于减少由车辆冲出路外引起的路侧交通事故或减少与路侧相关的事故死亡率都具有重要意义，路侧安全设计已成为提高道路安全性能的一个不可缺少的重要手段。

5.1 路侧安全问题分析

随着经济的发展，技术的进步，在公路交通事业获得迅猛发展的同时，不可避免地，也出现了很多的交通事故，尤其是近几年山岭重丘区的路侧交通事故，严重危害了人们的生命财产安全。因此，应对路侧交通事故进行深入细致分析，找出原因，以便确定解决措施，提高路侧安全性。

5.1.1 路侧事故分析

(1)路侧事故

从行车道硬路肩外边缘至车辆回复轨迹横向最远点的距离称为路侧安全距离。各国路侧安全距离的规定见表5-1。在路侧安全距离之内妨碍车辆运行安全的天然或人工障碍物称为危险物。对越出路外的车辆构成危险的路侧危险物，包括路堤、路堑边坡、护

栏、防撞垫、路缘石、标志柱、树木、排水沟、挡土墙等路侧构造物，以及一些天然的河流、湖泊、深沟等。

路侧事故是由车辆碰撞到路侧危险物，或是坠入河谷、深沟等引起的。据美国交通事故数据统计，2002 年美国共发生路侧死亡事故 13 245 起，占死亡事故总数的 31%，而且呈增长趋势(2001 年为 25%)。表 5-2 为美国各类型路侧事故所占的百分比。

各国路侧安全距离　　表 5-1

国　　家		路侧安全距离(m)
法国(高速公路)		10
荷兰		10
波兰		3.5
英国		4.5
瑞士		10
中国	高速公路	4.5
	一级公路	4.5
	二级公路	2.0

美国各类型路侧事故比例　　表 5-2

事故类型	各类型事故所占百分比
翻车	42%
撞树	25%
撞电线杆	7%
撞边沟和边坡	5%
其他	11%

尽管我国比例有所变化，但是群死群伤的路侧翻车事故和碰撞路侧障碍物引起的事故危险性很高，会造成大量的人员伤亡、财产损失和不良社会影响。我国 2000 年、2001 年、2002 年在各类事故形态中，撞危险物事故的比例分别为 4.46%、4.27%、4.20%，经济损失比例分别为 8.32%、8.98%、9.17%。因此，应该重视路侧安全设计，健全路侧安全管理体系，减少事故发生率，降低事故严重程度。

(2)车辆侵入路侧的原因

车辆驶离道路侵入路侧的原因很多，分析事故的原因，有针对性地采取对策，对于解决路侧交通安全有重要意义。

分析交通事故原因，从交通工程学看，应该从人、车、路、环境等方面入手。车辆侵入路侧这一事故类型的原因，在人的方面包括：司机疲劳驾车或注意力不集中、超速、酒后或药后驾车；在车的方面包括：车辆设备老化，零部件失灵；在路的方面包括：道路抗滑性能低，视距不足，安全设施不齐全等；在环境方面包括：雨、雪、冰使道路太滑，能见度低，视线不好等。

公路安全保障工程是对已建成公路上影响行车安全的事故隐患路段，以交通工程措施为主要手段进行综合整治。从交通工程设施方面考虑车辆驶入路侧的原因，对于我们有针对性的研究问题，消除路侧安全隐患，有着重要的现实意义。具体说来包括：路侧净区不够；护栏设置不合理；没有妥善处理路肩、边坡和边沟；各种标志、标线设置不合理；各交通安全设施没有配合设置等方面。

5.1.2　我国路侧安全分析

(1)我国路侧安全问题

虽然我国交通安全问题尤其是路侧安全问题日益严重，但是由于我国长期以来一直没有

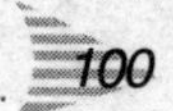

把公路路侧安全当作重点研究内容，尚没有对路侧事故的特点与路侧防护方法进行过专项系统研究，在路侧安全方面，还存在许多问题。具体说来包括：

①路侧防护设施设置等级、类型与路侧特征不相符，如：无安全防护设施或防护能力不足；

②路侧边坡边沟设计不规范，不合理，存在较大的安全隐患；

③路侧净区没有保证；

④护栏端头未进行特殊处理；

⑤施工区的防护无明确规范；

⑥等级公路几乎未设置解体消能设施。

(2)路侧安全设计的重要性

随着我国公路交通事业的发展，交通安全问题也日益严重，其中由于路侧设计不良而造成的交通事故占到了交通事故总数的30%。尤其30万公里山岭重丘区二级以下的低等级公路路侧安全问题极为突出，诱发大量事故。这类交通事故数量多、危害大、严重威胁了人们的生命财产安全。只有改善路侧安全设计，完善路侧安全设施，才能从根本上遏制群死群伤的路侧交通事故，减轻事故的严重程度。

5.1.3 路侧安全设计对策

目前，以"以人为本，安全至上"为设计原则，以"安全、环保、舒适、和谐"为主旨，以"灵活、宽容、创作"为设计手段的公路设计新理念正逐步地被我国公路设计者和交通工程学者认可和接受，并将其运用到了实际的公路设计和交通工程设施设计与设置中。该宽容设计新理念认为，驾驶员的错误不应以牺牲生命为代价，应该采取合理有效的措施来防止事故发生，即使发生事故，也应使事故的严重程度降到最低。

将宽容设计新理念运用到路侧安全设计上，就是要为冲出路面的驾驶员提供可以重新控制车辆并返回路面的空间，即使无法返回路面，也会使驾驶员某种程度的过失在道路交通系统中被化解，最大限度地降低了事故的严重程度。具体说来，我们应该从保障一定的路侧安全净区、合理设置护栏、对路肩、边坡及边沟进行妥善处理等几个方面解决路侧安全问题。在对某一路段进行改造时，应运用宽容路侧设计理念，从以下几个方面综合考虑，提高路侧安全。

(1)保证一定宽度的路侧安全净区。

宽容和人性化的路侧安全净区可降低交通事故概率，减少车辆驶出路外的侧翻事故及减轻事故严重程度。

(2)路侧净区范围内的障碍物处理。

尽量移走路侧大树(树径在15cm以上)、巨石等障碍物，如果无法移走，则应以标记。对于那些不得不放在路侧的障碍物如标志牌、公用电线杆、紧急电话等立柱构造物，在设置时应注意：设置位置尽可能不会与驶出路外车辆碰撞；立柱材料和结构能够满足解体消能要求；立柱有明确的标识或装有防撞消能设施。

(3)合理设置护栏。

合理设置护栏可以防止车辆驶出路外碰撞路侧危险物，可以减轻事故严重程度。

(4)合理设置标志、标线、视线诱导等交通安全设施，加强诱导，使车辆保持在车道内行驶。

(5)在驾驶员容易因疲劳而驶出行车道的路段可设置振动标线和路肩振动带，通过车辆驶过时产生的振动或其他方式来提醒驾驶员已经驶离行车道。

(6)边沟设计。

不合理的边沟设计很可能因驾驶员注意力不集中或疲劳驾车使车辆陷入边沟，造成严重后果。设计时应在满足排水功能的前提下，采取封盖或修建浅碟式边沟、抛物面边沟等方式对边沟进行设计。

(7)边坡设计。

在路侧有一定的宽度净区、填土高度较低时，可以适当放缓边坡。这样，车辆驶出路外顺着坡面下滑，翻车的可能性很小。驾驶员在车辆不失控的情况下，就能重新返回车道上。

(8)自然风景秀丽路段，在路侧宽度允许情况下设置观景台。

5.2 路侧净区

传统的道路设计大多只是满足行车的要求，对于防止事故发生考虑不够。宽容路侧设计根据以人为本的精神，允许驾驶员一定程度的不当操作，消除路侧安全隐患，保障了行车安全。宽容路侧设计理念要求有一定宽度的路侧安全净区，可以使不慎驶出路外的车辆能够自行返回行车道，如图 5-1 所示。宽容和人性化的路侧安全净区可降低交通事故概率，减少车辆驶出路外的侧翻事故及减轻事故严重度。

图 5-1　宽容路侧设计

路侧安全净区是指公路行车方向最右侧车行道以外、相对平坦、无障碍物、可供失控车辆重新返回正常行驶路线的带状区域，是从行车道边缘开始，车辆驶出路外后能够安全驶回车道的一个宽度范围，如图 5-2 所示。

路侧安全净区宽度，与交通量、运行速度、填(挖)方、曲线半径、边坡坡度等因素有关。1960 年，美国 Stonex 研究认为在路侧为平坡的情况下，80% ~85% 的车辆能在行车道边缘 9m 的范围内重新获得控制，在弯道上或路侧边坡较陡的情况下，这个距离会更长，因此，设置恢复区域要至少保证行车道边缘以外 9m 的距离。对于我国路侧安全净区的取值，建议根据平均日交通量来采用图 5-3 ~ 图 5-5 所示的宽度范围。图 5-3 为路堤段路侧安全净区宽度范围，图 5-4 为挖方段路侧安全净区宽度范围。若道路为曲线，则应该在参考图 5-3 或图 5-4 的基础上，根据车辆运行速度和平曲线半径加上图 5-5 所示的修正值。

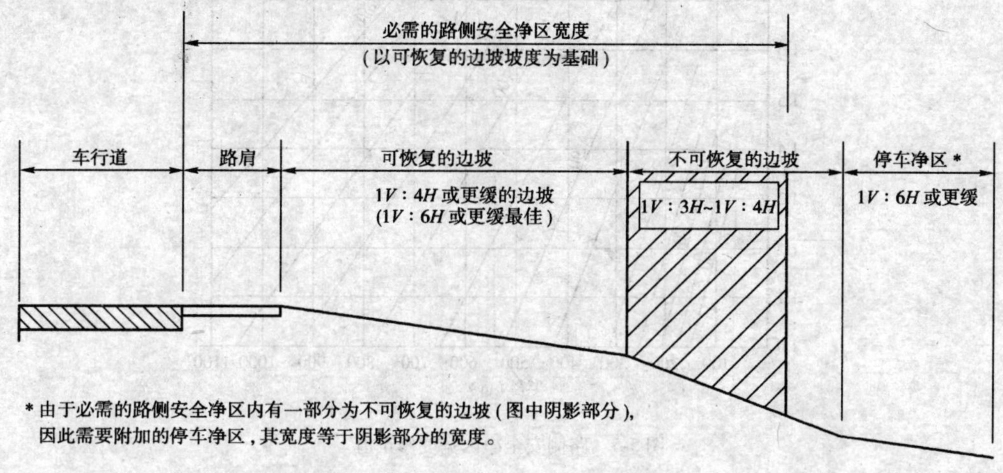

图 5-2　路侧安全净区宽度

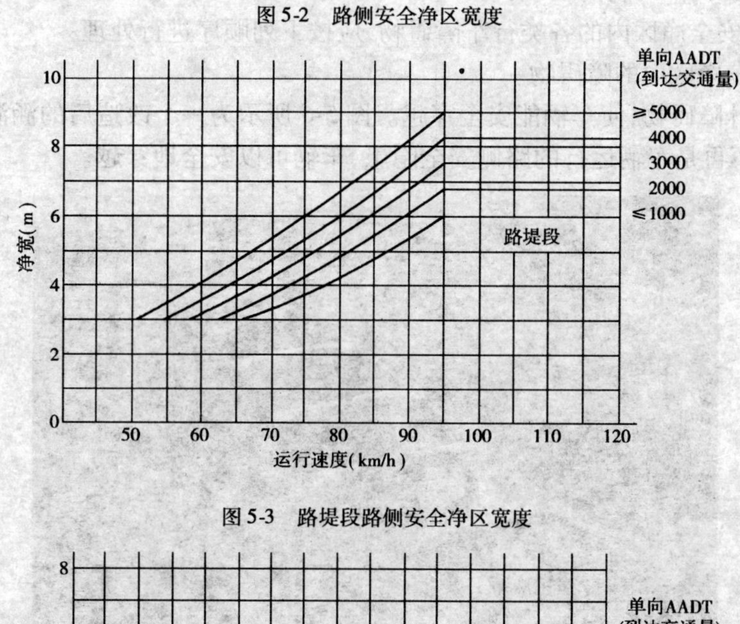

图 5-3　路堤段路侧安全净区宽度

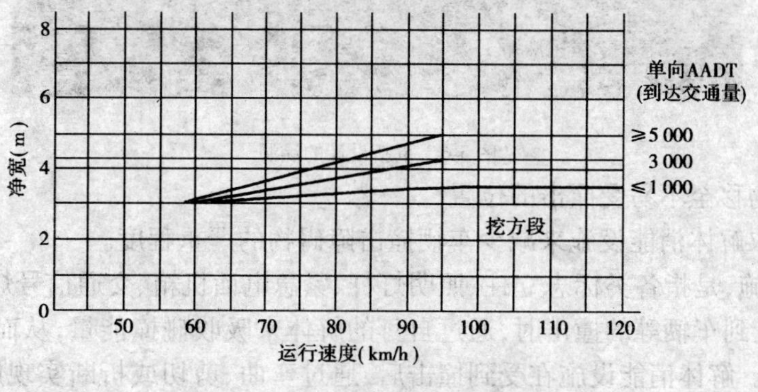

图 5-4　挖方段路侧安全净区宽度

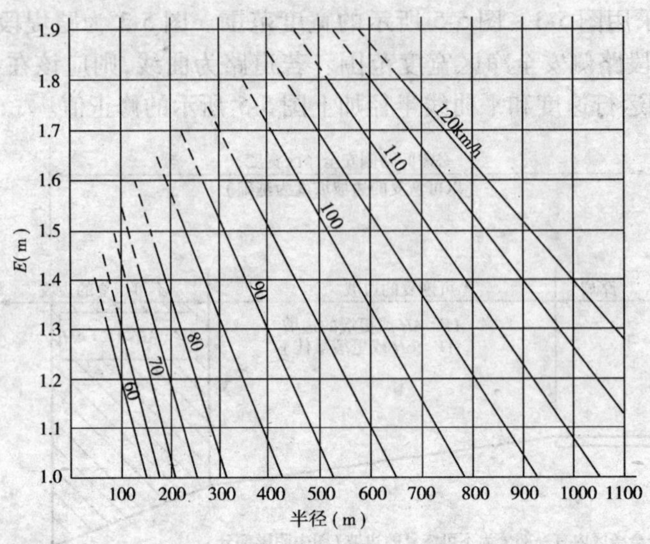

图 5-5 路侧安全净区宽度修正值

路侧安全净区内障碍物的处理:

对位于路侧安全净区内的各类行车障碍物,应按下列顺序进行处理:

(1)去除行车净区内的障碍物。

(2)重新设计障碍物,使车辆能安全穿越。图 5-6 所示为一个改造后的涵洞。经过重新设计,该涵洞已经不再是车辆运行的路侧安全隐患,车辆可以安全地穿越。

图 5-6 重新设计的涵洞

(3)将障碍物移至不易受撞击的位置。

(4)通过采取解体消能设施来减少车辆撞击障碍物的严重程度。

解体消能设施,是指各类标志立柱、照明灯杆、紧急电话机箱、交通信号灯柱等应能抵抗风载和冰载,但在受到车辆等的撞击时,通过自身的解体来吸收碰撞能量,从而达到减轻交通事故严重性的目的。解体消能设施在受到撞击后,通过弯曲、剪切或折断实现解体,容许车辆通过,而设施的残留部分不会形成行车障碍。解体消能设施在投入使用前,应通过试验验证。解

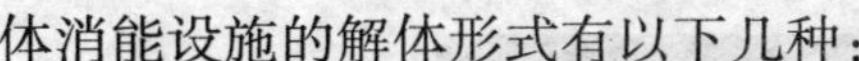

体消能设施的解体形式有以下几种：

①弯曲破坏：如U形槽立柱、打孔的方钢立柱等，因立柱本身强度很低，车辆撞击后马上弯曲变形，对车辆的损伤很小，如图5-7所示。

②剪切破坏：在车辆碰撞的剪力作用下，通过滑动基础、螺栓脱落来实现解体，其中滑动基础是开U形槽口的法兰盘，如图5-8所示。

③折断破坏：通过薄弱横断面、耦合连接来实现解体，如图5-9所示。

图5-7　解体消能设施1

图5-8　解体消能设施2

(5)采用纵向护栏保护障碍物或在障碍物前设置防撞缓冲设施。

(6)如因条件限制不能实施上述方案，则应对障碍物加以视线诱导。

图 5-9　解体消能设施 3

5.3　安全护栏

路侧安全问题的日益突出，使得采取措施来改善路侧道路环境尤为迫切。合理设置护栏是一种较为广泛采用的保障车辆运行安全的措施。

5.3.1　概述

(1)护栏功能

护栏是道路安全设施的重要组成部分，在防护失控车辆碰撞事故中起着重要作用，有效地减少了恶性事故的发生。合理设置安全护栏不但可以减少交通事故，降低事故的严重程度，还可以诱导行车视线，使司乘人员感到舒适，从而降低他们的疲劳程度。具体说来，正确设计、合理设置的护栏可以实现以下功能：

① 能绊阻车辆，防止车辆越出路外，坠入深沟、湖泊等，也防止车辆碰撞到路侧危险物，保护路外建筑物的安全，确保行人不致受到重大伤害，确保与其相交道路、铁路的安全，阻止失控车辆穿越中央分隔带闯入对向车道。

②能使车辆回复到正常行驶方向。车辆碰撞护栏的运动轨迹应能圆滑过渡，以较小的驶离角和较小的回弹量停留在不影响车辆正常行驶的地方，不致发生二次事故。

③ 一旦失控车辆与护栏发生碰撞时，对驾驶员和乘客的损伤为最小，要求护栏具有良好的吸收碰撞能量的功能。

④ 能诱导驾驶员的视线，能清晰看到道路的轮廓及前进方向的线形，增加行车的安全性，使道路更加美观。

(2)护栏分类

1)按路段分类

由于桥梁桥面较一般路段窄，且路侧危险性更大，鉴于桥梁结构的特殊性，将护栏分为路基护栏(即一般路段防撞护栏)与桥梁护栏两种。

2)按设置位置分类

护栏按设置位置可分为路侧护栏和中央分隔带护栏。路侧护栏是设置在公路路肩上,目的是防止失控车辆越出路外,避免碰撞路边其他设施,根据防护对象的不同主要分为路堤护栏和障碍物护栏。中央分隔带护栏是设置于公路中央分隔带内,目的是防止车辆穿越中央分隔带闯入对向车道,并保护分隔带内的构造物。

3)按强度分类

公路护栏按防撞等级可分为:路侧 B、A、SB、SA、SS 五级;中央分隔带 Am、SBm、SAm 三级。护栏的碰撞条件和性能表征护栏抵抗失控车辆冲撞的能力,B 级为最低一类,SS 级为较高。各等级护栏的碰撞条件和性能如表 5-3 所示。

护栏防撞性能　　表 5-3

防撞等级	碰撞条件			碰撞加速度(m/s^2)	碰撞能量(kJ)
	碰撞车速(km/h)	车辆质量(t)	碰撞角度(°)		
B	100	1.5	20	≤200	70 以上
	40	10	20		
A、Am	100	1.5	20	≤200	160 以上
	60	10	20		
SB、SBm	100	1.5	20	≤200	280 以上
	80	10	20		
SA、SAm	100	1.5	20	≤200	400 以上
	80	14	20		
SS	100	1.5	20	≤200	520 以上
	80	18	20		

4)按护栏变形程度分类

根据碰撞后护栏的变形程度,护栏可分为柔性护栏、半刚性护栏和刚性护栏。其中,柔性护栏变形最大,刚性护栏变形最小,半刚性护栏变形居中。

①柔性护栏

柔性护栏是一种具有较大缓冲能力的韧性护栏结构。缆索护栏是柔性护栏的主要代表形式,它是一种以数根施加初张力的缆索固定于立柱上而组成的结构,完全依靠缆索的拉应力来抵抗车辆的碰撞,吸收能量。

②半刚性护栏

半刚性护栏是一种连续的梁柱式结构,具有一定的刚度和柔性。它是通过车辆与护栏间的摩擦、车辆与地面间的摩擦及车辆、土基和护栏本身产生一定量的弹、塑性变形(以护栏系统的变形为主)来吸收碰撞能量,延长碰撞过程的作用时间来降低车辆速度,并迫使失控车辆改变行驶方向,回复到正常的行驶方向,从而确保乘员安全和减少车辆损坏。梁柱式半刚性护栏按不同结构又可分为二波波形梁护栏、三波波形梁护栏、管梁护栏、箱梁护栏等。半刚性护栏通过横梁、立柱和土基的变形吸收冲撞能量,其损坏部件容易更换,具有一定的视线诱导作用，而且外形美观。波形梁护栏应用广泛，主要设置在需要着重保护乘员安全的路段，适用于中央隔离带较宽且埋设通信管道的路侧或较大桥等地段。

③刚性护栏

刚性护栏是一种基本不变形的护栏结构，混凝土墙式护栏是刚性护栏的主要形式。刚性护栏按不同结构又可分为混凝土墙式护栏、混凝土梁柱式护栏、桥梁用箱梁护栏和管梁护栏及组合式护栏。对刚性护栏来说，是通过车轮转动角的改变，车体变位、变形和车辆与护栏、车辆与地面的摩擦来吸收碰撞能量。在碰撞过程中，车辆变形程度取决于其自身的刚度、碰撞能量和碰撞作用时间。当车辆的碰撞角度较大时，往往造成比较严重的后果。它对保障乘员安全性的要求略低。刚性护栏在碰撞时不变形，几乎不会被损坏，维修费用很低，但对车辆行驶有压迫感，在寒冷地区使用容易积雪。因此不宜在道路全线设置刚性护栏，主要设置在需严格阻止车辆越出路外，以免引起二次事故的路段，如窄中央分割带以及桥梁和路肩式挡墙等特殊地段。

5.3.2 路基护栏

5.3.2.1　设置条件

护栏的防撞机理是通过护栏和车辆的弹塑性变形、摩擦、车体变位来吸收车辆碰撞能量，从而达到保护驾驶员和乘客生命安全的目的。护栏与其他安全设施的显著区别是以护栏和车辆自身的破坏（变形）来防止更严重的伤害事故发生。在设置护栏避免车辆与其他危险物碰撞时，应把护栏当成危险物看待。也就是说，如果是某一车辆以一定碰撞条件碰撞某一危险物的事故严重度比相同条件下车辆碰撞护栏的事故严重度小，那么就不能设置护栏。例如，在某一平缓、低填方的路段，车辆越出路堤的事故严重度比车辆碰撞护栏的事故严重度小，即使在此路段上发生过一次乃至几百次以上的车辆越出路外事故，也不能采用护栏保护该路段，而应采取其他安全措施。需要注意的是，并非路侧危险物的事故严重程度只要大于护栏的事故严重程度就要设置护栏，而是应考虑该路段发生事故的概率，车辆驶出路外的可能性，路侧危险等级及路侧障碍物的情况，否则就会导致把大量的资金投到发生事故可能性很小的路段上。

具体说来，护栏设置条件如下：

(1) 护栏本身也是一种障碍物，应首先采用宽容设计理念对路侧安全净区内的障碍物进行妥善处理；

(2) 公路路侧安全净区的宽度得不到满足时，失控车辆越出路外产生的事故严重度高于碰撞护栏的严重度时，应按护栏设置原则进行安全处理；

(3) 不同形式的路基护栏之间或路基护栏与桥梁护栏之间应进行过渡处理。

5.3.2.2　护栏设置原则

(1) 路侧护栏设置原则

1) 车辆驶出路外有可能造成二次特大事故的路段必须设置路侧护栏。

2) 凡符合下列情况之一、车辆驶出路外有可能造成单车特大事故或二次重大事故的路段必须设置路侧护栏：

①二级及以上等级公路边坡坡度和路堤高度在图 5-10 的 I 区方格阴影范围之内的路段；

②路侧有江、河、湖、海、沼泽、航道等水域的路段。

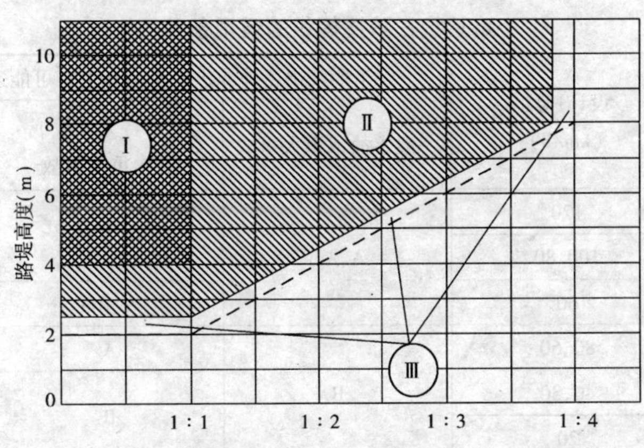

图5-10　边坡、路堤高度与设置护栏的关系

3)凡符合下列情况之一、车辆驶出路外有可能造成重大事故的路段,应设置路侧护栏:

①二级及以上等级公路边坡坡度和路堤高度在图5-10的II区斜线阴影范围以内的路段;

②高速公路、一级公路路侧安全净区内设有车辆不能安全穿越的照明灯、摄像机、可变信息标志、交通标志、路堑支撑壁、声屏障、上跨桥梁的桥墩或桥台等设施的路段;

③二级及以上等级公路路侧边沟无盖板、车辆无法安全穿越的挖方路段;

④三、四级公路路侧有悬崖、深谷、深沟等的路段。

4)凡符合下列情况之一、经论证车辆驶出路外有可能造成一般或重大事故的路段宜设置路侧护栏:

①二级及以上等级公路边坡坡度在图5-10中III区内的路段,三、四级公路边坡坡度和路堤高度在图5-10中I区内;

②二级及以上等级公路纵坡大于或等于现行《公路工程技术标准》(JTG B01)规定的最大纵坡值的下坡路段和连续长下坡路段;

③二级及以上等级公路平曲线半径小于现行《公路工程技术标准》(JTG B01)一般最小半径的路段外侧;

④在高速公路、一级公路用地范围内存在粗糙的石方开挖断面、高出路面30cm以上的混凝土基础、挡土墙或大孤石等障碍物时;

⑤高速公路、一级公路互通式立体交叉口匝道的三角地带及匝道小半径圆曲线外侧。

5)根据车辆驶出路外有可能造成的交通事故等级,应按表5-4的规定选取路侧护栏的防撞等级。因公路线形、运行速度、填土高度、交通量和车辆构成等因素易造成更严重碰撞后果的路段,应在表5-4的基础上提高护栏的防撞等级。

6)路侧护栏最小设置长度应符合表5-5的规定,相邻两段路侧护栏的间距小于表5-5中规定的最小长度时宜连续设置。

(2)中央分隔带护栏设置原则

①当整体式断面中间带宽度小于或等于12m时,必须设置中央分隔带护栏;大于12m时,应分段确定是否设置中央分隔带护栏。

②公路采用分离式断面时,行车方向左侧应按路侧护栏设置;上、下行路基高差大于2m时,可只在路基较高的一侧按路侧护栏设置。

路基护栏防撞等级的适用条件　　表 5-4

公路等级	设计速度(km/h)	车辆驶出路外或进入对向车道有可能造成的交通事故等级		
		一般事故或重大事故	单车特大事故或二次重大事故	二次特大事故
高速公路	120	A、Am	SB、SBm	SS
	100、80			SA、SAm
一级公路	60		A、Am	SB、SBm
二级公路	80、60		A	SB
三级公路	40、30	B	B	A
四级公路	20			

路侧护栏最小设置长度　　表 5-5

公路等级	护栏类型	最小长度(m)
高速公路、一级公路	波形梁护栏	70
	混凝土护栏	36
	缆索护栏	300
二级公路	波形梁护栏	48
	混凝土护栏	24
	缆索护栏	120
三、四级公路	波形梁护栏	28
	混凝土护栏	12
	缆索护栏	120

③高速公路和禁止车辆掉头的一级公路中央分隔带开口处，必须设置活动护栏。

④根据车辆驶入对向车道有可能造成的交通事故等级，应按表 5-4 的规定选取中央分隔带护栏的防撞等级。因公路线形、运行速度、填土高度、交通量和车辆构成等因素易造成更严重碰撞后果的路段，应在表 5-4 的基础上提高护栏的防撞等级。

(3)护栏设置时需处理的几个问题

①护栏端头处理

车辆常常撞在未经处理的护栏末端和固定的物体上，由于车辆在极短时间内突然停止，巨大加速度很可能对车辆和乘客造成极大的伤害。同时，护栏的末端很可能切入车舱，或使车辆失控后翻车，导致严重的后果。需要通过护栏端头处理(见图 5-11)、消能设计(见图 5-12)等来逐渐缓冲减速，从而降低事故的严重程度。

②护栏过渡段处理

不同形式、不同刚度的护栏之间均应进行过渡处理，以保持护栏强度的连续性，防止事故车辆在护栏不连续的地方传过。通过过渡段的设置保证了护栏整体刚度的逐渐过渡，避免了大刚度护栏成为路侧障碍物。图 5-13，图 5-14 为护栏的过渡处理示例。

图5-11 外展式护栏端头

图5-12 解体消能式护栏端头

图5-13 护栏过渡段处理示例1

图5-14 护栏过渡段处理示例2

③桥梁护栏及过渡段设计

一般情况下，桥梁的外侧危险性明显比路段的危险性高，车辆越出桥外会造成车毁人亡的重大恶性交通事故。因此，桥梁原则上都要设置护栏。但由于桥梁护栏和路基护栏的强度往往不连续，设计人员需要进行过渡段处理才能使两者强度协调，外形美观。

④隧道洞口处理

一般情况下，路基与隧道的横向宽度和布置是不一致的，隧道宽度较路基宽度要窄。在隧道与洞外连接道路之间，设置有一定长度的过渡段，使车辆能够顺利驶入隧道。该连接线的路基宽度一般仍按公路标准设计，通过护栏实现过渡，见图5-15。在有积雪的地区，为清除积雪等管理的方便，护栏可设置能够拆卸的防撞装置。

⑤交通流分流处的三角地带的护栏端部处理

在高速公路匝道出入口处，收费岛前、分离式路基断面入口以及交叉口等地带的护栏，由于车辆要在此分流，其碰撞护栏的危险性更大，概率更高。为了减少事故发生，降低事故严重程度，除了要对危险三角地带进行端部处理，还应在迎交通流方向的三角地带范围内设置防撞桶等缓冲设施，如图5-16。

5.3.2.3 护栏形式选择

图 5-15　隧道洞口护栏设置

图 5-16　三角地带设置防撞桶

当确定要设置护栏后，接着就要选择护栏形式。这个选择过程没有客观的标准，但仍有一些一般规则可依循。理想的护栏形式应既能达到要求的防撞强度，又能使成本相对较低。选择护栏形式应考虑的因素见表 5-6。

路侧护栏形式选择因素　　表 5-6

序号	考虑因素	说　明
1	防撞等级	护栏在结构上必须能阻挡并使设计车辆转向。选择防撞等级时，应综合考虑道路条件（平纵线形、中央分隔带宽度、边坡坡度、路侧障碍物等）和交通条件（车型构成、交通量、运行车速等）
2	变形量	护栏的变形量不应超过容许的变形距离。如果护栏与被保护物体间距较大，则可选择对车辆和乘员产生冲击力最小的方案。如障碍物正好临近护栏，则只能选择半刚性或刚性护栏。大多数护栏可通过增加立柱或增加板的强度来提高整体强度。4.5m 以下宽度的中央分隔带不宜设置柔性护栏

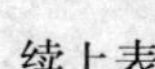

续上表

序号	考虑因素		说明
3	现场条件		边坡的坡度、距行车道的距离可能会限制某些护栏的使用:在边坡上设置护栏时,如边坡坡度陡于1:10,应采用柔性或半刚性护栏;如边坡坡度陡于1:6,则任何护栏均不应在边坡上设置。如果土路肩较窄,立柱所受土压力减少,则需要增加埋深、缩短柱距或途中增加钢板
4	材料的通用性		护栏及其端头、与其他形式护栏的过渡处理宜采用标准化材料,保证护栏材料的通用性
5	全寿命周期成本		在最终确定设计方案时,考虑最多的可能是各种方案的初期建设成本和将来的养护成本。一般情况下,护栏的初期建设成本低,则随后的养护成本会大大增加。发生事故后,柔性或半刚性护栏比刚性护栏或高强度护栏需要更多的养护。交通量大、事故频发的路段,事故养护成本将成为必须考虑的因素,刚性护栏是较好的选择方案
6	养护	(1)常规养护	各种护栏均不需要大量的常规养护
		(2)事故养护	一般情况下,事故后柔性或半刚性护栏比刚性或高强度护栏需要更多的养护。在交通量相当大、事故频率较高处,事故养护成本可能会变为最需要考虑的因素,这种情况通常发生在城市高速公路沿线。在这种位置处,刚性护栏(如混凝土护栏)通常作为选择方案
		(3)材料储备	种类越少,所需要的库存类别和存储需求越少
		(4)方便性	设计越简单,成本越低,且越便于现场人员准确修复
7	美观、环境因素		美观通常不是选择护栏形式的控制因素,但旅游公路或对景观要求高的公路除外。这种情况下,可选择外观自然、能与周边环境融为一体而又具有相应防撞等级的护栏形式。护栏的选择还要考虑沿线的环境腐蚀程度、气象条件和其对视距的影响等,如积雪地区应考虑除雪的方便性
8	实践经验		应对现有护栏的性能和养护需求进行监测,以确定是否需要通过改变护栏形式来减少或消除已发现的问题

护栏形式的选择,应针对具体情况充分比较各种护栏的性能,分析行驶安全感、压迫感、视线诱导、瞭望的舒适性,考虑与公路周围环境的协调,并结合经济性、施工条件及养护维修等因素,在综合分析的基础上确定。

5.3.2.4 旅游公路或景观公路的护栏设置

(1)设置护栏对提升公路景观没有任何作用,应尽量寻找可以替代护栏的措施。

(2)护栏的外观应尽量满足:

1)力求简洁、减少装饰。

设置护栏的目的是为了保障交通安全,在此基础上,可开发具有相应防撞等级、形状尽量简单、更能与景观相协调的护栏形式。

如果要进行有当地特色的美化,首先不能影响护栏的基本功能。要避免过度装饰并控制色彩,过分"美化"对改善景观无益。

2）充分考虑通透性

从公路内部景观的角度来看，车内驾乘人员所看到的是连续移动的景观，包括护栏的形状和色彩，而不是细部结构，这就要求护栏有良好的通透性并与周围的景色相协调。

3）降低刚性护栏的存在感

通过采用组合式护栏、种植藤类植物以遮挡混凝土墙和降低混凝土护栏表面的亮度等措施可降低刚性护栏对行车造成的压抑感。

4）采用有亲和力的设计和材料

与车辆或行人有可能接触的部分，如立柱、螺栓等应进行妥善处理，以免造成对人的伤害，使人产生危险感。

5）色彩应与构造物及周边环境相协调

从公路外部景观的角度来看，人们很容易看到护栏所形成的带状人工构造物，因此护栏的形式、规格和色彩与自然景观的协调显得尤为重要。

①钢护栏的色彩以在周围景观中不十分显眼为原则。如采用喷涂防腐工艺，可以暗茶色、淡茶色和暗灰色为主要供选择色调。

②一般情况下，混凝土护栏最好用其本色，随着时间的推移，逐渐与周围景观融为一体。

③木制护栏在进行防腐处理时，应尽量用其原色，并不破坏其纹理，在此前提下也可进行适当着色。

5.3.3 桥梁护栏

桥梁护栏是设置在桥梁上的护栏，目的是防止失控车辆越出桥外，保护行人和非机动车辆。一般情况下，车辆越出桥外的事故严重度比越出路基外的事故严重度高，桥梁应选择比路基段高的防撞等级的护栏，有些国家建立了路基护栏和桥梁护栏两套防撞等级体系。但从护栏体系而言，路基护栏和桥梁护栏对某些种类的护栏而言是通用的。常用路侧桥梁护栏按防撞等级可分为 B、A、SA、SB、SS 五级，常用中央分隔带桥梁护栏按防撞等级可分为 Am、SBm、SAm 三级。

（1）各等级桥梁护栏的碰撞荷载如表 5-7 所示。

桥梁护栏碰撞荷载　　表 5-7

防撞等级	碰撞力（kN）	
	$Z=0$m	$Z=0.3\sim0.6$m
B	95	75 ~ 60
A、Am	210	170 ~ 140
SB、SBm	365	295 ~ 250
SA、SAm	430	360 ~ 310
SS	520	435 ~ 375

注：Z 是桥梁护栏的容许变形量。

（2）桥梁护栏设置原则

①高速公路桥梁的外侧和中央分隔带必须设置桥梁护栏。

②作为干线公路的一级、二级公路的桥梁必须设置路侧护栏，作为干线公路的一级公路的

桥梁必须设置中央分隔带护栏。

③作为集散公路的一级、二级公路的桥梁应设置路侧护栏，作为集散公路的一级公路的桥梁宜设置中央分隔带护栏。

④跨越深谷、深沟、江河湖海的三、四级公路桥梁应设置路侧护栏，位于其他路段经综合论证可不设置护栏的桥梁应设置视线诱导设施或人行栏杆。

⑤根据车辆驶出桥外或进入对向车行道有可能造成的交通事故等级，按表5-8的规定选取桥梁护栏的防撞等级。因桥梁线形、运行速度、桥梁高度、交通量和车辆构成等因素易造成更严重碰撞后果的路段，应在表5-8的基础上提高护栏的防撞等级。

桥梁护栏防撞等级适用条件 表5-8

公路等级	设计速度(km/h)	车辆驶出桥外有可能造成的交通事故等级	
		重大事故或特大事故	二次重大事故或二次特大事故
高速公路	120	SB、SBm	SS
高速公路、一级公路	100、80	SB、SBm	SA、SAm
一级公路	60	A、Am	SB、SBm
二级公路	80、60	A	SB
三级公路	40、30	B	A
四级公路	20	B	A

(3)桥梁护栏形式选择

桥梁护栏可分为钢筋混凝土墙式(如图5-17)、梁柱式刚性护栏、金属梁柱式半刚性护栏和组合式护栏(如图5-18)。选择桥梁护栏形式时，应考虑下列因素见表5-9。

桥梁护栏形式选择因素 表5-9

序号	考虑因素	说明
1	防撞性能	①未设置专用人行道或人行道未与车行道隔离设置的桥梁，应在综合分析车辆越出桥外是否发生二次事故的基础上，按表5-8的规定选取。桥梁护栏应根据需要设置用于防止行人摔出桥外且受撞击后不飞散的辅助构件 ②人行道与车行道隔离设置的桥梁，在人行道与车行道分界处应按车辆驶出桥外可能造成重大、特大事故的等级按表5-8的规定选取；在人行道的外侧边缘，应设置高度为110~120cm的人行栏杆
2	变形量	受碰撞后护栏的最大动态变形量不应超过可容许的变形距离
3	环境和景观	①钢桥应采用金属梁柱式桥梁护栏 ②对景观有特殊要求的桥梁宜选用梁柱式桥梁护栏或组合式桥梁护栏 ③积雪严重的地区，宜采用金属梁柱式或组合式桥梁护栏 ④为减小桥梁自重、减轻车辆碰撞荷载对桥面板的影响，宜采用金属梁柱式护栏 ⑤跨越大片水域的特大桥或桥下净空大于或等于10m时，宜采用组合式或钢筋混凝土墙式桥梁护栏 ⑥二级及以上等级公路小桥、通道、明涵宜采用与相邻的路基护栏同样的形式
4	全寿命周期成本	除考虑护栏的初期建设成本外，还应考虑投入使用后的养护成本

虽然桥梁护栏的建造成本只占桥梁总建造费用的很小一部分，但是形式的选择对其在安全、美观、耐用性、养护等方面仍具有很大的影响，桥梁护栏应与桥梁形式、桥梁周围的自然景观相协调，起到美化桥梁建筑的作用。条件成熟时，可采用新型结构和轻型材料，以提高桥梁护栏的防撞性能、减少桥梁的自重。

图 5-17　钢筋混凝土墙式桥梁护栏

图 5-18　组合式桥梁护栏

(4)桥梁护栏构造要求

1)金属梁柱式护栏

①当桥梁未设置护轮安全带或护轮安全带的高度 D 小于 10cm，且没有超出护栏面时，各防撞等级的桥梁护栏构造要求如图 5-19。当护轮安全带伸出护栏面的距离大于或等于 25cm，且护轮安全带高度 $D \geqslant 10$cm，则桥梁护栏高度 H 应在图 5-19 的基础上增加 D。

②高速公路、一级公路的桥梁不宜设置护轮安全带，否则，其高度宜控制在 5～10cm 之间，护栏面宜与护轮安全带边缘线成一直线。

③护栏的最小高度应满足图 5-20 的要求，在图中阴影区设置横梁时，应避免失控车辆的乘员头部直接撞击护栏。

④立柱间距应符合表 5-10 的规定。

金属梁柱式桥梁护栏立柱间距　　表 5-10

防撞等级	B	A	SB	SA	SS
立柱间距(m)	≤2	≤2	≤1.5	≤1.5	≤1.5

2)钢筋混凝土梁柱式护栏

B、A、Am 防撞等级的桥梁护栏可以采用钢筋混凝土梁柱式护栏。梁柱式护栏的构造要求如图 5-21，护栏参数如表 5-11。

钢筋混凝土梁柱式护栏参数　　表 5-11

参数 型式	A(cm)	B(cm)	C(cm)	D(cm)	E(cm)	F(cm)	G(cm)
Ⅰ型	80	30	50	4	18	11	33
Ⅱ型	80	33	47	0	15	15	30

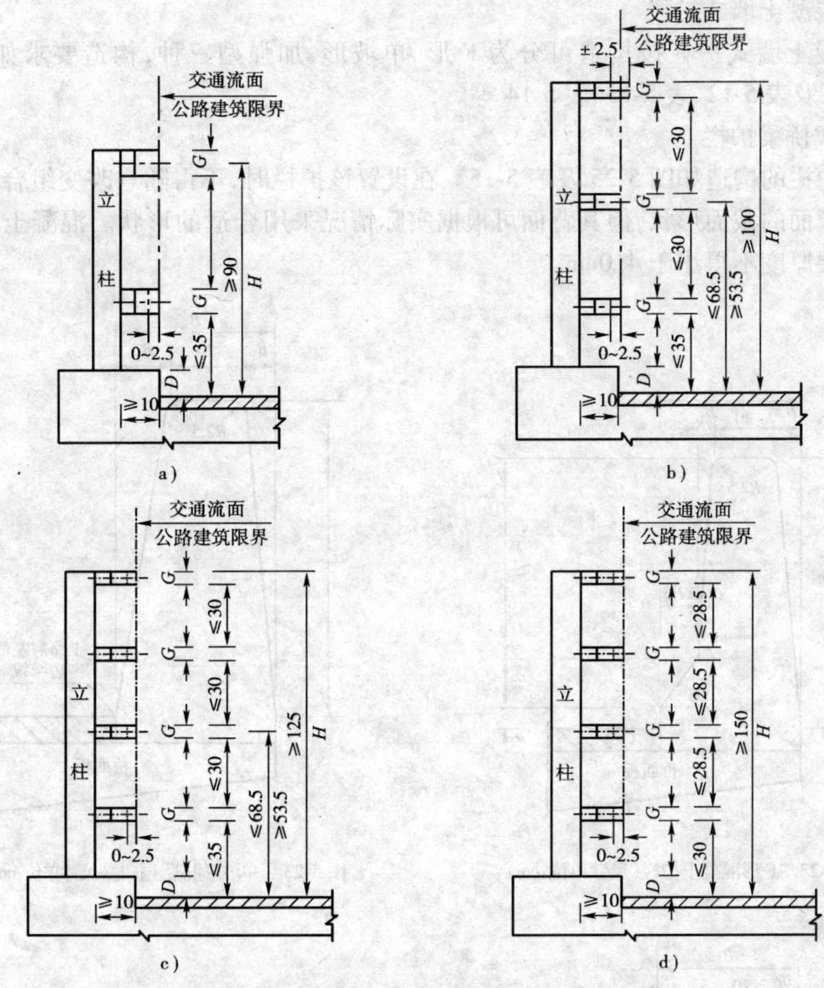

图 5-19　金属制桥梁护栏构造要求（尺寸单位：cm）

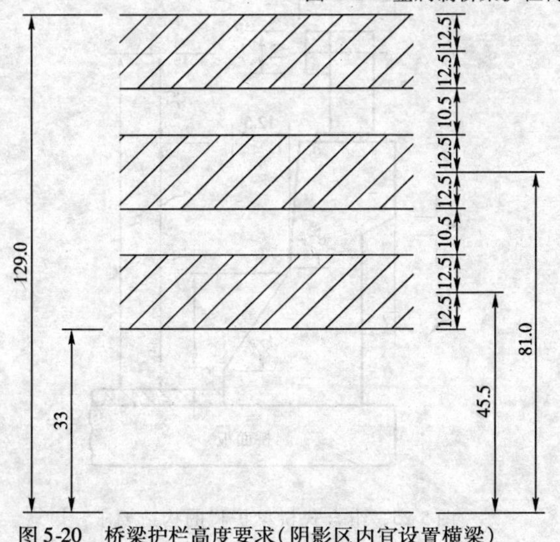

图 5-20　桥梁护栏高度要求（阴影区内宜设置横梁）（尺寸单位：cm）

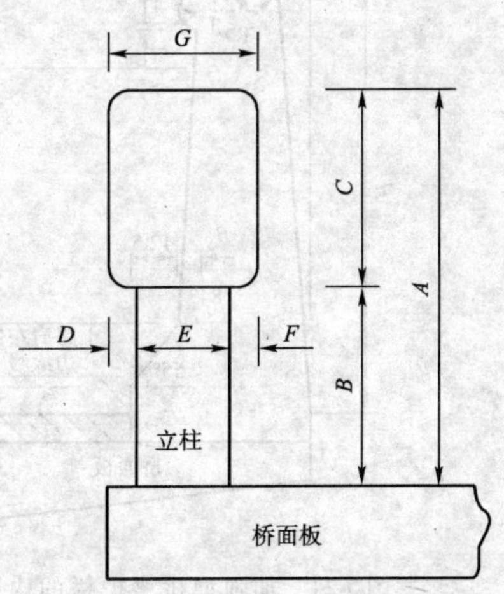

图 5-21　钢筋混凝土梁柱式护栏

3）钢筋混凝土墙式护栏

钢筋混凝土墙式护栏按构造可分为F形、单坡形、加强型三种，构造要求如图5-22、图5-23、图5-24，及表5-12、表5-13、表5-14等。

4）组合式桥梁护栏

组合式护栏的构造如图5-25及表5-15。在设置该护栏时，不得随意改变组合式护栏中混凝土护栏迎撞面的截面形状，但其背面可根据实际情况采用合适的形状。混凝土护栏迎撞面的钢筋保护层厚度不得小于4.0cm。

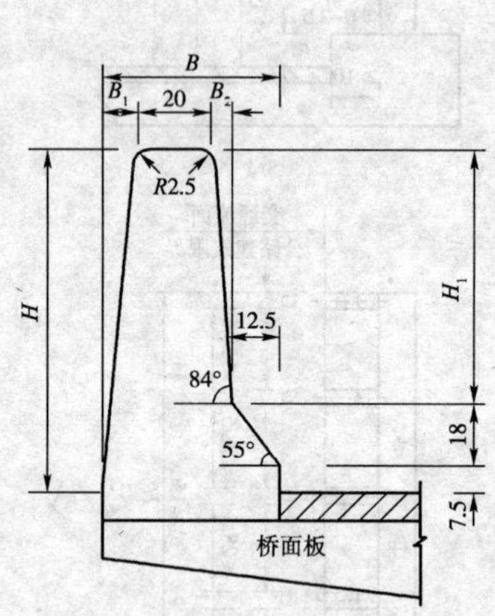

图5-22　F形混凝土护栏（尺寸单位：cm）

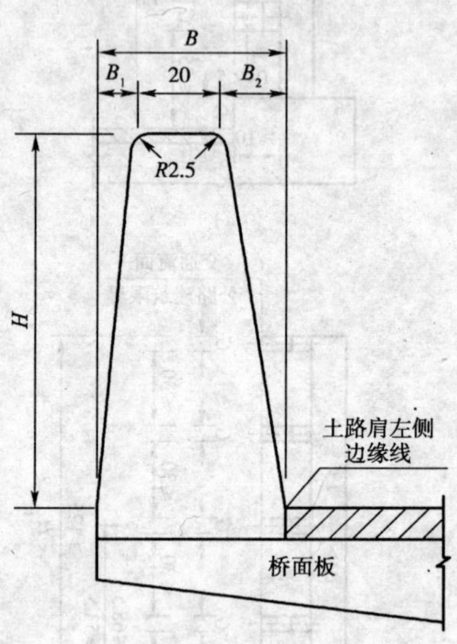

图5-23　单坡形混凝土护栏（尺寸单位：cm）

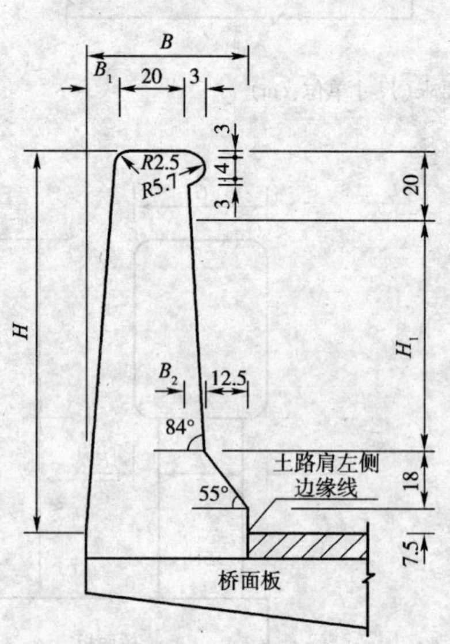

图5-24　加强型桥梁护栏的构造要求（尺寸单位：cm）

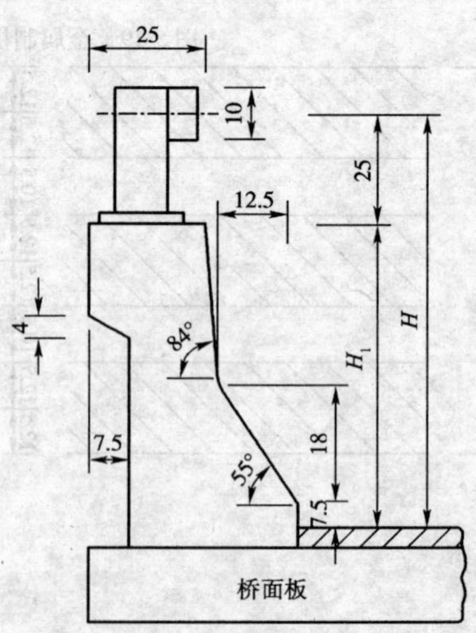

图5-25　组合式桥梁护栏的构造要求（尺寸单位：cm）

F形混凝土护栏构造要求 (单位:cm) 表5-12

防撞等级	H	H_1	B	B_1	B_2
A、Am	81	55.5	16.4	8.1	5.8
SB、SBm	90	64.5	48.3	9	6.8
SA、SAm	100	74.5	503	10	7.8

单坡形混凝土护栏构造要求 (单位:cm) 表5-13

防撞等级	H	B	B_1	B_2
A	81	42.1	8.1	14.0
SB	90	44.5	9	15.5
SA	100	47.2	10	17.2

加强型混凝土护栏构造要求 (单位:cm) 表5-14

防撞等级	H	H_1	B	B_1	B_2
SB	100	54.5	43.2	5	5.7
SA	110	64.5	44.8	5.5	6.8

组合式护栏构造要求 (单位:cm) 表5-15

防撞等级	H	H_1
A、Am	81	56
SB、SBm	90	65
SA、SAm	100	75

(5)桥梁护栏与桥面板的连接方式

桥梁护栏与桥面板的连接方式有以下几种,可根据防撞等级、护栏结构形式以及强度计算结果进行选择。

1)金属梁柱式护栏立柱与桥面板的连接可采用直接埋入式或地脚螺栓的连接方式。有条件时,也可采用有特殊基座的轴换式护栏基础。

①直接埋入式适用于桥面边缘厚度满足护栏立柱埋入30cm以上的情况。在结构物混凝土浇注时,应预留安装立柱的套筒,其孔径宜比立柱或斜边方向宽4~10cm,套筒周围的结构物应配置加强钢筋。

②地脚螺栓连接方式适用于立柱埋深不足30cm的情况。在结构物混凝土中预埋符合规定长度的地脚螺栓,立柱底部焊接加劲板、法兰盘与地脚螺栓连接。

2)钢筋混凝土墙式护栏与桥面的连接应符合下列规定:

①采用现浇法施工时,应通过护栏钢筋与桥梁结构物中的预埋钢筋连接在一起的方式形成整体。

②采用预制件施工时,通过锚固螺栓等连接件将桥梁构造物与护栏连接在一起形成整体,纵向连接与路基混凝土护栏连接要求一致。

3)钢筋混凝土梁柱式护栏和组合式护栏可采用钢筋混凝土墙式护栏与桥面的连接方法。

(6)桥梁护栏的端部处理

1)金属梁柱式护栏应在桥梁伸缩缝的两侧设置端部立柱,其纵向设计强度应等于中间立柱的横向设计强度。

2）当桥梁护栏与路基护栏的结构形式不同时，应进行过渡段设计。根据美国公路交通事故统计资料，车辆碰撞路侧护栏的事故中有50%发生在路基护栏与桥梁护栏的过渡段上。因此，路基护栏与桥梁护栏防撞等级或刚度不同时，均应进行过渡段设计，以避免护栏端部构成行车障碍物。具体要求如下：

①过渡段应采用设置端部翼墙或将半刚性护栏搭接在刚性护栏上的方式。

②端部翼墙可设置在桥梁端部，由桥梁护栏改造而成，也可在路基段独立设置。端部翼墙应根据路基护栏的要求设置预埋件。

③采用搭接方式时，路基段护栏应进行加强处理，长度不宜短于10m。

④当桥梁护栏与路基护栏或路基段设置的独立端部翼墙均采用刚性护栏时，刚性护栏在桥台伸缩缝处可以断开，其他形式护栏之间的过渡段均不得在桥头处断开。

⑤当靠近桥头的路基段没有设置安全护栏时，应按路基护栏设置条件设计路段护栏，再进行过渡段设计。

5.3.4　常用护栏

鉴于护栏对交通安全的保障作用，尤其是在路况险要地段对驾驶员及车辆的保护作用，道路修筑和改造过程中会经常设置或改良护栏。在我国的实际运用中，缆索护栏、波形梁护栏、混凝土护栏是较为常用的形式。钢背木护栏是近几年出现的既满足一定防护要求，又美化道路景观的新型护栏。在这一部分，将对上述内容进行较为详细的介绍。

5.3.4.1　缆索护栏

（1）一般规定

缆索护栏是公路柔性护栏中最具代表性的一种形式，它以多根施加了预应力的缆索固定于支柱上的结构，通过缆索的拉应力以及基础牢固的立柱来抵抗车辆碰撞，吸收失控车辆能量。不但能够达到B级防护等级以上标准，而且对车辆的破坏也比较小。并且其形式美观，行驶时没有压迫感，具有良好的通透性，与周围环境协调地融为一体，给人以车在画中游的畅快感觉。图5-26为缆索护栏示例。

图5-26　缆索护栏示例

路侧缆索护栏由端部结构、中间端部结构、中间立柱、托架、缆索和索端锚具等组成。按防撞等级可分为B级(5跟缆索)和A级(6跟缆索)两类。B级和A级缆索的初拉力采用20kN,缆索采用具有较高强度和抗腐性能优良的3×7镀锌、右拧的构造。

(2)缆索护栏的端部结构

缆索护栏的端部结构可以采用埋入式和装配式两类。埋入式端部结构是与混凝土基础连成一体的,端部立柱的埋入深度根据不同的类别从400~500mm不等。三角形支架的斜立桩与地面成45°角,底部焊接一块钢板,一方面可以使三角形支架构成稳定的框架,另一方面,通过底部的钢板可以大大增加与基础混凝土的粘结力,通过钢板也易于控制各部分高程。装配式端部结构通过预埋件与混凝土基础连成一体,端部结构的预埋件因不同的结构、不同的类别而有差别。B级三角形支架采用6根ϕ28×600mm预埋地脚螺栓,6根地脚螺栓与钢板、角钢焊接成框架,一方面定位地脚螺栓的位置,另一方面可以大大加强与混凝土的粘结强度。

端部结构安装在缆索护栏起终点位置。为了保持缆索的初拉力和简化安装施工时的张拉设备,维持一定的缆索水平度,防止挠度的产生,方便维修养护,一般把缆索的安装长度定为300~500m,也就是说每根缆索的长度不宜超过500m。

缆索护栏的端部立柱是承受缆索张拉力和失控车辆碰撞力的主要结构,由三角形支架、底板和混凝土基础组成。端部结构各部分构造和尺寸应符合表5-16的规定。路侧B级端部结构图如图5-27,A级端部结构图与B级类似。

缆索护栏端部结构各部分构造和尺寸 表5-16

防撞等级	端部立柱				混凝土基础				最下一根缆索的高度(cm)	最大立柱间距(cm)(土中/混凝土中)
	规格(mm)	地面以上高度(cm)	埋入深度(cm)	形式	深度(cm)	长度(cm)	宽度(cm)	体积(m^3)		
B	ϕ168×5	100	50	三角形	150	420	70	4.4	43	700/400
A	ϕ194×5	113	55	三角形	160	500	70	5.6	43	700/400

(3)缆索护栏的中间端部结构

缆索护栏的中间端部结构由一对三角形支架、底板和混凝土基础组成,各部分构造和尺寸应符合表5-17的规定。图5-28为缆索护栏中间端部结构图。当符合下列条件时,应设置中间端部结构:

①采用机械施工方式,路侧缆索护栏的设置长度超过500m时;

②采用人工施工方式,路侧缆索护栏的设置长度超过300m时。

路侧缆索护栏中间端部结构各部分构造和尺寸 表5-17

防撞等级	端部立柱				混凝土基础				最下一根缆索的高度(cm)	最大立柱间距(cm)(土中/混凝土中)
	规格(mm)	地面以上高度(cm)	埋入深度(cm)	形式	深度(cm)	长度(cm)	宽度(cm)	体积(m^3)		
B	ϕ168×5	100	50	三角形	150	420	70	4.4	43	700/400
A	ϕ194×5	113	55	三角形	180	500	70	6.3	43	700/400

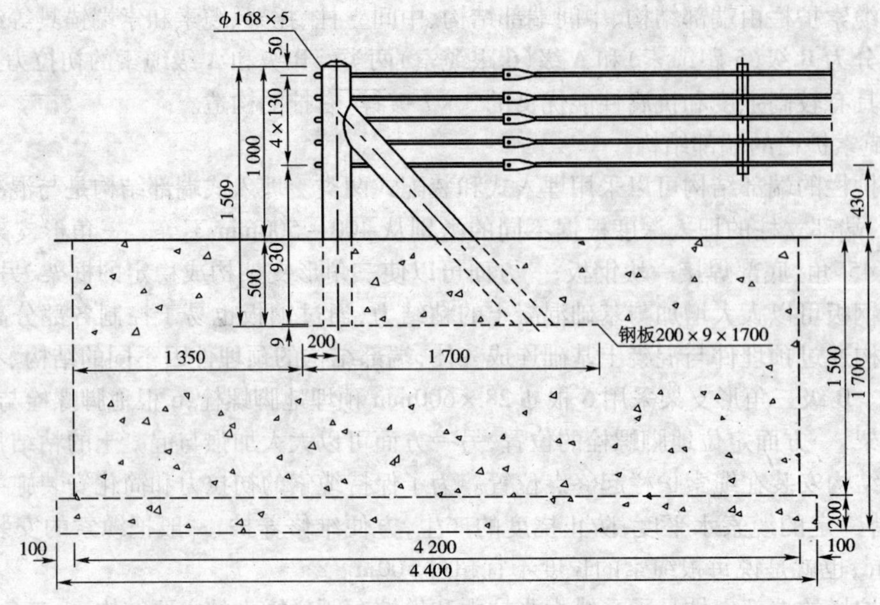

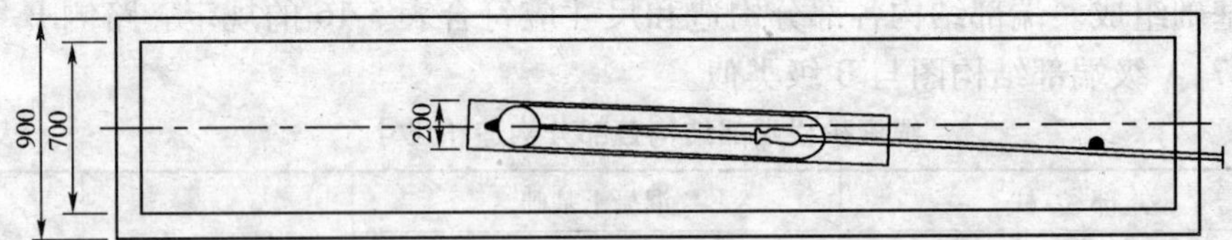

图 5-27　B 级缆索护栏端部结构图(尺寸单位:cm)

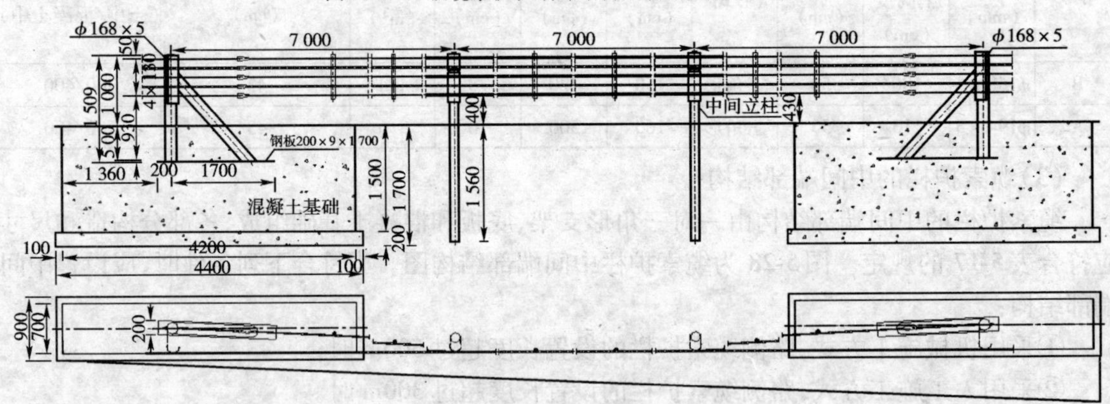

图 5-28　缆索护栏中间端部结构图

(4)缆索护栏的中间立柱

缆索护栏中间立柱的构造和尺寸应符合表 5-18 的规定。图 5-29 为路侧 B 级缆索护栏中间立柱的构造图,图 5-30 为路侧 A 级缆索护栏中间立柱的构造图。

①在通过小桥、通道、明涵等无法打入的路段,有地下管线的路段或其他不能达到规定埋置深度的路段,中间立柱可设置于混凝土基础中。

②中间立柱的间距不宜大于 7m,设置于混凝土中的中间立柱间距不宜大于 4m。设置于

曲线路段的缆索护栏，应根据表 5-19 的规定调整立柱间距。

缆索护栏中间立柱的构造和尺寸　　表 5-18

防撞等级	中间立柱					最大立柱间距（cm）
	埋置方式	埋入深度（cm）	地面以上高度（cm）	外径（mm）	壁厚（mm）	
B	土中	165	100	ϕ140	4.5	700
	混凝土中	40	100			400
A	土中	165	113	ϕ140	4.5	700
	混凝土中	40	113			400

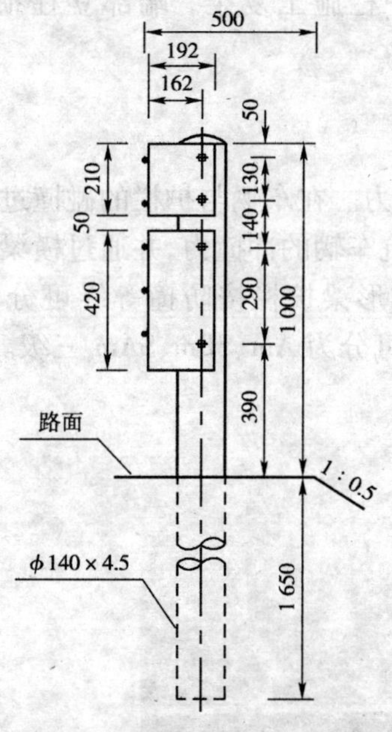

图 5-29　路侧 B 级缆索护栏中间立柱构造图（尺寸单位：mm）

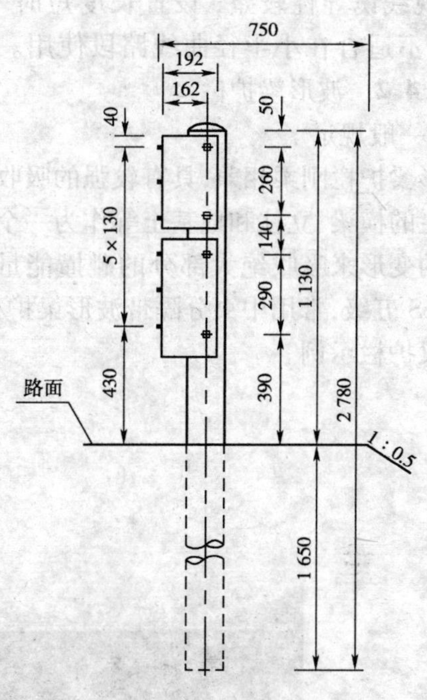

图 5-30　路侧 A 级缆索护栏中间立柱的构造图（尺寸单位：mm）

曲线部的立柱间距　　表 5-19

防 撞 等 级	B、A		
立住间距（m）	4	5	6
曲线半径 R（m）	$120 \leq R \leq 200$	$200 \leq R \leq 300$	$R > 300$

（5）缆索护栏的设置位置

缆索护栏沿公路横断面设置的位置应符合下列规定：

①路侧缆索护栏应位于公路土路肩内，护栏面可与土路肩左侧边缘线或路缘石左侧立面重合，立柱外侧土路肩保护层厚度不应小于 25cm。

②中央分隔带缆索护栏宜以公路中心线为轴对称设置。当公路中心线位置内有构造物、

地下管线时,可适当调整护栏的横向设置位置。

③护栏的任何部分不得侵入公路建筑限界以内。

(6)缆索护栏的适用性

缆索护栏的首要优点是初始成本低,对车辆的包容性好,对较大范围尺寸的车辆有较好的引导作用;车辆碰撞时缆索在弹性范围内工作,可以重复使用;缆索护栏立柱间距比较灵活,受不均匀沉陷的影响较小;设置条件较宽,对车辆的减速度力较小;这种护栏由于其开放式设计,可防堆积,用于风雪和风沙地区优越性较好;具有良好的通透性,风景区公路采用缆索护栏较为美观。使用这种护栏的主要缺点是碰撞后相当大范围内的缆索失效,需要维护;设置该护栏需要较大的净区;安装维护时对高度的校正较敏感;缆索护栏视线诱导性较差,设置长度短时不经济;缆索护栏施工复杂,端部立柱损坏后修理困难,不适合在小半径曲线路段使用。

5.3.4.2 波形梁护栏

(1)一般规定

波形梁护栏刚柔相兼,具有较强的吸收碰撞能量的能力。在车辆与护栏的碰撞过程中,波形梁护栏的横梁、立柱和地基土等作为一个整体,共同抵抗车辆的冲撞力,并通过横梁、立柱和地基土的变形来吸收绝大部分的碰撞能量。常用路侧波形梁护栏按防撞等级可分为B、A、SB、SA、SS五级,常用中央分隔带波形梁护栏按防撞等级可分为Am、SBm、SAm三级。图5-31为波形梁护栏示例。

图5-31 波形梁护栏示例

(2)波形梁护栏的构造

1)路侧波形梁护栏的构造应符合下列规定:

①B级路侧波形梁护栏由二波波形梁板(310mm×85mm×3mm)、立柱(φ114mm×4.5mm)和托架(300m×70mm×4.5mm)等组成。如图5-32所示。

②A级路侧波形梁护栏由二波波形梁板(310mm×85mm×4mm)、立柱(φ140mm×4.5mm)和防阻块(196m×178mm×4.5mm)等组成。如图5-33所示。

③SB级路侧波形梁护栏由三波波形梁板(506mm×85mm×4mm)、立柱(□130mm×130

×6mm）和防阻块（300m×200mm×290×4.5mm）等组成。如图 5-34 所示。

④SA 级路侧波形梁护栏由三波波形梁板（506mm×85mm×4mm）、横梁（ϕ89mm×5.5mm）、立柱（□130mm×130×6mm 和 ϕ102mm×4.5mm）和防阻块（300m×200mm×290×4.5mm）等组成。如图 5-35 所示。

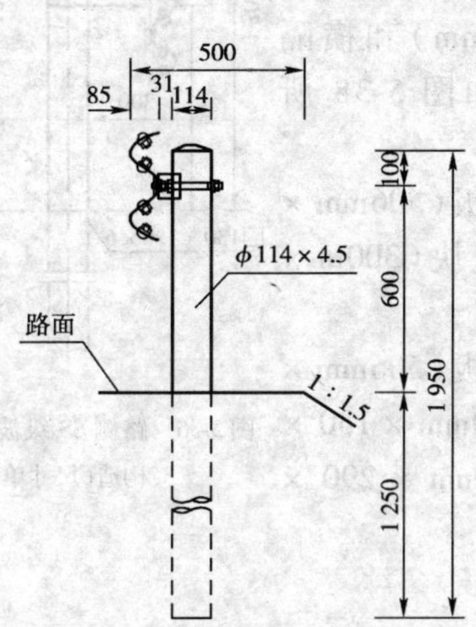

图 5-32　路侧 B 级波形梁护栏构造（尺寸单位：mm）

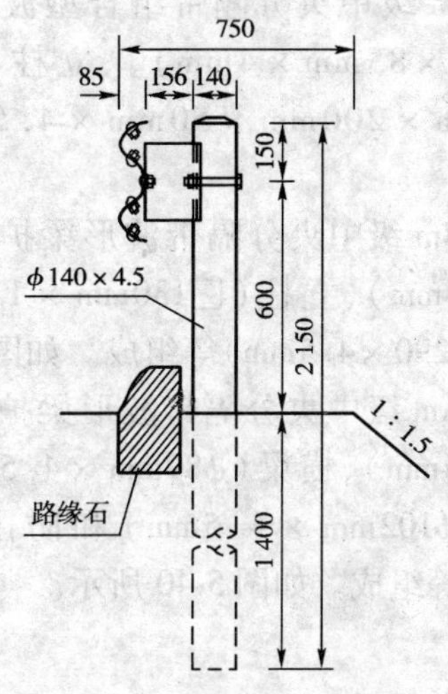

图 5-33　路侧 A 级波形梁护栏构造（尺寸单位：mm）

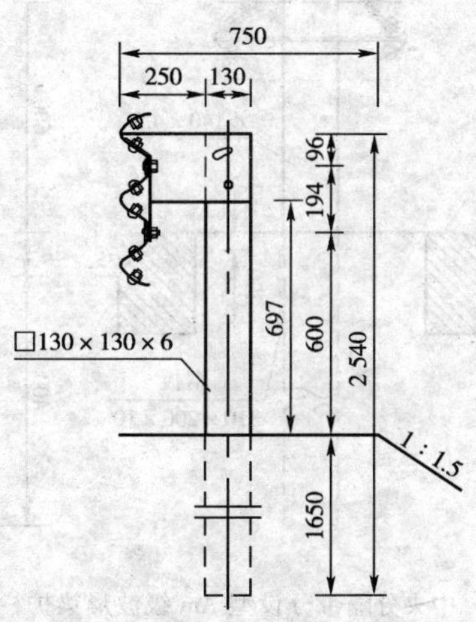

图 5-34　路侧 SB 级波形梁护栏构造（尺寸单位：mm）

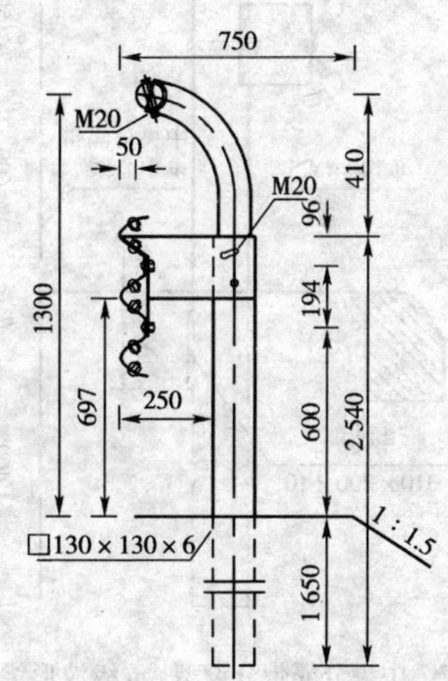

图 5-35　路侧 SA 级波形梁护栏构造（尺寸单位：mm）

⑤SS 级路侧波形梁护栏由三波波形梁板（506mm×85mm×4mm）、横梁（ϕ89mm×5.5mm）、立柱（□130mm×130×6mm 和 ϕ102mm×4.5mm）和防阻块（350m×200mm×290×4.5mm）等组成。如图 5-36 所示。

2）中央分隔带波形梁护栏的构造应符合下列规定：

①中央分隔带波形梁护栏采用分设型或组合型，可根据中央分隔带的宽度、构造物和管线

的分布加以确定。

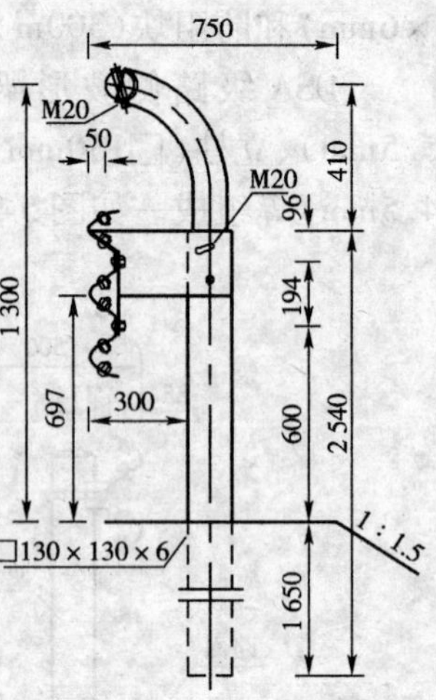

图 5-36　路侧 SS 级波形梁护栏构造(尺寸单位:mm)

②Am 级中央分隔带分设型波形梁护栏由二波波形梁板(310mm×85mm×4mm)、立柱(ϕ140mm×4.5mm)和防阻块(196m×178mm×4.5mm)等组成。如图 5-37 所示。

③Am 级中央分隔带组合型波形梁护栏由二波波形梁板〔2(310mm×85mm×4mm)〕、立柱(ϕ140mm×4.5mm)和横隔梁(480m×200mm×50mm×4.5mm)等组成。如图 5-38 所示。

④SBm 级中央分隔带波形梁护栏由三波波形梁板(506mm×85mm×4mm)、立柱(□130mm×130×6mm)和防阻块(300m×200mm×290×4.5mm)等组成。如图 5-39 所示。

⑤SAm 级中央分隔带波形梁护栏由三波波形梁板(506mm×85mm×4mm)、横梁(ϕ89mm×4.5mm)、立柱(□130mm×130×6mm 和 ϕ102mm×4.5mm)和防阻块(300m×200mm×290×4.5mm)等组成。如图 5-40 所示。

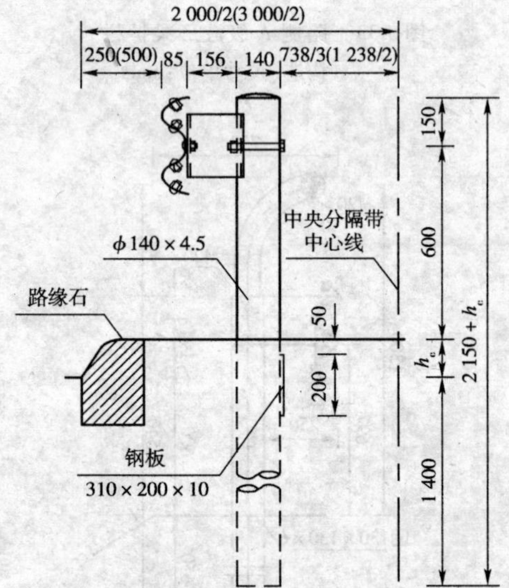

图 5-37　中央分隔带分设型 Am 级波形梁护栏构造(尺寸单位:mm)

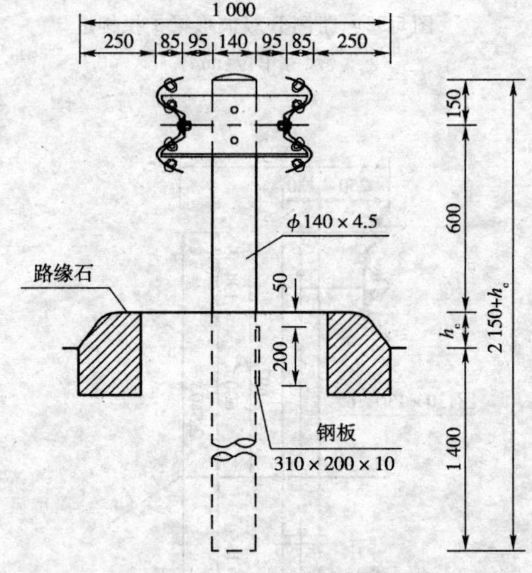

图 5-38　中央分隔带分设型 Am 级波形梁护栏构造(尺寸单位:mm)

(3)波形梁护栏沿公路横断面设置的位置应符合下列规定:

①路侧波形梁护栏应位于公路土路肩内,护栏面可与土路肩左侧边缘线或路缘石左侧里面重合,立柱外侧土路肩保护层厚度不应小于 25cm。

②中央分隔带分设型和组合型波形梁护栏宜以公路中心线为轴对称设置。当公路中心线位置内有构造物、地下管线时,可适当调整护栏的横向设置位置或改变护栏形式。

③护栏的任何部分不得侵入公路建筑限界以内。

(4)波形梁护栏横梁中心高度应符合下列规定：

①二波波形梁护栏(B级、A级、Am级)的横梁中心高度，从路面算起至连接螺栓孔中心的距离为600mm。

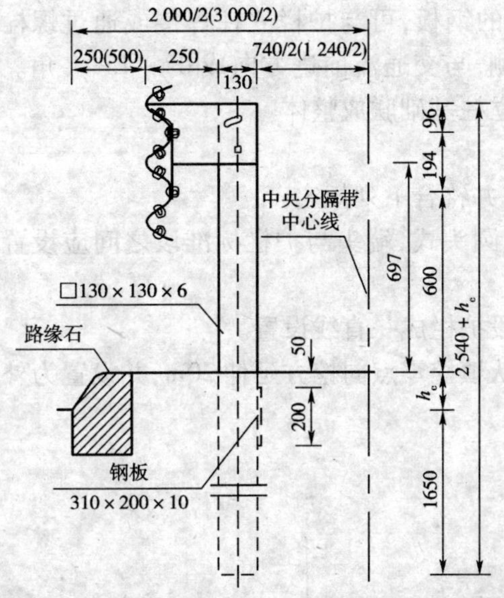

图5-39　中央分隔带分设型SBm级波形梁护栏构造(尺寸单位：mm)

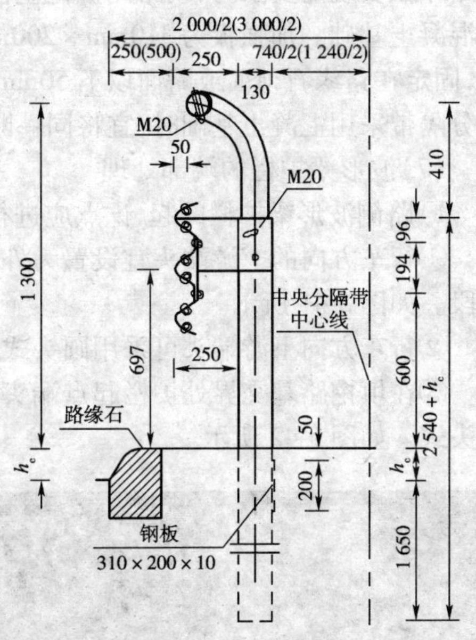

图5-40　中央分隔带Am级波形梁护栏构造(尺寸单位：mm)

注：图5-37至图5-40中，h_c为路缘石高度。

②三波波形梁护栏(SB级、SBm级、SA级、SAm级、SS级)的横梁中心高度，从路面算起至三波梁板中心的距离为697mm。

③护栏面与路缘石左侧里面不重合时，上述高度还应增加路缘石的高度。

(5)最小设置长度

波形梁护栏的最小设置长度按表5-20选取，两段路侧护栏之间相距不到50m时，宜在该两路段之间连续设置。

波形梁护栏设置最小长度建议值　　表5-20

车速 V(km/h)	最小长度(m)	车速 V(km/h)	最小长度(m)
$V \leq 60$	28	$80 < V$	70
$60 < V \leq 80$	48		

(6)波形梁护栏立柱埋置

从路面起算，波形梁护栏立柱的埋深应符合下列规定：

①设置于土基中的B级二波波形梁护栏，立柱埋置深度不应小于125cm。

②设置于土基中的A级、Am级二波波形梁护栏，立柱埋置深度不应小于140cm。

③设置于土基中的SB级、SBm级、SA级、SAm级和SS级三波波形梁护栏，立柱埋置深度不应小于165cm。

④设置于小桥、通道、明涵等混凝土基础内的波形梁护栏，立柱埋置深度不应小于30cm。

⑤设置于石方、地下有管线等路段混凝土基础内的波形梁护栏，立柱埋置深度不应小于40cm。

路侧、中央分隔带内路基土压实度不能满足现行《公路路基设计规范》(JTG D30)中对路基路床压实度的要求时，或路侧护栏立柱外侧土路肩保护层厚度小于25cm时，宜设置加强板或混凝土基础。加强板为310mm×200mm×10mm的钢板，可与护栏立柱焊接或通过螺栓连接，固定在路缘石顶面或路面以下50mm的立柱外侧，与交通流前进方向成0°~15°夹角。中央分隔带采用混凝土基础时，宜将同一断面的两个立柱基础联成整体。

(7)波形梁护栏的端部处理

1)路侧波形梁护栏的起、讫点应进行端头处理，并符合下列规定：

①行车方向的上游端头宜设置为外展地锚式或圆头式，端头与护栏标准段之间应设置渐变段。如图5-41所示。

②行车方向下游端头可采用圆头式，并与标准段护栏成一直线设置。

③在填挖路基交界处护栏起点端头的位置，应从填挖零点向挖方延伸20m，并设置为外展圆头式。如图5-42所示。

图5-41　圆形端头

图5-42　填挖交界处护栏端头处理

④当护栏立柱外侧保护土路肩宽度不足时，应设置加强板或设置混凝土基础。

2)设置于中央分隔带起点、终点及开口处护栏的端头处理，应符合下列规定：

①标准路段采用分设型波形梁护栏时，其圆形端头及过渡段线形应与中央分隔带相一致，立柱间距为2m。

②标准路段采用组合型波形梁护栏时，可以圆形端头开始或结束。

3)交通分流处三角地带波形梁护栏的端头处理，应符合下列规定：

①交通分流处三角地带的护栏，其构造应与路侧波形梁护栏相一致，并根据三角地带的线形和地形进行布设，其中靠公路主线一侧8m范围内和靠匝道一侧8m范围内立柱间距应减半，并用圆形端头把三角地带两侧的护栏连接起来。如图5-43所示。

②在迎交通流方向的危险三角地带范围应设置缓冲设施。

4)路侧设有紧急电话处，护栏应留有开口并进行端头处理。开口处应位于行车方向下游距紧急电话1~2m处。如图5-44所示。

5)隧道出入口处波形梁护栏的端头处理应符合下列规定：

图 5-43　分流处波形梁护栏设置

图 5-44　路侧紧急电话处护栏端头处理

①隧道入口处的路侧波形梁护栏宜以抛物线形向洞口壁延伸，并设置满足隧道建筑限界要求的圆形端头。如图 5-45 所示。

图 5-45　隧道入口处护栏端头处理

②隧道出口处的路侧波形梁护栏可采用与隧道壁搭接的方式,端部护栏板应进行斜面焊接处理。

(8)波形梁护栏的适用性

波形梁护栏刚柔相兼具,有较强的吸收碰撞能量的能力,较好的视线诱导功能,能与道路线形相协调,外形美观,可在小半径弯道上使用,损坏处容易更换,并且对人车造成的损害较小。较混凝土护栏具有较好的通透性,可用于满足设置条件、美观性要求较高的一般路段和沙漠、积雪地区。但波形梁护栏易因塌方、碰撞等因素造成损坏,且损坏后修补困难,所以,在山区公路中应慎重使用。

5.3.4.3 混凝土护栏

混凝土护栏是一种具有一定断面形状的墙式护栏,它是一种承力结构。其作用特点是:当汽车与护栏碰撞时,在瞬间移动载荷作用下,护栏基本上不移动、不变形,碰撞过程中的能量主要是依靠汽车与护栏面接触并沿着护栏面爬高和转向来吸收,同时,碰撞汽车也恢复到正常行驶方向。常用路侧混凝土护栏按防撞等级可分为 A、SB、SA 和 SS 四级,常用中央分隔带混凝土护栏按防撞等级可分为 Am、SBm 和 SAm 三级。

(1)混凝土护栏所受碰撞荷载的分布如表 5-21 所示。

混凝土护栏所受碰撞荷载的分布　　表 5-21

防撞等级	碰撞荷载标准值(kN/m)	荷载分布长度(m)	力的作用点
A、Am	53	4	距护栏顶面 5cm
SB、SBm	91	4	
SA、SAm	86	5	
SS	104	5	

(2)路侧混凝土护栏的构造

1)路侧混凝土护栏按构造可分为 F 形、单坡形、加强型三种,应根据路侧危险情况选用。

①F 形混凝土护栏构造要求如图 5-46,表 5-22。

②单坡形混凝土护栏构造要求如图 5-47,表 5-23。

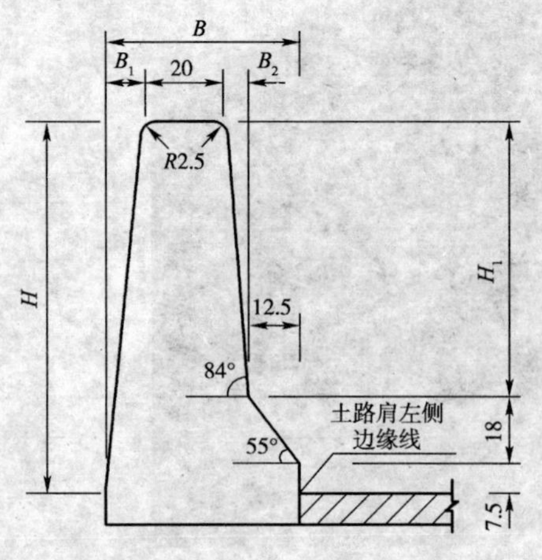

图 5-46　F 形混凝土护栏构造(尺寸单位:cm)

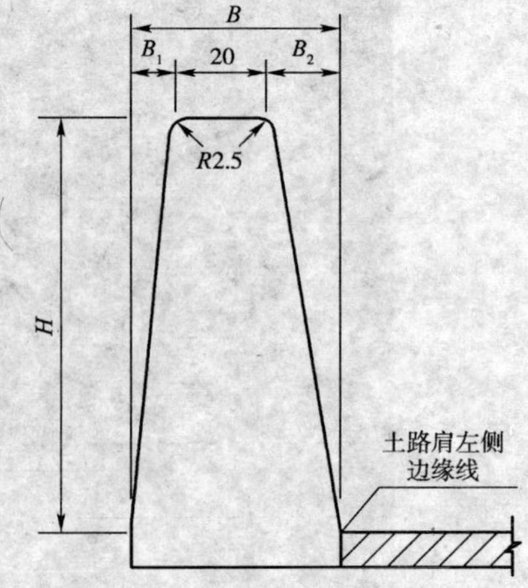

图 5-47　单坡形混凝土护栏构造(尺寸单位:cm)

F 形混凝土护栏构造要求(cm)　　表 5-22

防撞等级	H	H_1	B	B_1	B2
A	81	55.5	46.4	8.1	5.8
SB	90	64.5	48.3	9	6.8
SA	100	74.5	50.3	10	7.8

单坡形混凝土护栏构造要求(cm)　　表 5-23

防撞等级	H	B	B_1	B_2
A	81	42.1	8.1	14.0
SB	90	44.5	9	15.5
SA	100	47.2	10	17.2

③加强型混凝土护栏构造要求如图 5-48,表 5-24。

2)路侧混凝土护栏的基础埋置

①座椅方式:将护栏基础嵌锁在路面结构中,借助路面结构对基础腿部位移的抵抗力来提高护栏的抗倾覆稳定性,如图 5-49,图 5-50。地基的承载力应小于 150kN/m^2。基础应配置适量的构造钢筋,并与护栏钢筋牢固焊接,基础混凝土强度等级与护栏相同。

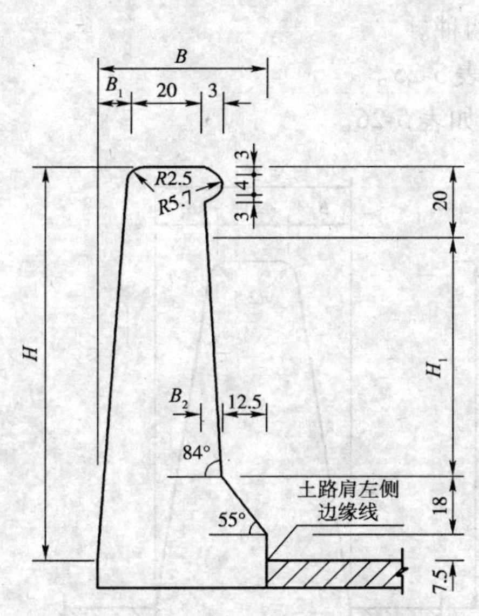

图 5-48　加强型混凝土护栏构造(尺寸单位:cm)

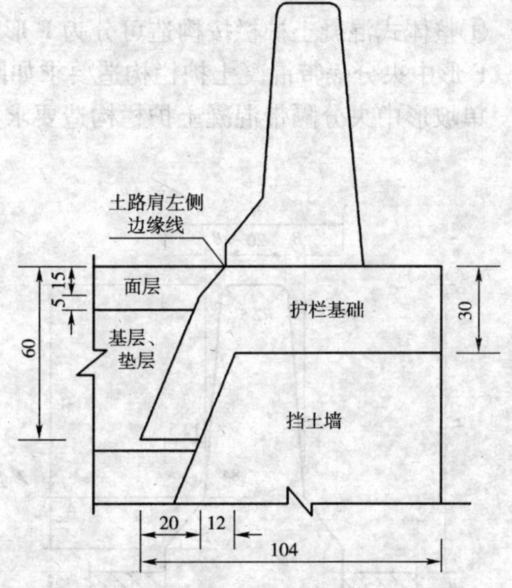

图 5-49　挡土墙上的座椅式基础(尺寸单位:cm)

加强型混凝土护栏构造要求(cm)　　表 5-24

防撞等级	H	H_1	B	B_1	B_2
SA	100	54.5	43.2	5	5.7
SS	110	64.5	44.8	5.5	6.8

②桩基方式:在现浇路侧混凝土护栏前先打入钢管桩,如图 5-51。钢管桩规格为 ϕ140mm ×4.5mm,长 90 ~ 120cm,纵向间距为 100cm。钢管桩必须牢固埋入基座中,并与混凝土护栏联成整体。地基的承载力应不小于 150kN/m^2。

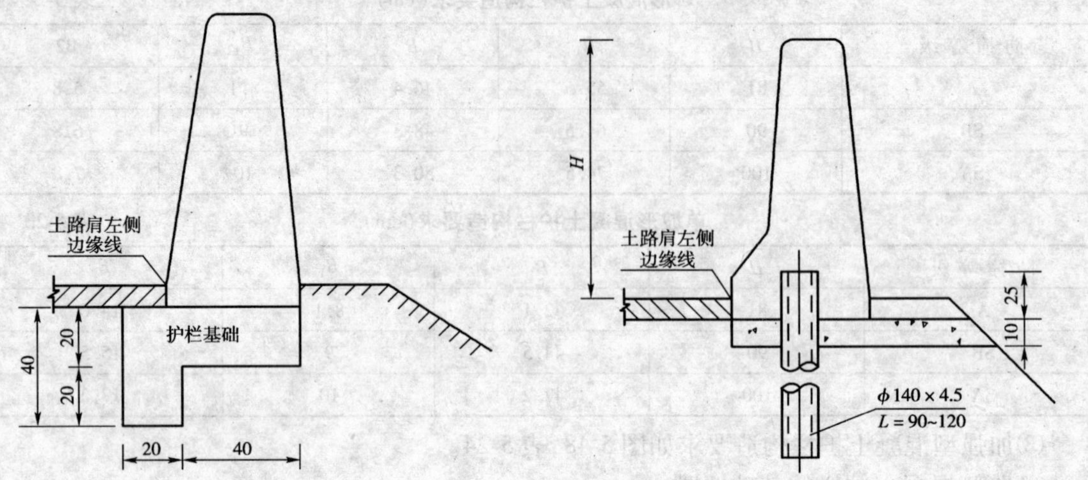

图 5-50　土基上的座椅式基础(尺寸单位:cm)　　图 5-51　桩基基础方式(尺寸单位:cm)

(3)中央分隔带混凝土护栏的构造应符合下列规定:

中央分隔带混凝土护栏可采用整体式或分离式,可根据中央分隔带的宽度、构造物和管线的分布加以确定。

①整体式混凝土护栏按构造可分为 F 形和单坡形两种。

F 形中央分隔带混凝土护栏构造要求如图 5-52,如表 5-25。

单坡形中央分隔带混凝土护栏构造要求如图 5-53,如表 5-26。

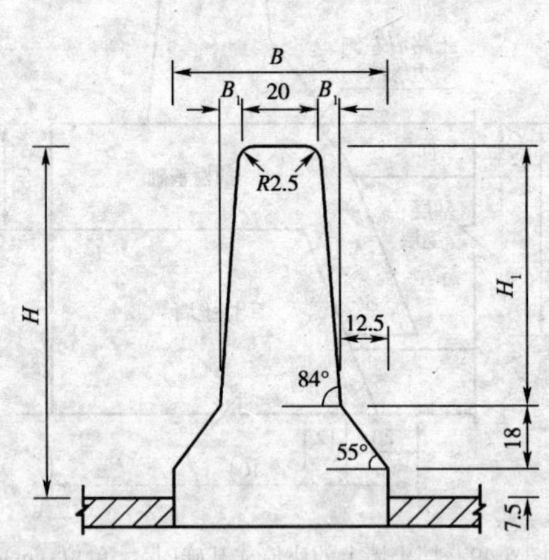

图 5-52　F 形中央分隔带型混凝土护栏(尺寸单位:cm)

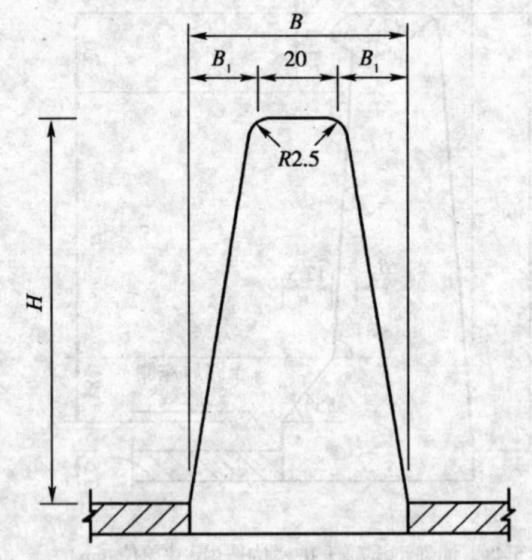

图 5-53　单坡形中央分隔带型混凝土护栏(尺寸单位:cm)

F 形中央分隔带混凝土护栏构造要求(cm)　　表 5-25

防撞等级	H	H_1	B	B_1
Am	81	55.5	56.6	5.8
SBm	90	64.5	58.6	6.8
Sam	100	74.5	60.6	7.8

单坡形中央分隔带混凝土护栏构造要求　　表5-26

防撞等级	H	B	B_1
Am	81	48	14.0
SBm	90	51	15.5
Sam	100	54.5	17.2

②分离式混凝土护栏按构造可分为F形和单坡形两种，其断面形状应与对应的路侧混凝土护栏相同。混凝土护栏背部应设置支撑块，中间可填充种植土进行绿化，如图5-54所示。分离式混凝土护栏顶部间距不应小于40cm，侧向净空值应满足现行《公路工程技术标准》(JTG B01—2004)的规定。分离式混凝土护栏中间的积水可通过纵向盲沟再由横向排水管排出。

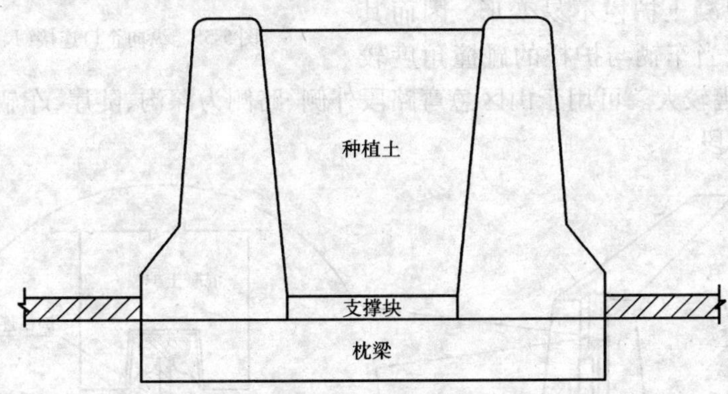

图5-54　中央分隔带分离式混凝土护栏构造图

③中央分隔带混凝土护栏需保护桥墩、标志立柱、照明灯柱等设施时，可用现浇混凝土护栏在构造物处作围绕包封处理，但加宽部分不得侵入公路建筑限界。在加宽段与标准段之间应设置渐变段，加宽段与渐变段的侧面形状应与标准段保持一致。加宽段的长度不应小于20倍的加宽宽度，且过渡段偏角不宜大于2°。

④中央分隔带混凝土护栏的基础可采用以下两种方式：

整体式混凝土护栏基础可直接支承在土基上，土基的承载能力应不小于150kN/m²，混凝土护栏嵌锁在基础内，埋置深度一般为10～20cm。混凝土护栏两侧应铺筑与车行道相同的路面材料。

分离式混凝土护栏下设置枕梁，护栏之间应设置支撑块。

⑤中央分隔带混凝土护栏的起、终点和开口处，应进行端头处理。端头的基础处理方式应与其连接的混凝土护栏相一致，端头与标准段混凝土护栏的结合部，其断面形状应统一。

(4)混凝土护栏块之间的纵向连接应符合下列规定：

①现浇混凝土护栏块之间的纵向连接，可按平接头加传力钢筋处理。

②预制混凝土护栏块之间的纵向连接，可以采用纵向企口连接，如图5-55，或纵向连接栓方式，如图5-56。

(5)混凝土护栏的材料

①混凝土护栏所用的钢材，应符合《普通碳素结构钢技术条件》(GB/T 700)中 Q235 钢的性能要求。所用钢筋应符合《钢筋混凝土用热轧带肋钢筋》(GB 1499)或《钢筋混凝土用热轧光圆钢筋》(GB 13013)的规定。

②使用的混凝土材料应符合现行桥梁工程结构混凝土有关标准、规范的规定。高速公路、一级公路混凝土强度等级不应低于 C30,其他公路混凝土等级不应低于 C20。

(6)混凝土护栏的适用性

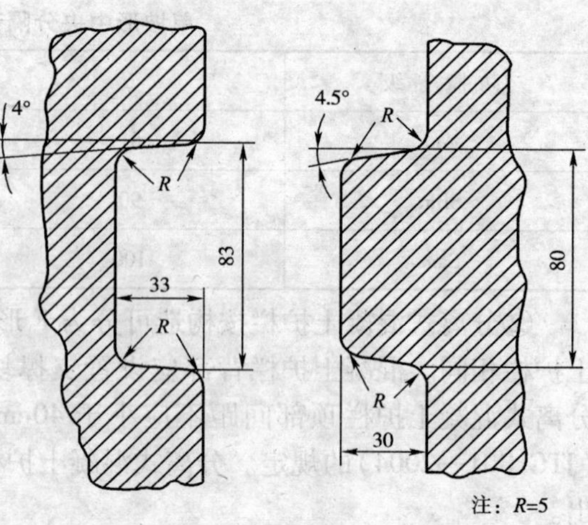

图 5-55　纵向企口连接(尺寸单位:cm)

钢筋混凝土护栏防止车辆越出路侧(桥)外的效果好。由于混凝土护栏不易变形，因而其维修费用很低。但当车辆与护栏的碰撞角度较大时,对车辆的损害较大。可用于山区急弯路段外侧、路侧为深沟、陡崖,车辆冲出将导致严重伤亡事故的部分路段。

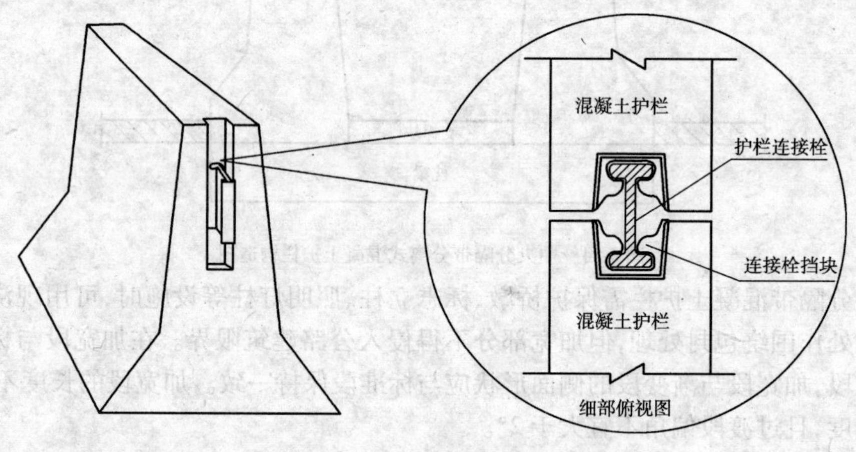

图 5-56　纵向连接栓

5.3.4.4　钢背木护栏

钢背木护栏是半刚性护栏。这种护栏以方钢和槽钢作为护栏上下横梁,通过钢件与木材的巧妙结合,将木材包裹在横梁外面,以钢管作为护柱立柱,上面喷涂仿木色涂料,将防护设施与周围环境相结合的理念运用到了极致,不但达到了相当的防护能力,而且使车辆经过时根本看不到钢材的存在,只是感觉自己行驶在美妙的大自然中,极大地改善了道路环境,给驾驶员创造了一个舒适的田园式的行车空间。钢背木护栏适用于旅游风景区的公路,且其造价较高。图 5-57 为钢背木护栏示例。

5.3.5　护栏设置和改造实例

随着我国经济的持续发展,各类车辆保有量迅猛增长,高速度、大质量车辆所占比重增加。同时由于目前采用的护栏设施大部分按照 20 世纪 90 年代的设计标准及设计理念建设,使得

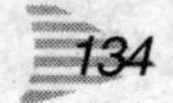

这些护栏已经不能满足现在的安全要求。具体说来,我国的护栏设置主要存在以下几方面的问题:

①护栏设置数量少。由于投资建设期资金短缺等原因,我国公路尤其是三、四级公路在一些需要设置护栏的路段,却没有设置护栏,给这些地区的交通安全造成了极大的危害。

图 5-57　钢背木护栏示例

②护栏防撞等级不够。由于目前所采用的护栏设施都是按照 20 世纪 90 年代的设计标准和设计理念建设的。随着机动车向大型化和小型化这两极发展,以及交通量的增加,现有护栏的防撞强度已经不能满足交通安全的要求。

③护栏端部处理过于粗糙。过去的设计和施工对于护栏的端部处理重视不够,过于简单、粗糙。随着技术发展,应将新技术,如解体消能设计等应用到护栏端部处理中。

④护栏过渡段处理不合理。不同形式、不同强度的护栏之间必须进行过渡段的处理,实现护栏刚度、强度上和外观上的连续性。由于过去对护栏过渡段处理不够重视,护栏过渡段已经成为影响路侧安全的一个重要因素。

⑤护栏养护重视不够。一直以来,我国的公路就存在重建设,轻养护的现象。即使养护工作,也只是着重对路面等进行管养,而对于护栏等交通安全设施的养护工作却不够重视,造成护栏破坏、磨损严重,寿命缩短等。

实施安全保障工程,提高公路交通安全,就要针对我国目前的护栏设置情况,采取积极有效的措施,改善我国护栏设置现状,完善我国交通安全设施系统。在对具体路段实施公路安全保障工程时,要针对道路的具体情况,确定此路段是否需要设置护栏,现有护栏是否满足防撞强度要求,按照护栏的设置原则和要求,对道路护栏进行重新设置和改造。下面是一些具体的实例。

(1)进京路段——采用反映文化特色的城垛式护栏(图 5-58)

实施背景:图片所示道路 AADT 为 4 000,车速 40km/h 以上,路侧为 10 余米的高挡墙;线形为弯坡组合,平曲线半径为 40m,坡度为 5.5%。

养护及事故记录表明此处事故频发,主要事故类型为坠崖。2003 年以前,此处设置了砌石墙,经常有车辆将砌石墙撞成断口,甚至冲断砌石墙,坠落山谷。砌石墙平均两星期就要重新垒砌。后采用波形梁护栏,仅两个月,撞击及刮蹭已经使护栏基础松动,立柱弯曲,梁板不同

图 5-58　城垛式护栏

程度弯曲、变形、断裂。

处置措施：实施路段路侧事故率高，且后果严重；大型车辆比例高，在车辆组成中占 62%，且发生路侧事故均为大型车，大型车重心高，碰撞能量大。因此本段道路路侧采用 A 级混凝土护栏。并且本段道路为进京路线，此处路段已接近北京城区，结合京城燕赵历史文化背景，采用城垛式混凝土护栏，不但满足了防撞强度要求，并且被赋予了文化内涵，见图 5-58。

(2)路侧为村落——采用民居风格的钢筋网砌石护栏(图 5-59)

图 5-59　钢筋网砌石护栏

实施背景：图片所示段道路 AADT 为 4 000，平曲线半径 100m，坡度 4%，车辆平均速度为 60km/h。路侧为民宅。在改造前设置了红白相间的示警墩，或示警桩，并且示警桩有撞击折断的痕迹。夏季雨水由公路断面流入村落居住区，给村民生活造成一定影响。

处置措施：本路段曾发生路侧事故，虽然没有坠落的历史记录，但由于路侧为居民区，一旦发生车辆冲出路外事故，后果较严重，因此，此处采取 B 级护栏。结合周边环境，采用与村落民居风格相协调具有乡土气息的钢筋网砌石护栏，见图 5-59。钢筋网砌石护栏不仅具有一定的防撞强度，而且有拦水作用，防止夏季雨水顺路面横坡流入居民区。因路段纵坡较大，不存在路面积水问题，只需在坡底进行集中排水，即可以满足排水要求。

(3)路侧悬崖峭壁——采用单坡形混凝土护栏(图 5-60、图 5-61)

图 5-60　改造前的连续砌石墙

图 5-61　改造后的单坡形混凝土护栏

实施背景：该路段为连续弯路，路侧环境极为险要。道路的平纵线形技术指标低，最大纵坡为 8%，最小半径为 20m。

根据事故统计，本路段为事故多发段，主要的事故形态是路侧事故，且后果严重。本路段原有防护设施以 90cm 高的连续砌墙为主。虽然高大厚实的砌墙带给驾驶员一定程度安全感，但却达不到防撞强度的要求，且会让驾驶员视觉疲劳，产生压抑感。

处置措施：设置单坡形混凝土护栏。与原来的砌石墙相比，不仅增强了防撞强度，而且减轻了高且厚的砌石墙产生的压抑感，提高了道路的安全水平。见图 5-60 和图 5-61，分别为改造前后的路侧护栏。

(4)路侧环境优美——采用缆索护栏(图 5-62)

图 5-62　缆索护栏

实施背景：该道路为下坡路段，坡度 4%，平均车速大于 60km/h。路侧为水库，水深超过 1.5m；路肩宽度不足 50cm；路侧环境较危险。周边自然环境优美。历史事故记录表明，该路段的事故率较低。道路改造前路侧防护设施为不具备防撞功能的砌石挡块，遮挡了路侧自然风景，且与周边环境不协调。

处置措施：此路段虽然是直线段，但路侧为水深超过 1.5m 的水库，因此选择 A 级护栏。路侧景色优美，采用通透性好的缆索护栏，如图 5-62。

(5)连续弯道,路侧风景秀丽——采用波形梁护栏(图 5-63)

图 5-63　波形梁护栏

实施背景:该路段为连续弯道 300m,弯道半径大致在 30 ~ 65m,弯道设置了符合规范要求的超高,平均纵坡 4%。路侧有 5 ~ 6m 高的斜坡,环境较危险,但风景秀丽。路段 AADT 为 2 300,平均车速小于 45km/h。该路段事故率较低,养护记录此处有侧翻的事故。

处置措施:该路段交通量小,事故率较低。因为是连续弯道,驾驶员通常在此路段精神集中,车速也较低。因此,根据路侧程度选择 B 级护栏。

该路段景色优美,缆索护栏虽与景色协调性好,但其受力特点决定不宜在连续弯道(小半径)使用,特别不适用于弯道内侧。因为车辆若碰撞了小半径弯道内侧的立柱,使立柱弯曲,则缆索立即松弛,防撞效果会减弱。因此,本路段采用通透性较好的波形梁护栏(见图 5-63),既能满足安全要求,又能较好的与周边环境相协调。

5.4　路肩

除了无障碍区域路侧、安全护栏和对路侧障碍物设置解体消能设施外,合理的路肩处理方法亦能有效地降低道路路侧的交通事故。

路肩是位于行车道外缘到路基边缘,具有一定宽度的部分。路肩一般由硬路肩(含路缘带)、土路肩组成。路肩可为遇到紧急情况需要临时停车的车辆提供空间。同时,在车行道之外的路肩,可以使车辆远离路侧障碍物,使驾驶员从视觉上、心理上消除紧张感。路肩处理包括设置硬路肩、土路肩和路肩振动带等措施。路肩的合理设置对于保障路侧行车安全有着重要的意义。

5.4.1　硬路肩

(1)硬路肩的功能

硬路肩是与行车道相邻的道路组成部分,供临时停车和紧急情况使用,同时也为路面提供

支撑。设置一定宽度的硬路肩可以实现下列功能：

①为遇到机械故障或紧急情况的车辆提供在车道外停车的空间；

②为要看地图、休息或其他原因需要临时停车的驾驶员提供空间；

③为避免事故隐患或减轻事故严重性而提供空间；

④宽敞的路肩提供一种开阔的感觉，使驾驶员轻松驾驶，避免紧张；

⑤改善挖方路段的视距并因此而改善交通安全；

⑥提高公路通行能力并促使车速更趋平稳；

⑦为道路养护提供空间；

⑧使雨水能够在远离行车道的位置排放，最大限度地减少行车道的渗透，从而减少路面的损坏；

⑨为路面提供结构支撑；

⑩为行人和自行车提供空间。

(2)硬路肩的设置要求

①硬路肩的宽度

路肩应具有足够的宽度保证其功能的充分发挥，但是过宽的路肩将使驾驶员把路肩当作外加的行车道使用。路肩宽度应综合考虑交通安全、车辆组成、路段通行能力、对周边环境的影响，以及初始建设费用和维护运营费用等因素确定。一般公路进行路肩设计时还需考虑行人及非机动车的需求。对于未设置专用人行道的道路而言，停靠路肩可为行人及非机动车提供便利。硬路肩实现不同功能的最小宽度见表5-27。

硬路肩最小宽度　　表5-27

功　能	最小宽度(m)	功　能	最小宽度(m)
为行车道路面提供结构支撑	0.5	供小客车紧急停靠	2.5
保障路面排水	1.0	供大型车紧急停靠	3.0

设置一定宽度的硬路肩，能有效降低单车冲出行车道的交通事故和车辆正面碰撞事故。美国、澳大利亚学者研究认为硬路肩对减少交通事故的效果比土路肩好得多。理想情况下至少要保证2 m宽度的硬路肩，极端情况下也不得少于0.6m；另外，还认为只有在交通量不低于500 辆/d 的道路上设置硬路肩，其安全方面的成本效益比才划算。

从我国现行各等级公路路肩宽度表(表5-28)中可以看出，只有高速公路和一级公路设置了硬路肩，而二级及其以下公路均不设硬路肩。根据现行《公路工程技术标准》(JTG B01—2003)，各级公路到远景设计年限年平均昼夜交通量均超过了国外的标准，仅双车道四级公路远景设计年限的年平均昼夜交通量就已经达到了1500 辆/d，如果折算成小客车，这个数据还要大得多。因此，现行公路工程标准对交通安全的考虑不够，对路侧安全采取硬路肩措施时需加以改善，即保持高速公路和一级公路现状不变，对二、三级公路的硬路肩一般值取2m，低限值取1.25m；计算行车速度为80 km/h 的二级公路土路肩取1.25m；对四级公路设计速度为40 km/h 的硬路肩取0.60m，土路肩取0.4m或1.40m。

我国现行各等级公路路肩宽度　表5-28

公路等级	计算车速(km/h)	硬路肩宽度(m)		土路肩宽度(m)
		一般值	低限值	一般值
高速公路	120	3.25 或 3.50	3.00	0.75
	100	3.00	2.75	0.75
	80	2.75	2.50	0.75
	60	2.50	1.50	0.50
一级公路	100	3.00	2.75	0.75
	60	2.50	1.50	0.50
二级公路	80	—	—	1.50
	40	—	—	0.75
三级公路	60	—	—	0.75
	30	—	—	0.75
四级公路	40	—	—	0.50 或 1.50
	20	—	—	

②其他设置要求

不论宽度如何，路肩应该连续设置，除非驾驶员能够从任意一点离开行车道，否则路肩的作用将得不到充分发挥。当路肩连续时，几乎所有驾驶员都能离开行车道实施紧急停车。当设计的是间断式的路肩时，有时驾驶员就不得不在行车道上停车，这样便会带来危险。当无法提供连续式的路肩时，较窄的或间断式的路肩仍然比不设路肩的情况要好一些。

构造物上的左侧和右侧路肩，均应与其引道路肩同宽。无论窄路肩还是没有路肩，特别是在结构物上，都可能带来严重的营运和安全问题。

5.4.2 土路肩

(1)土路肩功能

土路肩是指紧邻硬路肩或者紧邻没有硬路肩的车道的道路组成部分。土路肩除起到保护路面和路基的作用外，还提供侧向余宽，对路侧安全有着重要影响。

在没有硬路肩的公路上，土路肩的主要作用是：提供临时停车的位置；为临时停车提供硬实稳定且与行车道保持一定安全距离的表面；养护和紧急停车使用；横向支撑路面；承载道路设施，包括防护栅；改善水平视距。在有硬路肩的地方，土路肩主要起承载道路设施和改善水平视距的作用。

(2)土路肩的设置要求

土路肩宽度一般为0.5～0.75m。需要指出的是，土路肩的“土”字并非一定要用土作为表面材料，有条件的都应绿化或加固。土路肩表面应做成弧形曲线，并进行适当加固，以防止表面产生冲刷。通常有三种加固方式：植草、空心混凝土预制块加植草、实心混凝土预制或天然石材，不同加固方式的适用条件是不同的，设计时应结合路表排水方式、路堤边坡防护设施、土质抗冲刷能力、项目所处地区的气候等因素，灵活选用，使土路肩外形美观，线形流畅，并与整个路基形态和周围环境相适应。

为保证行车安全,进行交通诱导以及防止土路肩冲刷,在路面边缘常设置路缘石,高速公路和一级公路右侧应设置0.5m宽的路缘石,路缘石(含拦水带)的形式有平式、斜式和曲线式等几种。

设置矩形盖板边沟的路堑段,土路肩的功能可由盖板边沟代替,设计可灵活掌握,设置宽浅形边沟的路堑段,土路肩可与边沟、碎落台一并考虑,使边沟同时具有土路肩、边沟和碎落台的功能。

5.4.3 路肩振动带

为增强振动效果,可在公路沿行车道两侧路肩上人工形成具有一定间隔、连续的凹槽,称为"振动带"。当驾驶人由于疲劳驾驶或其他原因,车辆偏离行车道时,轮胎接触凹槽产生较强振动感,以此来警告驾驶员,使其及时采取相应操作,驶入路内,避免事故发生。

按施工方法,振动带可分为四种:

(1)铣刨式

使用铣刨机在现有的路面行车道两侧铣刨出平滑、均匀、间隔连续的弧形沟槽,因便于施工、对路面结构影响小,是目前用得最多的一种。铣刨式振动带的横向宽度400mm,纵向宽度180mm,与行车道边缘线间距为300~400mm,槽深13mm左右,如图5-64所示。

(2)碾压式

使用在振动轮上焊接钢管或钢筋的压路机碾压热铺沥青混凝土路肩,形成具有一定间隔的,深32mm、宽40mm的圆形或V形沟槽,如图5-65所示。

图5-64　铣刨式振动带

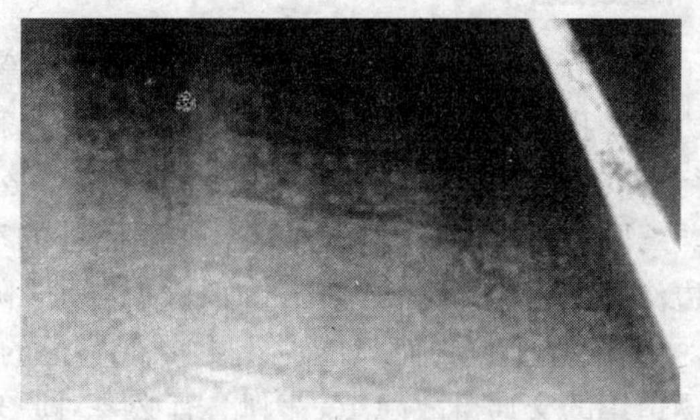

图5-65　碾压式振动带

(3)磨压式

使用波纹状模板压在新浇注的水泥混凝土路面,形成凹槽,规格与碾压式相近。

(4)突起式

在路肩上粘贴突起路标、标志带或用沥青混合料铺筑突起埂,高度为6~13mm,适用于不必除雪的气候温暖地区。

5.5 边沟

边沟是公路的排水结构,它对于及时排除路面积水,保障雨天行车安全具有重要意义。但

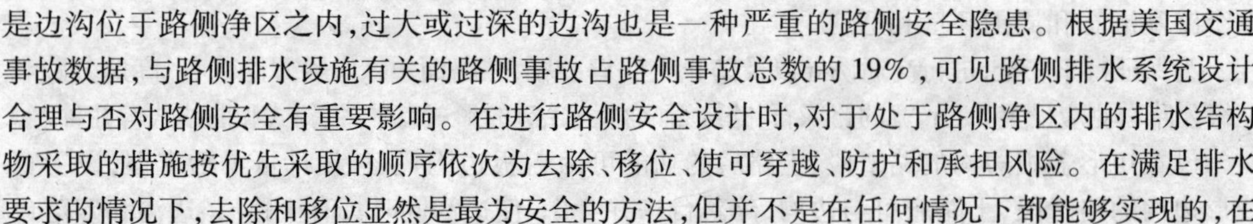

是边沟位于路侧净区之内，过大或过深的边沟也是一种严重的路侧安全隐患。根据美国交通事故数据，与路侧排水设施有关的路侧事故占路侧事故总数的19%，可见路侧排水系统设计合理与否对路侧安全有重要影响。在进行路侧安全设计时，对于处于路侧净区内的排水结构物采取的措施按优先采取的顺序依次为去除、移位、使可穿越、防护和承担风险。在满足排水要求的情况下，去除和移位显然是最为安全的方法，但并不是在任何情况下都能够实现的，在无法去除和移走排水结构物时，最好的办法是运用宽容路侧设计理念，保障车辆在发生意外的情况下，即使遇到排水结构物仍能安全地驶回公路而不发生危险。

5.5.1 边沟概述

边沟主要是用于排除降落于路面表面及路基边坡以内的雨水。合理的处理边沟，对于路侧交通安全有着极为重要的意义。

大量的工程实践表明，传统设计的边沟即使在我国南方的暴雨期间，大部分边沟流水量亦未达到其设计流量，究其原因，主要是水文计算时按最大汇水面积控制项目所在地的所有排水设施，导致排水距离为30m与排水距离300m段落的断面采用相同的尺寸。鉴于此，边沟设计应克服传统习惯上的宽、大、深，特别是不论排水距离及汇水面积，全段落单一断面的传统做法，应采取灵活自然的断面形式及尺寸。不合理的边沟设计很可能使注意力不集中的驾驶员和疲劳驾车的驾驶员掉入沟中，引起车辆侧翻，造成严重的后果。

5.5.2 边沟形式

边沟按其断面形式有矩形、梯形、浅碟形等形式。不同的边沟形式有着不同的特点。矩形深边沟是我国山区公路边沟最常见的形式，这种边沟不利于行车安全，特别对于路面宽度有限的山区公路更为危险。驾驶员错车躲闪或操作不当，驶出路外的车轮易陷入深边沟而翻车。而且深边沟的存在使得因故障需检修的车辆不能跨越边沟，而只能占用更多行车道的宽度，形成车辆追尾的交通事故隐患。因此，有必要对原来的矩形边沟加以改进。目前常用的是加泄水孔盖板的矩形边沟，不仅投资增加有限，而且可增加路基的有效宽度，克服规则的深边沟给行车带来的不安全隐患，消除了车轮卡陷和边坡碎落堵塞，同时形成流畅优美的路基轮廓线，增加路容美观，如图5-66所示。

图5-66　加盖泄水孔盖板的矩形边沟

浅碟形边沟汇水能力相对较小，但其坡度较缓，能使失控车辆安全地逾越，并且宽展、平缓、带圆弧的边沟给人以开阔感，从而减轻驾驶员的紧张心理。在满足排水要求情况下，设置浅碟形草皮边沟可达到与边沟和自然环境融为一体的目的，且造价最省，取得了良好的效果。下图5-67为一浅碟式边沟。

图5-67 浅碟式边沟

5.5.3 边沟的设置

排水设施断面类型的选择应根据地形地貌、路基填挖高度及汇水面积、各种排水设施的泄流能力，以及对行车安全与环境景观的影响程度等方面综合考虑。在选择边沟形式和设置边沟时应注意：

(1)高速及一级公路，为避免车辆驶离路面时造成安全事故，宜采用浅三角形或碟形横断面；而在过水面积较大时，为减少开挖量，可采用设置带泄水孔板盖的矩形横断面。

(2)公路安全保障工程实践表明，矩形盖板边沟和浅碟式边沟是常用的两种形式。带泄水孔盖板的矩形边沟具有路基视觉增宽、防止车轮卡陷和边坡碎落堵塞等功能。而在公路用地受限制较小的地段，应考虑设置浅碟形边沟。

(3)浅挖方路段，宜选用浅碟形边沟，深挖方路段，宜选用矩形加盖板边沟，环境景观较好的路段，宜采用暗埋式。从安全和景观角度，浅碟形边沟或放缓边坡漫流排水形式对于地形平坦、纵坡平缓的低填、浅挖路段适应性较好。边沟可与原地面舒缓自然衔接，应克服沿路基边缘设置规则深排水所带来的行车不安全隐患，同时应形成流畅优美的视觉效果。

(4)在满足排水的条件下，可将边沟修成浅边沟或碟形边沟，使驶出路外的车辆能够驶回公路或不侧翻；当浅边沟不能满足排水要求时，可采取封盖边沟的方法，避免车辆驶入路侧大边沟发生事故。

(5)边沟的位置一般设置于土路肩外侧，当采用加泄水孔盖板的矩形横断面或浅坦三角形，皿形边沟与埋置的圆管断面时，应根据路堑段土路肩功能较小的特点，并结合碎落台宽度，设于土路肩处，使之同时具有土路肩、边沟、碎落台的功能，可减少路侧挖方工程量。

(6)对加盖板的矩形边沟，应对其盖板进行结构强度验算，确保在车辆的冲击荷载作用下不会破坏。

(7)对浅碟式边沟可以植草绿化，既保护了边沟，又绿化了环境。

(8)应注意对边沟的养护，及时清理淤积，使其排水顺畅。如果道路所在地区雨水充沛，应防止流水对边沟的冲刷作用。

5.5.4 边沟处理实例

在驾驶员由于疲劳或机械故障驶离行车道时，路侧的深(宽)边沟很容易导致车轮卡陷，甚至车辆侧翻，引起严重的交通事故。因此有必要对路侧的边沟进行研究、处置，在保证道路排水要求的前提下，降低边沟的深度和坡度，使车辆能够较安全的驶过边沟。下面为两例边沟处理实例，分别采用的是两种比较常用的处置方案：浅边沟和边沟加设盖板。

(1)示例5-1

如图5-68所示，该段公路为山区二级公路，路面宽度7.00m，路基宽度8.50m，设计速度40km/h，纵坡为5%。边沟位于山区公路傍山一侧，截面形式为矩形，宽60cm，深50cm。确定边沟改造方案为浅边沟(见图5-69)，这主要考虑了以下因素：

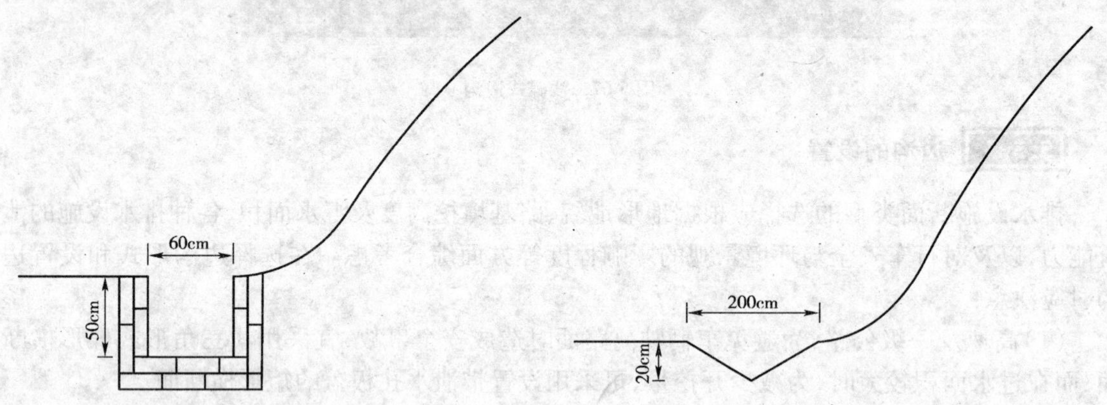

图5-68　边沟示例5-1改造前　　图5-69　边沟示例5-1改造后

①路侧的净空比较大，车辆使出行车道后也可以较顺利的驶回，而且也具有足够的地形条件设置浅而宽的碟形边沟；

②道路的纵坡比较大，边沟排水的速度比较快，虽然边沟较浅，但是并不容易淤积。而且由于浅碟式边沟具有开放的特点，即使淤积，其清理难度也小于矩形边沟；

③设置的浅边沟的截面面积不应小于原有边沟，以保证边沟具有足够的排水能力；

④如果道路所在地区雨水丰沛，而且纵坡很大，流水对边沟的冲刷作用明显，或者路基土质极易渗水时，可以采用种植草皮、浆砌片石或水泥预制块保护浅边沟，防止水渗入路基造成病害。

(2)示例5-2

如图5-70所示，该段公路为山区二级公路，路面宽度7.00m，路基宽度8.50m，设计速度40km/h，纵坡为3%。边沟位于公路过城镇路段，截面形式为矩形，宽60cm，深80cm。确定边沟改造方案为在原有的边沟上加设盖板(见图5-71)，这主要考虑了以下因素：

①公路已经完全街道化，路侧即是民居，几乎没有净空，而且也不具备足够的地形条件加宽边沟；

②边沟除作为道路的排水系统外，还担负着排泄道路两侧居民区生活用水的任务，边沟内常流水，而且道路的纵波比较小，采用浅边沟很容易淤积，并使边沟养护的次数增加。在原有边沟上加设盖板不但能够消除深边沟带来的安全隐患，而且可以很好地解决上述问题，但是在

进行清理边沟等养护工作时，需要先掀开盖板，增加了养护工作量。

③对边沟盖板进行结构强度验算，确保在车辆的冲击荷载作用下不会破坏。

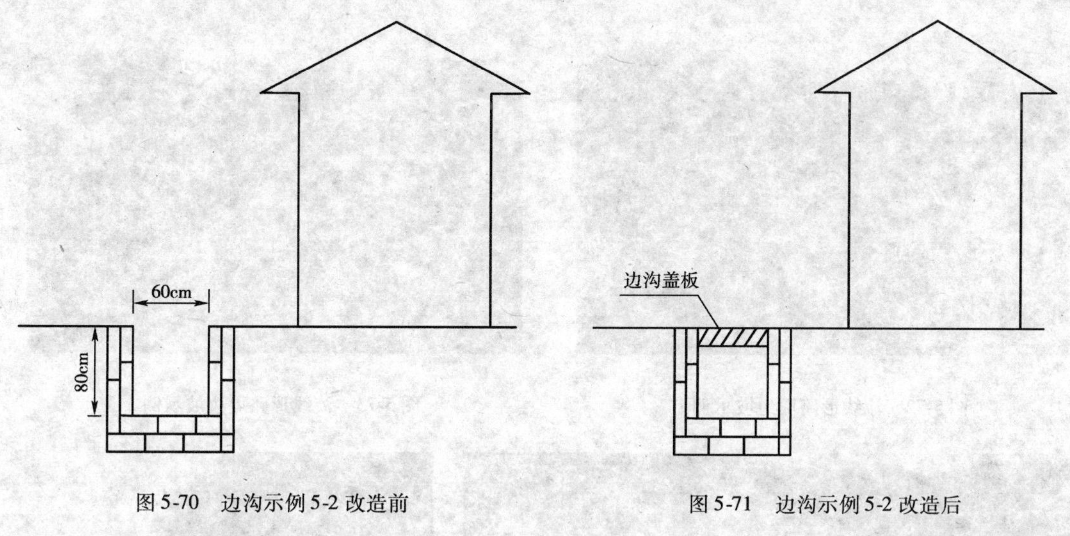

图5-70　边沟示例5-2改造前

图5-71　边沟示例5-2改造后

5.6　边坡

宽容路侧设计理念要求边坡在设计时，要尽量使其有利于车辆的安全行驶。当路侧有一定的宽度净区、填土高度较低时，可以适当放缓边坡。这样，车辆驶出路外顺着坡面下滑，翻车的可能性很小。驾驶员在车辆不失控的情况下，就能重新返回车道上。

5.6.1　路堤边坡

路堤边坡设计应保证公路的稳定性并为失控车辆安全返回提供适当的机会。在评价安全方面，路侧的三个地带是最重要的：边坡顶（转折点）、填方边坡和边坡脚。车辆横越转折点时容易失去驾驶控制，因为这时车辆易呈悬空状态。在高边坡设计中尤其重要，当车辆撞入边沟之前，驾驶员试图采取救险动作或降低车速。在很多情况下，边坡坡脚位于路侧净区以内，而且很可能延伸到边沟；在这种情况下，应在路侧边坡地带设置安全过渡带。在车辆开出道外的地方，如果路旁相当平缓、平顺且没有固定物，就可防止许多潜在的碰撞事故。有关研究成果表明，路堤边坡缓于1∶6时，车辆即可越过，并有良好的救险机会；填方边坡缓于1∶4时，车辆开到边坡上也不至于完全失去控制；当边坡坡度在1∶4和1∶3之间时，车辆将不能返回，但是可以横穿；当边坡坡度大于1∶3时，驶出路外的车辆将有翻车的危险，1∶3是影响行车安全的一个临界值。图5-72，图5-73就是根据宽容路侧设计理论设置的流线形路堤边坡。

5.6.2　路堑边坡

在选择路堑边坡时，应保证边坡长期稳定性，因地制宜设置碎落台，为滚落的岩石提供安全净区。并且，要考虑边坡的坡度、形式，使其有利于车辆安全行驶。同时，应考虑边坡形状对周围环境景观的影响，边坡形状应与边坡岩土的自然属性相一致，以使公路尽可能融入自然环境，提高道路景观美感，减轻驾驶员心理压力，为其创造一个舒适、优美的行车环境。图5-74，图5-75为路堑边坡设置实例。

图5-72　流线形路堤边坡示例1

图5-73　流线形路堤边坡示例2

图5-74　路堑边坡示例1

图5-75　路堑边坡示例2

5.7　其他路侧安全设施

5.7.1　隔离封闭设施

隔离封闭设施是防止人和动物随意进入或横穿公路，防止非法占用公路用地的人工构造物。隔离封闭设施可有效地排除横向干扰，避免由此产生的交通延误或交通事故，从而保障车辆运行安全、快速、舒适。隔离封闭设施包括设置于公路路基两侧用地界线边缘上的隔离栅和设置于上跨高速公路主线的分离式立桥或人行天桥两侧的防护网。

5.7.1.1　隔离栅

设置隔离栅可以有效地阻止人畜、家禽或野生动物进入公路，避免其妨碍交通，同时，也防止非法占用公路用地，对于保证道路交通运行安全和通畅有着重要的作用。隔离栅多设于有公路通过的城镇及城镇郊区、农村集市、村庄及学校人口稠密或牲畜活动多的路段两侧。图

5-76 所示隔离栅将通往学校的专用道路与主干线分隔开来，防止出入学校的学生、老师进入主干线，既避免发生交通事故，又避免干扰干线交通，保证了交通运行安全、顺畅。

图 5-76　隔离栅

(1)设置原则

1)除特殊路段外，高速公路、需要控制出入的一级公路沿线两侧必须连续设置隔离栅，其他公路可根据需要设置。

2)凡符合下列条件之一者，可不设置隔离栅：

①高速公路、需要控制出入的一级公路的路侧有水渠、池塘、湖泊等天然屏障的路段；

②高速公路、需要控制出入的一级公路的路侧有高度大于 1.5m 的挡土墙或砌石等陡坎的路段；

③桥梁、隧道等构造物，除桥头、洞口需与路基隔离栅连接以外的路段。

3)隔离栅遇桥梁、通道时，应在桥头锥坡或端墙处围封。

4)隔离栅遇尺寸较小、流量不大的涵洞时可直接跨越。

5)隔离栅的中心线应沿公路用地范围界限以内 20～50cm 处设置。

(2)设置高度

隔离栅的高度是结构设计的重要指标，该指标的取值高低直接影响着工程的材料费用和性能价格比。所以，隔离栅高度的确定必须结合实际的地域地形、沿线村镇人口的稠密程度，以及人们生产、生活流动路线等诸多因素而定。一般情况下，隔离栅的高度应以成人高度为参考值，以距地面高 1.5～1.8m 为宜。

(3)形式选择

隔离栅按照网片的构造形式，分为钢板网、编织网、电焊网、刺钢丝网、常青绿篱和隔离墙等。各不同类型的隔离栅，其特点也不同，见表 5-29。

选择适当的隔离栅形式，应根据隔离封闭的功能要求，在对其性能、造价、美观、与公路周围景观的协调、施工条件及养护维修等因素进行综合比较的基础上，因地制宜地采用最适合的形式。一般说来，可遵循下面几条规律：

不同类型隔离栅综合性能比较　表 5-29

性　能	说　明
造价	按单位造价由高到低的排列顺序为:钢板网、电焊片网、电焊卷网、编织片网、编织卷网、刺钢丝网
后期养护维修	钢板网、电焊网、刺钢丝网在网面及局部破坏后,易修补,维修费用低;编织网在局部破坏后,将影响整张网,不易修补,维修费用高
适应地形的性能	钢板网、片网(电焊网、编织网)爬坡性能差,一般用于平坦路段;卷网(电焊网、编织网)爬坡性能较好;刺钢丝网适应地形能力强,爬坡性能优
外观	钢板网、电焊网、编织网结构合理、美观大方;刺钢丝网单独使用美观性能较差,但在南方地区,气候温暖湿润,树木四季常青,用刺钢丝网配绿篱,可增加其美观性

注:隔离墙隔离效果最好、坚固耐用,但造价高,影响路容、路貌,经论证可在横向干扰大、事故多的路段采用。

1)下列路段可选择钢板网、编织网、电焊网的形式。

①靠近城镇人口稠密的地区;

②沿线经过风景区、旅游区、著名地点等的路段;

③互通式立体交叉、服务区、停车区、管理养护机构两侧。

2)下列路段可选择刺钢丝网的形式。

①人口稀少的路段;

②公路预留地;

③跨越沟渠而需要封闭的路段;

3)金属网隔离栅可与常绿小乔木或灌木配合使用。

4)根据需要和当地条件可采用常青绿篱和隔离墙等其他形式的隔离栅。

5.7.1.2　桥梁护网

高速公路上跨桥和人行天桥上有人向下抛扔物品,或桥上杂物被风吹到公路上,或桥上行驶车辆装载的物品散落到高速公路上时,非常容易引发交通事故,因而设置桥梁护网是必要的。

(1) 设置原则

①上跨高速公路、需要控制出入的一级公路的车行或人行构造物两侧均应设置桥梁护网,其设置范围为下穿公路宽度并各向路外延长 10m。

②公路跨越铁路、通航河流、交通量较大的其他公路时,应根据需要设置桥梁护网。

(2)设置高度

桥梁护网的设置高度宜为 1.8 ~2.1m,在交通量大、行人密度高、临近城镇厂矿等地点可取上限,反之则取下限。桥梁护网宜与桥梁横断面比例协调,避免给人压抑感。如桥梁两侧设置混凝土护栏时,网面可从护栏顶部开始设置;如设置桥梁栏杆,则桥梁护网网面应从桥面开始设置。

(3)形式选择

桥梁护网按网片形式可分为钢板网、编织网、电焊网、实体板等。选择桥梁护网形式时,必须考虑其强度、美观性、与公路周围环境的协调性、施工养护的方便性等因素。

5.7.2　防眩设施

防眩设施是指防止夜间行车受对向车辆前照灯眩目的人工构造物。分为板条式的防眩板、扇面状的防眩大板、防眩网、防眩棚等构造形式。中央分隔带植树原则上不属于防眩设施，但植树除具有美化路容的功能外，同时也起着防眩的作用，故植树也可作为防眩设施的一种类型。设置防眩设施可防止对向车前照灯的眩目，改善夜间行车条件，增大驾驶员的视距，消除驾驶员夜间行车的紧张感觉，降低交通事故率。防眩设施还可改善道路景观，克服行车的单调感，对改善夜间行车环境，吸引夜间交通量，提高道路通行能力发挥了积极的作用。防眩设施多设在夜间事故率较高的路段，夜间交通流大特别是大卡车和小型汽车混杂率较高的路段和弯道半径小的路段。图 5-77，图 5-78 为防眩设施示例。

图 5-77　植物防眩设施

图 5-78　玻璃钢板防眩设施

(1)设置原则

1)高速公路、一级公路凡符合下列条件之一者，应设置防眩设施：

①中央分隔带宽度小于 9m 的路段；

②夜间交通量较大，服务水平达到二级以上的路段；

③圆曲线半径小于一般值的路段；

④凹形竖曲线半径小于一般值的路段；

⑤公路路基横断面为分离式断面，上下车行道高差小于等于 2m 时；

⑥与相邻公路或交叉公路有严重眩光影响的路段；

⑦连拱隧道进出口附近。

2)非控制出入的一级公路平面交叉、中央分隔带开口两侧各 100m(设计速度大于或等于 80km/h)或 60m(设计速度 60km/h)范围内可逐渐降低防眩设施的高度，由正常高度降至开口处的 0 高度，否则不宜设置防眩设施。

3)公路沿线有连续照明设施的路段，可不设置防眩设施。

4)防眩设施连续设置时，应符合下列规定：

①应避免在两段防眩设施中间留有短距离间隙。

②各结构段应相互独立，每一结构段的长度不宜大于 12m。

③结构形式、设置高度、设置位置发生变化时应设置渐变过渡段，过渡段长度以 50m 为宜。

（2）设置位置

防眩设施应设置在道路的中央分隔带上，且最好与护栏、隔离封闭设施等配合使用，既可节省投资，又可防止行人在公路上随意横穿而使驾驶员行车紧张。防眩设施可设置在道路的中央分隔带中心线上，也可靠中央分隔带一侧设置。

（3）一般设置要求

①防眩设施的设置应注意连续性，避免在两端防眩设施中间留有短距离的间隙，这种情况会给毫无思想准备的驾驶员造成很大的潜在眩目危险，易诱发交通事故，而且从人的视觉感受和景观上来说效果也不好。

②长区段设置防眩设施时，应考虑在形式或颜色上有所变化，可把植树和防眩板交替设置。一般每隔 5km 左右宜适当改变形式或颜色，以给驾驶员提供多样化的景观，克服行车的单调感。

③防眩板的宽度应根据中央分隔带宽度确定，并注意与道路景观相协调。如某公路的防眩板板宽 0.70m，而中央分隔带宽度仅 1.00m，防眩板边缘紧靠行车道，既容易被车辆刮倒，也使驾驶员有压迫感。且由于板宽，两板间的距离大，驾驶员驱车经过时感到一晃一晃的，昼夜对驾驶员视觉的刺激都很大，影响了行车质量。

④防眩设施与各种护栏结构结合设置时，要根据不同地区的情况结合防风、防雪、防眩、景观等多方面的综合要求，考虑设置组合结构的合理性。

（4）形式选择

选择防眩设施形式时，应针对公路的平纵线形、气候条件，充分比较各种防眩设施的性能，分析行驶安全感、压迫感、景观要求，并考虑与公路周围环境的协调，结合经济性、施工条件及养护维修等因素综合确定。

表 5-30 所示为不同防眩设施综合性能的比较。从表中可以看出，防眩板是一种经济、美

不同防眩设施的综合性比较　　表 5-30

特　点	植树（灌木）		防　眩　板	防　眩　网
	密集型	间距型		
美观	好		好	较差
对驾驶员心理影响	小	大	小	较小
对风阻力	大		小	大
积雪	严重		好	严重
自然景观配合	好		好	不好
防眩效果	较好		好	较差
经济性	差	好	好	较差
施工难易	较难		易	难
养护工作量	大		小	小
横向通视	差	较好	好	好
阻止行人穿越	较好	差	较好	好
景观效果	好		好	差

观、对风阻挡小、积雪少、对驾驶员心理影响小的防眩设施，尤其是适当板宽的防眩板与混凝土护栏配合使用效果更佳。在《公路交通安全设计细则》(JTG/T D81—2006)中主要推荐防眩板和植树两种形式作为我国公路上防眩设施的基本形式。

就防眩板和植树(灌木)两种形式的具体设置而言，当中央分隔带宽度较小时，应以防眩板为主进行防眩；而在中央分隔带较宽、地形变化较大、需要保护自然景观并且气候条件也较适宜植树时，可采用植树(灌木)防眩。植树防眩应根据中央分隔带的宽度合理选择树种，若植树需侵占道路净空时，或植树对中央分隔带通信管道有影响时，应改为人工防眩设施。从经济、景观、养护和克服单调性等方面而言，防眩板和植树相结合是比较理想的形式。

5.7.3 活动护栏

活动护栏是设置在中央分隔带开口处，为方便特种车辆(如交通事故处理车辆、急救车辆等)在紧急情况下通行和一侧道路施工封闭时临时开启放行的活动设施。这种护栏在正常情况下要求具有一定的隔离、防撞能力，在临时开放时应能快速、灵活地移动。

(1)设置原则

①高速公路的对向交通是完全隔离的，其中央分隔带开口处必须设置活动护栏。

②设有中间带的一级公路在禁止车辆掉头的中央分隔带开口处应设置活动护栏。

③活动护栏应设置在中央分隔带开口处的公路中心线位置，设置的长度应能有效封闭中央分隔带开口。

④为保证中央分隔带护栏的视线诱导功能的连续、顺畅，要求活动护栏的设置高度应与中央分隔带护栏的高度协调一致。

⑤为了在夜间使活动护栏具有很好的视认性，同时使中央分隔带一侧的轮廓标不至于中断而造成驾驶员的视觉错误，活动护栏上部应设置轮廓标或反射体。设置反射体时，规格为4cm×18cm，可由反光片或反光膜制作，反光等级应为二级以上，颜色和设置高度应与中央分隔带轮廓标保持一致。

⑥当中央分隔带开口处所处的路段有防眩要求时，宜在活动护栏上设置防眩设施。

(2)形式选择

国外对于活动护栏的设计有很多，不同的设计适用于不同的场所。国内目前采用的活动护栏形式分为三类：插拔式活动护栏(见图5-79)、伸缩式活动护栏和充填式活动护栏(见图5-80)。其中插拔式活动护栏在我国已经有很长的使用历史，有丰富的应用经验。伸缩式活动护栏具有使用方便、灵活的优点。但是，在实际使用中发现伸缩式活动护栏在车辆碰撞下极易破碎，且产生大量飞溅的杀伤性破片，对司乘人员不利，而且容易引发二次事故，所以，现在一般不采用伸缩式活动护栏。充填式活动护栏是近几年出现的新形式活动护栏。这种护栏具有合理的截面形式，在充水或细砂后具有较大的自重(对于冬季气温低于0℃的地区，可以采用注入细砂的方法)，具有较好的防撞能力；而在放水或砂后即可轻松地移动。

从功能上比较，插拔式活动护栏在使用的便捷性、适用地域和造价上优于充填式活动护栏，而充填式活动护栏在安全性能上有优势。在具体选择活动护栏形式时，应根据所在地区的气候特点、所在位置的公路条件综合确定。

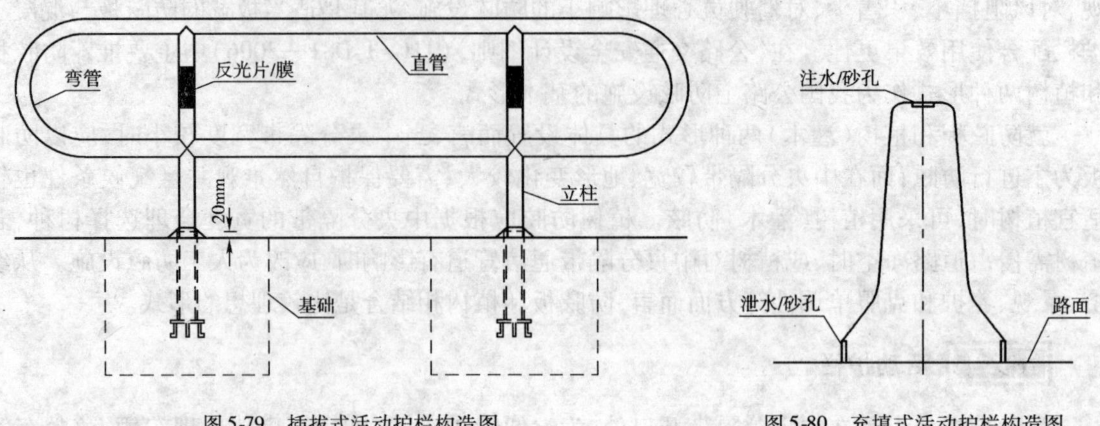

图 5-79　插拔式活动护栏构造图　　图 5-80　充填式活动护栏构造图

5.8　路侧设计示例

在确定公路安全保障工程实施方案的过程中，不但要考虑道路的线形、视距条件，还应分析包括交通量、速度、交通流组成和横向干扰等交通状况，结合历史事故资料分析它们存在的问题。在实际中，几种不利于安全的因素可能同时存在于同一路段，这时，更应认真分析导致交通安全问题的主要矛盾，综合运用各种措施方法，采取有针对性的处置措施。

5.8.1　使车辆保持在车道内行驶的设计

(1)设计原则

所有的公路都应该通过设置振动标线、轮廓标、线形诱导标、分道体等交通工程措施来引导、提醒、警告驾驶员保持在车道内行驶，防止车辆驶出路外和侵入对向车道，消除安全隐患，避免交通事故的发生。

(2)设计方法

①在小半径曲线处设置线形诱导标(如图 5-81 所示)或轮廓标，使驾驶员明了道路线形走向，及时采取相应的操作。

②车道边缘线采用振动标线(如图 5-82 所示)。当驾驶员不慎将车辆开至行车道边缘时，将会产生轻微振动，以此来警告驾驶员，以使其及时采取相应操作，驶入路内，避免事故发生。

③对道路表面进行防滑处理，提高路面的抗侧滑能力，避免在雨雪天气因路面光滑而引起车辆驶出路外，发生交通事故。

④处治不良路肩，对路肩要适当的加宽或硬化。路肩除具有保护路面的作用外，还提供了侧向余宽。适当加宽和硬化路肩，为驶出路外的车辆提供了避免恶性事故发生的平台。

⑤为了防止车辆驶入对向车道，特别是在小半径曲线处，应施画道路中线，必要时采用分道体(如图 5-83 所示)等物理隔离设施，防止车辆驶入对向车道，避免交通事故发生。

图 5-81　设置在护栏上的线形诱导标

图 5-82　振动标线

图 5-83　设置分道体

5.8.2 减轻事故严重程度的措施

（1）设计原则

当我们不能避免交通事故的发生时，应该尽量减轻事故的严重程度，减少损失。路侧事故多是由碰撞引起。车辆与能产生较多弹性形变的危险物碰撞，较之与刚度较大的危险物碰撞，产生的损失要小得多。应该尽量减少车辆与刚度较大的危险物碰撞。

（2）设计方法

①混凝土护栏的迎车面上缘做成倒角或圆角；

②改善护栏刚性，如在防撞墙上挂废旧轮胎，如图5-84所示。利用轮胎的弹性形变和塑性形变来吸收碰撞车辆的能量，减轻了车辆直接与防撞墙相碰撞的危害程度，降低了事故的严重程度；

③改善路侧障碍物设计，如路侧标志柱的解体消能设计；

④设置防撞砂桶等，改善防撞砂桶设计。砂桶是惯量传递型防撞垫的一种，通过碰撞车辆的惯量传递给其他物质以消能。

图5-84　在防撞墙上悬挂废旧轮胎

5.8.3 施工区路侧安全设计

由于我国公路建设速度很快，加上超载对路面损害极其严重，我国大量的公路进入维修保养阶段，因此，施工区的安全问题已初见端倪。

施工区的路侧安全设计包括：

（1）施工区净空区。应提供足够的施工净区，满足施工人员作业活动要求。

（2）施工区应设置护栏。

（3）施工区域应设置缓冲设施。

（4）施工区的交通控制要求。应在施工区前合理设置警告标志，对施工区的交通组织做好渠化措施，防止交通混乱，设置黄闪警告灯，警示驾驶员，保证施工人员的安全。

5.8.4 路侧综合处理实例

道路交通环境复杂，要想解决好某一路段的安全问题，就必须坚持“以人为本”，运用宽容路侧设计理念，对护栏、路肩、边沟、边坡等进行综合处置，才能解决好路侧安全问题。

如图5-85，路侧为不高的边坎，但车辆错车时极易侧翻。平时养护时应尽量将边坎填实，形成较缓边坡，可设置浅边沟或碟形边沟，防止车辆侧翻。同时，在路段上设置适当标志，加强视线诱导，结合强制性减速设施降低车速，施画路面中心实线，必要处可设置分道体等物体分隔措施禁止超车，降低车辆驶出路外的可能性，从而达到综合治理的目的；如图5-86，路侧边沟大且深，对于不慎驶出路外的车辆是一种安全隐患，但是限于路侧条件和路面的排水要求，不能将边沟形式改为浅边沟或碟形边沟，因此应设置边沟盖板，提高路侧的安全性；如图5-87，路侧边沟较深，路侧有一定宽度，边沟排水量较小，且不易淤积，因此将路侧填实整平，设置浅边沟，在满足道路排水要求的前提下，提高了路侧的安全性，使驶出道路的车辆可以自行驶回；图示5-88，左侧是较深河流，设置护栏防护，右侧清理路肩，填实整平即可，从车轮轨迹可以看出车辆驶出路外仍可以安全驶回；如图5-89，虽然设置了路侧护栏，仍注意了路肩的处理，将矩形边沟以小圆石块硬化，保证了车辆碰撞护栏时护栏发挥作用，并具有一定排水功能；如图5-90，路侧集水井井口处理，保证车辆驶出路外不在此处发生事故。

图5-85 边坡边沟处置

图5-86 盖板边沟处置

图5-87 浅碟式边沟设置

图 5-88　护栏设置

图 5-89　边沟处置

图 5-90　集水井井口处置

综上,路侧交通安全问题越来越受到人们重视。本章内容从路侧净区、护栏、路肩、边沟、边坡的设计和改良等方面阐述了如何保证车辆不会驶出路外,碰撞危险物,从而发生交通事故。随着技术的不断进步,道路设计理念的不断更新,人们交通安全意识的不断提高,路侧安全这一难题一定能攻破。

第6章 交通标志、标线及视线诱导设施

为保证车辆运行安全、顺畅,减少交通事故,就要贯彻“以人为本”的设计理念,转变思路,由以前的被动防护,转变为主动引导。即通过设置交通标志、标线及视线诱导设施等,诱导驾驶员正确行驶,使其能主动地避开危险,将交通事故防患于未然。合理设置交通标志、标线和视线诱导设施对于降低事故率,排除各种纵、横向干扰,提高道路服务水平,提供视线诱导,改善道路景观等起着重要的作用。特别是对充分发挥道路安全、快速、经济、舒适的功能,具有特殊的意义。

6.1 交通标志

道路交通标志是用图形、符号、颜色和文字传递特定信息,设置在路侧或道路上方,用以管理道路交通的安全设施。道路交通标志是保证行车畅通、有序、安全的重要设施,给道路使用者以确切的道路交通情报,使道路交通达到安全、畅通、低公害和节约能源的目的。

6.1.1 一般规定

(1)通过交通标志的引导,公路使用者应能顺利、快捷、安全地抵达目的地。

(2)应根据公路、交通和环境条件选用适当的交通标志。避免因警告标志和禁令标志使用频繁,使驾驶员产生麻痹心理。标志上的路线名应尽量采用编号的形式。

(3)交通标志应与交通标线配合使用,协调一致。

(4)交通标志的设置应注重连贯性、一致性和均匀性,避免出现过于集中、信息过载的情况。两块以上标志牌设置在一根立柱上时,应按警告、禁令、指示的顺序,先上后下、先左后右排列。

(5)交通标志的结构设计应符合“充分满足功能要求、尽量考虑美观、统一规格、降低造价”的原则。可使用经验证明满足功能要求的低造价结构形式、材料。

(6)应注重指路标志设置。在各等级公路相互交叉的路口都必须设置指路标志,在重要支线路口也应设置指路标志,使驾驶员,特别是不熟悉当地地理情况的驾驶员能够清楚前方行驶方向和重要村镇、城市。结合公路具体情况宜每隔一定间距(如10km左右)设置地点距离

标志。

(7)交通标志应设置在路侧安全净区以外，否则应进行护栏保护或设计为解体消能的形式。

(8)对于重要的路侧标志，可采用双侧设置的方式，以提高交通标志的醒目性。

6.1.2 交通标志的设置原则

(1)"以人为本"的原则

坚持"以人为本，安全第一，最大程度地满足用户需求"的设计理念。通过一些人性化的交通标志，带给驾驶员温馨的提示，给予驾驶员人性化的关怀。既向驾驶员传递了信息，又丰富了交通标志的内容，提高了驾驶员对于交通标志的视认性，见图6-1。

(2)合理设置原则

在拟定或提出设置交通标志方案前，首先要考虑设置标志的依据，对照国标《道路交通标志和标线》(GB 5768)中各标志具体的设置条件，并针对标志系统对道路交通的影响，制订标志设置方案，保证标志设置的必要性与合理性。具体说来，要做到以下几点：

图6-1　人性化标志示例

①应根据一定区域内道路交通网络的总体规划、设想，通盘考虑该区域内道路交通标志的设置；

②应考虑设置标志的道路状况，道路的宽度、转弯的平曲线半径、坡度、交叉路口、铁路道口、桥梁等对交通安全的影响；

③应考虑道路的交通状况，交通流的构成、流量、流向、流通、密度，混合交通的混合程度等；

④应考虑道路周围环境状况，与道路两旁的村镇、居民住宅区、学校、医院、消防机关、科研单位等环境相互协调；

⑤应考虑行人和车辆驾驶员的心理状况，道路、环境、视线等对人们的心理活动与安全的影响。

(3)一致性原则

道路交通标志作为道路交通管理措施的具体形式之一，有其法定的约束力和严肃性。因此必须保持在一定空间内所设置的所有道路交通标志内容的协调一致，不能相互矛盾。如在一块禁止机动车临时停车标志的作用范围内，又设置了指示车辆停放的标志，这就使驾驶员处于两难的境地。另一方面，道路交通标志和道路交通标线、道路交通分隔设施、交通指挥灯等所发出的交通管理消息也应该是统一的，不能互相排斥。如画有左转导向车道和左转导向箭头的路口进口，就不应再设置禁止向左转弯标志。必须保持道路交通标志的一致性，避免出现标志内容互相矛盾的现象。

(4)相互配合原则

需要设置两个或更多的标志，才能达到路口或路段维护秩序、疏导交通的目的时，必须将

应设的标志一一配备齐全,并使它们相互配合。例如,在会车行驶困难的路段,一端设置了会车先行标志,另一端就应设置会车让行标志。又如,T形交叉的三块交叉路口标志就应按三个不同进口分别设置。再如,在路段上设置一组车距确认标志,应依次设置:追尾危险→车距确认→0m→50m→100m,它们之间相互配合,共同起到对驾驶员的警示作用。

(5)避免重复原则

在一个地点设置交通标志时,应从总体考虑其布局,已经被其他标志包含的内容,就不要再设置,避免重复。例如,设有信号灯控制的路口或设有干路先行标志的路口,可不设交叉路口标志。在路口已设了禁止向右转弯标志就不要再设直行和向左转弯标志。尽量用最少的标志把必需的信息展现出来。

(6)明显突出原则

道路交通标志发出的管理信息要作用于交通参与者的视觉器官才能产生管理效应,所以要把交通标志设置的明显突出,具体应重视设置的位置、高度、角度和照明度等几方面,使得交通标志满足以下要求:

①显示程度高,即醒目性强。能在要求的认读距离以外,吸引车辆驾驶员、行人的注意力,并能在标志所处的背景中,清晰地显示出来。

②易读性好,即可理解性强。在最短的时间内,能使车辆驾驶员、行人理解标志上的含义。

③公认程度高,即跨文化性强。标志上的内容既能被我国各民族的人看懂,又能被其他国家的多数人看懂。

(7)排列有序原则

在同一地点需要设置两种或两种以上标志时,可以安装在一根标志柱上,但最多不应超过四种。标志牌在一根支柱上并设时,排列的位置顺序应按警告标志、禁令标志、指示标志的顺序,先上后下、先左后右地排列,不得相互颠倒。

6.1.3　交通标志的设置要求

道路交通标志的设置对于其正确传递交通信息,引导驾驶员安全、有序地驾驶车辆有着重要的意义。在设置交通标志时,要注意:

(1)在确定标志的设置位置时,要考虑驾驶员的行动特性,以确定合适的前置距离。标志前置距离是指驾驶者发现标志并根据标志所提供的减速、停车、让行等信息进行相应的驾驶操作所需要的最小安全距离。

道路交通标志的位置应根据标志的类别确定,充分考虑道路使用者对标志感知、识别、理解、行动的特性,根据速度和反应时间确定合适的设置地点。驾驶员在读取标志信息时要经历对标志的发现、认读、理解和行动等过程,在判读标志并采取相应行动的过程中需要花费一定的时间,行驶一定的距离。在标志设置时,除确保驾驶员在动态条件下能读完标志信息外,还必须预留表6-1所示的前置距离,以满足驾驶员采取相应行动时所需的必要时间。

标志前置距离　　表6-1

设计车速(km/h)	40~70	<40
前置距离(m)*	50~100	25~50

注:*标志到驾驶员完成相应动作的安全距离。

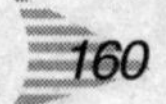

(2)道路附属设施(如上跨桥、照明设施、监控设施等)及路上构造物(如电杆、电话、消火栓、广告牌、门架等)对标志视认性的影响要给予高度重视。在标志布设时,要随时注意上述设施对标志板面的遮挡,以免影响标志的视认性。尤其对行道树及中央带绿篱,必须防止枝叶对标志视认性的影响。

(3)静态的交通标志应该与动态的可变标志相辅相成,统一布局,形成整体。

(4)应避免在交叉路口标志林立,妨碍驾驶员视野。交叉路口以设置指路标志和禁令标志为多。对于指示标志,可采用前置预告的方法,把位置错开。驾驶员通过路口后,应能看到确认标志,使驾驶员知道他现在行驶的方向是否正确。禁令标志可采用组合方式或采用加辅助标志的办法,以减少标志数量。

(5)道路标志的设置不得侵占建筑限界,应保证侧向余宽。标志牌不应侵占路肩或人行道,应确保净空高度。

(6)交通标志应设在车辆行进正面方向最容易看见的地方。可根据具体情况设置在道路右侧或中央分隔带,或车行道上方。

(7)路侧式标志应尽量减少标志板面产生的影响驾驶的眩光,在装设时,应尽可能与道路中线垂直或成一定角度:禁令和指示标志为0°~45°;指路和警告标志为0°~10°。

6.1.4 交通标志的设计要点

道路交通标志按《道路交通标志和标线》规定分为主标志和辅助标志两大类。主标志包括警告标志、禁令标志、指示标志、指路标志等四种。

(1)警告标志

警告标志用来向道路使用者提供道路沿线存在的危险或应该注意的路段,使其提高警觉,并准备防范措施。

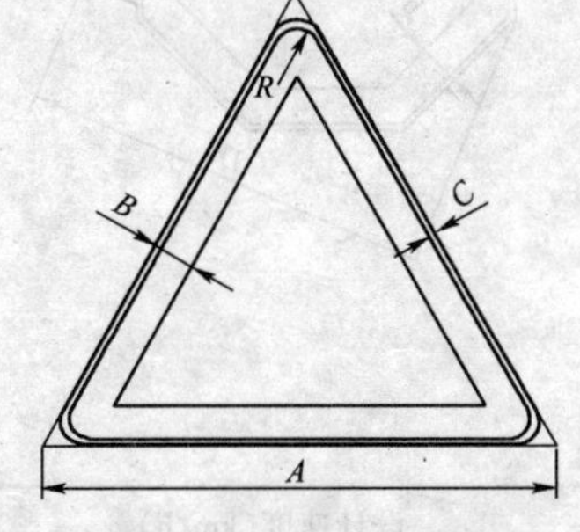

图6-2 警告标志尺寸代号

警告标志的颜色为黄底、黑边、黑图案,形状为顶角向上的等边三角形,尺寸代号如图6-2所示。其边长、边宽的最小值根据设计速度,按表6-2选取。

警告标志尺寸与设计速度的关系 表6-2

设计速度(km/h)	120、100	80	60、40	30、20
三角形边长 A(cm)	130	110	90	70
黑边宽度 B(cm)	9	8	6.5	5
黑边圆角半径 R(cm)	6	5	4	3
衬底边宽度 C(cm)	10	0.8	0.6	0.4

警告标志到危险地点的距离,可根据道路的设计速度,按表6-3取值。如受实际地形限制,可以做相应的变更,但其设置位置必须明显,并不得小于安全停车视距。

警告标志到危险点的距离与设计速度的关系 表6-3

设计速度(km/h)	120、100	80	60、40	30、20
标志到危险地点距离(m)	200~250	100~200	50~100	20~50

警告标志如交叉路口标志、急弯路标志、反向弯路标志、连续弯路标志、陡坡标志、窄路标

志、窄桥标志、驼峰桥标志和双向交通标志等，内容大多与道路的几何线形、构造物有关。有的警告标志如注意行人标志、注意儿童标志、注意牲畜标志、注意信号灯标志、注意落石标志、注意横风标志以及易滑标志、傍山险路标志、堤坝路标志、村庄标志等，内容与道路沿线的环境有关。

(2)禁令标志

禁令标志表示的遵行、禁止和限制等规定是必须严格遵守的，其设置因目的不同而异。

禁令标志的颜色一般为白底、红圈、红杠、黑图案。个别标志，如禁止驶入标志是红底，中间一道白杠；解除禁止超车和解除限制速度标志是白底、黑圈、黑图案并有五道黑斜杠；禁止车辆停放标志为蓝底、红圈、红杠，停车让行标志为红底、白字、白边。禁令标志的形状为圆形、八角形、顶角向下的等边三角形。其尺寸代号如图 6-3 所示，其各部尺寸的最小值根据设计速度，按表 6-4 选取。

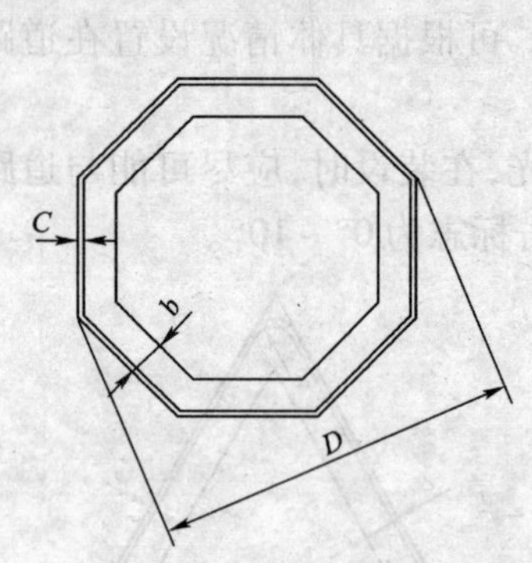

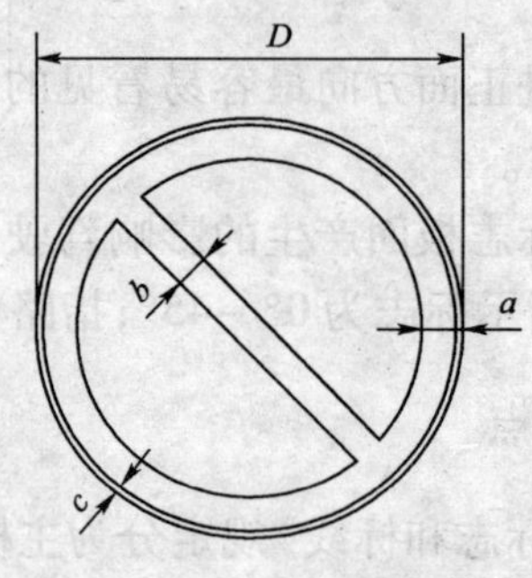

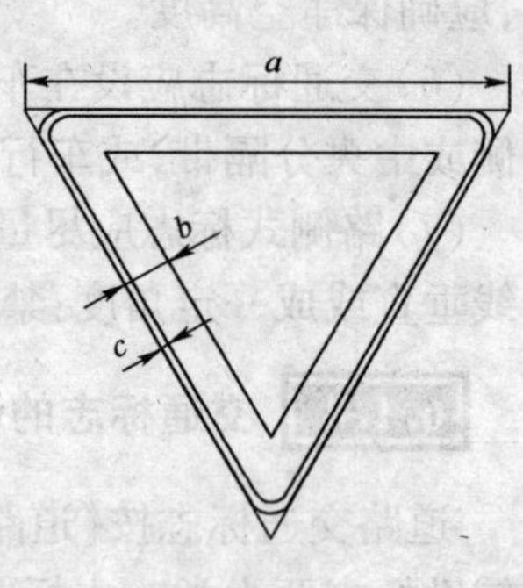

图 6-3　禁令标志各部分尺寸代码

禁令标志尺寸与设计速度的关系　　表 6-4

	设计速度(km/h)	120、100	80	60、40	30、20
圆形标志	标志外径 D(cm)	120	100	80	60
	红边宽度 a(cm)	12	10	8	6
	红杠宽度 b(cm)	9	7.5	6	4.5
	衬边宽度 c(cm)	1.0	0.8	0.6	0.4
三角形标志	三角形边长 a(cm)	—	—	90	70
	红边宽度 b(cm)	—	—	9	7
	衬边宽度 c(cm)	—	—	0.6	0.4
八角形标志	标志外径 D(cm)	—	—	80	60
	白边宽度 b(cm)	—	—	3.0	2.0
	衬边宽度 c(cm)	—	—	0.6	0.4

禁令标志，有对行驶路线的限制，如禁止驶入、禁止通行等；有对行驶方向的限制，如禁止左转、禁止直行等；有对某种车辆行驶的限制，如禁止机动车通行、禁止大型客车通行等；有对某种驾驶行为的限制，如禁止超车、禁止掉头、禁止停车等；有对交叉口控制方式的规定，如停车让行标志、减速让行标志；有对行人的限制，如禁止行人通行等；有对车辆特征的限制，如限

制宽度标志、限制高度标志、限制质量和轴重标志、限速和解除限速标志。

(3)指示标志

指示标志是表示车辆和行人按规定方向、地点行进的标志。

指示标志的颜色为蓝底、白图案，形状分为圆形、长方形或正方形，尺寸代号如图6-4所示，其各部分尺寸的最小值，可根据道路设计速度，按表6-5选取。

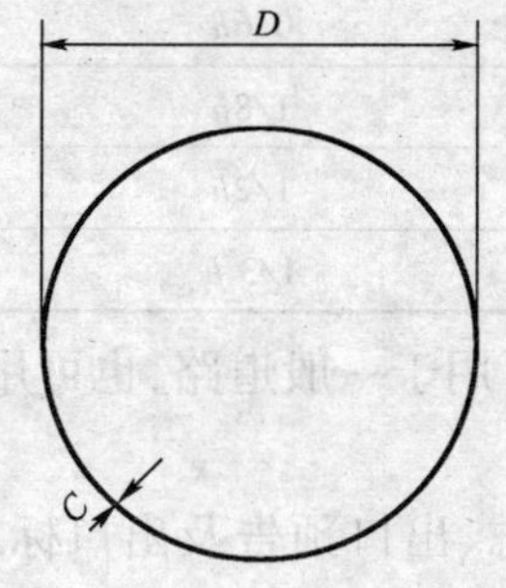

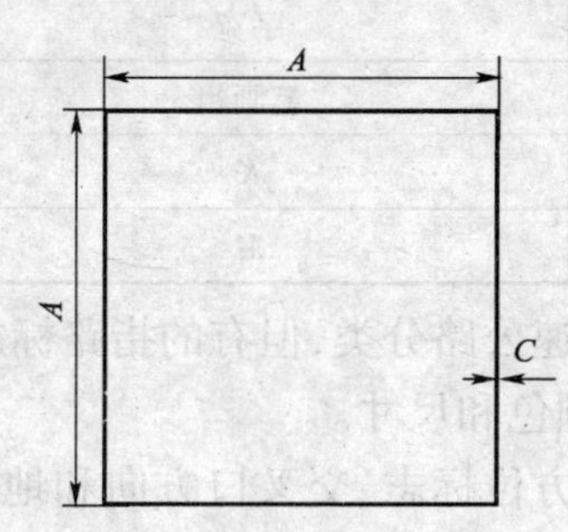

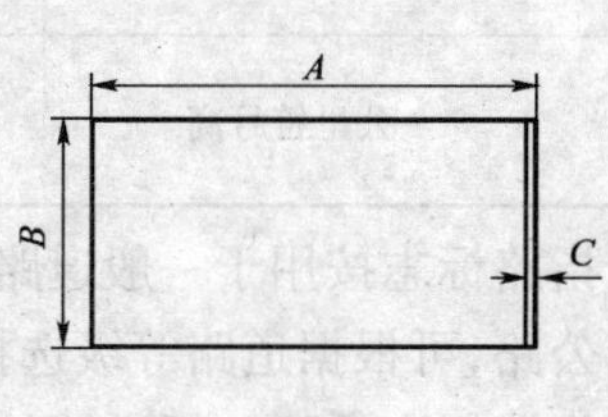

图6-4　指示标志各部分尺寸代码

指示标志尺寸与设计速度的关系　表6-5

设计速度(km/h)	120、100	80	60、40	30、20
圆形(直径)D(cm)	120	100	80	60
正方形(边长)A(cm)	120	100	80	60
长方形(边长)$A \times B$(cm)	190×140	160×120	140×100	—
单行线标志(长方形)$A \times B$(cm)	120×60	100×50	80×40	60×30
会车先行标志(正方形)A(cm)	—	—	80	60
衬边宽度C(cm)	1.0	0.8	0.6	0.4

指示标志主要用来指示准许行驶的方向，如直行、环岛行驶、向左(或向右)转弯、靠右侧(或靠左侧)道路行驶等，也可用来表示专用车道、步行标志等。

(4)指路标志

指路标志用来指示道路通往目的地的方向、地名、距离或与之相交道路的编号，著名的名胜古迹，游乐休息或服务区等。

指路标志的颜色对一般道路为蓝底白图案，对高速公路为绿底白图案，其形状除地点识别标志、里程碑、分合流标志外，多为长方形和正方形。

指路标志的汉字采用标准黑体(简体)，汉字高度应符合表6-6的规定，字宽与字高相等。

汉字高度与设计速度的关系　表6-6

设计速度(km/h)	120、100	80	60、40	30、20
汉字高度(cm)	60～70	0～60	40～50	25～30

指路标志板的尺寸，首先根据道路的计算行车速度确定汉字的大小，再根据汉字的字数及板面要求确定板面尺寸。

标志的阿拉伯数字、拼音字、拉丁字或少数民族文字的高度应根据汉字高度确定，其关系应符合表6-7的规定。

其他文字与汉字高度的关系 表 6-7

其他文字		与汉字高度(h)的关系
拉丁字或少数民族文字高	大写	$1/2h$
	小写	$1/3h$
阿拉伯数字	字高	h
	字宽	$0.6h$
	笔画粗	$1/8h$
公里符号高	K	$1/2h$
	M	$1/3\ h$

指路标志按用于一般道路和高速公路分类,但有的指路标志既可用于一般道路,也可用于高速公路,可根据道路等级选择其颜色和尺寸。

指路标志主要包括道路编号与方位标志、交叉口方向和地点标志、出口预告及出口标志、地点和方向、距离标志、收费站标志、服务区标志、情报标志和交通指示标志等。

(5)旅游区标志

旅游区标志用于指示高速公路就近前往的旅游区或从旅游区方便、顺捷驶入高速公路的方向。

旅游区标志的颜色为棕色底白色字符,形状为长方形或正方形,一般指引标志为长方形,旅游符号为正方形,其尺寸应根据速度确定字高,再根据字数和图案确定板面大小。旅游符号的尺寸一般采用60cm×60cm,也可根据需要放大或缩小。

旅游区标志分为指引标志和旅游标志。指引标志提供旅游区的名称、代表性的图案及前往旅游区的方向和距离;旅游符号提供旅游项目类别、代表性的符号及前往路线的指引。

(6)施工安全标志

维修、养护等施工地段必须设置施工安全标志,以临时分割车流、引导交通、确保安全。在夜间施工路段还应设置施工警告灯。

施工安全标志主要包括路栏、锥形交通路标、施工警告灯号、道口标柱、施工区标志和移动性施工标志等,其形状和颜色各异。

(7)辅助标志

辅助标志是为了进一步维护行车安全与交通畅通而设置在主标志下起辅助说明作用,用以表示车辆种类、时间、区域或距离、禁令或警告理由等。有时主标志下可安装两块以上辅助标志牌,但是组合方式要求按规定进行,并且结合的图案不宜多于3种,也不能单独设置。

辅助标志颜色为白底、黑字、黑边框,其形状为长方形。辅助标志的尺寸按字高10cm为限值,字的间隔为$(1/10)h$以上,字的笔画粗为$(1/10)h$,字的最小行距$(1/3)h$,字距标志板边缘最小距离为$(2/5)h$。

(8)可变信息标志,它将道路状况,如水毁、塌方、堆雪、交通状况、事故、气候变化等多种信息通过科技手段储存在某一情报或标志牌上,亦可根据道路检测情况及时把信息显示出来,传达给车辆驾乘人员和行人,使其能及时采取正确有利的交通行为。

一般设置在隧道、降温池、避险车道之前。提供道路及道路服务设施的即时情况,避免二次事故及由于避险引起的事故。

(9)太阳能标志

随着交通科学技术的发展,将太阳能这种清洁、无污染、可再生能源应用到交通设施上已经成为现实。太阳能交通安全设施,有着巨大的发展空间,与常规交通安全设施相比,主要具备以下优点:

①太阳能交通安全设施采用一体化独立供电方式,无需另外接线和施工,安装简便,阴雨天气可连续工作 7d 以上,特别适用于供电不便的国道和乡村道路应用;

②采用清洁环保型能源(太阳能)进行供电,对环境基本无污染;

③太阳能供电主动发光技术可明显增强交通设施的视认效果,增加安全设施(特别是夜间)的作用距离;

④通过动态闪烁方式可明显提高设施的警示作用,尽早引起驾驶员警觉,增加驾驶员响应时间,进而增加行车安全。

由于太阳能交通安全设施效果突出、方便灵活、造形美观,随着交通行业节能降耗、和谐环保等思想的逐步深入,其应用必将日益普遍。

目前,在我国,太阳能标志正处在逐步推广阶段。实践证明,其实施效果良好。在 G109 上运用的太阳能交通标志可以自动判别环境照度条件择时发光,也就是说在白天吸收太阳光,不发光;在夜间、阴雨天视线不良的条件自动识别发光,减少太阳能元件的工作时间,提高其使用寿命。具体实例见图 6-5 和图 6-6。

图 6-5　太阳能让行标志示例

图 6-6　太阳能限速标志示例

6.1.5　交通标志的支持方式

道路交通标志的支持方式分为柱式、悬臂式、门架式和附着式四种,柱式又可分单柱式和双柱式。

(1)单柱式

是将道路交通标志牌安装在一根立柱上。这是我国目前普遍采用的道路交通标志的支持形式,具有加工容易、设置安装方便等特点。适用于中小型尺寸的警告、禁令、指示等标志,一般标志板的宽度(或直径)在 100cm 以下,标志内缘距路面(或路肩)边缘不得小于 25cm,标志牌下缘距路面的高度为 100 ~ 250cm,见图 6-7。

（2）双柱式

将道路交通标志牌安装在两根相互平行的立柱上（见图6-8）。这也是一种比较常见的道路交通标志的支持方式，具有稳定性好的特点。一般标志板的宽度超过100cm或标志板的面积较大时，用单柱式结构不稳定，这时应该采用双柱式结构。标志内缘距路面（或路肩）边缘不得小于25cm，标志牌下缘距路面的高度为100～250cm。双柱式结构适用于长方形的指示或指路标志。

图6-7　单柱式标志示例

图6-8　双柱式标志

（3）悬臂式

是将道路交通标志牌安装在路侧立柱伸出在车行道上方的悬臂上，见图6-9。由于排除了行道树或其他道路障碍物等因素的干扰，具有便于视认的特点，但稳定性较差。标志净空高度应较公路净空预留20～50cm的余量。适用于以下情况：柱式安装有困难；道路较宽、交通量较大、外侧车道大型车辆阻挡内侧车道小型车辆视线；视距受限制；景观上有要求。

（4）门架式（架空式）

将道路交通标志牌安装在横跨车行道的门架式专用支架上，是高速公路上常用的道路交通标志的支持方式，见图6-10。标志下缘距地面的净空高度应较公路净空预留20～50cm的余量。适用于以下几种情况：在多车道道路需要分别向各车道发出管理信息；道路较宽、交通量较大、外侧车道大型车辆阻挡内侧车道小型车辆视线；互通式立交间隔距离较近，标志设置密集；受空间限制，柱式、悬臂式安装有困难；车道变换频繁，出口匝道为多车道者；景观上有要求。

图6-9　悬臂式标志示例

图6-10　门架式标志示例

(5)附着式

将道路交通标志牌安装在道路附近的构造物,如道路车行道的桥梁上、路灯杆上、路侧山石上等,见图 6-11。这也是一种比较常见的道路交通标志的支持方式。附着式标志的安装高度也应符合上述净空的规定。

合理选择交通标志的支持结构是保持交通标志视认性、有效性的基础。将交通标志设置在车行道一侧、车行道上方,应根据交通量、车型构成、车道数、沿线构造物分布、风荷载大小以及路侧条件等因素综合确定。各种安装方式比较而言,悬臂式和门架式最醒目,但也最昂贵。大型门架、悬臂式标志结构能支撑较大的标志板,在多车道、大型车辆比例较高的情况下能较好地保障驾驶员的视认性。公路沿线设置有上跨天桥等构造物,路侧设置有高挡土墙、照明灯杆等,则交通标志在满足建筑限界要求的前提下,可以采用附着式支持方式。路侧柱式结构相对简单,比较经济。如车道数不多、大型车辆较少,路侧柱式结构应是交通标志较理想的设置方式。

图 6-11　附着式标志

6.1.6 交通标志工艺及材料

交通标志是由标志底板、支柱、基础紧固件和标志面组成。

(1)标志底板

可用防腐蚀的铝合金板、薄钢板、合成树脂类板材如塑料、硬质聚氯乙烯板材或玻璃钢等制作,标志板背面可选用美观大方的颜色,铝合金板可采用原色,同时,板背面应进行加固。大型标志的板背面结构宜采用宽度为 30cm 的挤压成形的铝合金板(调节板宽度为 15cm)拼装而成。标志板的厚度可参照表 6-8。

标志板厚度(mm)　　表 6-8

标 志 名 称		钢　板	铝　板	合成树脂板
警告标志	小型	1.2	1.5	3
	大型	1.6、2.0	2.0	4
禁令标志	小型	1.2	1.5	3
	大型	1.6、2.0	2.0	3
指示标志	小型	1.2	1.5	3
	大型	1.6、2.0	2.0	4
指路标志	小型	1.2	2.0 ~ 3.0	4
	大型	1.6、2.0	3.0 ~ 3.5	5
辅助标志		1.2	1.5	3

(2)标志面

可用逆反射材料、油漆、油墨、胶粘剂、透明涂料及边缘填隙料等材料制造。广泛使用的是反光膜。

交通标志板采用反光膜材料时，高速公路、一级公路上宜采用一、二级反光膜，二、三级公路的交通标志宜采用三、四级反光膜，四级公路宜采用四、五级反光膜。门架、悬臂式等悬空类交通标志，宜采用比路侧交通标志等级高的反光膜。当提高反光膜等级仍达不到反光效果时，则可根据现行《道路交通标志和标线》（GB 5768）的规定，采用照明或发光二极管增加重要标志的视认效果。

（3）标志立柱

可选用H型钢、槽钢、钢管及钢筋混凝土等材料制作，临时性的也可用木桩。钢管、H型钢、槽钢等型钢作为标志的立柱、横梁，具有强度高、加工性能好的优点，但易腐蚀，应进行防腐处理。钢管混凝土兼具钢管和混凝土的优点，强度高、变形小，在标志立柱高度大于10m以上时具有较大优势。

交通标志一般采用钢筋混凝土扩大基础，位于软基路段的落地式交通标志可采用桩基础，位于桥梁段的单柱式交通标志可采用钢支撑结构作为基础，附着在桥梁上。

钢构件必须经防腐处理才能使用，可采用热浸镀锌的工艺，立柱、横梁、法兰盘的镀锌量为$550g/m^2$，紧固件为$350g/m^2$。

6.2　交通标线

交通标线是由各种路面标线、导向箭头、文字标记、立面标记、突起路标等所构成的交通安全设施。公路上设置的交通标线，为公路使用者提供出行诱导和信息服务方面具有重要的作用。在有些情况下，交通标线可用来作为交通标志、交通信号的补充。交通标线还可单独使用，来提供其他设施无法表达的禁令、警告和指路信息。

6.2.1　设置原则

（1）交通标线的一般设置原则如下：

①高速公路和一级公路的一般路段应设置车行道边缘线、车行道分界线；二级及以下等级的公路应设置路面中心线，路面较宽或非机动车较多的路段可设置车行道边缘线。

②车行道边缘线应设置于公路两侧紧靠车行道的硬路肩内，不得侵入车行道内。车行道分界线应位于同向行驶的车行道分界处。

③路面标线施画的车道宽度、车道位置及车道数应符合《公路工程技术标准》（JTG B01—2003）的有关规定。

④应确保路面标线线形流畅、规则，符合车辆行驶轨迹。路段和出入口标线及平面交叉路口标线衔接科学、合理，充分发挥其引导交通流的功能。

⑤在弯道、道路变窄、路面障碍物等路段以及导流标线等处可配合设置突起路标。

⑥突起路标与涂料标线配合使用时，应选用定向反光型，其颜色与标线颜色一致。设置于路面中心线或隧道内的突起路标，应选用双面反光型。

⑦纵向或横向连续设置的交通标线应根据需要设置排水孔道。路面标线尽管厚度很薄，但仍有一定的阻水作用，尤其是南方雨水较多的地区，处理不当易导致交通事故，因此，应设置排水孔道。

(2)特殊路段的交通标线设置

①经常出现强侧向风的特大桥梁路段、宽度窄于路基的路段、急弯陡坡路段、车行道宽度渐变路段,应设置禁止变换车道线,线宽与车行道分界线一致。

②二级及以下等级的公路桥梁段与路基段同宽时,路面中心线在桥梁长度范围应设置双黄中心线,在桥梁引道两端大于160m范围应设置黄色虚实线。公路桥梁窄于路基段时,在桥梁及两端渐变段范围内不画中心线。

③宽度窄于路基的隧道入口前30~50m范围的右侧硬路肩内应设置斜向行车方向的斑马线,线宽45cm,间距100cm;隧道入口前50~100m、出口后30~50m范围的车行道分界处应设置禁止变换车道线,线宽与车行道分界线一致。

④爬坡车道处交通标线应连续设置,沿行车方向左侧设置车行道分界线,其宽度、线形应与标准路段的车行道边缘线一致,右侧应设置车行道边缘线,在渐变段过渡到与标准路段的车行道边缘线相接。

⑤路侧紧急停车带、简易停车区、公共汽车停靠站处交通标线应连续设置,沿行车方向左侧渐变段处设置长100cm、间距100cm的虚线,正常段设置实线,沿行车方向右侧宜设置车行道边缘线,在渐变段处过渡到与标准路段的车行道边缘线相接。虚线、实线的宽度与标准路段的车行道边缘线相同。

⑥路面文字标记应按由近到远的顺序排列,字数不宜超过3个,设置规格应符合表6-9的规定。最高限速值按一个文字标记。

公路路面文字标记规格　　表6-9

设计速度(km/h)	字高(cm)	字宽(cm)	纵向间距(cm)
120、100	900	300	600
80、60	600	200	400
40、30、20	300	100	200

⑦位于中央分隔带或路侧安全净区内未加护栏防护的桥墩、隧道洞口、交通标志立柱等构造物应设置立面标记,颜色为黑黄相间,线宽及间距均为15cm。里面标记应向车行道方向45°角倾斜。立面标记宜设置为120cm高。

⑧二级及以下等级的公路上设置减速丘设施时,应在距其两侧各30m的范围内设置减速丘预告标志。

⑨需要车辆减速或提醒驾驶员注意安全行车处,可根据需要设置减速标线。

⑩车距确认标线、车行道宽度渐变路段标线、接近障碍物标线等交通标线设置方式应符合现行《道路交通标志与标线》(GB 5768)。

6.2.2 车道中心线

(1)路面宽度12m以上的二级公路在一般情况下,其路面中心线应画黄色虚线,用于分隔对向行驶的交通流。在保证安全的情况下,允许车辆跨越黄色中心虚线超车或向左转弯。凡在不能满足会车视距要求的路段以及穿越大桥、隧道、乡、镇、村等路段,应画黄色中心实线。线宽15cm,受路面宽度限制可采用10cm的线宽。

(2)路面宽8.5m的二级公路应尽量画路面中心线——黄色虚线,可采用10cm线宽。凡

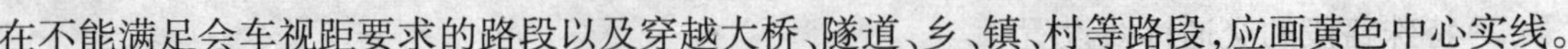

在不能满足会车视距要求的路段以及穿越大桥、隧道、乡、镇、村等路段，应画黄色中心实线。

(3)三级、四级公路在一般情况下，不强调一定施画路面中心线，但条件允许时应尽可能施画黄色中心虚线。在受路基宽度限制，不能满足会车视距要求的路段以及穿越大桥、隧道、乡、镇、村等路段，应画黄色中心实线，禁止车辆超车和跨越。线宽可采用10cm，见图6-12。

6.2.3 车行道分界线

车行道分界线用来分隔同向行驶的交通流，在保证安全的情况下，允许车辆越线变换车道行驶，一般用白色虚线。虚线的画法有两种：高速公路、一级公路、城市快速道路用6m实线和9m间隔，其他道路用2m实线和4m间隔。实线只在交叉口驶入段用交通标志或导向箭头规定每条车道的行驶方向时采用，实线的最小长度为30m。

6.2.4 车行道边缘线

车道边缘线用来表示车行道的边线或用来划分机动车与非机动车的分界线。路面宽度12m以上的二级公路，应根据非机动车的类型和交通量，确定非机动车车道的宽度。同向同一断面上的机动车道与非机动车的分界线(除有物理隔离外)，应视为机动车道的边缘线，应画白色实线，见图6-13。在机动车需要跨越边缘线的地方可画白色虚线。车行道边缘线线宽15cm，受路面宽度限制时可采用10cm的线宽。

图6-12　车道中心线

图6-13　车道边缘线示例

6.2.5 互通式立体交叉、服务区、停车出入口交通标线

互通式立体交叉、服务区、停车出入口交通标线应根据互通式立体交叉、服务区、停车区的形式，准确反映交通的行驶方向。

互通式立体交叉出入口处，宜设置导向箭头。出口导向箭头的规格、重复设置次数可参考表6-10选取。出口导向箭头应以减速车道渐变点为基准点，间距50m。入口导向箭头应以加速车道起点为基准点，视加速车道长度而定，可设三组或两组。

导向箭头的长度及设置次数　　表6-10

设计速度(km/h)	120、100	80、60	40、30、20
导向箭头的长度(m)	9	6	3
重复设置次数	≥3	3	2

6.2.6 收费广场交通标线

收费广场进口端应设置减速标线、收费道路面标线、岛头标线，各条减速标线的设置间距应根据驶入速度、广场长度经计算确定。收费广场出口端可设置部分车行道分界线。

6.2.7 交叉口标线

交叉口的渠化对于交叉口的交通安全有着重要的意义。无控制出入的交叉口是交通事故发生的主要原因之一。所以，平面交叉口应根据实际交通流的情况设置道路交通标志，施画交通标线，合理分配通行优先权。

设置道路交叉口渠化标线应考虑交叉口的形式、交通量、车行道宽度、转弯车辆的比率、非机动车的混入率等因素，并遵循下列原则：

(1)平交路口的机动车车道数，不能少于与其相连路段上的车道数，但驶入段的车道宽可以小于相连路段的车道宽，但不得小于3m，且出口断面车道宽度不应减窄。

(2)设置停车线时应注意，一般道路与优先道路相交停车线和无人行横道路口停车线应设置在距相交道路最近的位置，人行横道线距停车线最小距离不小于1.5m，一般为1.5～3.0m。

(3)导向车道线与停止线连接，其最小长度为30m，导向车道线应画白色或黄色单实线，表示不准车辆变更车道。

(4)驶入段的车道内，应用导向箭头标明各车道的行驶方向，距路口最近的第一组导向箭头，一般设置在距停止线30m的位置，导向箭头重复设置的次数和距离，应根据平交路口驶入段的具体情况确定，一般计算行车速度大于60km/h的道路，导向箭头重复三次，小于60km/h的道路，重复两次。

(5)左转弯车辆多时，要积极开辟左转弯车道。左转弯附加车道可利用削去中央分隔带的方法，也可利用缩窄车道宽度和偏移车行道中心线的方法开辟。

(6)如果条件允许，可以设置专用右转弯车道，进一步的减少交叉口各路车辆的交织。右转弯车道线可在设左转弯车道线的同时布置，亦可采取拓宽车道及取消停车车道的方法增设专用右转弯车道。右转弯车辆不多时，最右侧车道可供右转及直行车辆兼用。

(7)铁路与道路平交道口的标线在有人看守的铁路道口，应画中心实线、车行道边缘线和停止线，从道口的停止线起至少应画60m长的中心实线，停止线设在距栏门或栏杆1.5～3.0m处。无人看守的铁路道口的停止线应画在距铁轨外侧5m处。图6-14为交叉口标线示例。

6.2.8 减速标线

在通视不良、连续下坡或连续陡坡接小半径曲线的缓坡地带，设置减速标线用来警告司机提高警觉，准备防范应变措施。

减速标线根据实际情况，按三种形式进行布设：

(1)涂料型减速标线(I型减速标线)：利用标线涂料沿道路横向布设组成的一种连续横条线的路面标示，标线厚度不小于3mm，有轻微振动感，横条线间距逐渐缩短，会产生一种自己的车速越来越快的心理感觉，迫使驾驶员降低车速。具体实例见图6-15。

图 6-14　交叉口标线示例

图 6-15　I 型减速标线

(2)视觉减速标线(II 型减速标线):运用交通工程学和交通心理学原理,采用五边形立体设计图案,中间施画黄、蓝、白三种色彩,设置于行车道上。亮丽的警示色彩、美观的立体设计图案,能使驾驶员产生降低车速的明显心理效果。具体实例见图 6-16。

(3)彩色路面铺装(III 型减速标线):一种用彩色树脂材料做成的薄层铺装标示,标线厚度不小于 3mm,它不仅在视角上能起到提示作用,而且具有防滑能力,有轻微振动感,既增强了车辆运行时的减速效果,提高了行车的安全性,路面的彩色化,同时也美化了行车环境。具体实例见图 6-17。

图 6-16　II 型减速标线

图 6-17　III 型减速标线

6.2.9　突起路标

突起路标通常称为路纽或道钉,是一种粘贴或锚固在路面上,用来警告、诱导或告知驾驶人道路轮廓或道路前进方向的装置,在不良气候和环境下(如雨天雾天、路面灰、泥多等)能有效地保证驾驶人的视认性。突起路标一般配合路面油漆、热塑标线使用或以模拟路面标线的形式独立使用。

(1)设置原则

1)下列情况下,应在路面标线的一侧设置突起路标,并不得侵入车行道:

①高速公路的车行道边缘线上;

②一级公路互通式立体交叉、服务区、停车区路段的车行道边缘线上;

③互通式立体交叉匝道出入口路段。

2）隧道的车行道边界线上宜设置突起路标，见图6-18。

3）下列情况下，可设置突起路标：

①高速公路的车行道边界线上；

②一级公路的车行道边缘线、车行道分界线上；

③减速标线上；

④二级、三级公路的导流线及小半径平曲线、公路变窄、路面障碍物等危险路段。

4）突起路标可单独设置成车行道边缘线和车行道分界线。

5）突起路标的壳体颜色、设置位置、间距应符合现行《道路交通标志和标线》（GB 5768）的规定。

（2）太阳能突起路标

随着技术的进步出现了太阳能突起路标，如图6-19。太阳能突起路标分集中供电式和单体式两种类型，主要技术特点是组合式发光形式，高亮度LED单元和逆反射片，全天候工作；耐压性能突出，密封防水设计完善。

图6-18 反光突起路标在隧道中的应用

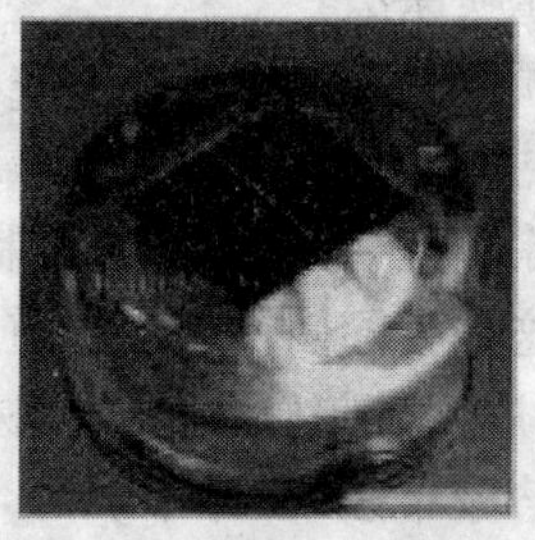

图6-19 太阳能玻璃突起路标

6.2.10 交通标线工艺及材料

（1）交通标线的材料

交通标线的要求包括：视认性、耐磨性、防滑性、施工方便、经济环保等。所以，在选用交通标线材料时，不应仅强调施工后标线的外观，如表面是否平整、边缘是否整齐等，还要考虑标线的内在性能，如逆反射值、防滑值、抗污性能、标线的环保性能（VOC、重金属含量）、与路面的附着力、标线的性价比等。目前，使用的主要标线材料如下。

1）路标漆

路标漆可分为溶剂型和热熔型两种，溶剂型路标漆又分为常温型、加热型两种。

①常温型路标又称冷漆，是一种可以在常温下使用的专用油漆。它是用白色或黄色的颜料、充填料及合成树脂漆为主要原料再加上溶剂或稀释剂，经充分搅拌而成的液体。为了使道路交通标线在夜间有良好的视认性，可将微小玻璃珠搅拌在油漆内或撒放在油漆上。冷漆可以由人工施画，也可机械喷涂。

②加热型路标漆又称热漆，须加热到60～70℃后再加工。

③热熔型路标漆则是使用特殊热塑合成树脂制成，把颜料、充填料、反射材料、合成树脂用

化学方法调成热塑性化合物，由专用热熔画线车将其加热至180℃以上施画标线。

2）塑胶标带

塑胶标带是一种由合成橡胶或合成树脂加上颜料制成的专用薄膜，薄膜的背面涂黏结剂，附件衬纸。施工时把薄膜切割成交通标线形状后，直接粘贴于道路表面，再经滚压成为道路交通标线。一般情况很少使用塑胶标带标线。

3）其他材料

主要指制作突起路标用的黄铜、不锈钢、合金铝、合成树脂以及陶瓷、白石头、彩色水泥等。

（2）道路交通标线的制作工艺

相对于不同的制作材料，道路交通标线有不同的制作方式，主要有人工漆刷法、高压喷涂法，热熔涂布法、塑胶标带贴铺法等。

①人工漆刷法

人工漆刷法只能用于冷漆标线的制作。施工时只需将标线模件放在事先确定的路面上，由施工人员用漆刷将冷漆涂刷上去后，取走标线模件，待路标漆干燥后即成。人工漆刷法是一种操作简便，但比较原始的标线制作方式，适用于简易短小的道路交通标线、标记的施画。

②高压喷涂法

高压喷涂法是冷漆标线的主要制作方式。其设备是由空气压缩机、驱力箱、储气罐、调漆罐、电器开关、输送管道和喷枪等组合而成，安装在手推车或小型货运车上。施工中主要是运用高压喷涂原理，将调漆罐内调制好的路标漆通过喷枪喷涂到事先确定的路面上，制成道路交通标线。这是我国使用最广的道路交通标线制作方式，设备操作简单，施画的标线均匀、平直、质量较高，适用于制作各种线形标线，但不能制作标记。

③热熔涂布法

热熔涂布法是热熔型标线的制作方式。由于热熔型路标漆的加工过程比较复杂，因此其涂布设备也比较繁杂，体积较大，通常安装在一辆小型货运汽车上。其工作过程是先将热熔型路标漆放入熔解壶中高温熔解，再转入涂布斗内涂到路面上。热熔型标线具有不易磨损、使用寿命较长、标线清晰度较好的优点，适用于制作较长距离的线形标线，但成本较高，涂覆操作也比较复杂，因此在国内尚未得到广泛使用。

④塑胶标带贴铺法

贴铺法是塑胶标带标线的制作方式。施工时操作比较简单，先在道路上确定位置，用机械或人工方式涂上底漆，再将预制成形的塑胶标带揭去衬纸，用人工方式贴铺在底漆上，最后用压路机一类机具滚压一下即可。由于塑胶标带制作困难，成本较高，并容易受到损坏，因此实际上很少使用。

⑤钉、钻、埋法

使用金属材料、合成树脂、水泥、陶瓷、石头制作突起路标或标线、标记时，通常采用钻、钉、埋等普通的加工制作工艺。如将黄铜、不锈钢、铝合金或合成树脂预制成圆形、方形、菱形等形状的“路钉”，以钉、钻、埋的方式将它们固定在预先确定的路面上，即可形成由这些“路钉”组成的道路交通标线。也可将彩色水泥、陶瓷或白石头预制成道路交通标线状，在铺装道路路面时一并埋入路面，制成道路交通标线。

6.3 视线诱导设施

6.3.1 一般规定

视线诱导设施是指沿车行道两侧设置，用于明示道路线形、方向、车行道边界及危险路段位置，诱导驾驶员视线的设施，主要包括以指示道路线形轮廓为主要目标的轮廓标、以指示交通流分合为主要目标的分合流诱导标，以指示或警告改变行驶方向为主要目标的线形诱导标，以及抗侧滑护轮带等。它可以在白天、黑夜诱导驾驶员的视线，表明道路轮廓，保证了行车安全。

6.3.2 轮廓标

轮廓标可以诱导驾驶员视线，标明公路几何线形，从而使驾驶员能明了前方公路线形，保障了车辆能快速、舒适地行驶，增加行车安全水平，有效地避免了交通事故。轮廓标反射体的颜色分为白色和黄色。按行车方向，配置白色反射体的轮廓标应安装于公路右侧，配置黄色反射体的轮廓标应安装于公路左侧。轮廓标一般设置在公路的土路肩上或附着在路侧护栏上。

（1）设置原则

①高速公路、一级公路的主线及其互通式立体交叉、服务区、停车区等处的进出匝道，应全线连续设置轮廓标。轮廓标在公路前进方向左、右侧对称设置。直线路段设置间距不应超过50m，曲线路段和匝道处设置间距不应大于表6-11的规定。公路路基宽度、车道数量有变化的路段及竖曲线路段，可适当减小轮廓标的间隔（表6-11）。

轮廓标设置间隔　　表6-11

曲线半径（m）	≤89	90～179	180～274	275～374	375～999	1 000～1 990	≥2 000
设置间隔（m）	8	12	16	24	32	40	50

②二级及以下等级公路的视距不良路段、设计速度大于或等于60km/h的路段、车道数或车道宽度有变化的路段及连续急弯陡坡路段宜设置轮廓标，其他路段视需要可设置轮廓标。

③在气候条件恶劣，线形条件差和事故多发地段应设置反光性能高的轮廓标或采用尺寸较大的反射体。

④安装轮廓标时，反射体应能面向交通流，其表面法线应与公路中心线成0°～25°的角度，应尽可能与司机视线方向垂直。

⑤轮廓标的标准设置高度为70cm，最小设置高度为60cm，最大设置高度为120cm。设置于混凝土基础中的轮廓标，其设置高度（指反射体的中心高度）应与附着式轮廓标的高度大致相同。

⑥在布设轮廓标时，应特别注意从直线段过渡到曲线段或由曲线段过渡到直线段的布设处理，应使视线诱导保持连续性，能平顺圆滑地过渡。图6-20为轮廓标布设实例。

（2）形式选择

轮廓标按设置条件可分为柱式轮廓标和附着式轮廓标。根据路侧设置的不同护栏形式及构造物的分布，轮廓标可分别附着于波形梁护栏、混凝土护栏、隧道侧墙和缆索护栏上，其他没有设置护栏的路段可设置柱式轮廓标。双向行驶的公路和隧道两侧需要设置轮廓标时，应设置双向反光轮廓标，图6-20是在隧道内设置双向反光轮廓标的实例。

(3)构造要求

设置于土中的柱式轮廓标，由柱体、反射体组成。主体为白色，反射体规格为4cm×18cm，可由反光片、反光膜制作，反光等级应为二级以上。

附着式轮廓标由反射体、支架和连接件组成。反射体可由反光片、反光膜制作，反光等级应为二级以上。

图6-20　轮廓标

在气候条件恶劣的地区，如经常有雾、风沙、雨、雪天气出现，或线形条件复杂时，为了使轮廓标更加醒目，可以采用反光性能高、反射体尺寸较大的轮廓标。

6.3.3　分合流诱导标

在互通式立交的进、出口匝道附近和有交通分、合流的地方，应设置诱导驾驶员视线、注意匝道交织运行的分流诱导标和合流诱导标。分流诱导标设在分流端部前方适当地点；合流诱导标设在合流端部前方适当地点。

分、合流诱导标是以反射体制作符号粘贴在底板上的标志，在分、合流标的诱导下，无论在白天还是黑夜，驾驶人员可以非常清楚地辨认交通流的分、合流情况。除反射体外，其他材料可按标志的技术要求。

(1)设置于土中分、合流诱导标

设置于土中的分、合流诱导标由反射体、底板、立柱、连接件和基础等组成。可以按标志的计算方法，算出所需的立柱截面大小及基础尺寸，主要考虑的外力是风力。反射体与底板可用粘贴或螺栓连接，底板与立柱连接采用抱箍、滑动槽钢、螺栓连接，混凝土基础尺寸为50cm×50cm×50cm，见图6-21。

(2)附着于护栏立柱上的分、合流诱导标

反射体底板与埋置于土中的相同，立柱则附设在护栏立柱上，见图6-22。分合流诱导标的颜色规定为：高速公路诱导标的底为绿色，其他公路为蓝色，诱导标的符号均为白色。

6.3.4　线形诱导标

线形诱导标用于引导或警告驾驶者前方公路平面线形的变化，使其根据线形适当改变行车方向，促使安全运行。线形诱导标分为指示性线形诱导标和警告性线形诱导标两类。指示性线形诱导标为蓝、白相间(见图6-23)，一般设置在小半径曲线路段、匝道、急弯路段或通视较差、对行车安全不利的曲线外侧。警告性线形诱导标颜色为红、白相间(见图6-24)，一般设置在因道路施工或维修作业而需临时改变行车方向，提请驾驶员注意前方作业的路段前方。线形诱导标的设置应和线形一致，并垂直于车辆的行驶方向，至少在150m远处就能看见，其设置间距应保证驾驶员至少能看到三块线形诱导标或能辨明前方进入弯道运行。在曲线半径较小的匝道上，驾驶员应连续看到不少于三块线形诱导标。

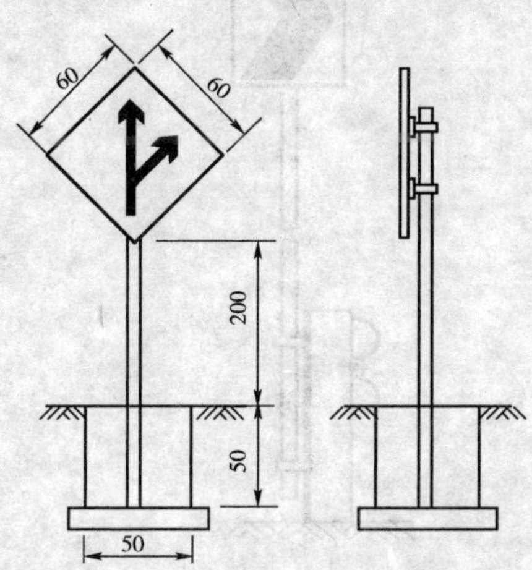

图 6-21　分合流诱导标的构造（尺寸单位：cm）

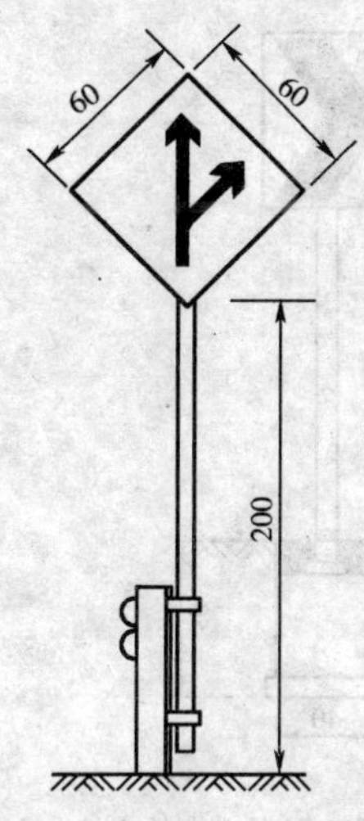

图 6-22　附着于护栏上的分合流诱导标（尺寸单位：cm）

图 6-23　指示性线形诱导标

图 6-24　警告性线形诱导标设计示例

（1）设置于土中的线形诱导标由反射体（或反光膜）、底板、立柱、连接件和基础组成。反射体（或反光膜）可用粘贴剂贴在底板上，也可采用螺栓连接。底板与立柱用抱箍、滑动槽钢通过螺栓连接。立柱埋置于混凝土基础中，见图 6-25。

（2）附着于护栏上的线形诱导标，由反射体（反光膜）、底板、立柱或连接件组成。线形诱导标的立柱通过抱箍与护栏柱连接，其构造见图 6-26。

（3）线形诱导标的基本单元如图 6-27 所示，尺寸应符合表 6-12 的规定。表中 I 型适用于行车速度大于 100km/h 的公路，II 型适用于行车速度小于 100km/h 的公路。

（4）图 6-28 是线形诱导标的基本单元，可以单独使用，也可把几个基本元组合使用。

（5）线形诱导标所用的材料同轮廓标一样。

6.3.5　示警墩（桩）

示警墩（桩）为提高其视认性、起到警示驾驶员道路线形的作用，一般都是红白相间。示警墩（桩）在起到诱导视线作用的同时，也会起到一定的防护作用。

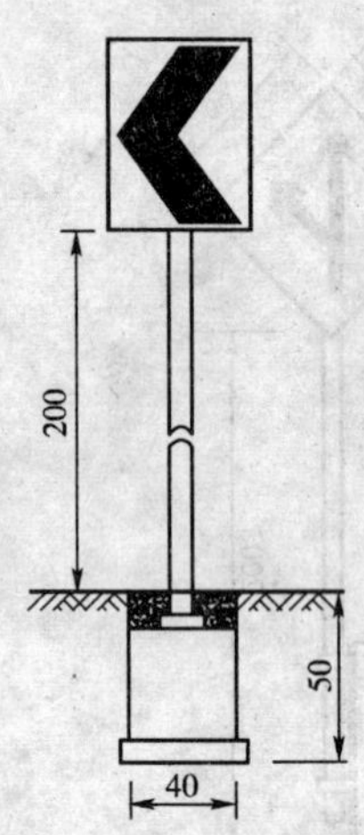

图 6-25　埋置于混凝土中的立柱(尺寸单位:mm)

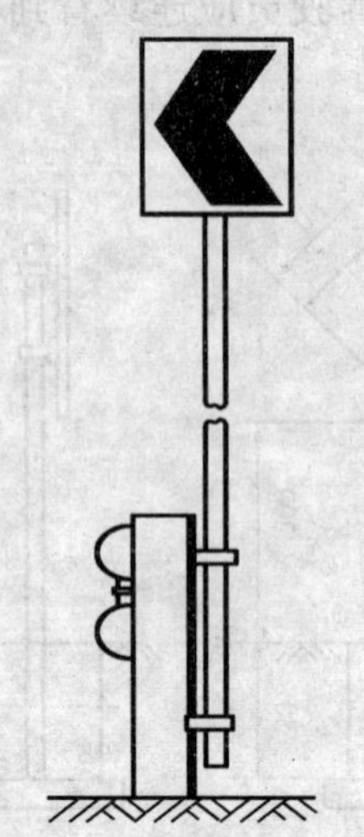

图 6-26　附着于护栏上

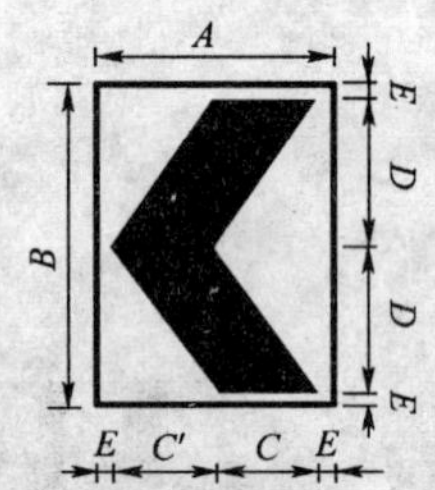

图 6-27　线形诱导标的符号

图 6-28　线形诱导标组合

线形诱导标的尺寸　　表 6-12

类　别	尺　　寸(mm)					
	A	*B*	*C*	*C′*	*D*	*E*
Ⅰ	600	800	300	300	400	30
Ⅱ	220	400	100	120	200	15

示警桩一般设置于路侧有一定宽度净区、视距良好的路段,见图 6-29。

示警墩一般设置于路侧净区较小,视距良好,路侧有一定危险程度,但危险程度不大的路段,见图 6-30。

6.3.6　抗侧滑护轮带

在陡坡急弯的阴坡路段,冬季积雪,雨天路滑,极易造成车辆侧翻和对面相撞事故的发生。抗侧滑护轮带能够防止车辆滑入路侧水沟或滑下路基,有效地保证了行车安全。抗侧滑护轮带一般设置于急弯或连续急弯的曲线内侧有边沟,且边沟较大、坡度较陡的路段。考虑到路面排水的需要,抗侧滑护轮带应分段布置,每段长 4.5m,间距 0.5m,5m 为一个单元。图 6-31 为

抗侧滑护轮带的设置实例。

图 6-29　示警桩设置

图 6-30　示警墩

图 6-31　抗侧滑护轮带

第7章 其他公路安全保障工程措施

为了改善连续长大下坡、长直线接小半径曲线,陡坡急弯、路侧险要地段等事故多发地段的交通安全状况,除了采取标志、标线等主动引导设施和护栏、视线诱导等适当的常用安全防护设施外,还可根据不同路段的不同事故特点设置避险车道、停车带、减速带等各种公路安全保障工程措施,以达到减少事故数量,降低事故危险程度的目的。

7.1 避险车道

避险车道是特指在正常行车道以外设置的,专用于道路危险地段,供制动失控车辆紧急避险,以免造成重大伤亡和损失的特殊车道。避险车道工作的原理,是利用车辆轮胎与坡床填料间的滚动阻力及车辆爬坡时所受爬坡阻力来降低车速,直至失控车辆安全停止。

一条完整的避险车道一般由标志标线、避险车道引道、减速路面、路侧护栏、端部防撞设施、施救设施和服务设施等组成。

7.1.1 避险车道的类型

根据避险车道坡床减速原理的不同,避险车道可分为三种类型:重力型、沙堆型、制动床型。

重力型是靠陡峭的坡度使车辆减速的。重力型的减速车道是平行于主线的上坡车道,一般修建在废弃的旧路上。长陡坡给驾驶员带来的是车辆控制难题,因为有的车辆进入避险车道后会由于重力作用返回主线,从而影响主线上正常行驶的其他车辆。

沙堆型是将松散、干燥的沙子堆积在上坡形式的避险车道上,靠重力及沙堆阻力来使车辆减速。其缺陷是沙堆易受天气的影响(雨、雪影响沙堆的稳定性),较高的减速度会对司机及车辆造成较大的损伤。

制动砂床主要通过砂砾的滚动阻力使失控车辆减速或停止,它通常建成上坡式,因为上坡的重力分力可以增加它的减速效能。实践证明平坡型和下坡型的制动砂床一样安全可靠。

由于重力型和沙堆型避险车道存在着较大的弊端,现在工程中已渐渐停止了使用。制动砂床的高安全性,不受避险车道坡度限制等优点,使其已成为最普遍和最安全的避险车道形

式。目前我国建立的避险车道均以砂床型(图7-1)为主。若因空间位置所限不能建造上坡制动砂床型避险车道时,应考虑选择沙堆型避险车道。按照坡度和材料的组合,以下四种形式的避险车道为较常用的四种:纵坡坡度增加的砂床型避险车道,水平的砂床型避险车道,纵坡坡度降低的砂床型避险车道,沙堆式避险车道(图7-2)。以上四种避险车道的优缺点是明显的,最经济合理而又有效的是纵坡坡度增加的砂床型。

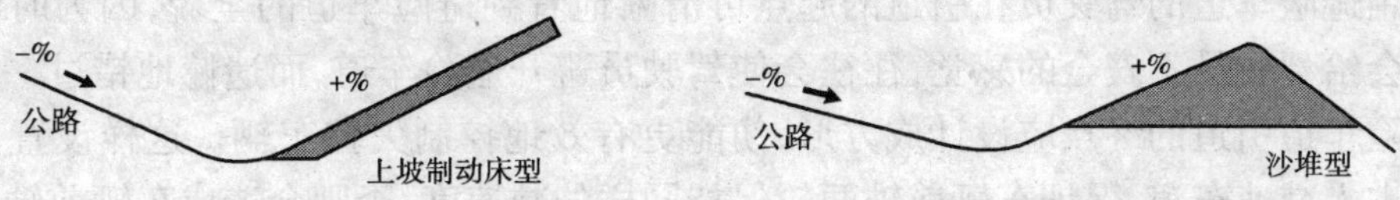

图7-1　上坡制动床型避险车道示意图　　图7-2　沙堆型避险车道示意图

7.1.2 设置条件

当受地形条件限制,平均纵坡无法满足要求时,容易造成下坡车辆制动失灵等而引发车辆驶出路外的严重安全事故,避险车道是专为失控车辆紧急避险而设置的休止车道,属于一种被动应急措施。

避险车道应设置在车辆可能失控的连续长陡下坡路段。一般情况,当平均纵坡不小于4%,纵坡连续长度不小于3km,交通组成中大型车辆比例较高(车辆组成内大、中型重车占50%以上)时,应考虑设置避险车道。

7.1.3 设置位置

(1)连续下坡路段或陡坡路段与小半径平曲线相接处往往是事故多发路段,在连续下坡或陡坡路段小半径曲线前方,车辆驶入小半径曲线前,宜沿曲线切线方向设置避险车道。

(2)避险车道宜设置在连续长大下坡路段的下半部和人口稠密区之前。

(3)避险车道入口应尽量布置在平面指标较高路段,并尽量以切线方式从主线切出,确保失控车辆安全、顺利驶入。

图7-3为避险车道的设置实例。

图7-3　避险车道的设置示意图

7.1.4 避险车道的设计

7.1.4.1 避险车道引道

避险车道引道起着连接主线与避险车道的作用,可以给失控车辆驾驶员提供充分的反应时间和空间沿引道安全地驶入避险车道,保证驾驶员判断准确,操作正确。引道的设置,应保证准备使用避险车道的驾驶员在引道的起点可清晰地看到避险车道的全貌,因为时隐时现的避险车道会给驾驶员不安全的感觉,往往会使驾驶员避开避险车道,而遗憾地错过一次救生的机会。避险车道引道的终点应设计成方形,便能更有效地控制失控车辆。这样设置可使车辆前轮同时进入减速车道,保证车辆前轴两轮保持同样的减速度,否则会造成车辆前轴两轮左右受力不均匀而导致车辆侧翻,在避险车道入口即发生事故。引道的终点宜设置在避险车道入口的后方,使避险车道与主线分隔开并保持一定距离,保证车辆进入避险车道后,避免制动床砂砾溅回主线影响主线交通。

根据研究表明:多车道避险车道的引道长度不应小于310m。引道的宽度以大货车为设计车辆,大货车宽度一般为2.5m左右,引道不宜过宽,以免其他车辆驶入,因此宽度可取2.5~3.5m。

若公路等级较低,条件不允许而无法设置引道时,应设置过渡段连接主线道路与避险车道入口,且连接处应与避险车道中心线纵向垂直,这样才能使失控车辆进入避险车道时,两前轮同时进入减速车道,不会因为打滑造成车辆偏离避险车道甚至侧翻的危险。过渡段不一定要铺筑路面,但必须是硬质路面,方可保证失控车辆的安全过渡。

7.1.4.2 避险车道的线形和坡度

避险车道的平面线形应是直线,与行车道的夹角不应过大,以3°~5°之间为宜,能使失控车辆更容易驶入避险车道,也可避免引起侧翻。若用地受到限制,可以使线形尽可能与主线平行,这样可减少用地。

避险车道的纵面线形也应是直线(直坡),可以采用单坡,也可以采用多个坡度,应根据地形条件和工程量情况综合考虑。纵面线形应保证避险车道任一部分均在失控驾驶员视线之内。

避险车道的坡度主要根据地形所能提供的避险车道长度来确定。坡度大小确定时,应尽量利用当地地形,避免不必要的工程量。为增加失控车辆所受的爬坡阻力,可在设计时适当增大避险车道反坡度,但同时要注意,反坡度也并不是越大越好,应使车辆与端部防撞设施相撞后不致下滑,根据车辆在避险车道上所受摩擦力与下滑力的平衡条件,坡度宜在8%以内。坡度不能过大,否则驾驶员会心存恐惧,不敢驶入避险车道。

7.1.4.3 避险车道长度

避险车道长度需根据失控车辆驶出速度、避险车道纵坡及坡床材料综合确定,表7-1列出了可参考的计算结果。

避险车道的长度计算公式为:

$$L=\frac{v_1^2-v_2^2}{254(R\pm G)} \tag{7-1}$$

式中：v_1——车辆驶出速度，货车按100km/h、110km/h计；

v_2——通过坡床缓冲后由强制减弱装置消止的速度(km/h)，一般取0；

R——滚动阻力，不同材料的具体数值见表7-2；

G——坡床纵坡，%。

避险车道长度表 表7-1

主线驶出车速(km/h)	避险车道纵坡(%)	坡床材料	坡床长度 L(m)	强制减弱装置堆砌高度(m)
100	10	碎砾石	239	1.5
		砾石	179	1.5
		砂	143	1.5
		豆砾石	102	1.5
100	15	碎砾石	179	1.2
		砾石	143	1.2
		砂	119	1.2
		豆砾石	90	1.2
100	15	碎砾石	220	1.5
		砾石	176	1.5
		砂	147	1.5
		豆砾石	110	1.5
100	20	碎砾石	176	1.2
		砾石	147	1.2
		砂	126	1.2
		豆砾石	98	1.2

不同材料的滚动阻力值 表7-2

材 料	R	材 料	R
水泥混凝土	0.010	松质碎集料	0.050
沥青混凝土	0.012	松质砂砾	0.100
密实砂砾层	0.015	砂	0.150
松质砂土	0.037	豆砾石	0.250

如采用多坡设计时，前一坡度末端车速采用公式(7-2)计算：

$$v_f^2 = v^2 - 254L_1(R_1 \pm G_1) \tag{7-2}$$

式中：v_f——前一坡度坡度末端车速，km/h；

v——前一坡度坡度始端车速，km/h；

L_1——停车距离，m；

G_1——制动坡床纵坡，%；

R_1——滚动阻力系数，参见表7-2。

7.1.4.4 避险车道宽度

由于在较短的时间段内，有可能有不止一辆车辆需要使用避险车道进行避险，因此避险车道的宽度应足以容纳一辆以上失控车辆和一辆服务车辆，制动坡床和服务道路总宽度推荐不宜小于8m，越宽越好。

7.1.4.5　制动坡床

（1）坡床材料

坡床的设计对避险车道也很关键，坡床采用的材料要求无杂质、不易被压实且要求有较高的滚动阻力系数即 R 值，粒径以1～2.5cm为宜，常用的有碎砾石、砾石、砂、豆砾石等松散材料。图7-4是避险车道坡床填料为集料的实例。当采用集料时，应是圆形、均质、未被压碎、且应无细料的单一尺寸砾石。应用大的单一粒径的集料可减小由于潮湿和冰冻引起的湿滑问题，也可减少当材料被压实后必须将其铲松所需的维护量。

图7-4　避险车道坡床示意图

实际运用中，细砾是较常使用的材料。如果细小尺寸的材料被清除，那么满足表7-3级配要求的材料效果最好。

级 配 要 求　　表7-3

筛孔尺寸(mm)	2.36	4.75	12.5	25	37.5
通过率(%)	5max	10max	25～60	95～100	100min

（2）坡床厚度

为使失控车辆猛然受阻且不受到过大的损伤，并得到一定的安全有效的保护，避险车道的制动坡床应具有足够的厚度。避险车道制动坡床铺筑厚度一般为0.5～1.0m，避险车道入口处铺筑厚度为0.1m，为使车辆能较为平滑地减速停车，可采用30～60m长的距离从制动床入口处渐变过渡到正常坡床厚度。

7.1.5　避险车道的其他设施

7.1.5.1　端部处理

避险车道因地形条件、经济条件限制，不能提供足够的制动床长度时，通常需要对避险车道端部进行处理。端部处理时可充分利用周围的地形。如在挖方路段，可使失控车辆经过料坑减速后直接撞击前方山体，山体前设置防撞物以保证车辆安全。当无山体可利用且没有设置防撞墙的条件时，通常采用防撞墙做端部处理，并设置防撞物。避险车道的防撞墙设计以大货车为标准车辆，为保证失控车辆安全停止，防撞墙须具有足够的高度、厚度、强度和稳定性。参照车头高度，防撞墙地面以上高度应在1m以上，地面以下应留有足够的基础，以保证防撞墙的抗倾覆稳定性。防撞墙可采用水泥混凝土为填料，加钢筋增加其防撞能力。防撞墙厚度应依据强度和稳定性要求，通过计算求得。当避险车道长度大于50m时，防撞墙地面处厚度可设为1m，当避险车道较短时，可根据计算结果适当增加防撞墙厚度。为保证防撞墙的防撞能力和抗倾覆稳定性，墙面和墙背可设置成具有一定坡度的斜面。

正确设置减振设施（防撞、消能）对保证车辆和驾驶员的安全有着重要的作用，如在避险车道的端部设置集料堆、防撞砂桶或废旧轮胎等。推荐使用集料沙堆的高度为0.6～1.53m，坡度1.5:1，集料堆所用材料应与砂床材料一致。如用消能桶，消能桶中装的材料应和避险车道上的铺装材料一致，以免污染路基和减少材料的滚动阻力。应特别注意的是：在条件不允许避险车道有足够长度的情况下，集料堆和消能桶才推荐使用；而且车辆在撞到这些设施的时候，车速必须已经降到40km/h，或者更低，才能确保车辆和司机的安全。

7.1.5.2　服务设施

滚动阻力的特性为失控车辆提供了安全保障，但对于车辆驶离避险车道来说又成了障碍，因此必须提供一些服务设施以供移动失控车辆时使用，其中服务车道和地锚是避险车道必要的组成部分。从安全的角度讲，服务车道不宜离避险车道过近，否则会导致驾驶员误将服务车道作为避险车道，特别是夜间，这种误会更易发生。服务车道的宽度应允许一辆拖车行驶，一般为3.6~4.3m。服务车道允许拖车进入，将失控车辆拖出，因而要有坚硬的表面层。并且为了便于拖车，以及在一定程度上避免拖车过程中对服务车道路面的破坏，有必要设置地锚固定拖车，地锚应沿着避险车道约50m的间距设置，并且应在制动砂床起点前方约30m处开始设置，以便于拖出进入砂床的失控车辆。如果条件允许，服务车道应设计成返回主线的线形。为了便于制动砂床的管理，服务车道在砂床起点的位置，应有距离标记。

条件允许的话，应布设照明设施，以便驾驶员在夜间能更好的识别避险车道。也可安装一定的监控、通讯设备，以便失控车辆进入避险车道后能够及时地得到救援，并加强对失控车辆驶入避险车道的入口速度、车辆驶入轨迹等情况的监测。

7.1.5.3　排水设施

砂床集料被污染的主要原因是缺乏适当的排水系统。对砂床造成污染的细料主要通过水的漫流从匝道的顶部和两侧进入，渗透到砂床集料的空隙中，会使砂床的密实度增加，导致滚动阻力变小，砂床阻力降低。

在寒冷的季节，砂床集料之间被污染碎料填实，并且坚固地冻结在一起，并且随着湿度的增加，温度的降低，其冻结的程度更为坚实，这样不但降低了砂床功能，还可能成为事故隐患。

因此，完备的排水系统是保证砂床充分发挥作用的重要保障。为防止砂床底部因反渗透力带来的污染，可在基层铺设一层石灰石集料将砂床里的水排出，石灰石集料可通过土工布等覆盖与砂床填料分开。为防止顶部漫流带来细料，可在顶端设置土工布；为防止两侧漫流带来细料，可在避险车道两侧设置排水沟；另外避险车道基层的横坡可向一边倾斜，利用盲沟或路拱将水排出。为防止砂床积水，可在砂床底部设置横向排水管。

7.1.5.4　避险车道交通安全设施

避险车道应设置一定的提前预告标志和信息，在坡顶应提供连续长大下坡路段的坡度、坡长、平面线形和避险车道位置等信息。在避险车道之前应至少设置两块避险车道预告标志（前1km、前500m），在避险车道引道入口，必须利用主线出口标志设置避险车道标志，引导失控车辆驶入避险车道，并应保证前方有足够的视距，以防驾驶员反应不及时而错过了避险车道。

在引道入口前应设置“禁止停车”标志，并设置“失控车辆专用”标志，确保只有失控车辆才能使用避险车道。因为随时都有可能有失控车辆冲上避险车道，因此在避险道上停车是十分危险的，极易导致碰撞事故的发生。

在避险车道制动床两侧可以设置护栏，由于失控车辆驶入制动坡床后会因为坡床材料的阻力作用而导致行驶方向无规律，因此，制动坡床起点段落路侧护栏应该选用防撞等级较高的

三波加强型波形梁钢护栏。当车辆减至一定速度时，对路侧护栏防撞要求将会降低，其后便可选用普通波形梁钢护栏。另外，考虑到车辆求援的需要，制动坡床与服务车道之间的钢板护栏应设置开口，或采用有一定防撞能力的可移动式护栏。

制动坡床两侧设置轮廓标，轮廓标的反光器颜色为红色，以区别于主线。轮廓标的间距以15m为宜。

7.2 小型停车区及观景台

对于山区公路，可结合线形和沿线城镇分布情况，在车辆容易出事故的地段，或距离城镇比较远的路段，考虑交通量和车辆的组成，间隔一定距离，并尽可能地利用路侧可利用土地，修建小型停车区（如图7-5所示），或可供车辆短时停车休息的路侧休闲区域，以减少驾驶员因疲劳驾驶而引起的交通事故。路侧风景优美的地方可结合小型停车区设置观景台（如图7-6所示）。公路沿线两侧结合地形条件，选择合适地点设置观景台，对于位于景区的公路十分必要。合理设置观景台，将人类活动范围控制在一个合理区域内，不仅可以保证行车安全，更大大减少了人对环境的影响范围。如条件允许，可在观景台与公路之间设置绿化带加以分离。观景台的位置选择非常重要，应避免设置在视距不良或容易发生交通事故的路段。

图7-5　小型停车区

图7-6　观景台

小型停车区及观景台的修建可参考相应的行业规范，应注意以下几点：

（1）在小型停车区及观景台前的一定距离应设置相应的预告及指示标志，以免驾驶员因不知道它们的确切位置而造成路边随意停车的情况；

(2)应做好小型停车区及观景台的驶入、驶出车道设计，一般可做成港湾式设计，宽度建议采用5m；如图7-7所示，有效长度不小于50m，加减速车道长度宜为50m以上；

(3)应对停车区及观景台进行定期的维护和管理。

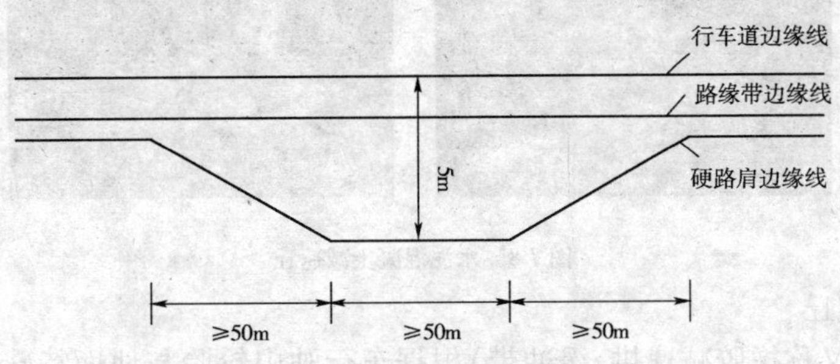

图7-7　小型停车区的设置示例

7.3　减速设施

减速设施属于交通镇静设施的一种。交通镇静设施是指通过物理手段，减少车辆使用的影响，改变驾驶人行为的设施。通常包括减速丘（减速带）、减速路面等。下面分别介绍减速丘（减速带）和减速路面的具体设置情况。

7.3.1　减速丘

减速丘是指在路幅宽度范围内较正常路面高度隆起的强制性减速措施。它的原理是利用自身对行车的阻碍，强制大、中型重载车辆的驾驶员在长下坡路段行驶时使用低速挡位，采用发动机辅助制动来减轻行车制动器的负荷强度，从而降低车辆失控的可能性。

7.3.1.1　减速丘设置原则

减速丘一般设置在山区双车道公路的急弯陡坡、连续长大陡坡路段上或交叉口前，以及公路穿越城镇、村庄的路段，用以强制降低车速，设置时应全断面铺设，并设置相应的减速丘标志和标线。可以根据过城镇、村庄路段的限制车速，在减速丘前设置相应的限速标志。根据道路和车速条件在进入弯道（或村庄）前的路段上设置，降低车辆进入弯道的速度。

它的设置位置宜位于转弯处和长大下坡的下半部。

7.3.1.2　减速丘设置形式

不同材料的减速丘由于其物理性能的差异，所产生的效果也各不相同。减速丘包括混凝土减速丘和橡胶减速丘，混凝土减速丘一般又采用沥青混凝土或水泥混凝土两种材料。水泥混凝土减速丘和橡胶减速丘是目前最常用的两种减速丘形式。

(1)混凝土减速丘

混凝土减速丘一般采用高2～4cm，宽50cm的钢筋混凝土构造，减速带迎车面均采用圆弧线形平滑过渡，既能有效控制车流速度，又能有效降低行车的不适感；若在上坡车辆方向留有行驶缺口，不影响上坡车辆，仅对下坡车辆起减速作用。每组设置减速丘不得小于三条，间距

30～50m。如图 7-8 所示。

图 7-8 水泥混凝土减速丘

(2)橡胶减速丘

橡胶减速丘(又称橡胶减速拱、缓冲带)根据车行驶中轮胎与地面特殊的角度原理,用橡胶与胶线混炼制成,具有耐压、耐磨、耐候、减振性好的特点,适用于各公路道口、收费通道、城市路口,绿化带道口、加油站道口等。橡胶减速带宽 35cm,高 5cm,用膨胀螺钉固定在路面上,车辆通过时会有颠簸振动感。橡胶减速带分为普通型和反光型两种,反光型橡胶减速带上正对行车方向均匀布设了逆反射材料,逆反射材料有反光猫眼和反光片,可以根据实际情况,选择不同的种类,而普通型橡胶减速丘未布设反射材料。公路、城市道路上应使用反光型,其他有照明的场所可使用普通型。橡胶减速丘的颜色由黑黄两色相间组成,醒目的色彩可强制有效地提醒机动车司机减速缓行,消除安全隐患,确保交通安全。橡胶材质柔软耐磨,对于车辆轮胎没有损伤。

橡胶减速丘既保证了车辆的行驶安全,又起到缓冲减速的目的,提高交通道口和路段的安全。目前有些新橡胶减速丘采用凸凹形自然吻合接口,安装方便省力,花纹则采用人字花,更利于排水。如图 7-9 所示。

7.3.2 减速路面

混凝土减速路面由减速标线和砾石路面组成,减速标线应喷洒玻璃珠,砾石路面为 24cm 厚的混凝土路面上嵌铺一层砾径 3～5cm 的磨圆度较好的坚硬砾石,通过路面轻微的颠簸提示驾驶员降低行驶速度,以达到减速的目的,砾石路面长度为 20～30m。每组设置减速路面不得小于 3 处,间距 50～80m。图 7-10 是在穿越村庄路段设置比利时减速路面的实例。

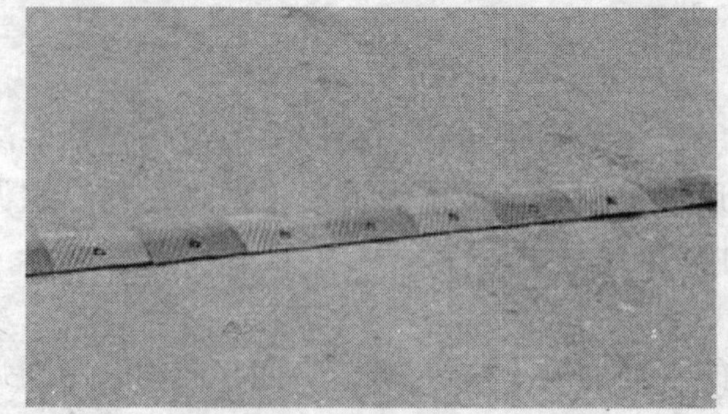

图 7-9 橡胶减速带

图 7-10 减速路面示意图

7.3.3 减速设施设置注意事项

在设置减速设施的路段，应在设置减速设施前的一定距离设置提示预告标志，让驾驶员能在行驶到减速带前就降到较低的速度，避免出现以较高车速通过减速带时带来的强烈颠簸和不适感。

在设置减速丘的时候，要注意路面上的标志和标线的设置，施工时注意和原有路面的结合，防止接缝处开裂水渗入路基造成病害。

减速设施是一种有效的速度控制设施，但需要注意的是它在不同场合的应用类型大不相同。减速设施类型的选择应综合考虑行车的舒适性、路面排水和日常养护等因素，慎用强制减速设施。在公路中应用时，应注意在降低速度的同时保证车辆的相对平稳运行，尽量不采取冲击过大可能造成车辆剧烈颠簸的类型。就水泥混凝土和橡胶减速丘而言，水泥混凝土减速丘减速效果较好，还具有经济、耐用、便于施工的优点，但缺点是刚性较大，给驾驶员的不舒适感较强，并且由于弹性不足，随之增加的冲击力可能会对汽车的安全行驶产生不利的影响；而橡胶减速丘的弹性相对较好，不会给车辆造成强烈的颠簸之感，但其减速效果相对要差一些。然而无论是水泥混凝土还是橡胶减速丘，如果设置得过多或设置位置不合理，都有可能会产生以下不良影响：

(1)影响公路的通行能力。公路的通行能力是由车辆运行速度和车道的数量决定的，公路技术等级是根据通行能力和功能确定的。在车辆上设置大量减速设施，强制性大幅度降低车速，将影响公路的通行能力，致使公路达不到技术等级要求，特别是等级较高的公路，发挥不出其应有的功能作用。

(2)影响行车的舒适性。路面上设置了减速设施后，形成了高差达几厘米的台阶式路障，使行车产生强烈的颠簸与跳车。据测试，汽车需提前150m左右减速，并且只能以5km/h左右的速度行驶超过路障，而后再经过相应距离加速才能恢复正常行驶。每经过一道减速带都要经历一次减速——颠簸跳车——加速的过程，而减速丘往往都是两道以上的连续设置，更增加了行车的极不舒适感。

(3)对车辆性能和路面结构会造成损害。根据《公路工程质量检验评定标准》的规定，路面平整度是衡量公路工程的一项非常重要的指标，对路面平整度的严格控制是为了保障车辆和路面的安全使用。减速丘设置后，造成车辆前后轴受冲击振动远远大于正常路面，对路面平整度、路面结构和车辆的各种性能可能会产生较大的破坏。

(4)可能成为新的安全隐患。新的安全隐患不仅表现在对车辆安全性能的严重危害造成的隐患，而且表现在车辆行驶过程中由于未能及时发现路面上设置的减速带而采取紧急刹车造成的方向跑偏、追尾等安全隐患。

因此建议在能通过减速标志标线达到降低车速的目的时，尽量不采用减速设施。

7.4 降温池

降温池的作用是让载重量大的货车的刹车片在降温水槽中冷却，迅速降温，维持制动器效能的稳定性，降温同时也能让车辆得到减速和休息。如图7-11所示。

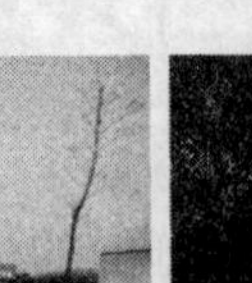

图 7-11 降温池示意图

降温池主要设置在连续下坡或陡坡路段前方，平均在高差下降 200m 左右设置一处，降温池底面高程低于拦水坎高程 30cm，两侧顺接路面，车辆从指定位置驶入降温池可降温，利于行车安全。设置降温池时应注意附近有水源且水流方便排出。

降温水槽即刹车易冷却平台是让已经发热的刹车片冷却，迅速降温。这样在继续下山的过程中温度就不会升得太高。它的设置位置应处于长大下坡路段的进口端。

7.5 其他

7.5.1 路面防滑

当道路表面的抗滑能力小于要求的路面摩擦系数最小限度值时，由于路面不能提供足够的横向摩阻力，车辆行驶中稍一制动就可能产生侧滑而失控。特别是在道路表面潮湿或覆盖冰雪时，发生侧滑的危险性更大，在平曲线半径较小的弯道、坡路和环形交叉口处，尤其容易发生滑溜事故。路面的表面结构对抗滑能力有一定的影响，如果路面集料在车辆行驶下已磨得非常光滑，道路抗滑能力降低，即使在干燥路面上，也会出现滑溜现象。另外，渣油路面不仅淋湿后会很滑，气温高时，路面变软，也会很滑。在这种情况下，可采用压力预涂沥青石屑，路面打槽，设置合适的排水系统，限制车速，设置警告标志等方法保障交通安全。措施包括薄层铺装、路面打磨粗糙等。

薄层铺装又称为彩色路面铺装（如图 7-12），是用一种主要成分为环氧树脂、丙烯酸树脂

图 7-12 彩色路面铺装示意图

等化学固化双组分树脂材料和矿物集料的新型的道路标示材料做成,薄层铺装可采用密着式或斑马式,厚度一般为3~5mm,不会对行车的安全性、舒适性造成过大影响。根据美国的研究成果,铺筑不同色彩的路面在某种程度上比垂直的交通标志更好,它可以自然地给驾驶员以信号,而且易于引起驾驶人员的强烈心理警觉,提高驾驶人员利用视觉对道路交通状况做出安全可靠判断的条件和能力。

彩色路面及其他表层经过特殊处理的路面(例如织纹路面)常用于城市道路之中,但对于高等级路面的公路、游乐场所、风景名胜区、停车场等地也可使用使其发挥分隔交通、增加摩擦系数以达到安全行车的目的。

7.5.2 分道体

分道体设置在车辆越过中心线行驶、对撞事故频发路段的路面中心线上(如图7-13所示)。设置间隔为10m或15m。

图7-13　分道体示意图

分道体有多种形式,柱式、片式等;高度不高于60cm,宽度不大于15cm;材料应是弹性,可倒状的,其上应附反光片或反光膜,柱式应表面贴反光膜、片式应两面都附反光片,反光材料颜色为黄色。其色度光度应至少符合JT/T 388—1999《轮廓标技术条件的要求》。

使用中应注意维护、更换。但是其损坏率高,如何解决易损性的问题将会是今后科研人员研究的重点。

7.5.3 防撞桶

防撞桶一般设置在公路转弯路段的平曲线外侧、互通立交、服务区出入口三角带端头、桥梁护栏端头、上跨桥桥墩处、收费站入门车道收费岛岛头前等存在严重安全隐患的地点,起警示和缓冲的作用。防撞桶材料一般为玻璃钢,在防撞桶上粘贴红、白相间的高强级反光膜,桶内装2/3桶高的细砂以增加防撞桶的重量。应视使用地点的情况,尽可能地多设几个防撞桶,并以钢带或其他形式联结成一体(如图7-14所示)。

设置防撞桶的作用如下:

① 防撞桶色彩鲜明,能引起驾驶员注意危险三角地带,并起到诱导驾驶员视线的良好作用,保证行车安全。

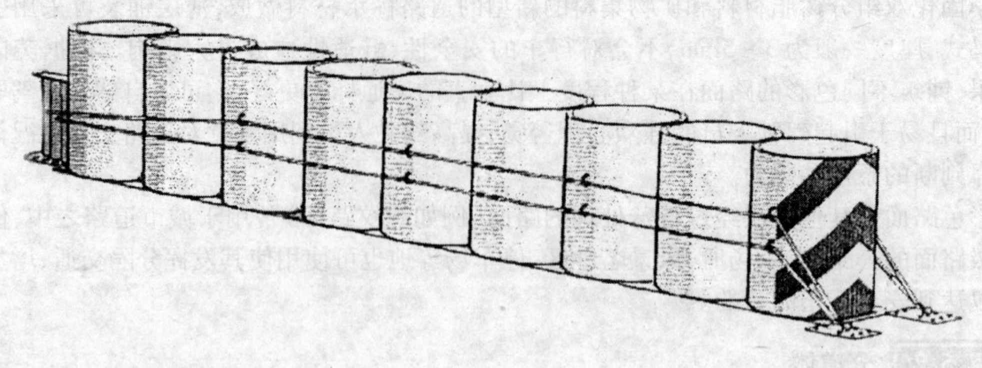

图 7-14 防撞桶示意图

② 对碰撞车辆有很好的吸收能量、衰减缓冲的作用，减轻交通事故中车辆的损坏和事故的损失。

7.5.4 道口标柱

道口标柱设置在公路沿线较小交叉路口两侧的道路开口处，主要是用来提醒驾驶员提高警觉，防止小路口车辆、行人突然出现而造成意外。道口标志一般沿主线方向，宽度大于 5m 的路口两侧各设置一根道口桩，宽度大于 5m 小于 7m 的路口两侧各设置两根道口桩。但已经设置指路标志或交叉路口警告标志的路口不再设置道口桩。个别宽度 7m 以上未设置指路标志或交叉路口标志的路口应在两侧各设置两根道口桩，内侧道口桩距离中心 15m，外侧道口桩距内侧道口桩 2m，道口桩距路边缘 75cm，如图 7-15、图 7-16 所示。

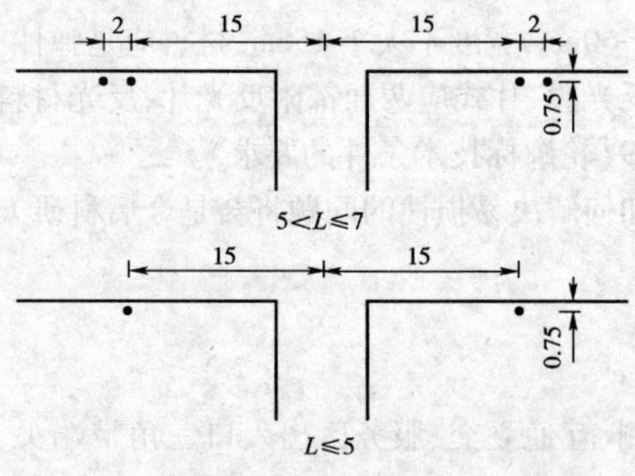

图 7-15 道口标柱示意图（尺寸单位：m）

图 7-16 道口标柱

7.5.5 凸面反光镜

在急转弯、视距不良的阳坡路段，设置凸面反光镜，有利于驾乘人员看见对面的交通流并及时采取措施，减少交通事故的发生。如图 7-17 所示，实践证明，合理设置凸面反光镜，对于保障转弯处路侧安全有着显著效果。

图 7-17　凸面反光镜示意图

第三篇

公路安全保障工程的应用

第8章 长大下坡路段综合处理

纵坡长度是影响公路交通安全水平的重要参数。纵坡长度过长将对行车安全产生不利影响。纵坡长度过长，下坡时使得车辆速度惯性增大，易形成超速行驶；同时纵坡长度过长时，车辆惯性的累加效果也随之增强，将带来更大的安全隐患。长纵坡将造成车辆长时间持续加速或减速，从而使车速过高或过低而诱发事故；纵坡长度过长，易使驾驶员对坡度判断失误，甚至使驾驶员误操作而诱发事故。

我国《公路工程技术标准》(JTG B01—2003)指出："长、大纵坡对载重汽车行驶很不利，上坡会使车速减慢，妨碍后续的快速车辆，使超车需求增多，强超硬会的可能性增大，安全性降低；而下坡会使刹车过热、制动效能减弱，更易发生交通事故。"国外的事故资料表明，下坡路段的事故发生频率明显高于上坡路段，特别是长大下坡路段。重型载重车辆的快速行驶更易引发重大、恶性交通事故。根据下坡路段的事故原因分析，超过半数的肇事车辆是由于制动失效引起的。"

8.1 概述

在我国，减少下坡路段交通事故、降低死亡人数已经成为迫在眉睫的事情。连续下坡往往是山岭区公路的事故多发路段，许多驾驶员都把长大下坡易出事故的路段称之为"死亡之路"，或称为"死亡谷"，如北京八达岭高速进京方向51km处。在长大下坡路段，由于大型车特别是超载大型车的存在，增加了行车的危险性。保证连续下坡道路的安全性是减少山区公路交通事故、特别是恶性事故的关键。连续下坡事故绝大部分是由刹车失灵引起的，失去控制的车辆在连续下坡路段速度越来越快，平日很正常的行驶环境对失控车辆而言都是一种致命的干扰，导致车毁人亡的重大交通事故。我们对以下若干路段进行了事故调查与分析。

(1)国道312线咸永一级公路

根据陕西省委托长安大学对国道312线咸永(咸阳至永寿)一级公路K1562 ~ K1569段的事故调查分析，可以更清晰地看出长下坡地段对行车安全的影响。

该段长6.67km，平均纵坡3.85%，最大纵坡为5.5%。

该段从1998年到2002年共发生205起事故，事故死亡57人，其中绝大多数发生在由西向东的下坡道上。事故的总体特点见表 8-1。

事故总体特点　　表 8-1

事故发生位置	事故原因	事故形态	事故车辆	车辆属地
坡底段 63%（130 起）	制动失效 56.2%（73 起）	侧面碰撞、追尾碰撞 65%	大型车辆 60%，中型车辆 14%	长途过境车辆 55%

事故发生的直接原因:63% 的事故发生在下坡方向的坡底地段,其中 56.2% 为制动失效引起,且越靠近坡底段,因制动失效引起的事故越集中,充分说明车辆在下坡路段由于连续的刹车制动,造成刹车片发热,温度过高,磨损严重,导致刹车失灵。侧面碰撞、车辆刮擦和追尾碰撞为主要事故形态,也同样证明了大部分事故与制动失效有关。肇事车辆 55% 为过境车辆,74% 为大中型车辆,且绝大多数处于超载状态,说明长大下坡对大中型车辆(尤其是满载和超载车辆)影响很大,长大下坡使得车辆的制动器制动力明显发生衰减。

(2)云南玉元(玉溪至元江)高速公路事故特性调查分析

玉元高速公路上的事故多发点也是位于两处连续下坡地段,平均纵坡分别为 4.6%、下坡段长 10km(桩号从 K130 ~ K140 段)和 4.7%(桩号 K188 ~ K201 段)、坡长 13km。由于该道路通车时间不长,只收集到 2002 年一年的事故数据。

在桩号 K130 ~ K140 段事故数明显高于其他路段,桩号 K190 ~ K205 段也属于事故较多的路段。在长达 100km 的道路上,如果事故的发生与道路线形无关,则其应该在道路上平均分布,而不会呈现相对于某一段集中的现象。因此,从全线的事故发生频率看,可以说明这两处高发事故段均与长大下坡的纵断面线形有关。

肇事车辆 68% 为大中型货车,事故原因 60% 以上是刹车失灵。究其原因在于大中型货车超载严重,长距离的下坡后刹车片温度过高,而且通车初年又没有为载重车修建配套的加水站。因此,导致部分重型货车刹车失灵。这一点在路政人员对肇事者的讯问笔录中体现的很清楚。

从玉元高速公路两段下坡段的事故情况看,长距离下坡对大中型车辆的行驶安全是一个很大的考验。因此,对于长距离连续下坡,若不对驾驶员和车辆采取有效管理和控制措施的话,即使是符合标准规范的 4.6% 的平均纵坡,仍会导致刹车失效的事故发生。

因此,事故的发生与道路条件有深层次的关系,而且长距离下坡更是诱发事故的重要因素,基本上 60% 的事故与大中型车辆在坡底段的刹车失灵有关。大中型车辆在长下坡时,如果不采取发动机制动、排气制动和淋水降温等辅助制动措施,其行车制动器就必须长时间地、连续地做强度很大的制动,使得制动器温度升高很快。另外,虽然制动并不频繁,但少数几次高速制动也会使重载车辆的制动器温度迅速升高,从而出现刹车失控现象。因此,适当控制连续下坡的距离和高度落差,制定适宜的最大平均纵坡及其下坡距离是十分必要的。

(3)长大下坡路段的事故形态

根据调查的资料显示,目前国内公路长大下坡路段有许多均为事故多发路段。比较典型的如北京八达岭高速进京方向 K55 ~ K50 路段,漳州至龙岩高速等。经归纳总结,长大下坡路段的主要事故形态可分为以下三类:

①刹车失灵车辆冲出路外

刹车失灵车辆的车速很快,前方为左转的小半径弯道时,车辆因急转弯,易造成车辆侧翻或冲出路外。当该路段为路堑时，表现为车辆与上边坡相撞；为路堤时，车辆往往会冲出护栏(由于失控车辆一般为大型货车，质量大、速度快、碰撞角度大、车辆重心高、碰撞能量高，目前我国路侧护栏的防护能力无法阻止其翻出路外)，坠落路堤或陡崖、河流等。

②失控车辆与对向车辆正面碰撞

当前方为右转的小半径弯道时，失控车辆会驶向对向车道，与对向车发生正面碰撞，造成更大的安全隐患。

③追尾

当前方为大半径弯道时，如果前车速度慢(主动刹车或因前方事故被动刹车)，刹车失灵车辆因无法躲避，从而发生追尾事故。

(4)长大下坡路段事故特点

以上两段连续下坡的事故特征具有诸多的相似性。经过调研发现，其他事故多发的连续下坡也都具有相似的特征，其特征可归纳为以下几点：

①事故车辆绝大多数是超载货车；

②事故车辆绝大多数表现为刹车失灵；

③出事车辆大多数为长途过境驾驶员；

④连续下坡如平面线形平顺，事故集中在连续下坡的后半段。如平面线形存在小半径曲线，会增加事故的发生几率。

8.2 长大下坡路段事故原因归纳分析

长大下坡路段事故根源是货车出现制动失效，这使得货车无法控制，出现车控制人的可怕现象。货车在连续下坡路段越冲越快，正常行车环境对失控车辆都是致命的干扰，如弯道、前方正常行驶的车辆等。

(1)车辆超载是刹车失灵的根本原因

公路最大纵坡和坡长限制以及在长距离下坡路段的平均纵坡限制，都是依据典型车辆运载标准重量货物的情况下得出的，但在实际的公路货运中，车辆货运超载的现象很常见，甚至在有的地区还非常严重。

以下是载重汽车超载情况调查。

根据江苏省的统计调查结果，公路上货运的超载现象严重，单轴载货车后轴超过轴限 10t 的百分率高达 46.69%。将江苏省的调查结果作为参考，可以大致推断出其他地区也应该有与此大致相同的比例，在一些运煤通道上可能更高。因此，按前、后轴载重 3:7 的分配比例，整车超载 80% 左右应该是具有一定代表性的。

广东省交通科学研究所于 2003 年 9 月 28 日至 29 日对京珠北高速公路的车辆轴重情况进行了调查。此次调查是在粤北收费站出入口进行的。调查使用的是 HPS—15D 型轮重仪，实行动态称重检测。

南行方向调查货车超载比例为 88.8%，北行方向超载比例为 85.1%。平均超载率：南行为 158.2%，北行为 163.4%。可以看出，南行方向货车超载的比率略高。在 2003 年 9 月 26 日 9 时 50 分，对粤北收费站南行(广州方向)的货车实载率的抽样调查结果显示：货车中约

90%存在超载现象，而且超载率超过300%的占55%以上。

由以上三段连续下坡路段的调查可见我国公路货车严重超载，超载极大程度地影响了连续下坡路段的安全行驶。

因此，从超载方面考虑，在路线设计时，应该考虑到超载车辆的普遍性和严重性，尤其是纵面线形设计时应根据该地区的实际载重吨位进行纵坡的坡度和坡长设计，以降低这部分超载车辆对正常车流的影响、提高行车安全，从而保证整个公路的运行质量和运输效率。

(2)刹车方式选择不当是刹车失灵的主要原因

从汽车行驶理论分析，大型车辆在长下坡段应使用低挡位，采用发动机辅助制动来平衡由于车辆自重带来的下坡力，以减轻其行车制动器的负荷强度。但通过实际调查发现，驾驶员在下坡过程中，尤其是载重货车的驾驶员，往往抱有侥幸心理，考虑近期利益，总想多拉快跑而忽视行车安全。虽然在下坡过程中采用低挡位滑行会降低车速和缓解驾驶员的压力，但由于高速低档滑行会加剧发动机的磨损。因此，出于对车辆的最小磨损和最短的运行时间的考虑，大部分货车驾驶员都尽可能的采用较大挡位，并通过采用淋水设施来降低制动鼓的温度。

此外，车辆因超载上坡只能以很慢的速度行驶，直到下坡才把上坡爬行积累的压抑充分释放，速度会逐渐加快。因此必须施加较大的制动力才能保持车辆的稳定行驶。但会加剧刹车片的磨损。根据现场询问，有的超载车辆平均20d就要换一副刹车片，但即使这样，与挂低挡对发动机的磨损和低速度相比，驾驶员认为还是比较经济的。

(3)道路缺陷是事故的诱发因素

山岭区公路交通事故几乎集中在连续下坡路段，而不是成散点随机分布在全路段上。由此说明道路条件和交通事故有着深层次的关系，长距离的下坡是事故的诱发因素。图8-1为山岭区的长大下坡路段。

图8-1 山岭区的长大下坡路段示例

①现有山岭区公路采用了标准规范的极限值

由于工程造价和客观因素的影响，一些山岭区公路采用了标准规范的极限值，增加了道路的危险性。

②我国规范的缺陷

在一些事故调查中发现，即使道路的平均纵坡仅4%，坡长6km，连续下坡事故也时有发生。因此深究规范中对坡度、坡长的指标规定合理性是有必要的。

我国规范中最大纵坡和坡长的确定，主要考虑了汽车上坡的动力性能，而缺少对长大下坡的安全性考虑。尤其是当地形起伏大，地质情况复杂，常常需要连续升坡或连续降坡的路段，不仅影响行车安全、提高运输成本，而且大量的尾气排放也加大了对大气环境的污染。

目前，交通部已立科研项目来研究合理的坡度和坡长的指标。

(4)原《公路工程技术标准》的问题

我国原《公路工程技术标准》中关于纵坡控制指标的规定依据是 20 世纪 90 年代初的研究成果，当时我国高速公路建设还刚刚起步，国内更多的是低等级公路。经过十多年的时间，我国的高速公路已进入高速发展时期，同时也带来了汽车行业的更新发展，汽车动力性能逐渐提高，现有的标准是否仍然适用需要进一步的实地试验和验证。

目前，道路设计均是按照标准载重的车辆为依据的，没有考虑道路实际运行车辆条件。道路线形与车辆载重不匹配是造成事故高发的一个诱因。但是如果考虑我国目前超载车实际载重，对山岭区纵断面进行设计，工程投资将会大幅度提高，增加工程的规模。

8.3　综合处理措施

由以上分析可知，事故的根本原因就是车辆的制动系统不良或失效。因此，要解决这些安全问题，必须消除车辆制动失灵的情况，或者在车辆制动失灵后及时将失控车辆引出行车道并安全制动。目前长大下坡路段的安全治理主要从这两个角度着手，防止制动失效的安全设施主要有加水站、检修区、标志预告、警示标线等；刹车失灵后的安全设施主要有路侧护栏、紧急避险车道及相应的标志、标线等。此外，还需根据我国国情，在进行道路几何设计、提高货运驾驶员素质、改善大型货车的机械性能、治理超限超载现象等方面多做努力，从而不断提高长大下坡路段的安全水平，满足公路“安全、环保、舒适、和谐”的要求。

8.3.1　防止制动失效的安全设施

(1)加水站

根据公路所《公路纵坡坡度与坡长限制》专题报告中的研究结论，辅助制动效果明显，基本能在各种平均纵坡下将制动器温度控制在安全范围内。在三种辅助制动措施中，发动机制动在实际操作中采用，排气制动和淋水制动基本相同，制动器温度基本上控制在 200°范围内。因此对于长大下坡，采用增加加水站的办法是保证载重汽车制动性能稳定的有效服务设施。淋水制动的效果虽然明显，但容易造成安全隐患，特别是在北方地区冬季不能采用，否则会造成滑溜事故。

(2)沿线设置一系列的停车服务设施

在连续下坡路段适当的位置设置服务区或者小型停车区供驾驶员小憩和车辆检修是非常必要的。我们在北京八达岭高速公路进京方向 K56 ~ K50 公路路段沿线对货车驾驶员进行问卷调查，绝大多数驾驶员有在 6km 连续下坡途中停车休息或检修的需要。在八达岭改造 6km 连续下坡时增加了 3 处小型停车区，结果 3 处停车区的利用率极高。根据我们在八达岭刹车实验证明货车在连续下坡路段停车休息，对刹车降温也起一定的作用。

在坡顶附近的服务区内设置刹车检查站，有专人负责监督大货车驶入连续下坡前，进入服务区内接受刹车系统检查，确保无问题后放行，减少刹车失灵的几率。在每个服务区内设置宣传栏,用图文并茂的方式将连续下坡的相关信息全面表述,以警示驾驶员小心行驶,并使驾驶员行驶时心中有底。

在德国,连续下坡路段每隔 1km 就设置一个小型停车区,供驾驶员停车。由于我国的国情及道路环境等条件限制,在连续下坡路段目前还很少设置停车服务设施。

在条件允许的情况下,建议在坡顶附近的位置设置一个大型的停车区。采用一些管理措施使驾驶员下坡前均驶入停车区,可以保障货车在下坡时的起始位置为零,以最大限度地降低车辆下坡时高速行驶可能造成的安全隐患。连续下坡设置服务设施给刹车失灵的车辆给以缓冲和降温的余地。

(3)标志预告系统

对于货车驾驶员而言,他们是不希望遇到长大下坡的道路线形的,因为长大下坡增加了驾驶员特别是超载驾驶员的危险性。为确保驾驶员在长大下坡路段的安全行驶,在进入长大下坡前需要对长大下坡路段进行详细的预告标志,向驾驶员提供连续下坡的信息,如长度、坡度等,使驾驶员在心理上和保障车况良好状况下有充分的准备。条件允许的话,建议采用 1km、500m、300m 的三级预告标志来提示驾驶员,同时辅以必要的警告标志、限速标志和视线诱导标志。

(4)彩色路面的应用

在交通事故多发地段可以铺筑红色或黄色的路面,直观地提醒驾驶员注意,谨慎驾驶。可以在长大下坡的适当位置设置彩色错视觉标线,在路面上铺筑一颗颗不同色彩的小方粒状凸起物;车辆在行驶过程中由于错视觉的影响,驾驶员看到的标线是立体的,而彩色更加显得醒目,从而使驾驶人员主动减低行驶速度,同时当轮胎接触标线时,会发出明显的声音或振动,起到减速警示作用。

8.3.2　刹车失灵后的安全设施

(1)设置避险车道

我国新版的《公路工程技术标准》(JTG B01—2003)明确提出在山岭区连续长坡路段应设置避险车道。在长大下坡道路上,给刹车失灵的车辆提供一个强制消能减速的安全车道。

(2)消能护栏

消能护栏是一种具有高吸能作用的新型护栏,一方面该护栏表面敷设有蜂窝状的吸能装置,能够大幅度减少失控车辆碰撞护栏时的冲击力,特别是降低小型客车乘员的冲击风险,并可使车辆平稳地返回到正常行车道上;另一方面,护栏后的混凝土结构强度,又足以抵抗大型车辆的碰撞。

在连续长大下坡路段的外侧设置这种能够吸收车辆运动能量的护栏,车辆在刹车失灵后驶向紧急停车带,以较小的碰撞角度靠上消能护栏向前行驶,借助消能护栏对车辆的阻尼作用吸收运动能量,使车辆的行驶速度很快降下来,在一段较短距离内停止。使用消能护栏既能有效保障车辆的安全行驶,又能降低车辆的损伤程度及保障驾乘人员的生命安全,因此是一种值得推广应用的护栏。

(3)减速带

振动减速带是一种有效的速度控制设施。但需要注意的是它在不同场合的应用类型大不相同。在公路中应用时，应注意在降低速度的同时，保证车辆的相对平稳运行，不能采取冲击过大，可能造成车辆剧烈颠簸的类型。它的设置位置宜位于转弯处和长大下坡的下半部。

(4)照明系统

驾驶员在驾驶过程中的信息主要来自视觉。在夜间行驶时照明系统的优劣就尤为重要了，尤其在危险路段。危险路段会有一系列的警示标志，这些标志在白天时清晰可见并不一定在夜间也能被驾驶员清晰识别，因为在不同光线条件下人眼对颜色的识别能力不同。例如白天醒目的黄色在夜间并不十分醒目。长大下坡路段的一些防护措施在夜间没有被驾驶员发现，就会发生很多可以避免的事故。在弯坡组合、降温池、避险车道这些危险点，避险措施之前要做好提示标志和照明的配合。

与之相关的一个有效措施是反光材料的应用。在上述重点路段除加强照明之外，还应有意识地在路侧护栏、中央分隔带、车道分隔线等处应用反光材料加强夜间的辨识性。

8.3.3 其他安全措施

(1)道路几何设计

公路线形设计应在平、纵、横三个方面进行综合设计，保持各元素之间的协调一致。对于长大下坡路段，进行协调性组合设计的作用更加重要。平、纵、横三方面的组合不仅要满足汽车动力性能的要求，而且还要满足驾驶员视觉和心理等方面的要求，这对保证汽车行驶安全顺适具有极其重要的作用。不恰当的线形组合，容易造成交通事故，降低通行能力，如在长大下坡中结合小半径弯道会大大增加道路交通事故发生率。因此在设计时，应保持线形在视觉上和心理上的协调，并且注意与公路周围环境的配合，保持线形的美感及沿途风景的协调与路面状况、道路沿线视距保证率、行车视觉景观等因素也影响交通安全。

对于新建公路项目：根据公路车辆组成、车辆实际载重选择道路线形参数，使道路本身条件与车辆条件相符。如按超载车的载重进行重新改造可能性不大，只能在管理、后期补救采取一些措施，在实际运用中也证实是有效的。

(2)加强对驾驶员的教育

从事故原因分析可以得知驾驶员的不良驾驶习惯是事故的重要原因之一。另外经研究发现，过于年迈和过于年轻的驾驶员的事故率较高。年轻驾驶员的高事故率通常是由于急躁、酗酒和驾驶技术不良造成的；年迈驾驶员的高事故率是由于安全驾驶所需的个人体能因年龄的增长而衰弱造成的。

因此，加强驾驶员的交通安全教育是必不可少的。加强安全宣传教育，增强各级领导和广大民众的安全意识，采取各种形式，大力普及安全法规及常识。交通活动是人们有意识的活动，只有树立了安全第一的思想，人们才能主动地遵守交通法规、法律，才能有意识地去调整自己的行为，使其朝着有利于交通安全的方向发展，才能主动而不是被动地接受交通安全管理。

(3)超限超载车辆整治

近年来我国发生的一系列群伤群死重大交通事故，许多均与车辆的超限、超载有关。车辆严重超限，使车辆的技术状况大大降低，车辆的行驶稳定性、刹车性能、悬挂承荷能力、转向可靠度趋差，轮胎爆胎可能性增大，极易引发交通安全事故。另一方面，汽车长时间超负荷工作，磨损加剧，车辆使用寿命大大缩短。据了解，京沪高速公路江苏沂淮段在一年时间内因车辆超限所造成的交通事故共46起，死亡61人，伤123人。广东京珠高速公路粤境北段开通半年就已经死了80多人，经交警交通部门的专家分析，也与车辆严重超载超限有直接关系。

《中华人民共和国公路法》明确规定，汽车超载是违法行为。交通部于2000年颁发了《超限运输车辆行驶公路管理规定》，限制超载车辆上路行驶。但是，超载现象有增无减，在京广、京沪等运输大通道上，摇摇晃晃的超载"巨无霸"车辆随时可见。

超限超载问题是经济和社会发展到一定阶段，车辆生产与管理、运输市场、管理体制等诸多矛盾在运输环节的集中反映。由于经济利益的驱动，一些地方政府对治理违章超限运输的态度不积极，在解决经济利益驱动问题上办法不多，措施不力；公安、交通部门只注重路面执法，而对源头和治本方面没有配套的治理措施；车辆"大吨小标"、汽车非法改装问题突出，大吨小标车辆已占全社会车辆的80%以上；交通、公安两家在治理超限超载中，由于标准不一，重复处罚现象时有发生。由于以上深层次的问题没有得到根本解决，致使全国治理超限超载工作开展了近四年，但效果并不明显。我国运输市场上出现"怪圈"：汽车超载被罚，罚后再拼命超载，运价越来越低，公路遭到破坏，交通事故不断。

目前公路上的货车出厂后都经过改装，为的是使车辆能载更多的货物，从而埋下了交通隐患。国外是禁止车辆改装的，如能从法律上有效制止这种现象，那么连续下坡路段事故将会大幅度降低。提高刹车系统性能亦能减少刹车失灵的事故。如国外山岭区公路坡度比我们大，但是事故比我们少得多，除了国外不存在超载情况外，还因为国外车辆性能比我们好，如我国刹车片温度到270℃就会炭化，有的国家刹车片的炭化温度是400℃。禁止车辆改装、超载、提高车辆性能短期内解决或改进是有一定困难的，但是随着我国经济水平的提高、国民素质的提高会逐步得到改善，这也是解决连续下坡事故的根本办法。

(4)大型客、货车性能改善

改善大型客、货车性能的措施利国利民，对提高我国道路交通安全水平有重要意义。该措施主要从货车的动力性能、操纵稳定性能、可靠性能、安全性能，以及乘客舒适性能方面来考虑。

目前，国产客、货车的动力性能低，发动机功率普遍偏低，在长距离、长时间、满负荷工作的情况下，发动机的水温、油温过高，常出现拉缸和烧瓦等现象。因此，要想适应特殊路况安全运行的要求，必须采用大功率发动机，保证汽车具有足够的后备功率和加速能力，以获得良好的加速和爬坡性能，提高发动机的可靠性；在车型设计上要降低风阻系数，减少空气阻力引起的动力消耗。

长期以来，国产客、货车的安全保障措施主要集中在考虑常规制动系统的性能和车身结构的强度，这种状况难以适应高速行驶对制动安全性的要求。因此必须切实加强国产客、货车的主、被动安全性。

①加强车轮制动防抱死装置(ABS)、防侧滑装置(ASR)和缓速器的研究开发，采用性能优良的盘式制动器和制动器间隙自动调节装置，安装多管器、相互独立的制动系统，以提高汽车的制动性和操纵稳定性。

②采用现代化的试验设计手段和材料，加强汽车结构抗碰撞安全性，最大限度地保证乘员的人身安全。如采用航空材料、安全玻璃、气垫，设计高性能底盘，加强座椅强度，减少突出物数量，使棱角圆滑。

③运用人机工程学原理,改善驾驶及乘坐的舒适性,改善视野和灯光性能。

此外,高速行驶的汽车操纵稳定性对车辆安全行驶也是至关重要的。目前,国产客、货车高速行驶时发摆、发飘等现象时有发生,其主要原因是底盘技术性能和车身造型设计落后。国产汽车主要是中型货车和以其底盘为基础的客车,底盘前、后桥轮距偏小,悬架的角刚度小,致使汽车的横向稳定性差。同时,前轮定位参数也不能满足高速行驶的要求。另外,制动鼓、钢圈和轮胎等转动惯性量偏差大,转向系刚度不足,都是引起汽车高速行驶时发摆、发飘的主要因素。我国对客、货车车身造型的空气动力特性的研究刚起步,仅个别车型进行了风阻方面的研究,对于影响操纵稳定性的气动力和气动升力等的研究还有待展开。

(5)大小车分道行驶

车辆混行的行车条件,尤其是货车存在的条件下,交通流的速度差大,既影响了运输效率,又影响行车的安全性。连续下坡货车平均速度为40~50km/h,而小型车辆的平均速度在80~100km/h,因而大型车、小型车在同一车道行驶,加大超车的频率。如货车在内侧车道行驶,如发生刹车失灵的现象,不容易从主车道中分离出来,容易造成严重追尾事故,殃及更多的正常行驶的车辆。

因此在连续下坡路段,根据事故调查及理论分析,在事故频发的路段利用标志、标线或一些物理的分隔设施,将货车和小型车分隔开,并且分别限速,一般采用大车40km/h,小车60km/h。

在八达岭高速公路、京珠北高速公路、云南元磨高速公路连续下坡路段,根据路况、周边环境采取了以上几种改造措施,取得了一定作用,但是如果要使连续下坡路段刹车失灵导致事故彻底消失,最根本的办法是解决超载问题。

第9章 陡坡、急弯路段综合处理

在山岭区修建的公路，由于受到当地复杂的地形、地貌及地质条件的制约，在公路设计时对平曲线半径和纵坡值所采用的均是设计技术标准中规定的低限值或极限值，造成在此类采用小半径曲线及大纵坡的公路路段成为事故多发的黑点区，也是安全保障工程要解决的重要危险路段。

9.1 概述

有研究表明，在诸多的交通事故中，除少数是由于驾驶员粗心大意造成的外，大部分驾驶员出事故的原因是由于困难的行驶条件所造成的，而困难的行驶条件则与道路设计或道路养护有关，当车辆在这样的条件下行驶时，驾驶员稍稍放松注意力，就会导致交通事故。美国交通事故专家早在20年前就指出，“不管各方面的意见如何，只是驾驶员一方面的错误，决不会造成最严重后果的交通事故。事故的原因往往是不安全的、危险的道路条件引起的”。前苏联的学者通过对13 000个道路交通事故的分析认为，不良道路条件的影响是70%的交通事故的直接或间接原因。而导致驾驶员产生疏忽大意或导致其采取了不正当的驾驶措施的主要原因之一是不良的道路几何设计，其中道路线形的设计不合理是主要原因。

在道路的线形设计中，平曲线半径和纵坡的大小是设计的两个重要指标，我国的公路设计标准对此有明确的低限值规定，然而，即使采用的值高于低限值，也有可能不能满足驾驶员的生理心理需求，从而引发交通事故。平曲线半径太小，往往造成视距不良、转弯半径不足等情况发生，而纵坡太陡则易造成车速过快而使车辆失控的情况出现。据统计，2002年我国发生在急弯、陡坡的事故共有18 014起，而且还有每年递增的趋势，因此，在公路安全保障工程中将陡坡、急弯作为重点解决的路段之一是非常有必要的。

《公路安全保障工程实施技术指南》中对陡坡、急弯路段的定义如下：

(1)急弯路段

急弯路段是指平曲线半径(R)小于下列数值的路段，如图9-1所示。

①单个急弯

设计速度大于80km/h　　　　$R < 400$m

设计速度 60km/h　　$R<250$m

设计速度 40km/h　　$R<125$m

设计速度 30km/h　　$R<60$m

设计速度 20km/h　　$R<30$m

②连续急弯

设计速度小于60km/h，连续有三个或三个以上小于下列半径(R)的平曲线，且各曲线间的距离(L)小于下列长度的路段，如图9-2所示。

图9-1　单个急弯

图9-2　连续急弯

设计速度 40km/h　　$R<125$m　　$L<50$m

设计速度 30km/h　　$R<60$m　　$L<35$m

设计速度 20km/h　　$R<30$m　　$L<25$m

受公路周边环境等因素影响，有些连续急弯路段危险性要高于单个急弯路段，在选取实施路段时，可结合事故情况将连续急弯的 R 取值适当增大。

(2)陡坡路段

是指纵坡($i\%$)大于下列数值的路段，如图9-3所示。

图9-3　陡坡路段

设计速度不小于80km/h　　$i>4$

设计速度 60km/h　　$i>5$

设计速度 40km/h　　$i>6$

设计速度 30km/h　　$i>7$

设计速度 20km/h　　$i>8$

(3)急弯陡坡路段是指上述急弯和陡坡的平纵组合路段。

9.2　陡坡、急弯路段事故原因归纳分析

9.2.1　急弯路段事故原因分析

道路的平曲线越小，曲率越大，弯度就越大，也就是弯越急；反之，道路的平曲线半径越大，曲率越小，弯度就越小，也就是弯越缓。在急弯路上行车，容易发生道路交通事故。英国学者格兰维尔通过实验调查研究了道路平曲线的曲率和道路交通事故率的关系，其结果如表9-1所示。

曲率与道路交通事故率的关系　表9-1

曲　率	0~1.9	2~3.9	4~5.9	6~9.9	10~14.9	>15
事故率(次/百万车公里)	1.62	1.86	2.17	2.36	8.45	9.26

从表9-1中可以看出，曲率半径在10~100m范围时，事故率随曲率的增大而急剧增高。

我国《公路项目安全性评价规范》对平曲线半径对事故的影响进行了调查与分析。综合分析几条高速公路事故率与平曲线半径的关系可以看出，当平曲线半径低于1 500m时，曲线半径越小事故率越高。特别是当半径小于600m时，事故率几乎是同类几何线形元素和全路事故率的1.5倍，小于400m时，事故率大约是其事故率的2倍。

半径小于1 500m的平曲线主要用在山岭重丘区和微丘区的公路上。因此对于高速公路建议应尽量少采用小于600m半径以下的平曲线，只有在不得已的情况下才采用半径小于400m的平曲线，但在任何条件下均建议，对于半径小于1 500m的平曲线路段应该采取一定措施提高其安全性。

车辆在曲线上行驶，不论从直线驶入曲线，或由曲线驶入直线，驾驶员都必须转动方向盘，使汽车在规定的车道上行驶。但是由于装载质量与横向离心力的作用，增加了驾驶员操作的困难，车速稍有不当，就会驶入其他车道。

车辆在曲线上行驶，由于受到离心力的作用容易向外侧侧滑和倾翻，降低了车辆的稳定性和安全程度。车速越高，离心力越大，这种危险就越大，发生的事故也越严重。

车辆在曲线上行驶，由于受到前方视距缩短的影响，不便于发现前方的情况，尤其在夜间行车，因灯光照射不是顺着曲线的，更难发现前方的情况，增加了发生事故的潜在危险。

车辆在曲线上行驶，由于横向力的出现，会使乘客感到不舒服。横向力系数越大(横向力系数=横向力/车辆质量)，车辆横向稳定程度越差，乘客就越感到不舒服。

由于视距条件受限，驾驶员不能清楚看到曲线另一侧的道路和车辆，对于前方道路的走向和对向来车不能很好的预判。在这种情况下，允许驾驶员进行判断、反应和驾驶员操作的时间比较短，而车辆的速度普遍大于设计速度，所以有可能出现因避让不及导致的对撞事故，另外，过快的车速有可能导致车辆驶出路外，导致较严重的侧翻、坠坡等事故。

9.2.2　陡坡路段事故原因分析

有关调查表明，在平原地区、丘陵地区和山区道路上，发生于坡道部分的交通事故分别占17%、18%和25%。分析坡道上交通事故率高的原因，主要是下坡时，驾驶员为节油常采取熄

火滑行的操作方法，一旦遇到紧急情况来不及采取应急措施，此类事故约占坡道事故的24%，这样的事故案例不少。车辆下长坡时，由于重力作用，行驶速度过高，制动非安全区过长，频繁使用制动致使制动产生热衰减，遇有紧急情况不能及时停车，此种原因引起的事故占坡道事故的40%；车辆上坡行驶时，由于超越停放或后备功率较小的低速行驶车辆所造成的坡道事故占18%；由于其他原因引起的坡道事故占18%左右。

在陡的上下坡段上，发生道路交通事故的主要原因有三个方面，一是下坡行驶的汽车驶出路基，或者与上坡超车的迎面来车相撞；二是在持久下坡情况下，行车速度过快；三是在绕过路边的停车行驶时，与对面来车相撞。第一种类型的事故占较大纵坡路段道路交通事故总数的24%，第二种类型的事故占40%，第三种类型的事故占18%。在上坡道上行驶时，事故特征主要分布在上坡道的上凸部分与过了坡顶后紧接着的路段；下坡行驶时，事故特征点则主要分布在纵断面的下凹部分，因为下坡汽车驶入该处时车速达到较高的数值。坡度越陡，事故率就越大。当坡度大于8%时，事故率便急剧上升。

德国学者比兹鲁调查了德国高速公路的坡度与道路交通事故的关系，见表9-2。从表9-2中可以看出，坡度越陡，事故率就越大。当坡度大于4%时，事故率便急剧上升。

纵坡度与道路交通事故率的关系 表9-2

坡度(%)	2	3	4	5	7	8
事故率(次/百万车辆公里)	1	1.5	1.75	2.5	3	10

汽车上坡时，由于坡度的阻力使车速降低，坡道越陡，车速下降越快；坡道越长，车速降低越多。为了维护汽车的爬坡能力，要不断增加牵引力，如果牵引力不足，制动不及时，操作失误，就会造成车辆向下溜滑，而引起交通事故的发生。当坡度很陡时，如果车辆动力不足或发动机突然熄火，后轮的切向反力小于平行分重力与前轮的切向反力之和，或者是后轮的切向反力等于零，车辆被迫向后溜车，造成交通事故。

汽车下坡时，由于汽车自身重力加速度的作用，使车辆速度越来越大，尤其有的驾驶员为了节油，采取下坡熄火滑行的操作方法，一旦遇到意外的交通事态，来不及采取应急措施，失去控制，就会造成交通事故。当坡度很陡时，可能会出现平行分重力比后轮的切向反力与前轮的切向反力之和大很多的情况，车速不好控制，常使车辆被迫向前溜车，易造成交通事故。

车辆在坡道上行驶，制动距离随坡度变化而变化。与平道上的制动距离相比，上坡时制动距离缩短，下坡时制动距离延长。汽车下坡时，道路的坡度越大，汽车的制动距离就越长，撞及其他车辆和行人的可能性也就越大。

汽车长时间连续下坡行驶时，制动性能降低。由于制动器使用过多，容易使制动鼓持续处于高温状态，降低制动效能。严重时会使制动蹄片烧毁，制动失灵，引发道路交通事故。

车辆在坡道上行驶时，路面附着力变小，影响汽车的稳定性，因为附着力等于汽车的垂直分重力和附着系数的乘积。在无坡度的道路上，汽车的垂直分重力等于汽车的总重力；在有坡度的道路上，汽车的垂直分重力小于汽车的总重力，所以附着力也下降。如果坡度很陡，特别是下坡时，若使用制动不当，很容易出现侧滑，从而发生道路交通事故。

9.3　综合处理措施

9.3.1　单个急弯

单个急弯存在的主要安全隐患一般是视距不良或车速过快，容易造成两车相撞、单车碰撞山体或车辆驶出路外。综合处理方案设计时，可采用以下措施之一或综合采用以下措施：

(1)设置向左(右)弯路和事故多发路段等警告标志。

(2)设置限速标志(见图9-4)，并根据需要设置解除限速标志。如果超速现象严重，且是造成事故频发的主要原因时，可在进入弯道前一定距离设置20～30m的比利时(块石)路面，或设置其他物理减速设施。

图9-4　减速标志设置示例

(3)设置禁止超车标志，并根据需要设置解除禁止超车标志。

(4)路侧设置线形诱导标和/或轮廓标。

(5)设置中心实线或物理分隔设施，减少因视距不良车辆越过中心线发生的对撞事故。

(6)弯道处外侧路面加宽。

(7)根据路侧危险程度和历史事故资料在弯道外侧设置护栏。

示例9-1

在图9-5处治前的急弯路段中，在急弯路段左侧弯道内侧为土丘、多灌木和茂盛树木，边沟为较深的矩形边沟，视距不良，弯道外侧为深沟，路肩上有巨石、电线杆和大树等，造成对撞及冲出弯道外侧事故频发，主要处治措施有(处治后的路段见图9-5)：

图9-5　处治前后单个急弯路段(示例9-1)

①弯道内侧土丘为较缓边坡，将矩形边沟改为宽浅边沟或盖板边沟，削减内侧灌木和树木，改善内侧视距；

②弯道外侧设置波形梁护栏和反光轮廓标；

③施画中心双黄实线，设置中央隔离设施（可倒伏示警桩）；

④弯道前后设置限速标志及相应的接触限速标志等。

处治前后的路段如图9-5所示。

示例9-2

当急弯位于下坡路段，左侧山体阻挡视线，右侧深谷，多次发生车辆驶出路外坠入深谷事故时，主要处治措施有：

①尽可能开挖左侧山体，提高视距；

②弯道部分施画中心实线，前后设置禁止超车标志及相应的解除禁止超车标志；

③将弯道外侧原示警墩加固改造为具有一定防撞能力的混凝土护栏；

④设置线形诱导标等。

示例9-3

在图9-6处治前的单个急弯路段中，急弯位于丘陵区较平缓加填方路段，路侧边坡较缓，填方高度小于4m，左侧植树阻挡视距，主要处治措施（处治后的路段见图9-6）：

图9-6　处治前后的单个急弯路段（示例9-3）

①此路段虽然容易发生交通事故，但事故严重度较低，处治的重点是提前设置警示标志，控制车速，改善路面抗滑性能，修剪内侧树枝，保证视距；

②施画路面标线，急弯路段为中心实线，余为中心虚线；

③设置急弯警告标志，提示慢速通过；

④弯道前后设置禁止超车标志及相应的解除禁止超车标志等。

9.3.2 连续急弯

连续急弯存在的安全隐患与单个急弯路段相似，但交通事故的发生率一般更高。因此，除可选择单个急弯采取的处治措施外，还可采取以下措施之一或综合采用以下措施：

(1) 设置“连续弯道，超速危险”警告标志（图9-7），还可以加设辅助标志说明前方连续弯

图9-7　连续急弯警告标志

路的长度，或使用告示牌，说明前方××m 连续弯道；

(2)设置限速标志，可以设置限速解除或使用一块辅助标志说明限速路段长度；

(3)在因刹车失灵造成事故频发的路段，可根据地形条件设置避险车道；避险车道受地形条件限制，不能满足失控车辆的制动要求，应在避险车道端部设置柔性防撞设施；

(4)根据路侧危险程度和历史事故资料设置护栏。

示例 9-4

图 9-8 处治前的连续急弯路段中，此处为连续弯道末端，较容易发生对撞事故。在综合处治时，考虑采用以下措施(处治后路段见图 9-8)：

图 9-8　处治后的连续急弯路段

①连续弯路中心线画实线；

②在山石上设置线形诱导标；

③修整路侧边沟；

④提前设置限速标志或强制减速设施(如比利时路面)。

示例 9-5

图 9-9 为连续急弯路段，且山谷一侧路侧险要，易发生车辆驶出路外、翻入山谷的恶性事故，可采取以下处治措施：

①在连续急弯起点合适位置设置警告标志(告示牌)与限速标志；

②弯道部分中心线画实线；

③在平曲线外侧利用原示警墩改成连续混凝土护栏。

9.3.3　陡坡路段

陡坡下坡路段存在的主要安全隐患一般是车速过快或连续刹车导致车辆制动失效，易造成追尾或对撞事故。综合处治方案设计时，可采用以下措施之一或综合采用以下措施：

(1)设置下坡警告标志或其他文字性警告标志；

(2)设置限速标志、减速设施和视线诱导设施；

(3)根据路侧危险程度和历史事故资料设置护栏；

(4)如果设置了避险车道，应在坡道起点处设置避险车道的告示牌，在避险车道前至少设置两处预告标志。

陡坡上坡路段存在的主要安全隐患一般是占道行驶或违章强行超车造成与下坡车辆发生对撞事故。方案设计时，应重点以标志和标线（实线）为主要措施进行处治，提醒驾驶员禁止超车。

示例9-6

如图9-10中所示，在陡坡未处治路段，且坡顶处视距不良，占道超车或行驶时，易发生与对向车辆对撞，可采用如下处治措施：

图9-9　未处治的连续急弯路段

图9-10　未处治的陡坡路段

①将上坡段标线画成中心实线；

②上坡前设置上陡坡警告或禁止超车标志等。

9.3.4　陡坡急弯路段

由于下坡路段的车速比较快，因此急弯陡坡路段除了具有单个急弯的安全隐患外，还容易产生因车速过快、视距不良等综合因素造成车辆侧翻、对撞或冲出坡外事故。综合处治方案设计时，除可选择单个急弯采取的处置措施外，还可采取以下措施之一或综合采用以下措施：

（1）在急弯前的直线路段就设置限速标志和警告标志，如图9-11所示，且宜结合设置其他减速设施，逐步控制车速，使车辆能以较安全的车速通过小半径曲线。

（2）如果路侧较危险且事故较多，可考虑设置护栏及强制减速措施。

示例9-7

此处急弯陡坡路段（图9-12），弯道外侧为山谷，弯道内侧山体遮挡视线不良，容易发生车辆冲出路侧、对撞事故，可采用如下整治措施：

①施画标线，弯道路段中心线为黄实线；

②设置警告限速标志；

③由于弯道内侧视距不良，设置线形诱导标；

④弯道外侧设置护栏，护栏端头外展，隐入山体等。

图 9-11 陡坡急弯路段标志

图 9-12 未处治的急弯陡坡路段

第10章 长直线接小半径曲线路段综合处理

10.1 概述

长直线、长下坡尽头设置较小半径的平曲线，车辆行至小半径平曲线时经常出现侧滑甚至翻车的事故。长直线小半径的线形几何标准提法较多，一项研究资料将长直线、长下坡的定义为：

(1)纵坡大于4%，坡长大于500m的直线下坡路段；

(2)纵坡1%~4%，坡长大于1 000m的直线下坡路段；

(3)纵坡小于4%，坡长大于1.5km的直线路段。

一项英国研究表明：小半径平曲线的事故率很高(1965)。Brenac(1996)提到的一篇1993年法国论文表明：平曲线的事故率随半径的减小和直线长度的增加而增加。Datta 等(1983)发现，直线长度是事故发生的一个重要因素，Fink 和 Krammes(1995)从数据(纽约、华盛顿和田纳西州的563个平曲线)分析中得出的结论证实了长直线接小半径弯道更加不安全的假设。Hauer(1999)的一篇论文认为，Matthews 和 Barnes(1988)所进行的一项新西兰的研究，给直线长度的影响提供了以经验为根据的最可信的证据，它采用了新西兰州2 000 km公路的所有平曲线，发现半径500 m以内平曲线的事故率随直线长度的增加而增加，直到直线长度达到1 200 m。

直线长度对平曲线的事故率的影响，在曲线半径小于2 00m且直线长度在300~500 m时达到最大值。

过长的直线段，易使驾驶员因景观单调而产生疲劳，注意力不集中，反应迟缓，一旦有突显信息出现，就会因措手不及而肇事。另外，驾驶员在长直线路段爱开快车，致使车辆进入直线路段末端后曲线部分速度仍较高，若遇到弯道超高不足，往往导致倾覆或其他类型的交通事故。

10.2 长直线接小半径曲线路段事故原因归纳分析

线形的骤变，长直线的末端设置急转弯曲线，易造成车辆在不自觉的高速情况下驶入平曲线,事故隐患大为增加。

(1)平曲线线形中应避免直线路段间插入小半径曲线,因长为这样会造成视觉上突变的错觉,会导致线形扭曲,对行车驾驶极不安全,同时也影响路容美观。

(2)长直线尽头不能接小半径曲线,因长直线后出现曲线,会因惯性思维而采用高速行驶,但发现是小半径曲线后就不得不减速,从而可能因减速不及而造成事故。

图 10-1 长直线与小半径桥事故多发路段

长直线后紧连小半径平曲线时常常多发事故,主要原因是下坡时速度往往太大,而驾驶员来不及转动方向盘进入平曲线,或者由于惯性沿切线方向驶出路外,或者与对向来车相撞而造成交通事故。

(3)桥头接小半径曲线路段(图 10-1)。桥头接小半径曲线路段存在的安全隐患与单个急弯路段类似,但由于事故形态以碰撞桥头和冲到桥下为主,因此具有更高的严重程度。

10.3 综合处理措施

在曾经发生过对撞、侧翻等交通事故的小半径急弯路段,充分应用综合防治手段。

(1)在长直线接小半径曲线不良路段之前,设置视认性强的大型急弯减速警告标志,限速、禁令、指示或指路标志,以提醒驾驶员减速行驶,使车辆能以较为安全的车速通过小半径曲线。可以在警告标志的前方,分别在决策视距和停车视距位置各设置一块,以期通过两次警告,使驾驶员能有足够的时间采取安全措施。如果超速现象严重,且是造成事故频发的主要原因时,可在进入弯道前一定距离设置 20 ~ 30m 的比利时(块石)路面,或设置其他强制减速设施。

(2)为了充分引起驾驶员的注意,在弯道道面上设置事故多发路段等警告标志,或在小半径曲线外侧设置轮廓标或向左(右)弯路线形诱导标及红色薄层标线,迫使驾驶员降低行车速度,采取措施,避免交通事故的发生。

(3)路中央设置中心实线或安装分道体强行隔离对向行驶车辆,控制车辆各行其道,减少因视距不良车辆越过中心线发生对撞事故。

(4)根据路侧危险程度和历史事故资料在小半径曲线的外侧设置护栏及强制减速措施。

(5)路面摩擦系数不足且平曲线半径较小,路面不能提供足够的横向摩阻力的路段,可采用薄层铺装、路面打磨粗糙等路面防滑处理。

(6)设置禁止超车标志,并根据需要设置解除禁止超车标志。

(7)桥头接小半径曲线路段。方案设计时,除采用急弯路段处治措施外,还可重点考虑降速和被动防护措施。如,桥头曲线外侧应设置护栏,并与桥梁护栏良好过渡;还可以考虑采取在桥头设置警示标,曲线外侧设置视线诱导设施,曲线前的直线段设置强制性减速设施等措施。

对于窄桥接小半径曲线段，可以在小半径曲线段起点处设置限速标志，分析路侧危险程度，必要时可在曲线前的直线路段设置减速振荡标线等强制减速设施，并在曲线段适当位置设置急弯和窄桥警告标志，提醒驾驶员前方路况。曲线段可视具体情况设置双向不同色彩的薄层铺装，以增大路面的摩阻力并区分车道。根据桥梁情况在桥头合适位置设置合理的限重标志，在曲线外侧设置诱导设施（双向），标志尽量避免设置在桥上。根据公路等级及碰撞条件，在曲线段路侧设置波形梁护栏，桥梁段设置新泽西护栏并做好过渡设计，过渡段的波形梁护栏立柱间距进行加密处理，同时在刚性护栏的始、终段设置独立的端部翼墙。考虑夜间行车安全，在两侧护栏上胀锚线形轮廓标（图10-2）。线形轮廓标较点状轮廓标更能展示道路几何线形完整的轮廓、更好标示道路几何线形变化，使驾驶者享受更高的可视性和安全性。

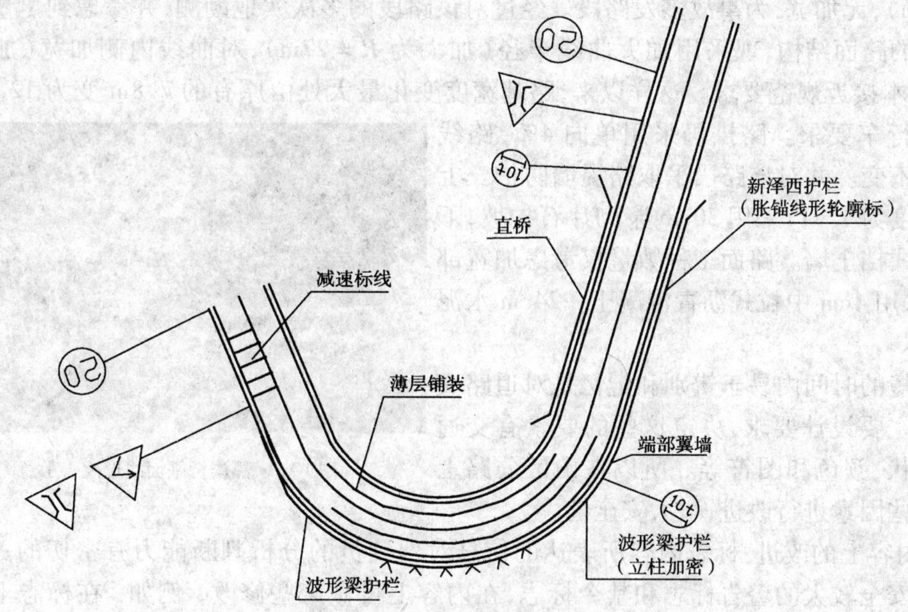

图10-2 窄桥接小半径曲线路段处治示意图

（8）长直线小半径本质上是设计速度与运行速度的不协调造成的，也是采用设计速度方法进行几何设计的最典型、最突出的案例。应当对全线平面指标较低的路段都进行运行速度检验，凡与设计速度相差较大的，应调整路线设计。

例如，某设计速度为60km/h的高速公路，在下坡坡度为1%的600m长直线路段末端设置了半径为125m的平曲线，在进入曲线前设置了限速60km/h的交通标志，而实际上仍然频繁发生交通事故。按照上述标准该路段似乎算不上长直线，而经过调查发现，其曲线上的实际运行速度高达96km/h，经计算可得出横向力系数高达0.5，远高于0.15的极限值，可见事故频发的原因。

设计速度较低的高速公路，这一问题更突出。原因是驾驶员并不关注公路设计速度的大小，第一感觉是进入高速公路了，行驶速度理应高一些，尤其是在平直路段，这时如果突然出现低指标的小半径曲线，就会出现安全事故。我国《公路工程技术标准》（JTG B01—2003）中取消了设计速度为60km/h的高速公路，这与发现已建的60km/h高速公路的运行效果不好，运行速度经常较大的超过设计速度的问题不无关系。

对于设计速度较高的高速公路,这一问题反而不突出,原因是高速区的运行速度与设计速度差异不大,例如,即使线形十分平直的路段,大部分小客车的最高运行速度也不会超过120km/h,这与120km/h或100km/h的设计速度差异不大。

(9)对于长直线末端接小半径曲线路段,除关注曲线半径大小以外,可以采取适当加大超高等措施,在增大超高时,同时需要注意低速、高质心货车的稳定问题,以免故此失彼。

10.4　实例分析

黑沟桥平面线形的改善(图10-3):K979+182~K979+220段为直桥接小半径曲线(原路的$R=20$m),无加宽,为事故多发路段。经过对该路段的多次实地勘测,并考虑到尽量不破坏原有路段的路面结构,现采用加大曲线半径(加大为$R=27$m),对曲线内侧加宽(加宽值为2.5m),基本接近规范要求。这样以来,路基宽度变化最大处由原有的7.8m变为12.85m,已基本满足行车要求。路拱仍采用单向4%,路线纵坡保持不变。并对该路段采取路堤墙防护。上部边坡坡度为1∶1,采用30cm浆砌片石护坡,下部为仰斜式挡土墙。路面工程数量仅考虑加宽部分,结构采用4cm中粒式沥青混凝土+24cm水泥稳定碎石。

图10-3　黑沟桥平面线形改善示意图

在极短的时间内易于辨别和记忆是对道路交通标志的主要设计要求,决定这些的要素有交通标志的形状、颜色和图符等。所以在山区公路上可以对这些因素进行改进,增大安全性。

(1)内容上的改进:标志内容所表达的信息对驾驶员的分析判断能力有密切的关系。对一些影响安全较大的警告标志和禁令标志,在内容上可做某些修改,例如:在标志上增加前方危险地点的距离,有助于驾驶员判断和操作上的准确性;对于小半径的急弯,除警告标志外,还应有限速禁令标志。

(2)位置的改进:警告标志安装距离应使驾驶员在距危险距离地点以前即获知信息,并有足够的时间采取安全操作。国外曾有"决策视距"的概念。所谓决策视距是指驾驶员获知潜在危险信息后,选择适当速度和路径,安全有效地完成必要的操作所需的距离。它比停车视距要长些,因为它使驾驶员低速绕过而不是停车。通过研究,决策视距最小值约为停车视距的2倍,期望值为3倍左右。所以在山区道路上的危险路段即需要设置警告标志的地方,应合理选择警告标志的设置位置,使驾驶员在到达危险路段前,就预知到前方路况,以此来避免事故的发生。

此外对于错觉易出现的路段,必须采取设立警告标志或视线诱导标志给予纠正,也可以采取增强危险信息提醒驾驶员,比如在越岭公路上安装"险"字标志。

在一些特殊的、弯道半径较小、视距不满足停车视距且不易改造的路段上,为了充分引起驾驶员的注意,在弯道道面上设置醒目的、不同于规范的导向标志和路面标线,可使驾驶员采取措施避免交通事故的发生。

第11章 视距不良路段综合处理

前几章详细阐述了长大下坡路段综合处理，陡坡急弯路段综合处理，长直线接小半径曲线路段综合处理。这几章反映了一个共同的问题，就是长大下坡路段、陡坡急弯路段、长直线接小半径等公路安全保障工程危险路段中都存在着视距不良问题，而且视距不良是造成上述危险路段事故的主要原因之一。为了能够了解视距问题对公路安全保障工程的影响及解决方式，本章就视距不良问题作具体的阐述。

11.1 概述

交通工具在行驶过程中，为了保证车辆、行人和结构物不被损坏，当驾驶员在一定距离上看到障碍物或迎面来车时，紧急采取规避措施而进行的刹车或者绕过它们而在路面上行驶所必需的安全距离，称作行车视距。在道路的平面、纵断面横断面设计时，都应该保证必要的行车视距。

11.1.1 行车视距的分类

(1)停车视距

交通工具在路上行驶时，驾驶人员看到前方障碍物，紧急采取安全制动措施所需要的最短安全距离称作停车视距。工程特殊困难或者条件受限制的不利路段，也可采用停车视距作为视距限制值，但必须采取分道行驶措施，如：设置分隔带、分道线或减低车速的设置标线。工程特殊困难或者条件受限制的不利路段主要包括以下五种情况：

①减速车道及出口端部；

②主线下坡段且纵断面竖曲线半径小于一般值的路段；

③主线分汇流处车道数减少，且该处竖曲线半径小于一般值的路段；

④要求保证视距的圆曲线内侧，当圆曲线半径小于2倍一般值或路堑边坡陡于1:1.5的路段；

⑤公路与公路、公路与铁路平面交叉口附近的路段。

遇以上五种情况，考虑到货车的特殊情况，在危险路段按照货车停车视距标准进行检验和定制。

(2)会车视距

两辆对向行驶的车辆在同一车道上看到对方并及时进行制动反应所需要的安全距离。会车视距主要有三大部分组成:双方驾驶员看到对方反应时间所行驶的距离,双方车辆的制动距离,安全距离。同时其他因素也对会车时具有一定程度的影响,但不起主导因素。

(3)超车视距

车辆在行驶中,后车需要超越前车所必需的安全距离。快车跟随慢车会有三种选择:保持安全距离尾随驾驶,渐渐加速逐步靠近再减速保持距离或者选择超越前车。所以超车视距包括四大安全距离组合:加速行驶追赶前车的距离;超车车辆在对向车道加速行驶的距离;超车完成时超车车辆与对向车辆之间的安全距离;超车车辆从开始加速到超车完成过程中对向车辆的行驶距离。《公路工程技术标准》规定:双向行驶双车道公路根据要求,需根据地形空间在适当的间隔内要保证具有超车路段。根据《公路工程技术标准》对设计时速的要求,会车视距、超车视距的规定不再阐述。由于要满足超车视距的路段的距离比较长,三四级公路、山区公路等很难达到超车视距的要求,故应以划分超车路段和禁止超车路段的方式进行解决。

(4)反应视距

停车视距是各级公路所必需的,超车视距仅适用于双车道公路,对于公路线形比较复杂的位置,则要求采用反应视距。

11.1.2　视距不良

行车视距与安全制动距离密不可分。安全制动距离和很多因素有关:驾驶员的反应时间,驾驶员眼高,制动力和车速的大小,滚动摩阻系数,路面附着系数和潮湿状况,障碍物物高及纵坡大小有相当大的关系。

为了保证行车安全,驾驶员在行车时,需要随时都能看到公路前方的一定距离,以便发现障碍物或对迎面来车采取停车、避让、错车或超车等措施,为完成这些操作过程所必需满足一定的视距要求,如若无法满足这些要求就是视距不良。前述四种视距如若不能满足视距要求而对公路交通安全造成隐患,即为视距不良。当然还有一些不良路段(竖曲线通视性差、平曲线急弯)和特殊路段(交叉口)的特殊要求。

导致视距不良的因素有:

(1)设计中存在视距不良路段

从设计角度讲,要尽量避免这种情况。然而,往往由于地形限制而无法尽善尽美,这是勘察设计要研究的关键问题。

(2)平曲线段视距不良

在已使用的公路中,由于受到地形、构造物等诸多因素的影响,有时采用较小的平曲线半径。但当平曲线半径小于临界平曲线半径(当平曲线半径大到足以保证行车视距时,从行车道中心线到障碍物边缘的侧向距离为保证行车视距的净空限界,该平曲线半径称为临界半径)时,需要检查曲线内侧的最大横净距是否满足行车视距的要求。如果有阻碍视线的障碍物,如岩石、树木是否会遮挡视线,弯道是否为急弯等,要根据实际情况采取相应的处理措施。平曲线的视距不良如图11-1所示。

图 11-1　平曲线视距不良示例

(3)竖曲线段视距不良

应该尽可能的让驾驶者清晰地看到由平面与纵断面线形所构成公路线形的细部,并正确判断前进方向,如凸形竖曲线的前方情况,是上坡还是下坡,是否陡峭等。凸形竖曲线半径除了满足行车安全、舒适外,还应满足行车视距的要求;凹形竖曲线半径除应满足行车舒适、限制离心力不要过大的要求外,还应保证夜间行车车头灯照射距离以及行驶跨线桥下时行车视距不受影响。在凹形竖曲线中,最小视距是由在夜间行驶的车辆的前灯所照射的距离来控制的曲线段视距。平面设计中行车视距的保证主要取决于平曲线半径的大小。

(4)交叉口视距不良

对于无交通控制(没有信号控制和停车标志控制)的平面交叉口,要特别考虑交叉口视距不良问题。对于交通量少的交叉口,交叉口视距可采用相交道路的停车视距,由相交道路停车视距组成视距三角形,这就是交叉口视距。当受条件限制而不能保证两相交道路停车视距所组成的视距三角区时,称为视距不良。车前的视野和视距对车辆在公路上安全和有效运行极为重要。车的速度和行车方向选择取决于驾驶者是否看清前方道路及周围环境,并有足够远的视距,以便准确控制方向,避开障碍物,保证行车安全。交叉口段与竖曲线连接,特别是小半径竖曲线交叉口连接。驾驶人员几乎看不到路口的具体情况,这种情况要格外引起重视。

(5)组合段视距不良

组合段视距不良多表现为:竖曲线组合,如连续出现竖曲线组合成驼峰线,视距难以满足。平曲线连续组合,出现连续急弯路段,保证视距出现困难。平纵曲线组合成凹曲线接小半径平曲线,成为高速急弯,难以保证视距。组合段视距不良不是单方面原因构成,由于不利因素集中出现在某段,则这些线路出现危险的几率比单因素路段出现危险的几率高很多,视距更加难以保证,需要着重研究处理。

11.2　视距不良路段事故原因归纳分析

11.2.1　概述

(1)视距与交通安全的关系

视距直接影响驾驶员接收交通信息,因此,视距对交通安全的影响较大,视距不良会引起

交通事故的明显增加。小半径弯道、小半径凸形竖曲线、交叉口与铁路平交、其他超车视距不良等条件下，易发生交通事故，这充分验证视距对交通安全的影响。通过各种调查结果进行统计分析可知，视距越小，交通事故率就可能越高。

视距不良路段事故多发生在曲线段、曲线组合段和平纵曲线组合段。视距是确定道路安全性指标最重要的因素之一。在平纵曲线上超车、停车、会车等产生的交通事故，常常与视距不足有关。同时事故的数量不仅取决于视距不足的路段，而且还与视距不良路段出现的频率及视距不良路段的分布有关。如：连续出现几处视距不良路段，则事故风险急剧增加（多发生在山岭重丘区）。在多处路段视距受限，交通事故风险急剧增加。要避免这种情况，在相当程度上要靠驾驶人员提高注意力来加以弥补，特别是在山区公路上，行车车速要比平原区车速小得多，事故率会有相对下降的趋势。然而设计车速及几何线形要保证较高车速，个别几处视距不良路段常常会成为事故多发的危险性地点。道路个别路段视距不良，或者受到限制，不仅迅速反映在交通事故的增加上，而且还反映在道路运输经营质量的恶化上。原因很简单，就是交通流的速度会随着视距的减少而降低。

（2）视距与平面线形关系

在平曲线上，曲线半径越小越容易产生视距不良，交通事故率也越高，即：曲率越大，事故率越高。而在直线段事故率较低，多表现为追尾。因此《公路工程技术标准》中对平曲线最小半径也作了具体要求，不仅是为了舒适，减少离心力影响，同时也保证视距的要求，如表11-1。

满足横向视距及停车视距时平曲线半径　　表11-1

计算行车速度（km/h）	120	100	80	60
标准停车视距（m）	210	160	110	75
标准极限半径（m）	650	400	250	125
标准一般最小半径（m）	1000	700	400	200

（3）视距与纵断面线形关系

在竖曲线上，事故多发生在上下坡处，呈现从平原区到丘陵区再到重丘区，事故呈增加趋势。在竖曲线上行驶，当凸曲线半径过小时，会影响到驾驶员的视野，使其视野变小，也易酿成事故。在凹曲线处时，由于汽车下坡行驶，车速较快，驾驶员又多喜欢空挡滑行，容易引起车辆左右摆动，若汽车是在夜间行驶，凹曲线会引起车灯照距变短，影响视距，多会造成交通事故。《公路工程技术标准》（JTG B01—2003）中对竖曲线最小半径作了具体描述，见表11-2。

按小汽车夜间车灯视距计算的凹形竖曲线极限半径　　表11-2

公路等级	高速公路				一		二		三		四	
计算行车速度（km/h）	120	100	80	60	100	60	80	40	60	30	40	20
停车视距（m）	210	160	110	75	160	75	110	40	75	30	40	20
标准极限半径（m）	4 000	3 000	2 000	1 000	3 000	1 000	2 000	450	1 000	250	450	100
标准一般最小半径（m）	6 000	4 500	3 000	1 200	4 500	1 200	3 000	700	1 500	400	700	200

（4）视距与平纵结合线形关系

国内外道路交通事故统计资料表明，道路平面线形上视距不足反映出来的交通事故的数量，没有纵断面线形上的视距不良反应的明显。而平纵不良视距的结合会使两种单一情况的

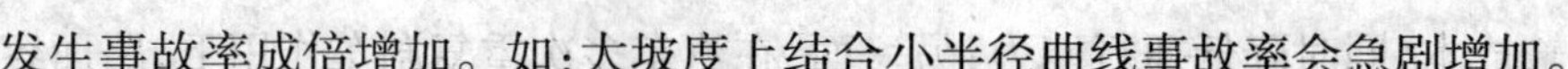

发生事故率成倍增加。如:大坡度上结合小半径曲线事故率会急剧增加。

(5)视距与横向关系(横断面方向)

在车道内侧,横向宽度不能满足则导致视距不容易满足,会增加事故的风险,所以视距与横净距的大小有相当大的关系。

(6)平面交叉口视距与事故的关系

交叉口视距不良多用于分析无交通控制的平面交叉口。平面交叉视距三角不能满足,会使驾驶员无法看清楚左右两侧的来车,增加交通风险。

(7)横断面突变

由于条件限制无法满足横断面缓和渐变的路段,其事故起因多为视距不足。在宽阔而视线良好路段的车辆,车速较高,若突然进入窄路,视线没有适应,很容易造成与对向车辆高速会车,增加事故风险。这种突变使视距受限,是造成事故的因素之一。

11.2.2 山岭重丘区的事故原因

这里着重谈一下山岭重丘区的事故原因。因为我国现阶段有相当一大部分公路处在二级甚至二级以下的老旧公路,是特重大事故的主要发生地。特别是山岭重丘区公路,由于多种原因,现在有许多不能满足行车视距规定要求的路段。加之过去实际交通量达不到设计交通量,不能满足行车视距规定要求的问题还不太突出。近年来随着交通运输业的快速发展,交通量的日益增加,若不加以改善,对行车安全、车辆的通行及路面的使用能力都有很大影响,严重时给人民群众生命财产造成极大损失。所以,改造不能满足行车视距规定要求的路段已刻不容缓。

(1)产生的原因

由于山岭重丘区特殊的地理位置和较低的经济发展水平,在山岭重丘区修建公路时,公路所采用的技术指标、服务等级等往往受到许多条件的限制,这便成为了山岭重丘区诸多事故发生的原因。具体说来,主要体现在以下几个方面:

①受地形的限制,在线形设计时,平曲线半径采用的是极限值;纵坡坡度及坡长采用的是极限值;缓坡设置不足或采用极限边坡坡度值。

②路基宽度不够,路侧没有净区;超高不够;弯道加宽值不够。

③在经济比较落后的情况下,由于我国早期修建的三、四级公路,技术标准较低,山岭重丘区土石方工程量较大,造价较高,导致道路等级普遍较低,三、四级或低于四级以下的山区公路在国道里程不占少数。

④道路的服务等级不够。

⑤几乎没有进行道路的景观设计。即使对公路进行了植树绿化,也忽视了安全这一点,平曲线内侧树木的栽植形成了人为的障碍。

⑥公路建成后,管理没有跟上,造成平曲线内侧违章建筑物的出现,沿线村民见缝插针的在公路沿线种地或建房,形成后天不足。

(2)造成的结果

视距不良是造成交通事故的主要原因之一。就经济效益而言,当车辆由直线行驶至平曲线(弯道)时,由于视距不够必然提前刹车减速,遇有对面来车还要刹车,一方面增加轮胎磨

损，增加油耗，加大运输成本，同时降低通行能力；另一面，在汽车多次重复刹车作用下，路面容易出现破损，增加养护成本。

11.3 综合处理措施

11.3.1 设计改善措施

（1）平纵横设计措施

平面上线形应满足圆曲线最小半径，避免直线直接切入圆曲线，根据国家规范标准等选取适当长度的缓和段。从设计上杜绝平曲线视距不良。据对缓和竖曲线的视距研究表明，纵断面上，设置凹凸缓和竖曲线可以增加通视性是一种解决纵断面视距不良的方案。缓和竖曲线在近些年设计中开始采用，和原来的简单竖曲线相比，设计通视性有所提高。横断面上应注意超高的设置和横断面的加宽。超高在设置时要注意超高缓和段的设置。各种平纵组合、平曲组合都应符合视距要求。具体设计指标在此不再赘述，详情请查阅《公路工程设计规范》（JTG D20—2006）、《公路工程技术标准》（JJG B01—2003）等。

（2）满足停车视距的设计措施

在一般公路设计中，设计者对弯道内侧横向净距要求较为严格，当弯道内侧的建筑物、树木、路堑边坡等在行车视距以内阻碍了视线，则采取加宽路基、开挖视距台等方式处理，保证弯道内侧有足够的横向净距。

①增大平曲线半径。

②加宽中央分隔带。由于地形条件限制，高等级公路的平曲线半径达不到要求时，可以加宽中央分隔带，增加中央分隔带外侧超车车道的横净距，保证其停车视距。

③改变中央分隔带外侧护栏和种植的位置。当加宽中央分隔带宽度有困难时，可以将中央分隔带外侧护栏和种植物靠曲线内侧布置，以增加中央分隔带外侧超车车道的横净距，保证其停车视距。

④减小曲线外侧行车道的平曲线半径。当平曲线外侧有条件时，可以适当减小曲线外侧行车道的平曲线半径，使外侧行车道向外靠，内侧行车道和中央分隔带位置保持不变，从而增加外侧超车车道的横净距。

⑤减小分隔带宽度，增大外侧行车道的平曲线半径。当中央分隔带宽度较宽且平曲线转角较小时（一般不大于10°），可以减小中央分隔带宽度，使外侧行车道向内靠，从而增大外侧行车道的平曲线半径，减少所需要的横净距。

⑥增大外侧超车车道的横净距。

（3）设计中贯穿新理念

我国在传统的公路设计中通常是以设计速度作为参考指标，但是考虑到实际运行速度高于设计速度，应在高速路段实地调查，可以参考标准值和安全系数上限，在条件允许的情况下建议：平纵横线形的设计参数尽可能取合理的高值。

在设计中贯彻六个坚持、六个树立的新理念，即坚持以人为本，树立安全至上的理念；坚持人与自然和谐，树立尊重自然，保护自然的理念；坚持可持续发展，树立节约资源的理念；坚持

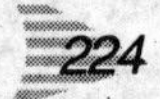

质量第一，树立让公众满意的理念；坚持合理选用标准，树立设计创作的理念；坚持系统论思想，树立全寿命周期成本的理念。

11.3.2 现有道路综合处理措施

由于规范中提出的平、纵、横指标并不是都满足视距要求，当设计中视距要求与平、纵、横指标有冲突时，应就实际地形、地物条件，从安全、环保、经济等因素综合分析，灵活采取对应措施。

(1)保持车距

“保持车距”是公路上常见的标志牌之一，只能对驾驶人员起到一个警示作用。因为驾驶人员并不知道应该保持多远的车距，甚至交通管理人员也不清楚，在各种路面状况、不同车速的情况下，行驶中的车与车之间应该保持多少距离。建议将保持车距的标志更换成正常路面状况条件下该条路线设计时速对应的停车视距。

(2)通过标志、标牌限速

在不满足停车视距的路段，提前设置限速、禁止超车等标志。限制速度可以由该处实际的停车视距反算速度求得。

(3)位置调整增大视距

通过加宽中央分隔带，使护栏后移或者增宽左侧路缘带，增加横净距，从而增大视距达到要求。

(4)改移车道增大视距

在使护栏后移或者增宽左侧路缘带还不能满足视距要求的情况下，可考虑通过标线将行车道往右侧移动，占用部分硬路肩，增加左侧横净距，以达到视距要求。

(5)视距不良的急弯路段

应结合新改建工程移植树木植物，清除影响视线的障碍物，增加通视性。根据需要设置线形诱导、警告、限速等标志；连续长陡下坡路段应设置减速带和警示标志，有条件的可设置避险车道。在视距不良的急弯和交叉处，宜配合保证行车安全的措施，设置警告标志、反光镜或设分道行驶的行车道中心线。

(6)山岭重丘区视距不良处理措施

1)视距不良路段可采用以下一种或多种措施：

①设置鸣喇叭标志、限速标志和禁止超车标线；

②设置线形诱导标志、强制减速设施；

③根据路侧危险程度和历史事故资料设置护栏；

④修剪、处置弯道内侧树木，使弯道内侧通视。

2)路侧险要路段可采用以下一种或多种措施：

①根据路侧危险程度和历史事故资料设置护栏；

②设置警告标志；

③设置视线诱导设施；

④根据历史事故数据设置强制减速设施。

3)路基路面宽度变化路段可采用以下一种或多种措施：

①设置窄路、窄桥警告标志；

②设置限速和禁止超车标志；

③在窄桥两端设置护栏和诱导设施。

(7)交叉口视距不良的处理措施

视距不良的交叉口尽量清除影响视距的因素，保证交叉口的视距条件。

(8)其他视距不良的处理措施

在其他视距不良路段除以上措施外还可以采取设置转角反光镜等辅助措施。

(9)管理措施

①对于因设计和施工遗留的问题，要有计划地或随着公路等级的提高逐步改造。而山岭重丘区县、乡公路行车视距的改造也要提到议事日程上来，确实因资金的限制不能一下进行改造，也应有计划地逐年改造。同时，在公路明显的位置上设置警示牌，提示驾驶员注意，保证行车安全，减少交通事故的发生。

②为保持公路两侧行道树的连续性，可在弯道内侧，特别是小半径弯道上，将行道树截矮，既不影响视距，又能达到公路绿化美化的作用。

③加强路政管理，严禁在公路平曲线内侧修建临时性的构造物，避免影响行车视线，确保交通安全。

④今后的设计、施工要引起足够的重视，规范设计、精心施工，必须符合交通部颁布的技术要求。

设计是一项创作过程，我们在执行行业标准规范的同时，还应多从驾驶者的角度考虑，为驾驶者提供安全、和谐、视觉良好的公路。

第12章 平面交叉口的安全设计

从道路安全角度讲,交叉口是道路网中最关键的元素,平面交叉口的存在提高了交通的灵活性和可达性,增加了路网的活力,完善了交通功能,但平面交叉口由于存在很多交通流的交织和冲突,存在的交通安全隐患也最为严重,是交通事故的多发点。据统计,美国的交通事故约有一半以上发生在交叉口;联邦德国农村的交通事故36% 发生在平交路口,城市的交通事故60% ~80% 发生在平交路口;尽管一般情况下,平面交叉口范围内的事故严重性要比一般路段的事故严重性低,但仍有16% 的公路伤亡事故与交叉口有关,由此可见,平面交叉口对整个道路交通系统交通安全水平有着十分重要的影响。通过对我国部分公路平面交叉口的调查发现,我国公路平面交叉口普遍存在着潜在的较严重的安全问题,因此,应将平面交叉路口作为公路安全保障工程重点解决的路段,对平面交叉路口进行安全设计,消除平面交叉口的安全隐患。

12.1 概述

12.1.1 平面交叉口简介

道路在同一平面交叉连接所形成的区域为平面交叉路口。其功能是把道路相互连接起来构成道路网络,使不同方向交通流在该区域集结、交织和分流。平面交叉口是道路交通系统的重要组成部分,是道路交通网的重要枢纽点和节点,是道路交通的咽喉。

12.1.2 平面交叉的类型及选用

12.1.2.1 平面交叉口的类型

根据车流量大小、交通组成与性质、相交道路条数与交角大小、自然条件和用地费用以及相交道路等级,可将平面交叉口分为以下几种形式。

(1)T形和Y形平面交叉

①加铺转角式交叉

交通量不大,车速不高,转弯车辆少时,可采用加铺转角式。一般适用于三、四级公路。

②分道转弯式

交通量不大，转弯车辆较多，需采用设置导流岛、划分车道等措施采用分道转弯式交叉。一般适用于三、四级公路。

③加宽路口式

交通量较大，转弯车辆较多，速度高，根据转向交通量情况，需采取增设变速车道、转弯车道等措施时，可采用加宽式交叉。一般适用于二级公路。

④渠化T形交叉

根据左、右转弯车流的情况，可采取渠化T形交叉。各级公路均适用。

(2)十字形平面交叉

①简易十字交叉

采用加铺转角的简易十字交叉，一般适用于三、四级公路或地方道路以及交角不大于30°且转弯交通量较小的二级公路同次要公路的交叉。

②设附加车道的十字形交叉

在交叉范围内主要公路上设置附加车道，提高直行和转弯运行的能力，一般适用于二级公路。

③渠化十字形交叉

渠化十字形交叉的设计应根据直行和转弯交通量的大小、比例和交通组成情况而定，对各级公路均适用。

(3)环形平面交叉

当多条道路交叉，交叉的总交通量为500~3 000辆/h，且左右转弯车辆较多时，可考虑采用环形交叉。

澳大利亚1993交通工程设计实践对环形交叉作了深入的研究，认为环形交叉适用于以下情况：

①次要路口在采用停车避让或让行标志后，会造成不能接受的行车延误；或者交通信号会导致所有进入车道的车辆延误的平面交叉。

②具有较高的右转或左转交通量的平面交叉。

③具有4个以上路口，优先控制不能解决交通拥挤状况，并且信号控制由于过多的路口数量而不能有效发挥其作用的平面交叉。

④在进入居民区之前，或一条街道与居民区之间经常发生交通事故的平面交叉位置上设置环岛，作为停车或让行控制，是控制车辆速度的一种手段。

环形交叉在英国和澳大利亚较为普遍。主要应用在以下方面：

①相邻车道的车辆或转弯车辆易发生交通事故的农村公路平面交叉。

②主干道以90°转角通过乡镇时。

③在主干道呈Y字形交叉时，转弯交通量占有较大比例的平面交叉口。

环形交叉口不适应以下情况：

①空间和地形条件都不满足环形岛设置条件的交叉口。

②环形岛的使用不能够平衡交通量较大的一条或多条公路上的交通。

③当主要公路与次要公路交叉时，环岛的修建引起了次要公路不能接受的交通延误。

④在行人较多的路口，由于车流量较大且速度较快，使行人难以通过。

⑤当脱离交叉口的交通量被另一交通设施所影响导致交通拥挤阻塞交叉口时。

12.1.2.2 平面交叉口类型与事故率的关系

澳大利亚曾对以上不同形式的交叉口作过对比调查研究，不同形式交叉口的事故率如表12-1 所示。

交叉口类型与事故率　　表 12-1

交叉口类型	交叉口特征	调查数量	平均事故率（次/10^7 进入交叉口车辆数）
十字形交叉口	市区：信号控制	138	1.7
	市区：无信号控制	31	2.4
	高速：信号控制	35	2.5
	郊区：无信号控制	128	5.2
T 形交叉口	市区：信号控制	32	1.4
	市区：无信号控制	58	1.5
	高速：信号控制	15	1.1
	郊区：无信号控制	210	1.3
多条路相交	市区：无信号控制	13	1.2
环形交叉口		68	1.6
公路错位 T 形交叉		28	2.9

对于无信号控制的交叉口，道路交通的优先权分配和视距保证是很重要的。

对于环形交叉口，驶入交叉口的车速是很关键的因素。Ross Silcock 咨询公司（1991）研究认为下列情况下的环形交叉口的事故率较高：

(1)合流角度小；

(2)环形交叉口形状不规则；

(3)标志不合适或相互矛盾；

(4)进入交叉口的道路为陡下坡；

(5)环路上有不良横坡；

(6)有速度慢的用户使用（如自行车、人力或畜力车）；

(7)有影响车速的路面变形；

(8)环形交叉口另一不安全因素是行人和自行车。

不同的交叉口具有不同的适用性，选择交叉口形式的影响因素很多，但最重要的还是取决于相交道路的交通量。

在设计过程中，尽管对于交叉口的形式、交通流的分布进行了必要的分析，并以此为依据进行平面交叉设计，但在实际运营过程中，或因考虑不周或因各路口交通量发生变化，仍然可能出现事故多发路口。我国二级以下的公路交叉还存在一定的任意性，特别是主干线建成后，主线两侧支线与主线连接的交叉口。

环形交叉在欧洲非常普遍，环形岛的直径从几米到几十米不等，所适用的范围从主要干道到次要道路，从人口众多的城市到人口稀少的乡镇。环形交叉之所以被如此广泛地采用，一方面说明环形交叉在路网的运营过程中的确起到了保障安全、提高效率的作用；另一方面，也反映出道路安全的管理、设计研究人员对环形交叉的普遍认可和广大道路使用者对环形交叉的普遍接受，以及良好的交通管理措施。

而在中国这种情况却恰恰相反，环形交叉段拥挤不堪，环形里面的车出不来，外面的车进不去。在一些城市，环形交叉有逐渐被红绿灯控制所取代的趋势。主要原因在于一方面道路设计研究人员对环形交叉设计方法、在行驶安全中所起到的作用缺乏必要的研究；另一方面在交通管理过程中与环形交叉配套的交通规则、标志标线还不健全；此外更重要的一点就是广大道路使用者没有掌握正确使用环形交叉的方法。

12.1.3 交叉口设置的一般规定

针对道路交叉口在道路安全方面的重要作用，我国《公路工程技术标准》（JTG B01—2003）对交叉口的设置作了如下规定：

（1）平面交叉路线应为直线并应尽量正交，必须斜交时交角不得小于45°。各相交的道路上距交叉点前后停车视距范围内，应保持通视，受条件限制时视距可减少30%，但必须在适当的位置设置减速标志。

（2）平面交叉地点应设置在水平路段，且紧接水平路段的纵坡一般不大于3%，困难地段不得大于5%。

（3）一、二级公路的平面交叉，根据需要应设置转弯车道、变速车道、交通岛加铺角；转弯车道宽度不小于3m，并根据道路等级设置适当的缓和段。

《公路路线设计规范》就公路与公路平面交叉设计也提出如下规定：

（1）平面交叉的形式应根据各相交公路的交通量、计算行车速度、交通组成及其在路网中的作用和投资限制等因素确定；

（2）改善已建平面交叉，应调查该交叉口的现状、交通事故、交通量增长等资料；

（3）平面交叉应优先保证主要公路或交通量大的一方的通畅；

（4）平面交叉的几何设计，应结合交通管理方式一并考虑；

（5）各相交公路应保证相应的计算行车速度所对应的最小视距；

（6）平面交叉范围内的路段宜采用直线，当采用曲线时其半径宜大于不设超高的最小圆曲线半径；

（7）平面交叉的间距应尽量大，以提高通行能力、保证行车安全；

（8）平面交叉的设计应以左转弯、右转弯和直行等不同方向的设计小时交通量为基本依据。

对于平面交叉口的设计，国外学者认为主要原则有：

（1）尽量减少冲突点，从而减少事故概率，T形交叉和环形交叉比十字交叉具有较少的冲突点，这是T形交叉口和环形交叉更安全的原因之一；

（2）通过线形、轮廓标和交通控制等为主交通流提供优先权；

（3）在空间或时间上分割冲突点；

（4）控制冲突的角度，两个方向的交通流应尽可能十字交叉，而汇流角度应尽可能的小，

以保证相对低的速度；

(5)限制或使冲突范围最小化；

(6)限制交通流的方向；

(7)通过线形、车道宽度、交通控制或速度限制等控制驶近交叉口时的速度；

(8)减少路侧危险物；

(9)为所有可能的用户，包括机动车和非机动车用户提供使用交叉口的设施，这包括为重型车辆、公共交通、行人和其他用户提供必要的特殊设施，并应进行无障碍设计；

(10)减轻驾驶员的驾驶操作任务；

(11)道路用户延误最小化。

12.1.4 间距控制规定

(1)一、二级公路平面交叉的最小间距应符合表 12-2 的规定。

平面交叉最小间距　　表 12-2

公路等级	一级公路			二级公路	
公路功能	干线公路		集散公路	干线公路	集散公路
	一般值	最小值			
间距(m)	2000	1000	500	500	300

(2)当平面交叉间距不能满足上述要求时，应尽量进行调整和归并。通过交叉支线在上游的归并减少交叉数量，也可以通过在直行车道外设分隔式辅助车道的方法，将路侧出入口归并到主要交叉口。进行归并的原则是等级低向等级高的归并，农村机耕道向等级公路归并。

12.2 平面交叉口事故原因分析

12.2.1 平面交叉口的冲突特性

平面交叉路口之所以成为事故多发路段，很大程度上是因为交叉口自身的特性，与路段不同。平面交叉口中各种车流人流在一个平面内汇集、分散、相互交织，不像路段交通流那样具有明显的方向性和顺序性，会产生不同的交通现象(交叉现象、分流现象和合流现象)，进入平面交叉口的车流便会产生交叉冲突点、分流冲突点、合流冲突点，每一个冲突点都是一个潜在的事故点。

(1)交叉冲突点

两个不同方向交通流的交点称为交叉冲突点，这两个不同方向交通流的夹角叫交叉冲突角。不同的冲突产生的危险性不同，交叉角越大，车辆相撞产生的危险性越大，造成的后果越严重。

(2)分流冲突点

一个方向的交通流分成两个方向交通流时的分离点称为分流冲突点，这两个方向交通流产生的夹角称为分流冲突角。在分流冲突中，处于交通流中的车辆所发生的冲突的最大可能是尾随相撞，即追尾。分流冲突中，随着分流角的增加，尾随相撞的机会减小，其危险性相对减少，后果的严重程度也相对较小。

(3)合流冲突点

两个不同方向的交通流汇合成一个方向的交通流时产生的汇合点称为合流冲突点,这两个不同方向交通流的夹角称为合流冲突角。合流角较小时,所发生的冲突最大可能是两车挤压、刮擦;合流角较大时,所发生的冲突的最大可能是侧面相撞,且合流角越大,相撞的危害程度越大。

由以上分析知,冲突点越多,所发生的冲突的可能性越大,其中交叉冲突点的影响最大,分流冲突点的影响最小,不同的冲突角对冲突产生的危险程度大不相同。且交叉口的交叉冲突点、合流冲突点、分流冲突点会随着道路条数增加而显著增加。表 12-3 给出了不同交叉道路条数产生的交叉、合流、分流点数。

交叉道路条数与交叉、合流、分流点数 表 12-3

交叉道路条数	交叉冲突点	合流冲突点	分流冲突点	总 计
三路交叉	3	3	3	9
四路交叉	16	8	8	32
五路交叉	49	15	15	79
六路交叉	124	24	24	172

12.2.2 平面交叉口事故原因

虽然交叉路口在公路系统中只占很小的比例,但却有将近 60% 的交通事故发生在交叉路口处。如此高的比例是由于两条或两条以上的道路汇合加大了发生交通事故的可能性。而且,在交叉路口处人为失误的因素更加重要,因为此时驾驶员面临复杂的路径选择、速度控制、路线遵循、行驶方式选择等问题,而且驾驶员必须在相对小的空间和短的时间内连续完成所期望的操作。如果交叉路口的设计较为模糊或复杂则会引起运行和安全问题,这不仅影响到驾驶员,而且还影响到行人和骑自行车者。通常,老年人受的影响最大。

(1)平面交叉口事故主观原因分析

人、车、路是构成道路系统的三要素,分析道路系统的事故原因,都可以从这三个方面着手,交叉口事故原因分析也不例外。鉴于我国的国情,我国又有形成事故的特殊原因,由于我国是混合交通,车型组成复杂,速度差梯度较大,货车超载现象严重,自行车、行人大量存在,交通安全意识较差、交通管理控制薄弱,公路街道化等都是产生诸多交通事故的重要根源。

基于我国的国情特点和交叉口的事故特点,首先,从人的这一主观因素来分析我国交叉口的事故原因。

①行人的原因

在一般低等级公路交叉口,由于交通量不大,往往没有设置交通信号控制设施,于是造成公路沿线居民经常违法横穿公路交叉口。由此引发的事故和死亡人数占相当大的比例。据观察和分析,行人违法横穿道路导致事故的原因主要有 3 个:

一是交通安全法律意识不强,与机动车抢道;

二是没有养成良好的交通习惯,横穿马路时随随便便,未注意观察来往的机动车;

三是对安全的认识存在局限性,对机动车临近的距离和速度判断不准确,在机动车临近时横穿道路的情况比比皆是。

而在城市道路与公路的连接处，城郊公路结合处的平面交叉口处，虽然设有交通信号控制设施系统，但是无视红灯的存在而随意横越道路的行人仍然不占少数，行人的干扰造成机动车辆和行人的冲突增加，从而诱导了交通事故的发生。特别是有些紧临城市的进出城路段，受到城市居民上、下班的影响，行人与机动车的冲突也存在着高峰时期，这一时期的交通拥堵显得尤其严重，交通冲突也最为突出，诱发交通事故的可能性也最大。

②驾驶员的原因

在交叉口发生交通事故，驾驶员方面的原因除了一般事故中常有的酒后驾车、疲劳驾驶、超速行驶、粗心大意、操作不当等以外，还表现在以下几个方面：

一是在无信号控制交叉口，支路驾驶员由于素质不高，往往不会主动地遵照"主路优先"的原则，停车让主路车辆先行通过，而是与主路车辆抢道行驶，便造成了两车相撞事故。

二是在信号控制交叉口，有些驾驶员看到对向车道没有来车，就不愿意等待，于是乱闯红灯，对向突然来车时，便容易发生对撞事故。

③老年人

在机动车事故中老年人比青年人更易于伤亡，这些年龄群的交通事故大多数发生在工作日的白天和市区交叉路口处。

在交叉路口处，老年人交通事故的危险率更高，如当老年人正要离开路缘石时出现车辆左转或车辆驶出交叉路口时。导致老年人交通事故的其他因素包括老年行人的视线遮挡物和低清晰度物体的出现，尤其是晚上或者冬天，由于太阳照射的角度较小而存在较长的阴影和眩光现象等。信号灯的配时和老年人对交通信号的认识也是导致事故发生的因素。

(2)平面交叉口事故客观原因分析

通过归纳分析，在引发平面交叉口事故的原因中，交叉口本身交通量大，冲突点多，平纵线形不合理，视距不良，标志标线、信号灯等安全设施设置不完善等客观因素起着至关重要的作用。经过分析总结，引起我国交叉口事故的客观原因归纳如下：

①交叉口形式不合理、位置设置不当

有些交叉口的形式是畸形交叉、错位交叉、斜向交叉等，这无疑增加了冲突点的个数或增加了冲突区域，增大了事故的发生率。

②交叉口的几何线形设计不合理

当交叉口出现急弯或剧变，交叉口的纵坡过大，或设置在视距受限的凸形曲线上，会造成车速过高或视距不良，运行困难，操作复杂，容易导致事故的发生。

③交叉口设计不当

交叉口的面积过大或过小，车道分配不合理、车道宽度不合适，转弯车道长度不够，路肩宽度不够，交叉口交叉角度过小，转弯半径不合理，停车场、加油站，公交站点等公共设施距离交叉口过近，渠化设计不完善等，也会影响到平面交叉口的行车安全。

④视距不良

交叉口视距不良和可识性差是导致事故的重要原因。具体分析如下：

a. 在根据相交汇的公路等级计算行车速度及停车视距绘制的视距三角形内存在着障碍物(如土堆、建筑物、绿化树、广告牌、季节性生长的农作物、交叉口内的违章停车等)，使驾驶员视线受阻，停车视距得不到保证。

b. 交叉口的识别距离不足。在车辆驶入交叉口前应保证驾驶员能够识别交叉口的存在和信号、标志等,即交叉口应具有可识性。该识别距离分无信号控制、信号控制和停车标志控制等情况,具体见表12-4。

平面交叉停车视距与识别距离　　表12-4

计算行车速度(km/h)	20	30	40	60	80	100
停车视距一般值(m)	20	30	40	75	110	160
停车视距低限值(m)	15	25	30	55	75	120
安全交叉停车视距(m)	35	55	70	115	175	250
信号控制的识别距离(m)	60	100	140	240	350	—
停车标志控制的标志识别距离(m)	20	35	55	105	—	—

⑤标志、标线设置不当

标志、标线引起事故的原因主要有以下两个方面:

a. 道路交通必要的标志标线缺乏或不健全,导致路权分配不明确,不能及时和全面地给交通参与者,尤其是机动车驾驶人,提供必要的交通安全信息,尤其是一些危险警告信息。

b. 道路交通标志标线设置不合理,具体表现为:交通标志设置混乱,标志形状、设置地点等不符合国家标准,出现许多不必要的,甚至互相矛盾或者错误的信息;有的标志标线箭头和文字标记污秽、磨损严重,反光膜剥落、破损;标志标线信息繁琐、不足,停车线位置过于靠后,标志牌受到遮挡,标志标线位置设置不合理,夜间反光性差等使之提供的信息不足或者不准确。

⑥交通信号设置不合理

在信号灯设置方面,造成事故的原因主要是:有必要设置信号灯的交叉口没有设置,交通信号灯可见性不好,远离交叉口,信号灯亮度差,高度和尺寸不合理,信号配时不能满足交通量的要求,信号相位不合理,清场时间不足、黄灯时间普遍偏小,行人信号配时不合适,红灯时间过长等。

⑦行人横路设施不完善

我国混合交通的特殊性,使得除了存在机动车之间的冲突外,还存在着行人与机动车、行人与非机动车的冲突,这些冲突的存在便成为行人交通事故的诱因。具体表现在:行人横路设施太少;有的行人横路设施没有很好规范和利用;行人横路设施管理不善。

⑧路面和排水

路面平整度和抗滑性不好,排水不通畅等都是造成交通事故的诱发因素。

⑨其他原因

没有为交通弱者设置必要的保护设施或设置不恰当;照明条件不够;在没有按要求设置路侧护栏或者防护墙的路段,使车辆冲出路侧导致事故发生。

12.3　综合处理措施

12.3.1　平面交叉口综合处理的目标和原则

对公路平面交叉口进行综合处理的目标就是要营造一个安全、顺畅的交通环境。公路平

面交叉口交通事故产生的根源在于交通参与者之间的互相冲突和路权分配不明确，针对事故根源，交通安全改善目标主要可以概括为以下几个方面：

(1)明确分配交叉口交通参与者的路权，降低机动车、非机动车和行人之间的混杂程度；

(2)减少车辆驾驶员在交叉口操作的复杂程度；

(3)降低冲突的恶性程度和冲突区域面积的大小；

(4)为行人过街提供必要的安全设施。

针对公路平面交叉口存在的主要问题，解决时应遵循以下原则：通过各种交通设施、信号途径等手段，减少冲突点数量，使冲突区域减少到最低限度，分化冲突点，给主要车流优先权，控制车速，保证视距等。

12.3.2 平面交叉口综合处理措施

平面交叉口的综合处理措施包括：减少车辆、行人的冲突点、提高通行能力、改善为驾驶决策提供的信息质量等。由于对交叉口的安全性要求的提高，这些类型的改善更加普遍。从交叉口改善技术方面考虑，对环形交叉的应用提出了新的思想(相对低速的小环岛)，以解决安全、通行能力和控制的矛盾问题。

平面交叉口的改善措施包括对进入交叉口的路段和交叉口本身(如变更交叉口和路段的几何线形、改变交通控制管理系统、改善路侧安全性等)的改善。当然以上内容并不是必须同时或都需要改善，但却是彼此相关的，一个方面的改变可能会影响另一方面的安全特性。同样，如果改变交叉口内的交通组织方式(如增加车道)，也不应该对其他要素的安全性产生不利影响。

通过对我国平面交叉口事故原因的分析，我国公路平面交叉口综合处理措施主要概括为：

(1)改善交叉口的几何设计

根据交叉口的功能和需求对交叉口进行改建，重新设置交叉口的几何线形，对不合理的车道和路肩宽度进行调整，增大或减少路缘石半径使其与车辆的行驶轨迹相匹配，在主要路口设置中央分隔带，合理布置分隔带的宽度，根据交通量对车道进行调整等。

①转弯设计的改善

在以上几何设计的改善中，转弯设计的改善是最为简单和有效的。路缘拐角转弯半径的设计影响交叉路口的安全和运行特征，较大的半径通常能改善车流量，尤其是对大型卡车的行驶有利。10～15m的路缘拐角转弯半径和三中心组合的曲线有利于车辆的运行。当公共汽车或卡车转弯时，则可减小其后轮对相邻车道的侵占空间。相反，大半径增加了车辆的转弯速度和人行横道的长度。在大半径曲线的地方交通控制设备的设置和可视性也成为问题。由此可见，较小半径的路缘拐角能有效地提高行人的交通量。鉴于这些相互冲突的因素，半径的设计必须仔细地进行以兼顾车辆与行人的交通而不威胁任何一方的安全，也可采用边沟加盖板以增大交叉口的转弯车道半径。

当期望得到较大的行人交通量时，路缘转弯半径应取最小值从而减小人行横道的长度和增加行人的视距。渠化岛也是一种选择，它能够为行人提供一个安全区减少行人通过交叉路口时的危险性，通过运用先进技术(缩颈或者凸出人行横道)来进一步保护行人。该技术能减小交叉路口的宽度，人行道延伸到交叉路口内从而减小人行横道的距离和增加行人的可见度。

当允许路侧停车时,允许人行横道的长度从 12 ~ 15m 减小到 6 ~ 7.5m。

为方便残疾人交通,在交叉路口需要作特殊的处理。对那些有大量残疾人通行的地方,设计时应兼顾到他们的安全和便捷。典型的设计是为残疾人提供轮椅车行走的路缘石切口。对所有的新修道路,法规规定交叉路口缘石切口是必需的,以便残疾人上、下人行道。通过加快他们穿越交叉路口的移动来提高安全性,以减少他们直接面对车辆的时间。如果可能的话,缘石切口的斜坡坡度不大于 1:12 并且表面粗糙,以此为轮椅使用者提供安全的环境并且能够确保盲人可以确定坡道的位置。排水地漏口应该设置在所有人行道和匝道来水的一侧。

②水平曲线和超高设计改善

在市区和郊区道路交叉路口处水平曲线中有超高的设计时会引发一系列问题。这种设计会使穿越道路的车辆要同时驶过道路连接处的最高点和最低点。同样,在具有曲线、超高行车道的交叉路口处,由于冰雪的存在,给处于有曲线和超高的交叉路口较高点的驾驶员制造了一种不安全状况,因为在交叉路口处,这些地方存在潜在的滑移危险。从直行道上的较高点驶到较低点的左转车辆也存在滑移与相向车辆相撞的危险,这些情况下,应对采用的超高进行评估。

(2)合理选择交通控制方式

根据相交公路的功能、等级、交通量等,交叉口可采用无控制交叉、主路优先控制交叉或信号控制交叉三种不同的交通管理方式。

1)相交道路等级较低且交通量较小时,应采用无控制管理方式;

2)公路功能、等级、交通量有明显差别时的两条公路相交,或交通量较大的 T 形交叉,应采用主路优先。采用主路优先控制方式,以保证较高交通量方向的车辆优先通过交叉口,即应按照国道主线优先于国道、国道优先于省道、省道优先于县道、县道优先于乡道的主线优先、支路让行原则;

3)满足下述情况的交叉口应采用信号控制方式:

①两条交通量均大且功能、等级相同的公路相交,难以用“主路优先”的规则管理时;

②两相交公路虽然有主次之别,但交通量均较大(主要道路双向交通量为 600 辆/h,次要道路单向交通量为 200 辆/h),采用“主路优先”交通管理方式会出现较频繁的交通事故和过度的交通延误时;

③主要公路交通量相当大(主要公路双向交通量不小于 900 辆/h),而次要公路尽管交通量不大,但采用“主路优先”交通管理方式,次要公路上的车辆由于难以遇到可供驶入的主流间隙而引起不可接受的交通延误,或出现冒险驶入长度不足的主流间隙而危及行车安全时;

④两相交公路的交通量虽然未达到上述程度,但由于有相当数量的行人和非机动车穿越交叉而引起交通延误,甚至造成交通堵塞或交通事故时;

⑤环形交叉的入口因交通量大而出现过多的交通延误时,则入口应采用信号管理。

(3)改善交叉口安全视距

许多项研究表明:当交叉路口处的视距增大时,交通事故率就随之减小。成本—效益分析也支持改善交叉路口处的视距。交叉路口的视距受各种不同因素的影响,包括突出的植物、标志、建筑物围篱(墙)在水平或垂直方向形状的改变。通常,交叉路口的设计应考虑最大可能的视距。认为视距存在问题的地方,应采取改变设计或控制要素等措施加以解决。

对老人和公共汽车、大型卡车驾驶员来说视距是极其重要的。年龄较大的驾驶员的反应

能力可能会降低。增大交叉路口处的视距能够为其提供一个相对大的安全空间，从而弥补因年龄较大而其反应能力下降的缺点。由于卡车相对较低的加速性能，增大视距也是非常必要的。有重型卡车出入的地方应该采用卡车加速度而不是普通客车的加速度来决定交叉路口处的最小视距。

对于无控制的交叉口，视距必须足够，使得进入交叉口的车辆能看清其他方向进入交叉口的交通情况。对于有控制的交叉口，若仍有进出交叉口的路线没有控制，也应提供理想的视距。使用停车让行标志的道路，应为其提供足够的视距，以保证停驶的车辆有时间启动加速，安全地穿过主线道路右转或左转。

利用绘制的视距三角形（图 12-1）中对视距的规定，验算交叉口安全视距是否满足要求，停车视距的量取标准为：小客车行驶时，当目高 1.2m、物高为 0.1 m 时，驾驶人员自看到前方障碍物起，至障碍物前能安全停车所需的最短行车距离；载重货车行驶时，当目高为 2.0m、物高为 0.1 m 时，驾驶人员自看到前方障碍物时起，至障碍物前能安全停车所需的最短行车距离。

如果不满足要求，则清除视距三角形内的不利因素，对视距有限制作用的物体应先移除，某些不断生长的植物（如树、灌木丛、草等）不应影响视线；应为交叉口建立定期养护管理措施，清除这些影响视线的物体；在条件受限（如通视范围内有房屋时）而不能保证通视时，应该采取措施，明确优先通行权，强行使支路车辆进入交叉口之前停车或减速。视距三角形内禁止停车。此外，标志设置的位置应适当，不能影响主线和支线上交通的视线。若交叉口的某路是从挖方段进入，则挖方段断面可能对视距构成限制，必要时应清除影响视线的土体或岩体。

（4）正确选择、设计、安装以及改善存在问题的交通标志标线

无信号交叉口设置必要的“停车标志”、“让路标志”配合停止线或让行线，保证主路车辆优先通过交叉口；在危险交通环境前方设置警告标志，将立柱式交通标志改为悬臂式或悬挂式；将停车线提前到相交方向车流头车可见的位置；增大标志的尺寸；重复设置重要标志，减少辅助标志的设置；对标志标线进行定期的维护、检查和更新。

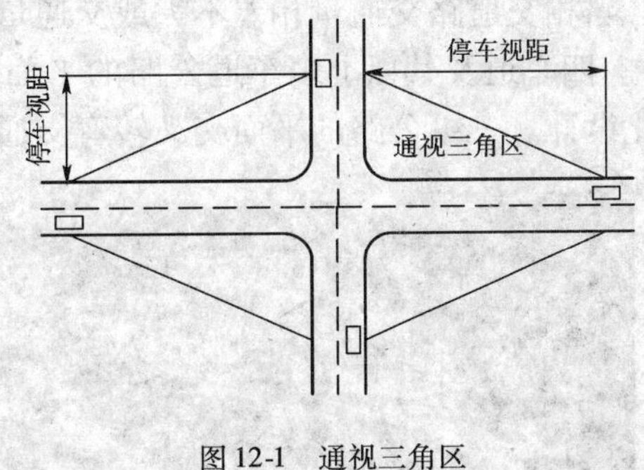

图 12-1　通视三角区

（5）渠化交通组织

宽阔并且复杂的交叉路口中，如果方向不明确或同时需要做多次判定，会给进入交叉路口的驾驶员提供一种混乱的景象。通过这种交叉路口的行人需要面对更长时间的混乱交通，显著增加了发生事故的可能性。渠化交通常用来解决这些问题。研究表明：在交叉路口渠化交通应用得当，能提供积极的交通导向并且能够很大程度地减少车辆和行人之间的冲突。

渠化是通过交通岛或路面标线来分隔或控制冲突的车流，使之进入一定的路线，从而促进车辆和行人安全有序地运行。

1）渠化交通的主要作用

①利用分车线或分隔带、交通岛等，使道路上不同行驶方向的车辆以及交叉口左转、右转和直行车辆按规定的车道行驶，使行人和驾驶员均容易辨明相互行驶的方向，以利于秩序地通

过，从而减少车辆相互碰撞的机会，增加行车安全；

②减少铺面面积，从而减少车辆的徘徊，并缩小车辆之间的冲突面积；

③优先保证主要的运行方向；

④渠化限制了车辆的行驶路线，使得在任何一点穿越都不多于两种行驶路线；

⑤利用交通岛的布置，限制车辆的行驶方向，控制车辆汇流、分流或穿越处的角度和位置；

⑥利用交通岛的布置，限制车道宽度，控制车速，防止超车，并在其上设置交通标志，以及作为行人过街时避车用的安全岛；

⑦利用交通岛的布置，可以防止车辆在交叉口转错车道；

⑧各种交通岛上可布置绿化，从而增加道路的绿化面积，但不得种树，以保证驾驶员的视线能够通视，交通的路缘必须醒目，其高度不得超过 12～15cm。

2）渠化设计

渠化策略本身需要认真的设计，合理的运行路线应及时明了，易于遵循并具有良好的连续性。渠化交通还应为驾驶员提供最少的选择并且较快地判断出禁行路线。然而，应当注意，避免发生渠化策略混乱或驾驶员同时需要作出一个以上判决的情形。大的凸起的安全岛比图形安全岛更有效，且可视性更好。但是，应避免设置面积小于 9m^2 的安全岛，或认真评估其可视性和养护可行性。当某些地区需要设置相对小和窄的渠化安全岛时，应该考虑采用图形安全岛，这是因为随着安全岛可视性的降低，车辆碰撞安全岛的的危险性增加。为了增强可视性，在凸起的安全岛接近端部通常采用的处理方法包括涂有反射性油漆或安装反射镜。所有渠化规划的审查都应从驾驶员角度和规划本身的角度进行评估，确保提供给驾驶员的导向信息直接和清晰。

当相交道路交通量相差不大或交通量数值均较高，平面交叉口应设置渠化（如图 12-2 所示）。四车道及其以上多车道公路的平面交叉必须做渠化设计。二级公路的平面交叉，应作渠化设计。三级公路的平面交叉转弯交通量大时，应作渠化设计。具体要求如下：

图 12-2　交叉口渠化示意图

①在每个需要渠化的交叉口，都应采用正确的导流标线和渠化标线进行渠化设计，用分车线把不同行驶方向的车辆划分车道行驶，用箭头线明确车道的服务功能，以免车辆之间相互干扰。

②对相交公路等级较高或交通量较大的平面交叉进行改善，应采用由分隔岛、导流岛来制

定各向车流行径的渠化处理。

③主要公路为二级公路的T形交叉，当直行交通量不大，转弯交通量占相当比例时，可采用图12-3a）所示的只在次要公路上设分隔岛的渠化方案。当主要公路的直行交通量较大时，可采用图12-3b）所示的主要公路和次要公路上均设分隔岛的渠化改善方案。

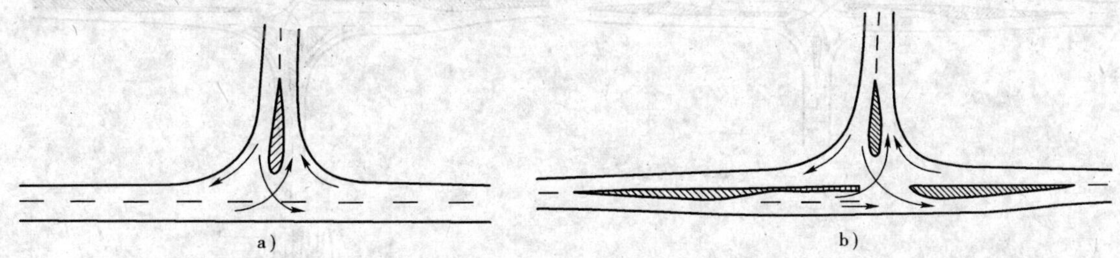

图12-3　设分隔岛的渠化T形交叉

a）只在次要公路上设分隔岛；b）主要和次要公路上均设分隔岛

④主要公路为四车道公路，或设计速度不小于60km/h且有相当比例转弯交通量的二级公路，或是与互通式立交直接沟通的双车道公路的T形交叉应采用以下渠化方案。

a.当主要公路为双车道公路时，应根据左、右转弯交通量的平衡与否而选用图12-4a）、图12-4b）、图12-4c）所示的某种渠化布置方式。

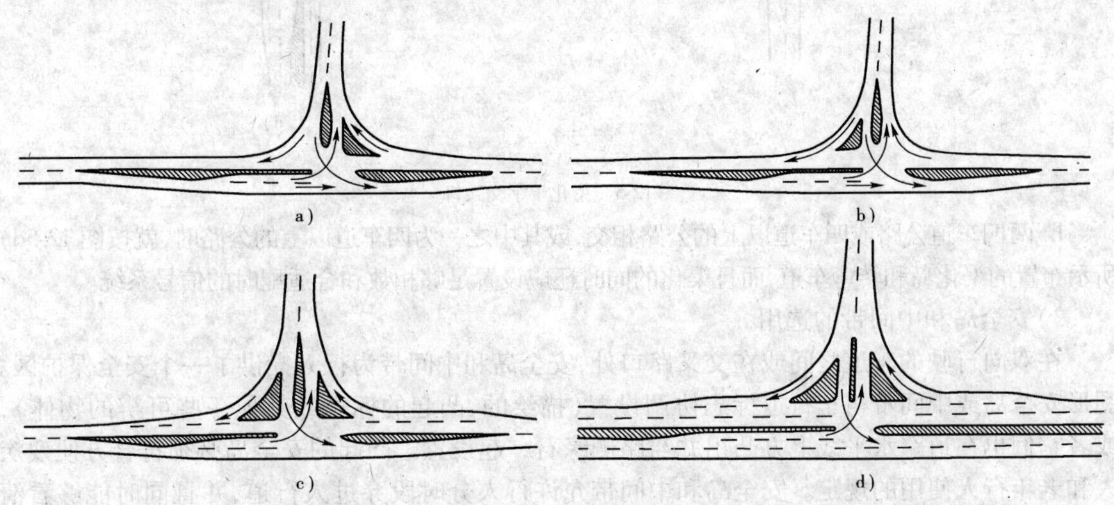

图12-4　设导流岛的渠化T形交叉

b.当主要公路为四车道时，应采用图12-3d）所示的渠化布置方式，次要公路上的导流岛可根据左右交通量情况做图12-4a）和图12-4b）所示的变通处理。

⑤主要公路为四车道公路以及设计速度为80km/h的双车道公路，或虽然设计速度为60km/h，但属于区域干线的双车道公路，其上的十字交叉应视具体情况采用图12-5所示的渠化方案进行改善。

a.当主要公路为四车道公路，或虽为双车道公路，但交叉所在的局部路段为四车道，次要公路为双车道公路且转弯交通量不平衡时，其间的十字交叉可采用图12-5c）的形式，若转弯交通量较大且各转弯较平衡时，应按12-5b）那样布置完善的渠化岛。

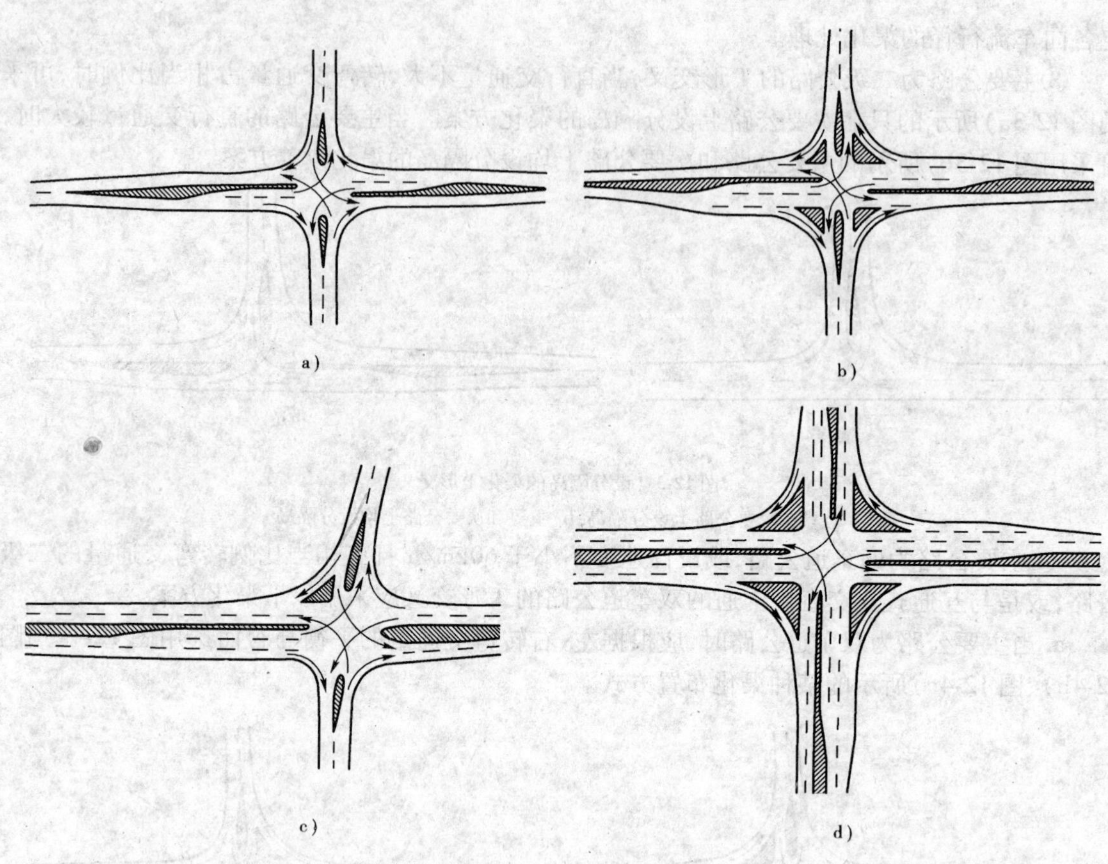

图 12-5　渠化十字交叉口

b. 两四车道公路或四车道以上的公路相交，或其中之一为四车道以上的公路时，就按图 12-5d）所示布置的渠化岛和转弯车道，而且渠化的同时还应设置足够相数和合适配时的信号系统。

3）安全岛和中间带的选用

在双向行驶的车道之间或在交叉路口处，安全岛和中间带为行人提供了一个安全保护区。图形安全岛或中间带与车行道标志协调设置（描绘的、凸起的标志或其他一些可辨的物体），或者它们也在道路水平线上方凸出并与路侧缘石一起设置。凸起的安全岛必须符合方便残疾人和老年行人使用的规定。安全岛和中间带允许行人分时段穿过人行道，并且同时能够看清某一方向即将驶来的车辆。它们通常设在较宽的多车道街道上，为不影响交通，在这些地方没有提供给行人足够的过路时间。当车道间或路侧与路侧间的距离超过 25m 时就应考虑设置安全岛，尤其是在老年人和残疾人出行较多的地方，考虑安全岛的设置是非常重要的。在使用按钮式人行信号灯的地点，也应该在安全岛上设置按钮。安全岛的宽度至少为 2.5m，任何情况下不能小于 1.2m。安全岛的长度或人行横道的宽度不论哪一个大，都不应该低于 3.6m。应对靠近安全岛的前端部分进行适当的处理，以警告驾驶人员注意前方存在安全岛。

在对已渠化的交叉口进行改善时，应修正不正确的导流线和渠化标线，合理设置交通岛，应注意布置最少量的交通岛，避免过度渠化。因为过度渠化会在路面上产生不合理的障碍、导致路面养护和排水困难、造成交通混乱等。

(6)非渠化交通组织

三、四级公路的平面交叉交通量较小时,可采用非渠化的交通组织方式。

①三级公路、四级公路的 T 形交叉,当转弯交通量较时,可采用图 12-6a)所示的非加宽 T 形交叉。

②三级公路、四级公路的 T 形交叉,当转弯交通量较大而会导致直行车辆过分减速时,应采用加宽式 T 形交叉。主要公路右转弯交通量较大者,采用增辟右转弯减速车道的加宽形式,如图 12-6b)的形式,当左转弯交通量较大时,采用增辟左转减速车道的加宽形式,如图 12-6c)的形式。

③三级公路、四级公路的十字交叉,当主要公路转弯交通量较小时,可采用图 12-6d)所示的非加宽十字交叉。

④三级公路、四级公路的十字交叉,当主要公路转弯交通量较大时,可采用增辟主要公路减速车道的形式,如图 12-6e)的形式。

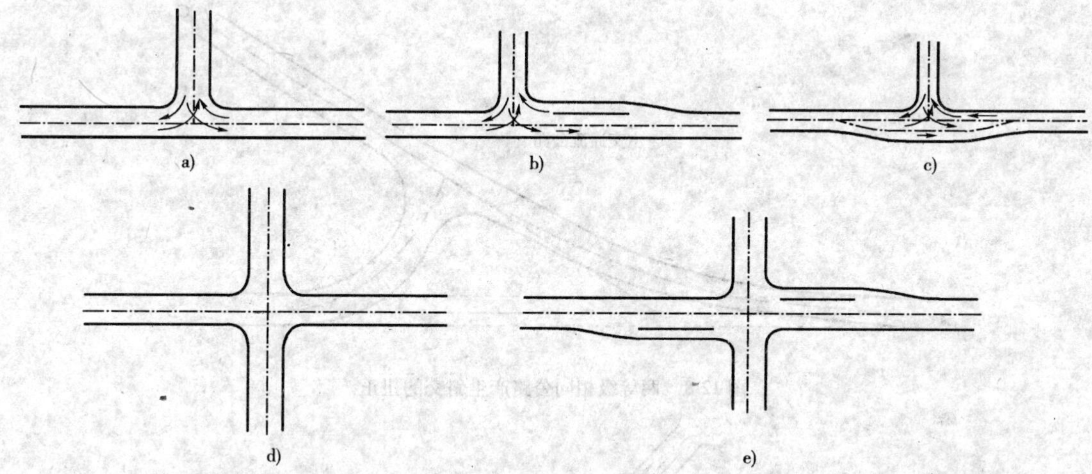

图 12-6　非渠化交叉

a)非加宽 T 形交叉;b)加宽式 T 形交叉(增辟减速车道);c)加宽式 T 形交叉(增辟左转减速车道);d)非加宽十字交叉;e)加宽式十字交叉

(7)斜交的改善

①当平面交叉两相交公路斜交角度小于 70°时,应对次要公路在交叉前后一定范围内作局部改线,使交叉的交角不小于 70°。

T 形交叉中次要公路扭正改线(如图 12-7)时,引道曲线与交叉中的转弯曲线间应留长度不小于 25m 的直线。当次要公路为二级公路时,引道曲线的半径不应小于 80m;次要公路为三级及三级以下的公路时,此曲线半径不小于 40 ~ 50m。

②当两条等级相同的公路产生如图 12-8 所示的斜交线状,当交通主流向 *AC* 方向时,应将 *AC* 作为主线,并改善其线形,*B* 方向作为支线并扭正与 *AC* 线相交。

③当按公路性质和交通量需作渠化处理时,一般可保持钝角右转弯车道的基本线形,并通过合理布置交通岛来保证其他转弯车道所需的线形,如图 12-9 所示。当斜交过大时,钝角右转弯应为 S 形曲线,以避免过大的导流岛。

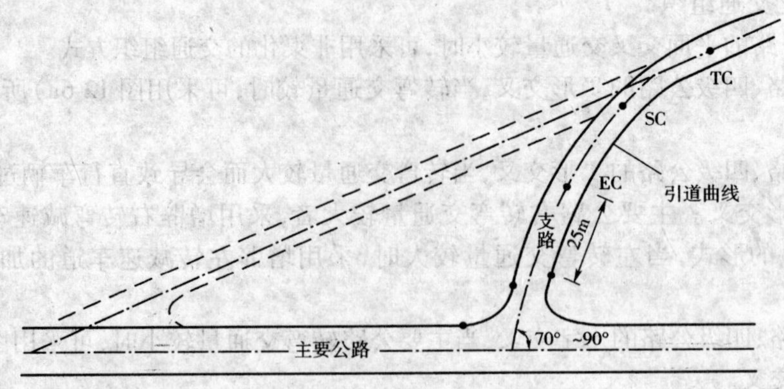

图 12-7　T 形交叉中斜交的扭正

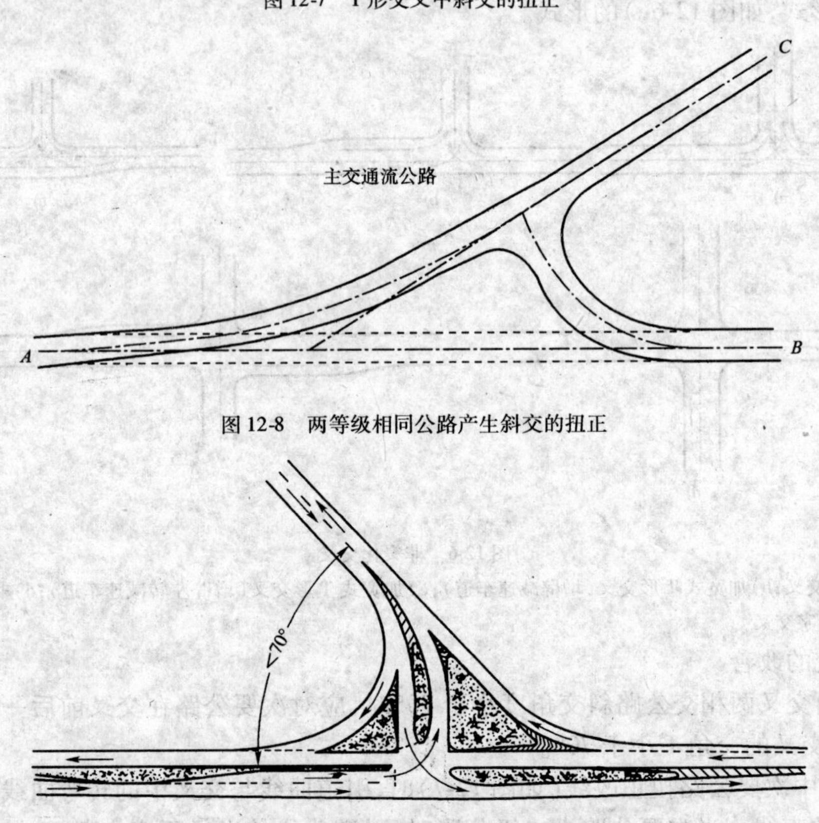

图 12-8　两等级相同公路产生斜交的扭正

图 12-9　以渠化处理满足转弯所需的线形

④斜交十字交叉中次要公路扭正应符合图 12-10 的要求。交点不变的情况见图 12-10a)，次要公路的每一岔中需设两个曲线，其中离交叉较远的曲线，其半径应不小于该公路的一般最小半径，并按要求设置缓和曲线；靠近交叉的曲线，其半径应不小于 45m，并在远离交叉一端设置缓和曲线。改移交点的情况见图 12-10b)，只在次要公路的一岔上出现 S 形曲线，半径的要求同上。

⑤受条件限制而不能按上述扭正十字交叉时，可将次要公路的两岔单独改线而组成如图

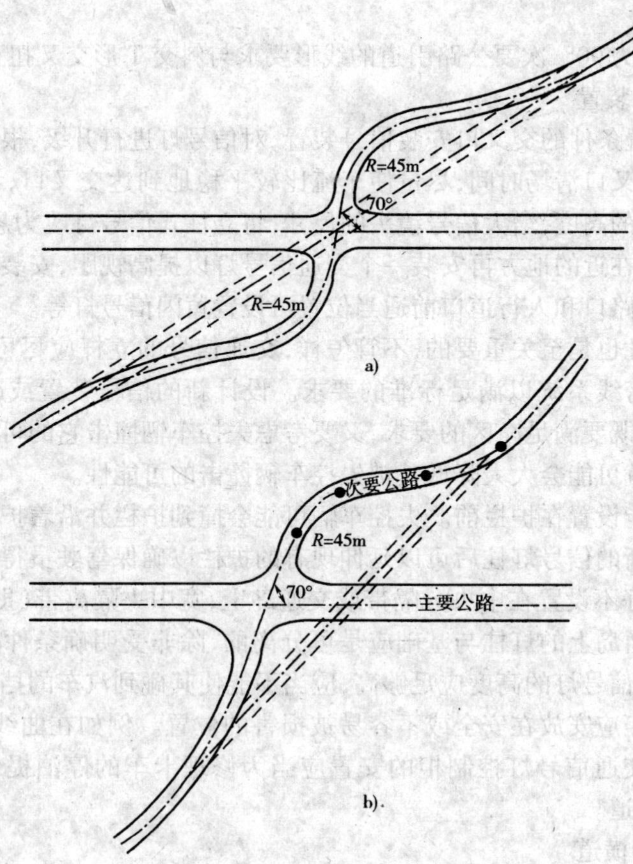

图 12-10 斜交十字交叉中次要公路扭正

a)交点不变;b)交点改移

12-11 所示的两个错位的T形交叉。其中逆错位交叉只限次要公路的过境交通量比例很小的

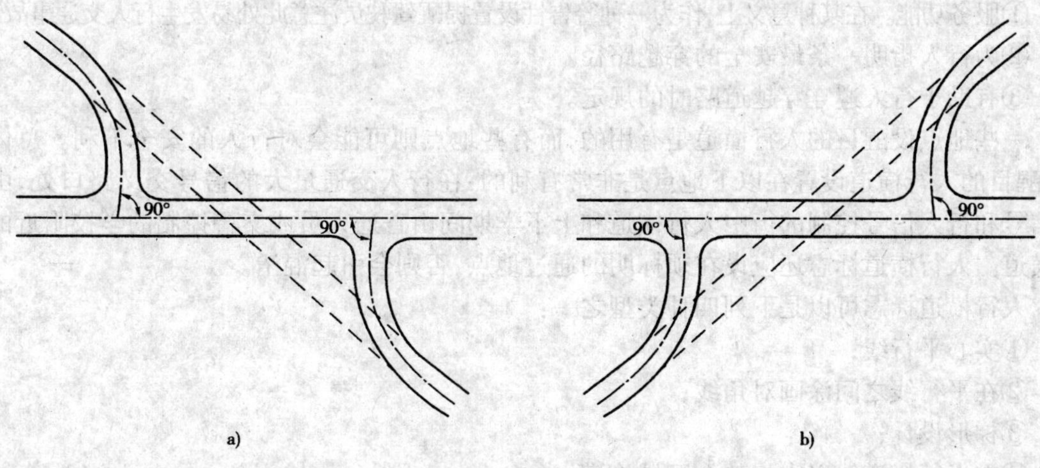

图 12-11 错位交叉

a)顺错位;b)逆错位

情况。

错位交叉时，交角为90°，次要公路引道的线形要求与斜交T形交叉扭正时相同。

(8)改善交通信号装置

在符合信号灯设置条件的交叉口安装信号装置，对信号灯进行升级，根据交通量对交叉口进行合理配时，调整交叉口清场时间，尽量使车流比较平稳地到达交叉口，设置专用的左转或右转相位，调整信号灯的高度，增大信号镜头的尺寸，将立柱式信号灯改为悬臂式或悬挂式，安装两个并排的红灯，或在近的地方再安装一个交通信号灯以提高视距，安装行人专用过街信号灯，在事故率高的交叉路口和人行道口前适当位置可设置黄闪信号灯等。

交通信号的可视性也是至关重要的，不管怎样，交通信号的立杆应尽可能地远离道路，通过利用外伸悬臂杆或跨线系统以满足标准的要求。设计新的信号装置或改造现有信号装置时，信号杆和安装基础既要满足净区的要求，又要考虑失控车辆撞击它的可能性。信号灯柱和基础位置的小小改动就可能会大大降低其被失控车辆撞击的可能性。

信号灯柱绝对不能设置在护栏前。失控车辆可能会撞到护栏并沿着护栏滑行以致撞击到信号灯柱。安装一个新的信号灯柱后可以延伸现有的护栏以确保驾驶员得到适当的保护。信号灯柱的安装基础最好不设置在中央分隔带或交通岛上，宽中央隔离带(即宽度大于10m)除外。中央分隔带或交通岛上的灯柱与基础应是可分离的，除非受明确条件的信号灯限制。当汽车撞到基础时，杆上信号灯的高度应足够高，应当不能使其碰到汽车的挡风玻璃。

交通信号灯控制柜应安放在安全或不容易被损害的位置。例如在曲线路段上，它应位于水平曲线内侧部分。交通信号灯控制柜的安置应当为修理卡车的停泊提供便利。一般情况下，位置要朝着次要街道。

(9)合理设置人行横道

为作为交通弱者的行人提供必要的保护设施，为行人提供交通安全岛，增加行人过街横道线，给行人以优先通行权，减少缘石半径，缩短行人过街距离，设置专用的行人过街相位等。

设置合理标志明显的人行横道可起到如下作用：

①服务功能。在某种意义上，作为一种警告性设置提醒驾驶员注意此处易发生行人交通事故。

②为行人指明一条最安全的穿越路径。

③有助于行人遵守穿越道路时的规定。

一些地点设醒目的人行横道是有用的，而有些地点则可能会对行人的安全不利。总体上讲，醒目的人行横道设置在以下地点是非常有利的：在行人交通量大的信号交叉路口处，由交通信号和行人信号控制的街中人行横道和上下学期间由普通人员或交警控制的学校附近的人行横道。人行横道标志还应设在须标明的通过地点，否则会引起混淆。

人行横道标志可以是下列四种类型之一：

①实心平行线；

②在平行线之间涂画对角线；

③梯形设计；

④在人行横道线以内将整个区域涂满。

如果可行的话，推荐采用300mm宽和600mm长轮廓的梯形设计。人行横道宽最小不应小于1.8m，通常认为3m的宽度较为合适。

驾驶员和行人对中央街道人行横道安全性的感知是一个问题。研究表明，如果穿越是必需的话，人行横道处的前置标志和高架标志是提醒驾驶员注意不可预料道路特征的最有效方式。不允许在中央街道人行横道附近停车，这样，驾驶员和行人才会有清晰的视线。灯光闪烁适用于控制路侧停车和有助于行人发现人行横道。

(10)安装照明设施

夜间行车时，可视性要求灯光的设置能使驾驶员和行人具有相互可见的视距，这时应考虑交叉路口人行横道的照明。增加必要的照明设施是减少公路交叉口夜间事故的另一措施。尽管没有数据表明在公路交叉口设照明设施的费用可用减少的事故费用弥补，但普遍认为公路交叉口照明肯定可减少交叉口的夜间事故。1972年的一项研究指出，如果年平均夜间事故是年白天平均事故的3倍以上，则采取照明措施具有经济效益。1984年的一项研究表明照明具有技术经济效益。照明设施的支撑设施不应该减小驾驶员和行人的视距。照明应位于人行横道的正上方而且照明高度应超过行人的头顶范围。

(11)增加交叉口路面抗滑

雨、雪天气的交通事故是一个长期存在的问题，13.5%致命性撞车事故和所有事故中的25%发生在湿路面道路上。将碰撞性事故与事故发生点的公路特征联系在一起研究时发现，交叉路口处是湿路面道路高碰撞事故率的地点之一。同时，坡度大于3%或小于3%的纵坡处的交通事故率比水平道路高得多。有专项报告阐述：在所有道路和街道地点中，交叉路口对轮胎—路面相互作用的要求最大。几乎任何干燥的路面—轮胎组合都为正常的机动车行驶提供了足够的摩擦力。最危急的情形是：大量的车辆、行驶速度高、但路面潮湿而车辆必须迅速停车的情形。

路面材料的类型，由交通而引起的磨损和磨光状况，以及路面的坡度是影响轮胎与路面之间摩擦力的主要因素。可以采用开槽的方式在一定程度上弥补车道表面的不良质地。在潮湿或结冰路面上轮胎—路面间的摩擦力是引发多车辆撞车事故的主要作用。

某城市在发现不管路面潮湿与否，约70%的交通事故发生在交叉路口后，采取了一系列措施改善交叉路口。在800多个交叉路口和一些潜在问题区加铺了高的防滑性的覆盖层，例如人行横道附近。研究表明该项目使事故减少了31%。虽然这种抗滑措施比较昂贵，但其结果具有较好的成本效益。交叉路口进口道设置一定坡度的方法是改善路面的主要措施之一，可以减少雨雪天气的碰撞事故。

(12)其他处理措施

限制交叉口车速，可以根据实际情况在支路路口设置物理减速装置，强制支路车辆在汇入干路之前减速。设置良好的排水设施，对路面及时维护和整修，提高路面平整度和抗滑性等。在危险路段就设置护栏、隔离设施等以保证行车的安全。

12.4　平面交叉口安全设计实例分析

(1)示例12-1

在国道与国道交叉口或国道与交通量较大的省道相交(如图12-12所示)，需要对交叉口进行渠化，并设置信号灯控制设施，在相交道路上加指路标志；在国道与流量不大的省道的交叉口，需要对交叉口进行渠化，在相交道路上设黄闪灯和指路标志。

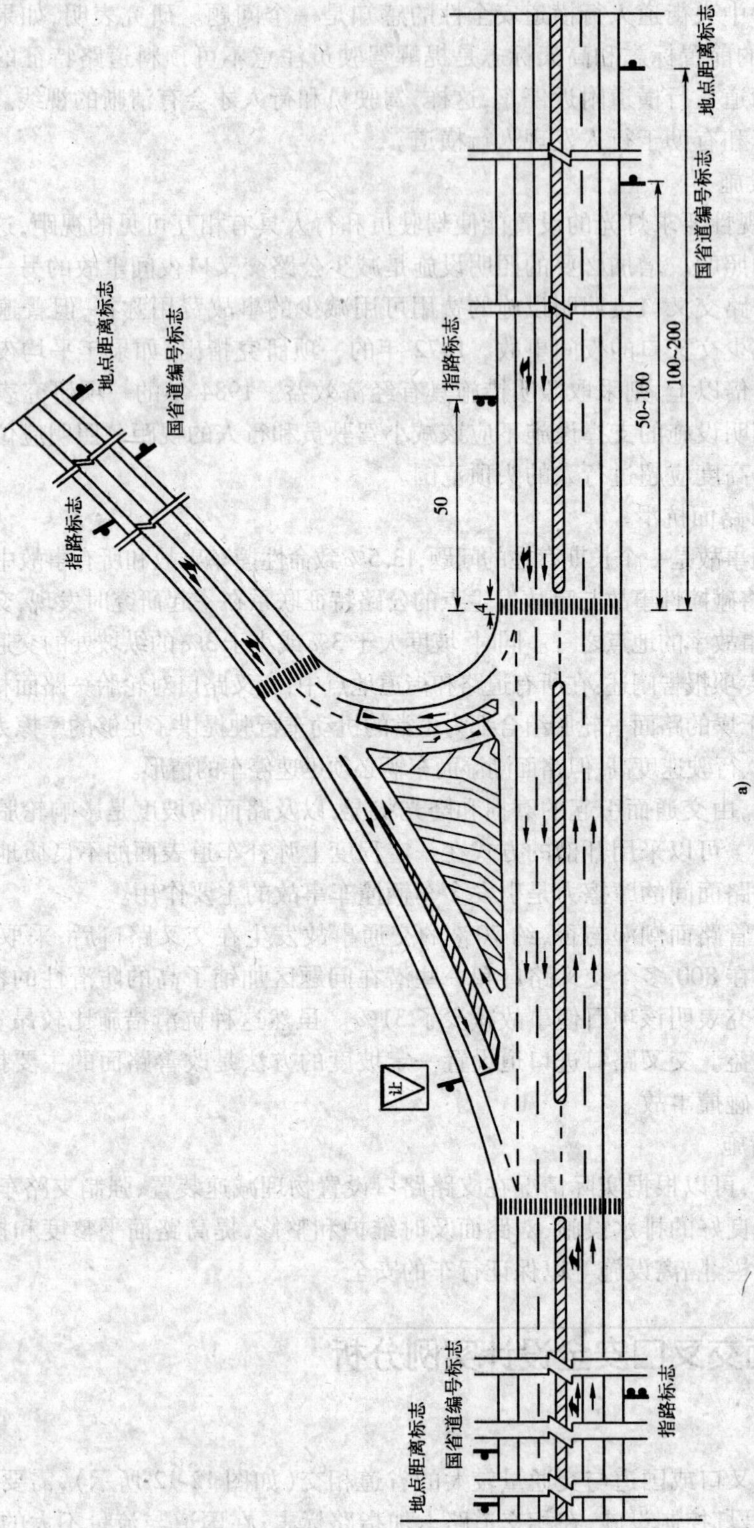

a)

图 12-12

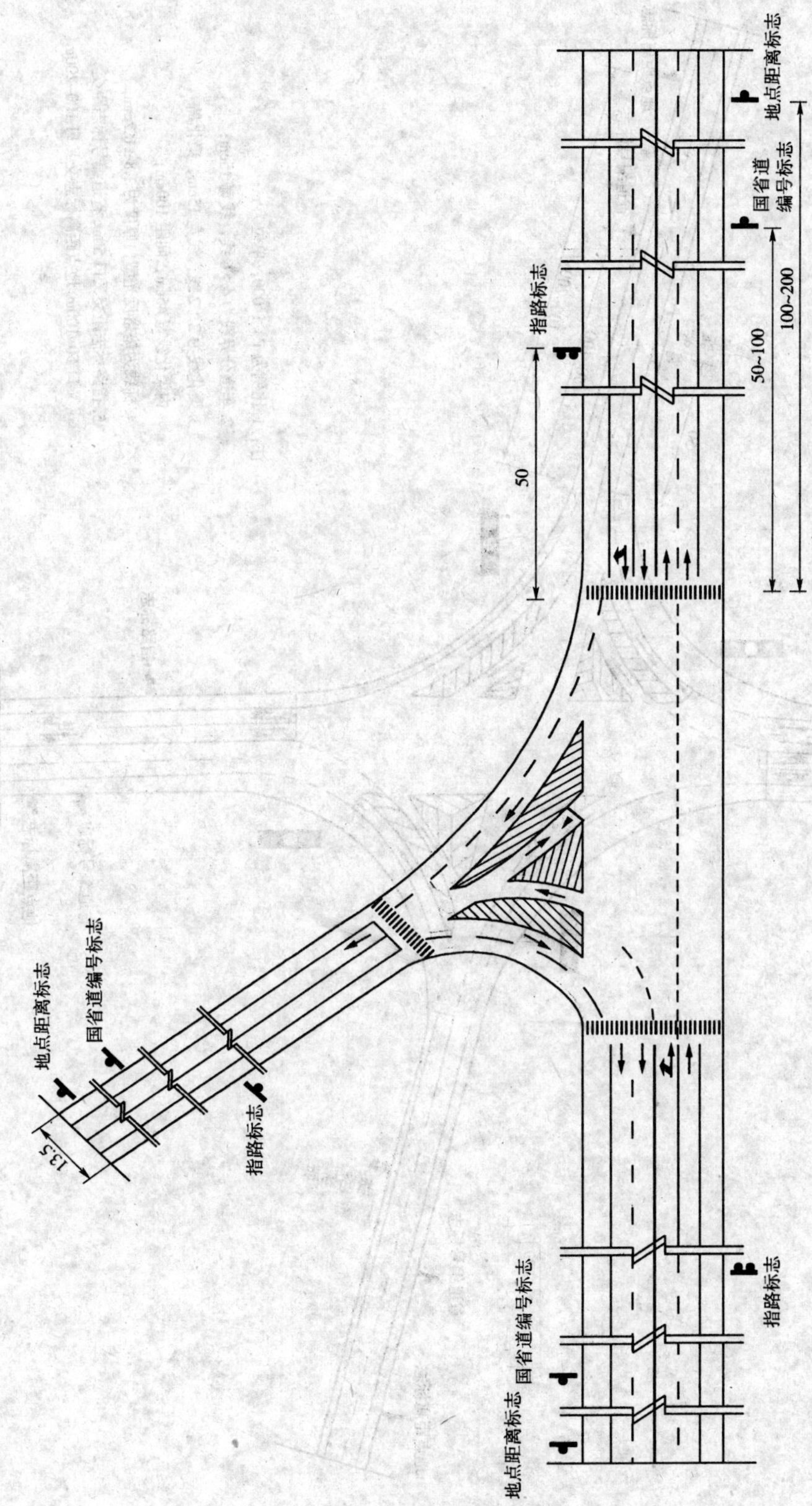

b)

图 12-12

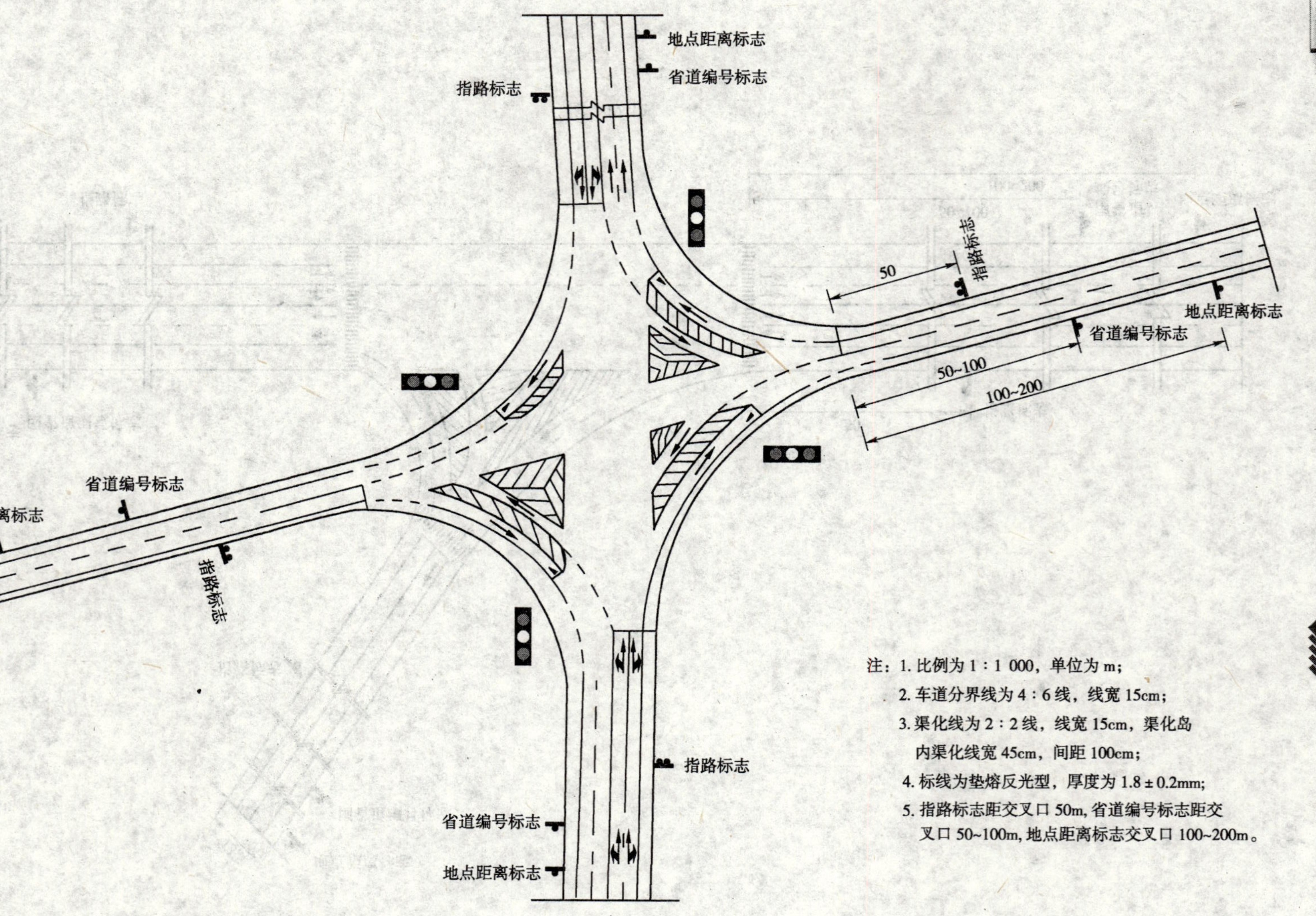

注：1. 比例为1∶1 000，单位为m；

2. 车道分界线为4∶6线，线宽15cm；

3. 渠化线为2∶2线，线宽15cm，渠化岛内渠化线宽45cm，间距100cm；

4. 标线为垫熔反光型，厚度为1.8±0.2mm；

5. 指路标志距交叉口50m，省道编号标志距交叉口50~100m，地点距离标志交叉口100~200m。

c)

图12-12　一、二级公路与一、二级公路平面交叉安全设计示例(尺寸单位:m)

(2)示例 12-2

交通量较大的县乡道路的交叉口用标线或交通岛渠化，主路加指路标志，交叉口用信号控制或设黄闪灯；对交通量较小的交叉口，主路上加指路标志和设黄闪灯，支路上设减速让行标线和减速丘，在主路上设道口标柱；在没有渠化的交叉口两侧设道口标柱，具体处治措施见图 12-13。

(3)示例 12-3

对路面已硬化的村道交叉口，村道上设停车让行标志和停车让行标线，主路上设置道口标柱；如果村道在入口处坡度较缓，则在村道上设减速丘；对路面没有硬化的村道交叉口和有一定流量的机耕道路交叉口，主路设置道口标柱(如图 12-14 所示)。

(4)示例 12-4

①在城镇道路交通流量较大的交叉口(如图 12-15 所示)，对交叉口进行渠化并设置信号控制设施，在主路上加指路标志。如果行人较多，则需要加人行横道。

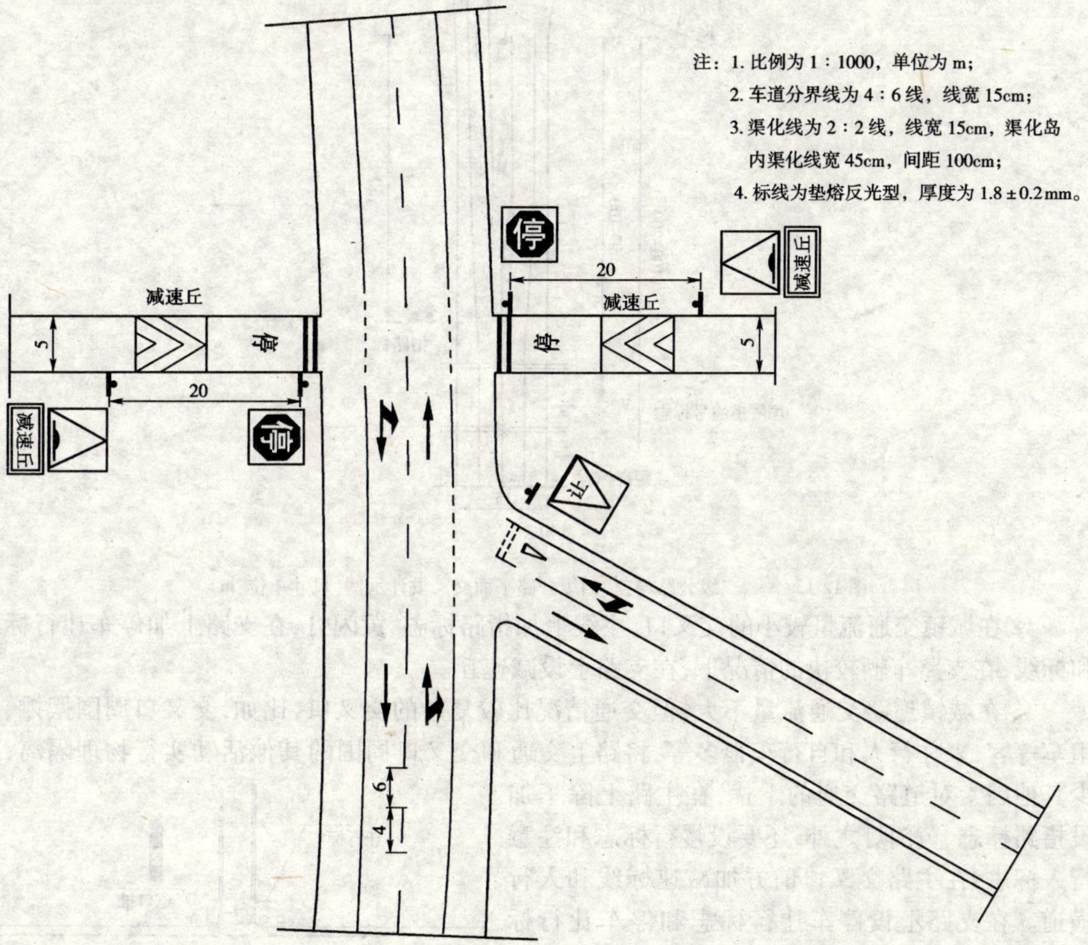

注：1. 比例为 1 : 1000，单位为 m；
2. 车道分界线为 4 : 6 线，线宽 15cm；
3. 渠化线为 2 : 2 线，线宽 15cm，渠化岛内渠化线宽 45cm，间距 100cm；
4. 标线为垫熔反光型，厚度为 1.8 ± 0.2mm。

减速丘
5
20
停
减速丘
让
6
4

a)

图 12-13

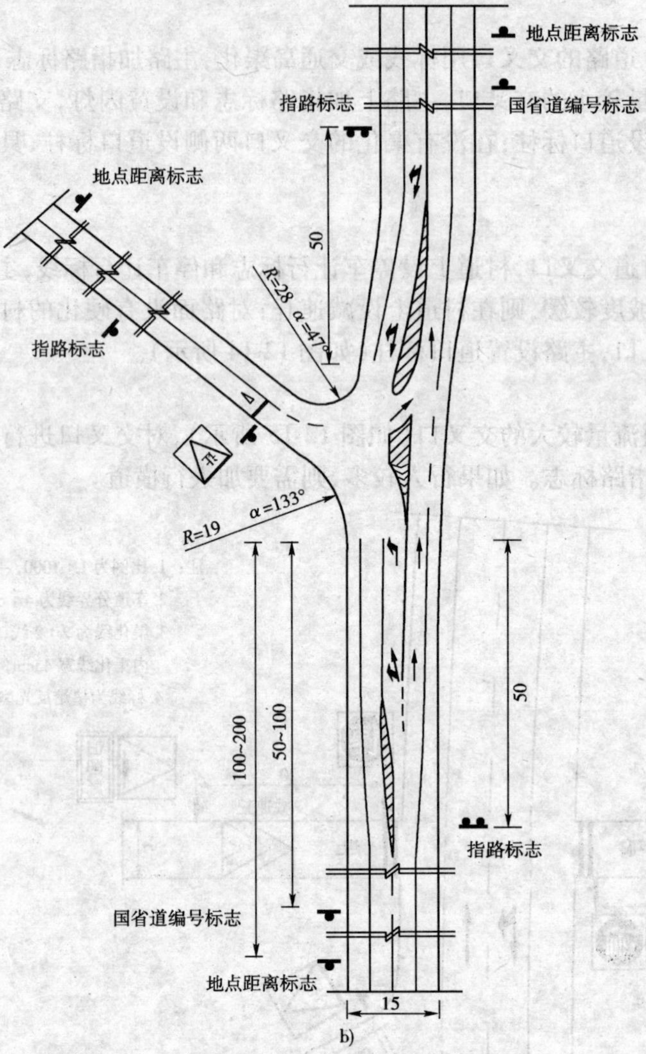

b)

图 12-13　一、二级公路与三、四级公路平面交叉设计示例(尺寸单位:m)

②在城镇交通流量较小的交叉口,主线上加指路标志、黄闪灯,在支路上加停车让行标志和标线,在支路车辆较快的情况下,在支路上设减速丘。

③在城镇道路交通流量不大,但交通情况比较复杂的交叉口,比如,交叉口周围摆摊、出租车等客,来往行人和自行车很多等,将路上交通和交叉口周围的其他活动实行物理隔离,减少其他因素对道路交通的干扰,在主路上除了加设指路标志、黄闪灯之外,还要设慢行标志和注意行人标志,在主路交叉口前方加减速标线和人行横道。在支路上设停车让行标志和停车让行标线,并设减速丘。

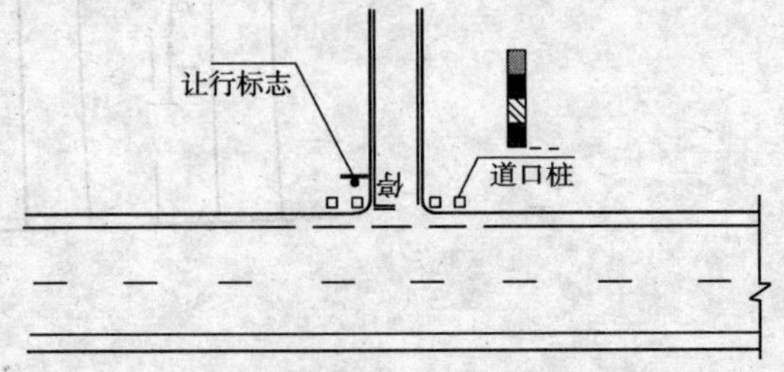

图 12-14　一、二级公路与乡村道路、田间道路交叉口

公路平面交叉口交通安全的综合处理措施是多方面的,针对存在不同安全隐患的交叉口,应

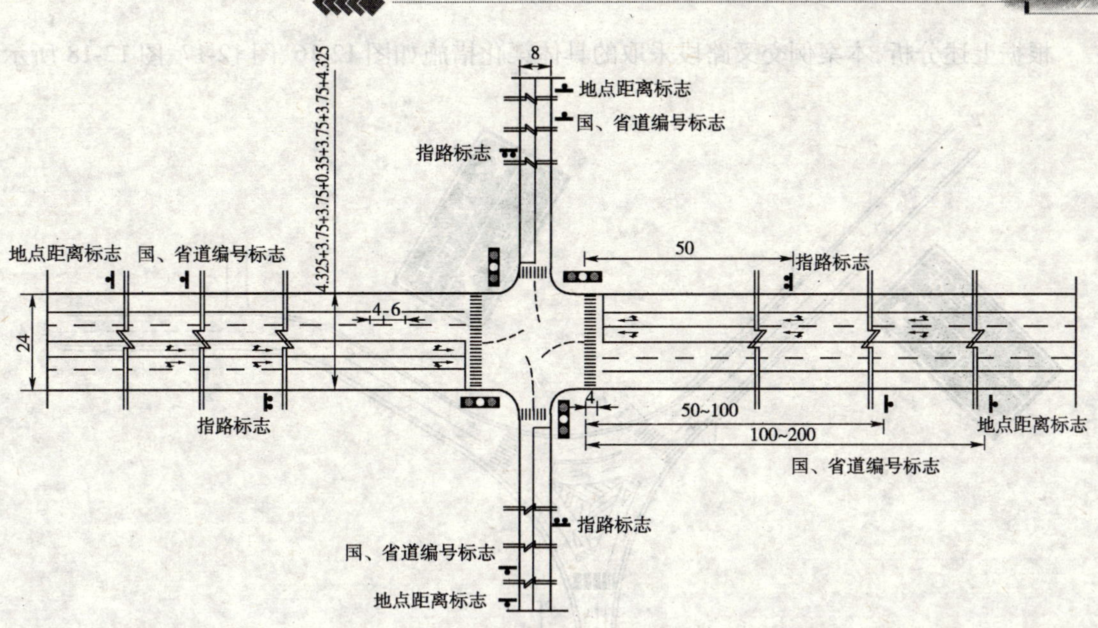

图 12-15　一、二级公路与城镇道路平面交叉口

灵活运用以上处理措施，使平面交叉口的事故可能性降到最低。综合来说，标志标线、信号设置、视距和渠化方面的改进是收益大，花费小，见效快的主要措施，这些方面小的改进就可以带来相当大的安全收益，也是公安路全保障工程中解决公路平面交叉口交通安全问题的主要方法。

(5)示例 12-5

下面的案例是一个典型的三路交叉口，该交叉口位于小县城之内，是一个重要的交通分合流点。交叉口的 $A—C$ 方向是国道，B 方向是县道。

交叉口的安全设计必须考虑以下因素：

①明确交叉口的通行优先权。本案例中通过让行标线的设置，规定右转的车辆拥有优先通行的权利，所有左转的车辆必须在左转弯待定区内让行右转车辆。这是由于右转车辆拥有最高的通行效率，右转车辆先行可以最大限度地发挥交叉口的通行能力。

②确保考虑所有道路使用者的需求。本案例中由于交叉口位于县城边缘，因此街道化比较严重，县城居民有横穿交叉路口的需求。为满足行人安全通过交叉口的需求，在交叉口设置人行横道线，在进入交叉口前的道路上用菱形标线提醒驾驶员前方有行人，注意驾驶。

③交叉口的渠化要符合交通流的特点。因此 C、B 两个方向之间的夹角比较小，很容易发生右转车辆占有对向车道转弯的情况，因此 $B—C$ 左转弯待转区与 $C—B$ 右转弯车道之间专门设置渠化，分隔双向车流，最大限度地减少冲突。

④要保证交叉口的视距条件。本案例道路两侧在交叉口前一定范围内种植的树木进行了树冠修剪，保证交叉口范围内能够通视。

⑤要设置清晰明确的指路标志，指路标志的设置位置要考虑安全的需要。指路标志为驾驶员提供前方的道路信息，当驾驶员能清晰阅读标志内容时，需要判断自己的前进方向，然后再决定直行或者转弯。为保证交叉口的交通安全，必须使驾驶员有充足的时间进行标志的识别、判断和反应，这就需要指路标志必须设置在交叉口前适当距离。

根据上述分析，本案例交叉路段采取的具体渠化措施如图12-16、图12-17、图12-18所示。

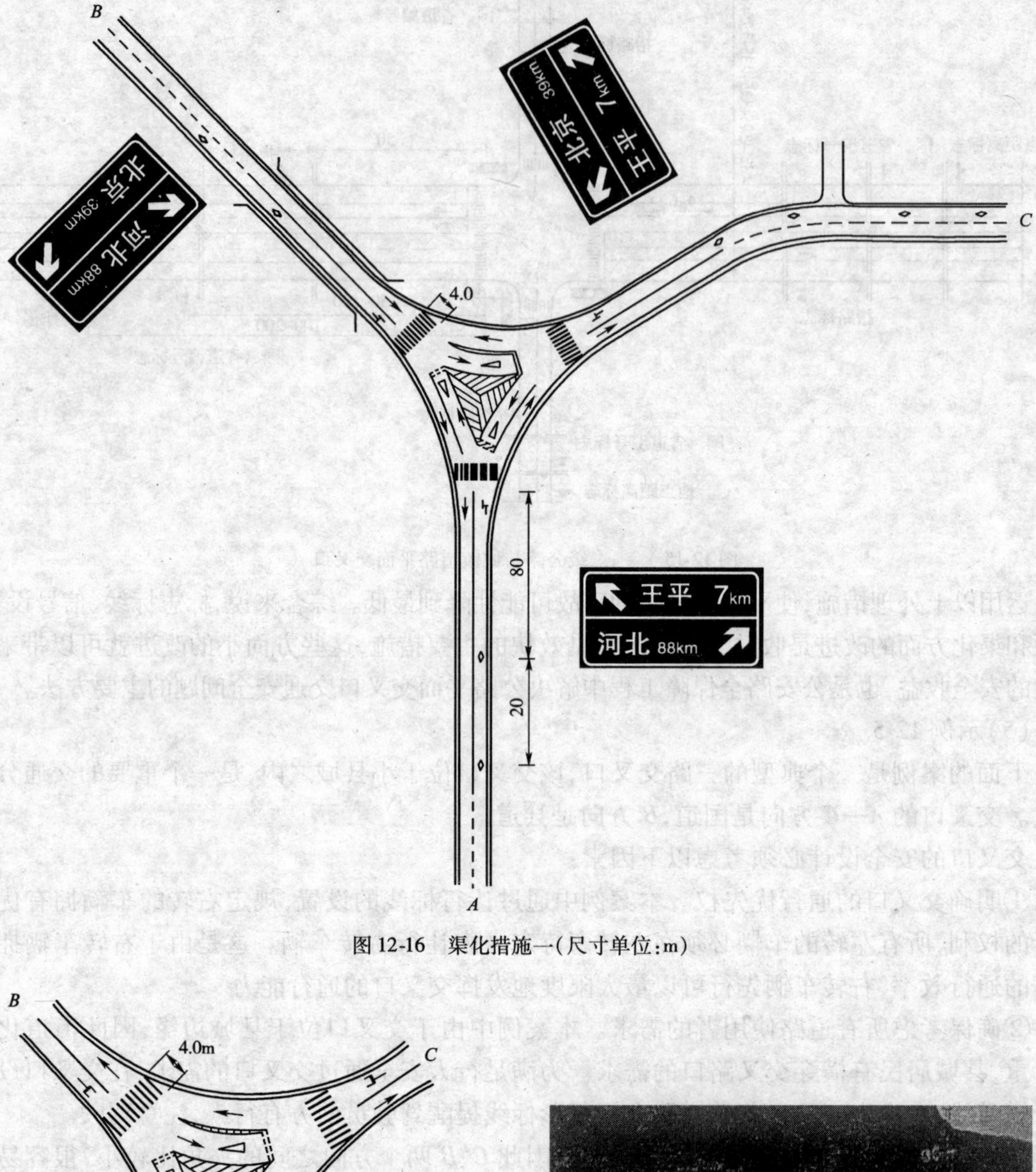

图12-16　渠化措施一（尺寸单位：m）

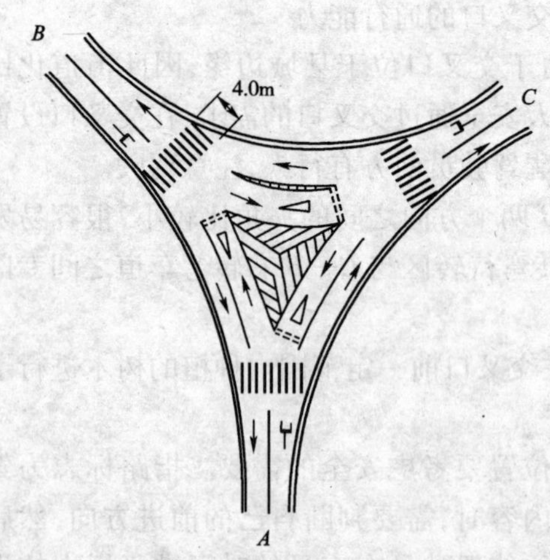

图12-17　渠化措施二

图12-18　渠化措施三

第13章 公路隧道中的安全措施

随着公路隧道的越来越多，隧道交通安全一旦出现问题，将会严重影响人民群众的生命财产安全，加强公路隧道交通安全工作已经刻不容缓。隧道交通安全工作，必须突出“预防为主，防治结合”的方针，坚持政府统一领导，明确部门职责，落实管理措施。同时，要进一步完善应急预案，积极应对隧道内突发性安全事件，尽力减少人员伤亡和财产损失。

13.1 概述

随着我国经济社会和交通建设的快速发展，公路隧道建设日新月异，通车里程不断增加。公路隧道建设步伐的加大，极大方便了交通运输，但是，由于受一些客观条件的限制，当前隧道管理工作尚存在安全应急机制不全，部门职责不明，宣传教育缺乏，事故隐患突出等问题。近几年，我国公路隧道交通事故时有发生，事故死亡人数呈逐年上升趋势，已经严重影响人民群众的生命财产安全。加强隧道交通安全管理，预防和减少交通安全事故伤亡及损失，已经成为建设“公安安全保障工程”、构建和谐社会需要研究的一个重要课题。

13.2 公路隧道段事故原因归纳分析

公路隧道是特殊路段和“瓶颈”路段，由于在隧道内行车受空间、视线、光线、驾驶员异常驾驶心理和行为等各种因素的影响，极易诱发各种交通事故，引起火灾，直接危及公路隧道的交通安全。影响隧道交通安全的因素可归纳为以下几点。

13.2.1 隧道使用者（主要指驾驶员）的原因

根据联合国经济合作和发展组织出版的报告，道路使用者（主要为驾驶员）不正确的行为，是所有道路事故最主要的原因，占所有事故的95%。

（1）一般为驾驶员在隧道口或隧道内超速驾驶、隧道内随意停车等违规现象而导致事故；

（2）隧道内行驶的车辆距离保持不够，紧急情况下不能及时停车而导致追尾；

（3）隧道是一种特殊的管状构造物，与洞外明亮宽敞的道路不同，正常人由亮到暗，适应

时间为10s，由暗到亮，适应时间为3s，驾驶同对进入隧道的“黑洞（长隧道）”、“黑框（短隧道）”、驶出隧道的“亮洞（白天）”、“黑洞（晚上）”等现象需要一个适应过程，在这个适应过程中，驾驶员很难辨认洞内路面目标或物体，因而产生视觉心理或障碍，使行车显得不安全，容易导致事故；

（4）驾驶员疲劳驾驶，隧道内车辆释放出的有毒气体引起驾驶员非正常动作等导致事故；

（5）车辆出现故障驾驶员没有采取正确的措施导致起火或相撞；

（6）由于隧道内车辆释放出大量烟雾、扬起的灰尘等导致能见度低而出现事故；

（7）驾驶员无视隧道控制标志以及隧道信息标志显示内容而出现事故。

13.2.2 运营管理的原因

隧道运营管理是一个比较复杂的系统工程，涉及许多部门、各种型号的设备、先进的技术等多方面的因素。隧道运营管理的好坏对于减少隧道事故发生、防止隧道事故扩大、减少事故损失具有非常重要的作用。

目前，运营管理导致的隧道事故发生原因有：

（1）隧道内引导、指示设备故障引起交通事故；

（2）隧道内检测、消防设备故障、延误使得故障扩大；

（3）消防、抢救、交警等部门协调不及时、响应不迅速使得事故后果严重；

（4）运营管理人员在紧急情况下操作不正确（如：火灾时通风控制不正确、对车辆人员引导不正确、隧道显示设备不正确等）引起事故更严重；

（5）隧道内照明不够引发事故。由于道路开通初期交通量较少，运营管理成本较高，投资大，导致在后期运营中部分设施诸如照明用电量较大的设施停止运行，以减少用电量，降低运营成本。

13.2.3 隧道硬件的原因

隧道硬件主要是指隧道主体结构、路面、横洞、水沟以及隧道口、隧道内的安全设施、监控设施等。在隧道事故中，有许多事故是由于隧道硬件配置不合理、不完善引起的。

隧道事故一般有如下硬件原因：

（1）公路隧道的主体工程设计是影响行车安全的重要因素之一，隧道平纵横线形与安全密切相关。

（2）隧道内坡度过大。对于长隧道或特长隧道而言坡度不易过长、过大，对于上坡段行驶的车辆尤其是大货车将释放有毒气体，对于下坡段的车辆尤其是大货车易造成超速或刹车失灵。

（3）隧道路面污染，粉尘的粘聚使路面抗滑性能变差，且得不到天然降雨的清洗，长期影响路面的抗滑性能；洞内发生火灾时，其温度对路面的影响亦比洞外严重；在雨天出现时，多使洞口段冷热空气变换，产生水珠，路面积雾，降低路面抗滑性能而引起交通事故。

（4）隧道口的安全隐患。隧道横断面没有硬路肩，因此隧道洞口和道路的横断面存在着宽度突变，而隧道洞口的端墙对进入隧道的车辆造成威胁，护栏的端头对驶入隧道的车辆也是足以致命的安全隐患。

(5)超载车荷载超过了隧道内边沟盖板的承载能力,分析事故资料发现:隧道内的事故多是由于超载车辆压坏排水沟盖板引起车辆侧翻。特别是在夜间,驾驶员疲劳驾驶,注意力分散,往往会将车辆开到边沟盖板上。

(6)隧道内避难设置与路线衔接处的棱角易引发撞击交通事故,如路面打滑、刹车失灵等车辆易撞到棱角处。

(7)隧道内设施不完善,如:横洞指示标志、避难逃生标志、紧急情况下需使用的设备的指示标志、安全设施等。

(8)隧道内主体工程的材料使用不正确,如:易燃、抗温度不高、有毒、抗爆裂不强的材料的使用。

(9)良好的通风和照明是创造洞内良好的工作视觉环境和工作环境质量,是保障隧道具有预计通行能力和营运安全的先决条件之一。严格来讲,没有照明的隧道是不满足安全的;通风不畅、烟雾能见度低,灯光昏暗对行车安全构成危险。

(10)隧洞、避难通道设施的配套设施不完善,如:横洞无防火卷帘门、避难逃生通道无指引设备等。

(11)隧道内设备设施位置不合理,如:紧急电话应考虑在紧急停车带、摄像机应考虑在横洞、避难逃生通道等处增设。

(12)特长隧道没有撤离通道、没有通风井、没有庇护所。

13.2.4 行驶车辆的原因

在隧道内,车辆本身的故障引起的交通事故也是不可忽视的主要原因。一辆车辆本身故障引起事故的原因如下:

(1)车辆本身设计缺陷,如:油箱设计位置、刹车部件油管的走向等;

(2)发动机动力不够、发动机故障熄火、发动机过热起火或被引燃起火;

(3)刹车失灵;

(4)车辆轮胎爆裂;

(5)车辆前后灯不亮;

(6)车辆超载或货物倾斜而翻车。

13.3 综合处理措施

公路隧道的交通安全涉及各个方面,从以上隧道事故(包括火灾)产生的原因分析来看,隧道安全不是简单的有效运营和完善基础设施的问题,总结各种已经发生交通事故的经验教训,针对目前我国已通车公路隧道的现状,隧道安全在很大程度上还取决于道路使用者的行为和途中车辆的状况。

为达到隧道安全的最佳水平,设置如下目标:第一目标要保护隧道事件中人的生命安全、环境和隧道设施;第二目标要减少事故和火灾后果,主要为卷入事故的人的自我营救、道路使用者应立即防止更严重后果、确保紧急服务部门的有效性行动、保护环境、限制材料损坏。

为确保隧道交通安全,从结构、技术和组织上采用必要的、先进的、成熟的、可行的措施就

可以尽可能地预防事故的发生,防止事故进一步扩大。如何解决隧道交通安全问题是公路隧道建设的焦点问题,下面从影响隧道安全的四个主要方面提出隧道事故(包括火灾)预防措施。

13.3.1 隧道使用者(主要指驾驶员)

目前,我国对驾驶员在隧道安全方面的培训非常少,甚至有的地方还没有涉及,国家交通法规方面也没有对隧道进行详细的规定,导致驾驶员在隧道区段违规驾驶、在隧道紧急情况下慌张不知所措以致发生事故或事故扩大。从国内外的研究成果来看,要改变驾驶员的行动比纠正技术缺陷更难,但是,有许多方式直接或间接去影响或改变驾驶员的行动,主要包括:教育、驾驶培训、提供的信息和法规、警察管理和处罚等等。

根据国内外的成功经验以及现有的交通法规并结合我国实际情况,针对驾驶员提出如下措施:

(1)通用法则

①在隧道区段应严禁超车;

②如果没有隧道管理员提示或告知,严禁车辆掉头或转向;

③在隧道区段所有车辆必须使用前灯;

④除非紧急情况(紧急情况下,车辆应尽量停在紧急停车带并关闭发动机),严禁车辆停在隧道区段。

(2)驾驶培训和测试

建议各种驾驶培训和测试应包含隧道内车辆故障、堵塞、事故或火灾情况下驾驶员应该采取的正确行动,虽然目前驾驶测试不可能在真实的隧道内进行各种情况下驾驶员行动测试,但是可以从理论上进行考核。在培训阶段还应详细介绍隧道的结构、配套的机电设施以及报警、消防等设施的利用。

(3)车辆着火的处理

如果车辆在隧道内着火,驾驶员应尽一切可能将着火的车辆开出隧道。

(4)路侧检查

交警、路政管理等部门应相互配合,严格检查重型货车、超重车辆。如有可能,应采用现代化手段对重型货车进行检查,及时发现车辆的事故隐患。

(5)危险货物的运输

对于危险货物的运输,国内还没有系统的管理方法。建议隧道管理部门对危险货物按等级进行分类,运输危险货物的驾驶员(尤其是运输危险货物的车队)通过长隧道之前应提前通知隧道运营管理部门作好防范准备或者护送(超长隧道)通过。

(6)车间距

西方国家在隧道内的车间距一般为 20~50m,据法国和意大利研究认为,隧道内车间距强制保持 100m 是不必要的,但是卡车在隧道内某些情况下应该保持 150m 以上的车间距。现在我国车间距已有明确规定,其距离与车速基本相当,如 80km/h 应保持车间距至少 80m。

(7)速度限制

目前,我国隧道一般限制车速 80~60km/h,根据国外研究来看,通过隧道的所有车辆统一

限速并不能提高隧道的安全性,且易增加堵车的可能性,且不利于保持稳定的交通流。建议卡车严禁超车且限速为 60km/h 以下,对于小车可提高限速,建议 80km/h。

13.3.2 隧道运营管理

隧道营运管理的主要任务:通常或事故情况下保证运营管理人员和使用者的安全;正常情况下,监视隧道内的交通、环境以及所有设备(包括通风、照明等)运营情况。在事故时,按照需要控制各种设备,并和交警、紧急服务部门密切配合;经常维护所有主体和机电设施。

(1)建立较为合理的隧道运营管理体制

根据西方国家的研究表明,为避免做出误解决定并提供快速援助,建议在特长隧道处设置隧道管理站,隧道管理站应设置监控、维修、消防、救援等部门。

(2)制订完善的隧道安全设施养护计划

我国隧道普遍存在重建设轻养护的现象,当灾害发生时设备不能正常工作,为此应定期对隧道区段的各种设施进行检修,确保设施的完好率不低于 95%;隧道检修时应利用交通信号灯、车道控制标志、信息标志或可移动的隔栏等将隧道部分或全部关闭或限速。

(3)制订预处理方案

运营管理部门应针对隧道的不同异常情况制订相应的处理预案,如:隧道火灾应急处理预案;隧道内车辆故障预案;交通事故预案;交通堵塞预案等,在这些预案中应详细规定救援人员的岗位、职责、救援车辆行驶路线、车辆疏散路线、各类人员的配合、事故清场、经验总结等。

(4)开展火灾防救教育与定期演习

从已发生的隧道火灾、事故来看,隧道使用者对隧道内的设施不了解、不会应用是火灾损失严重的主要原因,因此对公路隧道的防救设施进行科普教育与宣传能取得良好的社会效果。另外隧道运营管理者对突发事故反应慢也是事故严重的重要原因,通过定期隧道演习或计算机模拟演习,加强各部门之间的协调反应能力,提高救援水平,使工作人员能准确、及时判断出在什么情况下应采取什么样的方案。

(5)通风系统的操作

根据国际规定,L(隧道长度)$\times N$(小时交通量)$\geqslant 2\times10^6$ 的隧道都应设有风机。许多已经通车的隧道风机只起到排烟、控制风速的作用,对于交通事故、火灾事故中怎样有效利用风机减少人员伤亡、减少财产损失仍处于摸索阶段,甚至有些隧道还出现隧道火灾中风机开启不正确而引起更大的事故。根据国内外研究表明:火灾事故开始前 10min 内,在距离火场 800m 范围内的上半部完全是层状的烟雾,下半部就是新鲜的空气,火灾时应将风速控制在 2～3m/s 之间。事故情况下通风原则如下:

①风速应有利于人员逃离。应尽量控制隧道内的风速,减少对人的热负荷,同时避免烟雾出现涡流和对流。

②通风控制风速、风向应避免和尽量减少火场高温气体的扩散而引燃火场附近的设置或车辆。

③通风应有利于消防员救火、救援人员抢救,使消防或救援队伍能从上风方向接近火场,开展消防或救援工作。

④通风控制风向、风速防止火灾洞的烟气进入人行、车行横洞、相邻隧道或避难通道。

⑤特长隧道除考虑正常情况的通风外，还应对火灾时的排烟作详细考虑，按600～800m分段控制隧道照明。

13.3.3　隧道硬件设施

目前，我国隧道事故预防措施主要着眼于隧道硬件设施，但仍然没有系统的措施来指导怎样防止隧道事故的发生，下面将根据以往事故发生的原因提出具体预防措施。

(1)提高路面摩擦系数

隧道内的环境以及消防要求决定隧道内一般都使用混凝土路面，但由于隧道内相对封闭的环境，使大量尘土以及车辆排出的废气不能及时排出洞外而沉积或凝聚在路面上，长期得不到雨水的冲洗、阳光暴晒，而降低了路面的摩擦系数。建议有条件的隧道应经常冲洗隧道路面(但应考虑结冰问题)；或者在路面施工中增加路面的摩擦系数；或对路面进行“打毛”。

(2)隧道平纵横线形

隧道作为公路的特殊构造物，隧道平纵横线形与安全密切相关。

1)隧道平面线形

①隧道平面线形须与隧道自身建设条件及连接区间的道路整体线形协调一致。

② 过去我们设计隧道时喜欢采用长的直线隧道，今天这个观念已经改变，曲线隧道在某些方面更加安全，如减少行车的单调性，防止驾驶员瞌睡，汽车之间的间距更易判断，蜿蜒的照明光带和明亮的墙面更具有诱导作用等。但当用曲线时，曲线半径不宜采用设超高的半径值。受特殊条件限制，需采用设超高的平曲线时，其超高值不得大于4%，同时还须满足停车视距与会车视距要求。不应出现由于隧道内平曲线半径太小而导致隧道横断面加宽的情况。

③隧道内不宜采用S形曲线。

2)隧道纵面线形

①为保证行车安全，隧道纵坡不能过大，尽量设置缓坡，纵坡变化因有平缓的过渡使驾驶者有足够的视线。隧道内最大纵坡一般应控制在3%以下。隧道内坡度过大，车辆下坡时行驶速度会加快，不利行车安全。

②隧道纵坡的变化不宜过于频繁，变坡点数不宜多于3个。

3)隧道洞口线形

①洞口引道要有良好的行车视线，线形不能在隧道口内外附近发生明显的变化。

②长隧道和特长隧道的出洞方向应避免在洞口接小半径曲线。

(3)加强隧道安全设施建设

①从隧道事故分析，车辆撞击隧道壁造成的人员伤亡占很大比例，建议在可能的条件下在隧道内设置护栏。

②隧道内的紧急停车带、紧急疏散通道等与主线连接部形成的平曲线往往有棱角或成直角，建议在这些地方设置弹性防撞设施。

③洞口路基防撞护栏要有渐变过渡，如果直接接隧道洞口端墙，存在安全隐患。

④隧道入口前根据隧道情况、交通情况、隧道前后路段线形情况，选择设置安全标志牌，主要内容分为隧道信息提示(隧道名称、长度)、隧道安全必要的提示信息(禁止超车、限制车速、车间距离、限高标志等)、有线广播频道信息(如有条件设置)。例如：隧道内连续下坡，可在隧

道入口前一定距离设置连续下坡的警告标志或人性化图形标志。双向行车的公路隧道内应施画黄色中心实线，所有标线应采用反光标线。隧道内宜配合标线设置反光突起路标。

⑤特长隧道设置避难所并保证人在洞内可以呆2h，其设置间距应控制在300m（可以根据隧道的长度适当调整间距）。

⑥隧道入、出口路面设置反光倒钉；隧道入、出口两侧100～150m设置光电标志；隧道入口设置突起标线；设置必要的视线诱导设施，如主动发光诱导设施。

⑦设置有隧洞的隧道，横洞门应有防烟功能。

（4）调整隧道内布置不合理的设备

隧道内的紧急电话，根据标准按照200m间距设置，建议紧急电话尽量设置在隧道内的紧急停车带或车行、人行横洞处。

隧道内的摄像机基本都是按150m的间距布置，考虑到现在的实际应用情况，有条件的地方建议适当缩小摄像机的布置间距，在弯道处调整设置间距或在变道对应处设置，车行横洞、人行横洞处增设带云台的摄像机。

（5）加强隧道机电设施建设

①采用节能的隧道营运通风与隧道照明技术

在隧道照明方面，研究入口黑洞问题和洞内视觉问题，配置节能而符合视觉环境的照明十分重要。今年来这方面有很大的发展，在一些隧道洞口加强采用节能的“逆光照明技术”、中部采用“宽光带配光技术”，其效果是明显的。在隧道内无其他照明设施时宜设置反光路钮（图13-1）。

图13-1 隧道内设置反光路钮

②疏散、逃离标志

国内很多已通车的隧道都没有完善的指示标志，在隧道事故中人员很难在有效的时间里找到逃离路线或出口。在隧道内的人行横洞右侧2.5m高处设置人行横洞标志灯（50cm＋80cm）；在车行横洞右侧2.5m高处设置车行横洞标志灯（50cm×80cm）；紧急停车带应设置紧急停车带指示灯（50cm×80cm）；紧急电话、消防栓等也应该采用标志灯或反光标志进行标注；在隧道左侧人行横洞、车行横洞左右50m、100m处设置疏散指示标志；在隧道右侧消防栓的左右15m处设置消防栓位置指示标志。

③自动灭火系统

虽然自动灭火系统在建筑物内使用非常广泛，但隧道内使用自动灭火系统及其有效性仍然存在很大争议，建议特长并且交通量大的隧道设置自动灭火系统。

④信息标志

现在通车的隧道检测设备比较完善，但控制手段仍然有限，建议在长隧道入口处600m、300m的位置分别设置信息标志，隧道内按照600～800m的间距设置悬挂的信息标志（1.2m×2.4m）。

⑤隧道无线/有线通讯系统

手机的普及使得隧道内无线通信得以可行，但电信的信号在隧道内变得非常微弱甚至无

法接受，建议在隧道内侧壁下方敷设一根漏泻电缆，或在隧道口和隧道内适当位置纵向架设定向天线来解决隧道内无线信号传输问题。

有线广播系统分为独立系统或与紧急电话系统合建，根据实际应用情况来看，有线广播系统和紧急电话系统合建更经济、实用。隧道有线广播在交通事故中引导人员正确行动方面能起到很好的作用，但因交通噪声功能受到一定的影响。

13.3.4 行驶车辆

汽车自发明以来经过近100年的发展，技术水平日益完善，故障越来越小。但是由于我国车辆型号比较多，许多应该报废的车辆仍在路上行驶、车辆超重现象也非常严重，导致许多隧道事故是由于车辆本身原因引起的，现根据国内外的经验提出如下措施。

(1)严禁超过报废期的车辆通过特长隧道

我国仍然有许多超过报废年限的车辆在路上行驶，根据事故统计分析，超过报废年限的车辆零部件超过使用寿命、故障较多极易引起交通事故。

(2)灭火设备

根据国家相关规定，所有车辆都应该配备灭火设备，特别是卡车、巴士、运输危险货物的车辆。

(3)车辆携带燃料的数量

车辆携带燃料的数量越多，其发生事故导致后果就越严重。所以车辆(尤其是指重型车辆)应根据其行驶路程的远近添加适量的燃料。

(4)油箱的抗火能力

目前车辆油箱的抗火、抗压能力比以前有非常大的改进，但仍然应该继续研究油箱应该放置在汽车的什么位置最安全，研究如何进一步增强油箱的抗火、抗压能力，从而减少隧道事故中由于车辆油箱爆炸、燃烧引起的事故或事故扩大。

(5)超重、超高车辆禁止通过隧道

车辆高度超过5m的车辆进入隧道将破坏隧道内的设施，更严重的将引起交通事故或火灾。超重车辆易破坏路面，且超重车辆发热量增加易引起火灾。

(6)车辆内易燃材料的使用

目前车辆内易燃材料的使用非常广泛，如果车辆燃烧，将释放大量的有毒气体并加速火灾扩散到其他车辆。

(7)技术检查

所有车辆(尤其是重型货车、公交车、巴士)应定期进行技术检查(应重点检查刹车、发动机等)，及时查出车辆的技术缺陷，避免车辆发生故障。

13.4 实例分析

13.4.1 东方红隧道太阳能设施

根据该路段特点和安全保障工程的技术要求，安全保障工程技术组分析了道路安全方面存在的主要问题，建议采用新型太阳能发光设施，引导和提醒驾驶者注意安全行车。该路段太阳能交通安全设施主要包括反向弯路、让路标志、限速标志和突起路标等，该设施是利用太阳能发电技术供电，在确保原有设施被动发光功能的同时，较好地提高交通安全设施的发光强度和视角，并可通过自身发光、闪烁等刺激驾驶员的视觉，提高视认距离和警惕性。太阳能交通安全设施具有良好的环境适应性，可以广泛应用于多雨、雾等恶劣气候路段。

109 国道北京段全长 119.2km，K47 +000（东方红隧道）是北京市低等级公路上最长的隧道，全长 530m，为西南东北走向。受地形山势限制，两侧洞口都是急弯上下坡线形，视距条件较为恶劣；隧道虽然不长，但“黑洞”、“白洞”效应显著，再加上缺少必要的安全诱导及照明设施，驾驶人员驶入本路段明显感到心理压力过大，没有安全感，进一步降低了对紧急情况的应变能力。设计人员着重考虑了驾驶员的心理行为特征，综合隧道周边环境、道路线形等因素，在隧道中采用太阳能交通安全设施提高隧道的交通安全性能。通过安全保障工程的改造，东方红隧道内部共安装黄白两色集中供电式太阳能突起路标 160 余块、普通轮廓标 70 余块以及“急弯下坡”、“右急弯”太阳能标志板各 2 块，并在隧道口安装了太阳能警示灯，多项交通安全设施的综合使用有效地排除了东方红隧道的事故隐患，大大提高了东方红隧道的驾驶安全性。

13.4.2 东方红隧道前方大型警告标志与新休息区的开辟

此外，在东方红隧道出口不远处，设置“连续弯路 1 100m”大型警告标志，提示车辆前方道路线形不佳，须提高警惕。同时，公路安全保障工程与绿化工程相结合，在隧道旁平整出一块空地，进行绿化改造，利用现有的地形场地，将此处分为停车区和休息区两部分，可观赏，可休息，靠近周边的地方设置一个缓坡，搭配植物把噪声隔开，使驾驶员的休息环境更加舒适。

第14章 公路安全保障工程在农村公路上的应用

近几年来，随着农村经济的发展，农村公路建设步伐加快，机动车大量增多，农村公路交通安全问题也越来越突出。高度重视和积极探索新形势下加强农村公路交通安全管理，对保护农民生命财产安全、推动农村经济发展、维护农村社会稳定，打破城乡二元结构，消除城乡差别，发展农家乐具有十分重要的意义。认真分析农村县乡公路交通安全状况、面临的突出问题和原因，采取有针对性的综合治理措施，是各级政府和有关职能部门的职责所在，也是加快推进全面建设小康社会的必然要求。

14.1 概述

改革开放以来，我国农村县乡公路建设稳步发展，汽车、摩托车、农用车逐渐进入寻常百姓家庭。但是，随之而来的农村县乡公路交通事故大量增多，已成为农村经济社会发展和农村安全生产管理中的一个迫切需要解决的突出问题。主要的事故特征表现在以下几个方面：

(1)农村县乡公路交通事故呈上升趋势。

(2)经济快速发展地区农村公路事故突出。

(3)新开通、新拓宽的农村公路事故发生率高。

(4)农用车、拖拉机、摩托车事故多发。农用车、拖拉机、摩托车是农村最主要的运输和代步工具。从全国来看，农用运输车事故90%以上发生在农村地区，且呈逐年上升趋势。

(5)肇事车辆和驾驶员以及事故伤亡人员以本地为主。

14.2 农村县乡公路交通安全面临的突出问题及原因分析

当前农村县乡公路交通事故多发是随着农村道路的快速发展，农村交通机动化程度提高，人、车、路、环境等诸要素发生深刻变化带来的必然反映。其突出的问题及其原因有以下几个方面。

(1)人的方面。主要表现在三个不适应：

①农民交通安全意识薄弱，落后的交通行为习惯与日益复杂的现代交通环境不适应。农

村道路交通快速发展,交通环境日趋复杂,但目前相当一部分农民的文化素质低,对交通法规、交通安全常识乃至机动车的性能、车速等的认知都还处在低级阶段,交通行为的随意性和盲目性较大,违章现象普遍。一些农民在经济利益的驱动下,多拉快跑、超载超速、争道抢行、疲劳驾驶等违章屡禁不止。在一些地区,外来务工人员受到的交通法制教育和管理较少,随意横穿公路、搭乘农用车、使用三轮车、摩托车超载营运等现象突出,行车走路我行我素。

②机动车驾驶员队伍迅速扩大,但安全素质和驾驶技能较低,与交通安全管理的本质要求不适应。随着农民生活水平不断提高和农村经济结构的调整,农村机动车驾驶员队伍庞大,多数人员文化程度低,驾驶资历短,缺乏严格的技术培训,又不懂得交通法规和处理紧急情况。

③未经任何正规的安全教育和驾驶训练的无证车手大量增加,与交通安全法制化管理的要求不适应,安全隐患十分突出。一些农民收入增加后,购买了摩托车、农用车等作为代步和运输工具,一些农民家庭买农用车、摩托车作为子女的结婚嫁妆。但许多车主嫌进城学习培训、申领驾驶证麻烦,还要交各种费用,认为驾驶这类车辆简单易学,又只在本乡、本村行驶,办不办证无所谓,因而农村道路特别是偏僻落后地区和沿海地区公路上无证驾驶的问题突出,一些车主甚至到外地或者“地下车管所”购买假牌假证使用。公安交管部门年年组织整治,但收效不大,形成顽症。有的无证车主拒不服从交巡警的路面检查,绕道而行或强行冲卡,煽动不明真相的亲属、村民暴力抗法;有的发生事故后逃离现场,拒不抢救伤员,给农村地区的交通安全管理造成了很大困难。

(2)车的方面。农村经济和交通运输市场的发展,逐步改变了原有运输主体和运输方式的构成,农民交通运输工具出现了四个增多:

①农村机动车数量大量增多。随着农村经济发展、农民收入的增加及其消费观念的变化,机动车在农村还会出现持续大幅度增长,一些经济发达地区县乡道路交通将呈现出城市交通的特征。

②农村公交线网尚不发达,各种价格低、安全性能差的交通运输工具增多。对不通班车或者发车频次较低的县乡公路,当地农民中巴车、小客货车、农用车、变型拖拉机、三轮摩托车、电瓶三轮车等生产技术水平较低、安全性能较差的车辆混行其间,极易发生交通事故。

③农村车辆失管漏管严重,老旧破车、无牌车、报废车上路行驶违章增多。农民购买车辆,大部分从事县乡、乡村之间客货运输,这些地方交巡警管理力量很少,车辆办牌办证率低,车辆年检率低,事故隐患很多。一些驾驶员对车辆只会使用不会保养,带“病”行驶。有的甚至为降低运输成本,对车辆只用不修或使用报废车辆上路。由于这类车辆大多不能按规定通过年检或根本不具备注册登记条件,更没有参加法定保险,一旦发生事故,驾车人往往肇事逃逸。

④外地过境和长驻本地施工的外来车辆增多。交巡警部门对国、省道加大整治力度后,一些外地超载车辆向农村道路转移,逃费车辆绕开收费站涌向县乡道路,给县乡道路交通安全带来巨大压力。

⑤农用车也向大、重载方向发展。核定 1.25t 的农用车,运 8t 货物是平常的事。

(3)路的方面。主要存在四个不足:

①农村公路总量不足,跟不上农村经济和现代交通发展需求。我国农村公路的发展经历了一个由少到多、由普及到逐步提高、由以通为主到讲求通畅的历史过程。2002 年,全国公路里程达到 176.5 万公里,其中农村县乡公路发展到 133.69 万公里。从 1978 年到 2001 年,全

国县乡公路总里程共增加68万多公里，平均每年增加近3万公里。尽管我国农村公路建设发展成就有目共睹，但其整体水平还比较落后，距离社会经济发展的需求仍有较大差距。大量的简易公路缺桥少涵，晴通雨阻，抗灾能力低，路况差，亟需提高技术等级。目前我国以农村公路为主体的公路网密度，仅为英国的1/10、日本的1/20左右。在现有的农村公路中四级和等外公路占80%以上。农村公路基础设施发展滞后，已严重不适应农村经济发展的需要。农村公路“晴天一身灰，雨天一身泥”的状况尚未得到根本转变，广大农民出行难还没有彻底解决。

②线形指标低，标志少，路侧安全设施几乎没有。首先，在县乡公路工程规划设计和建设中，考虑安全因素不够。县乡公路交通环境复杂，路面急弯、易滑、岔口多，行车视线不良等问题路段较多。一些道路修建时设计不合理，路桥不配套，弯道转弯半径小，容易出事故。其次，对农村县乡公路交通安全设施建设缺乏投入。一些乡镇重视道路建设，但往往忽视交通设施，标志标线、隔离桩、护栏等交通安全设施不配套。

③在城镇规划中，对道路建设和交通发展估计不足。县乡道路穿过中心城镇地段，往往交通比较复杂、流量较大，且街道化发展很快。因规划缺乏前瞻性，造成车多路窄，镇区机动车、非机动车混行，街道周围又无临时停车点，机动车随意占道停放，一些沿街店面违章摆摊设点，严重影响了机动车的正常行驶。

④县乡公路养护不足，道路交通安全隐患整改难度大。目前县乡公路养护与建设不配套，乡村道路由各乡、镇以及行政村自筹资金修建，县乡道路大部分划归乡、镇政府养护。由于缺乏足够的资金投入，加上撤乡并镇、乡镇交管所合并等原因，不少地方养护工作脱节，对险桥、险段等安全隐患整改难度很大。

14.3 加强农村县乡公路交通安全综合处理措施

农村问题、农业问题、农民问题始终是中国最主要的问题。中央反复强调，没有农民的小康就没有全国人民的小康，没有农村的现代化就没有国家的现代化，没有农村的社会治安稳定就没有国家的稳定。目前农村公路交通安全已成为“三农”问题中的一个突出问题，必须引起高度重视，实行综合治理。

(1)加大对农村县乡公路和交通安全设施建设的投入，加强交通安全隐患的治理

2003年以来，我国农村公路进入了前所未有的建设高峰期。从2003年开始，国家将用3年时间，计划建设17.6万公里农村公路，到2010年，力争所有具备通车条件的乡镇与行政村通公路，县到乡公路基本达到高级、次高级路面标准，乡到行政村公路消灭无路面状况，通公路的行政村班车通达率达到95%以上；到2020年，力争乡到行政村公路基本达到高级、次高级路面标准，基本实现通公路的行政村通班车，切实解决农民出行难问题。

加强对农村道路安全隐患的排查整改。各地要组织安全监管、交通、公安等部门，对辖区内农村道路安全隐患进行排查，并按照分工负责的原则，对安全隐患突出的路段(点)进行硬件改造或完善安全设施；凡通客运车辆的高路堤、临水、临崖公路，应根据轻重缓急抓紧设置必要的防护栏和防撞墙(墩)。要加大对非法占用农村道路、破坏路面等违法行为的查处力度，确保农村道路良好的安全通行条件。

(2)改善县乡公路安全行车条件

道路是交通安全中的硬件,短期内要改善县乡公路标准低、路况差的状况,还存在一定困难。

1)完善交通安全设施。在三叉路口、弯道、危险路段增设一些标志牌能起到较好的提醒、警示效果。例如:

①穿越学校路段,设置注意儿童标志和限速标线,在学校学生集中穿越公路的地方应设置人行横道线。视距不良路段还可设置强制性减速措施。

②穿越集镇和村庄路段,设置限速标志、村庄警告标志或注意行人等警告标志。易超速路段可以设置强制性减速措施。

③在横向干扰严重的事故多发路段可设置护栏等隔离设施。设置隔离设施处应考虑行人、牲畜穿越公路的路径。

④在街道化较严重的路段,设置信号灯、黄闪灯和安全岛等设施。

2)对道路线形不合理、交叉路口搭接过多、路面抗滑系数低、窄路窄桥等做好治理工作。

①农村公路有相当一部分是旧路改造。以前认为将路面加宽了上了油面就是提高道路等级了,其实这是不够的。路是为车提供服务的,要保证车在一定速度下的安全行驶,线形很重要。尤其原来是土路,上了油面后,车速提高幅度大,若不改善线形,使之达到要求,将会导致事故频发。

②有的农村道路是在当地急需道路与外部沟通情况下修建的,由于工程特别艰巨、资金困难,有的路段采用了四级公路的极限指标或更低的指标。在这种路段上,必须设警告标志和作好视线诱导。

③农村公路改造提高等级时必须考虑到,由于行车条件的改善,车速一定会有较大幅度提高,因此在可能情况下最好能改善原有路上的纵坡。如将一些碎短的坡调整成一个较长的坡;太小的竖曲线,适当改成半径稍大的竖曲线;长陡纵坡下如果有小半径平曲线,可减缓这个纵坡,或者加大平曲线的半径等。

要消除事故隐患,要清除公路上的“黑点”、“毒瘤”,给驾驶员和行人创造一个视野开阔、路面平整、畅通的交通环境。

(3)简化客运审批手续,吸引车主跑农村

要把农村客运安全工作摆在更加突出的位置,在满足广大农民出行需求的前提下,解决好农民出行安全问题。按照“多予、少取、放活”的方针,继续加大对农村交通基础设施的投入,改善农村公路通行条件;采取优惠政策措施,大力推动农村客运公司化经营;改善农村客运线路管理方式,扩大经营自主权;积极推广使用适合农村实际的乡村客车,用安全、经济、实用型客车取代非法载客的货车、拖拉机和农用运输车。

目前有相当多的村不通班车,通班车的绝大多数乡镇没有客运站,农民就站在路边候车,冬天寒风刺骨,夏天酷热当头。所以要解决农民出行难和候车难的问题。除了继续大力发展农村公路外,交通部今年组织在浙江等7个省份开展农村客运班线网络化的试点工作,准备用两年的时间,在乡镇一级建立五级客运站或简易站,在人口较多的行政村建立候车亭,在其他站点设立站牌,站级标准正在抓紧制定中。

现在农民要等来一趟客运车很不容易。农村公路条件较差,车辆磨损大,油耗高,坐车人不是很多,收益差,致使经营农村公路客运的车主挣钱困难,跑农村线路的积极性不高,只有调

动经营者的积极性，农村班车才能开起来，跑起来。

要简化开行农村客运班线的审批手续，在条件成熟的地方，将原来按线路审批的制度改为按区域审批，允许经营者在一定区域内自主决定如何配置运力，包括时间，班次等。在一些市场比较规范的地区，可试行备案制。另外，要研究扶持农村客运的优惠政策，比如，对于经营农村客运给予适当的费收减免等。

(4)积极探索农村交通安全宣传教育工作新路子，大力提高农村交通参与者的交通安全意识

交通安全管理，归根到底是对人的管理。应当把交通法制宣传教育作为交通安全工作的治本措施来抓。加大交通安全宣传教育力度，推动交通管理的社会化。

①建立农村地区交通安全宣传网络。实践证明，做好农民的工作，一要靠好的政策，二要靠反复宣传教育，三要靠会做农民工作的宣传队伍，四要靠农民易于接受的生动活泼的宣传教育形式。

②继续实施交通安全创建计划，打实农村交通安全的群众基础。在公路沿线的村庄、企业和学校，采取多种形式，进村入户，进厂驻校，送交通法规上门，不断提高群众交通法制观念和自我保护意识。要针对区划调整、村镇合并，农村中小学生上学难的矛盾日趋突出，部分中小学校租用拖拉机、农用车违章运送学生上学的现象，切实加强对农村中小学生的交通安全教育。

③增大乡村公路安全保障工程难度的一大原因是村民安全意识不高。车辆驾驶员酒后驾车，违规行驶，超载超限等等，常因此酿成惨祸；沿线村民受传统习惯的影响，交通行为存在着很大的随意性，不注意避让来往车辆，任意横穿公路、闯红灯、不按规定车道行驶等各种交通违法行为比比皆是；砖头、砂石任意堆放在马路上，甚至在路上打粮晒谷；有些安全设施埋设不深，甚至遭受偷盗。这些行为严重影响了乡村康庄公路的安全，而有些人却丝毫没有意识到这些行为的危害性。

一定要强化安全意识，确保乡村工程安全设施建设的顺利实施。地方上要做好乡(镇)区域内的交通安全宣传教育，增强村民对安全保障设施的保护意识，排查安全隐患，防止偷盗、破坏公路安全保障设施的行为发生。

(5)认真实行拖拉机报废制度

对超年限行驶的拖拉机要实行报废。但是，拖拉机报废与汽车报废不同，不能简单地收牌、收证了事。政府应制定相关政策，对进行农田作业的拖拉机实行一定的补贴，以鼓励农民报废旧车，购买新车。

(6)强化新建项目的公路安全保障工程“三同步”的执行力度

公路安全保障工程的“三同步”是指新建、改建公路交通标志标线等安全设施，必须按照国家有关法规和标准，进行同步设计、同步施工和同步验收。为加强和规范公路安全保障工程管理，公路安全保障工程的计划编制、设计、施工、验收等实施管理作了明确规定。办法规定，公路安全保障工程内容分为公路安全防护设施、交通标志标线、安全专项工程三部分，遵循“突出重点、兼顾一般”的原则，以增设和完善安全设施和标志标线为重点，并兼顾事故多发点段和危险路段的处治，根据轻重缓急和路况的实际情况分步实施。还规定，公路安全保障专项工程必须委托有相应资质的设计单位进行方案设计，必须坚持招投标制度、建立“政府监督、

社会监理、企业自检”的三级质保体系、坚持合同管理制度，并实施质量保证金制度，其缺陷责任期的时间至少为一年。工程完工后，按有关规范和标准进行验收。

(7)严格新建、改建公路安全保障技术标准

各地在乡村工程的安全设施建设中，要参照国家和有关方面的技术规范标准，严格安全设施设计标准，做到规范、齐全、醒目、实用。要针对不同的安全缺陷类别，运用相应的交通工程技术进行整治，交通、公路部门在技术上要加强指导。根据农村公路建设资金较为困难、平纵面等技术指标低等特点，安全设施建设路段要因地制宜，坚持重点防护的原则，对急弯、临水库和悬崖凌空等危险路段，要求设置有一定防撞功能的护栏，如钢质防撞护栏或浆砌片石(块)石等墩式护栏，其他一般的高路堤、陡坡等路段均要设置安全警示标志。通村公路起终点及其他公路与通村公路交叉点应设置与通村公路有关的禁令标志。漫水桥、过水路段的桥(路)面也应设置必要的标柱设施。总之，要根据不同的路段和要求，设置必要的钢质防撞护栏或钢筋混凝土护栏、墙式护栏，架设反光镜，增设标志标线，采用危险边坡处置技术等。

(8)加强已建成公路安全保障设施的养护和管理

为加强道路安全保障设施的建设、管理，发挥公路安全保障设施的功能，保障道路交通安全与畅通，应加强已建成公路安全保障设施的养护和管理。村民应爱护乡村道路安全保障设施，并有权对损害道路安全设施的行为进行制止、检举和控告。

应禁止下列影响乡村道路安全保障设施功能的行为：

①未经相关部门批准在乡村道路范围内设置广告牌、宣传栏；

②未经相关部门批准在乡村道路范围内设置路标、路牌或指路标志；

③在乡村道路周围内使用可能与交通标志、标线相混淆的招牌、符号、图案；

④在交通安全设施上张贴、悬挂宣传标语、宣传标识、宣传旗帜；

⑤在交通安全设施上晾晒衣被或其他杂物。

应禁止下列破坏乡村道路安全保障设施功能的行为：

①擅自拆除、动迁、遮挡、更改交通安全设施；

②剪挖交通隔离护栏；

③涂抹、破坏交通标志、标线；

④擅自挖掘交通安全设施以及附属的地下管线。

并应对影响、破坏安全设施的行为按情节严重给以相应的处罚。

(9)加强公路安全保障专项资金的投入和管理

全国各地应把乡村公路安全保障工程经费列入县(市、区)、乡(镇)两级政府年度财政预算，做到专款专用。对经济欠发达的乡(镇)、村，市、县(市、区)政府要予以政策倾斜和经费扶持。

乡村工程的安全保障设施经费，应在市、县(市、区)和乡三级政府的配套经费中列支。各级交通主管部门要主动向当地政府汇报，积极争取政府加大财政投入，以尽快改变乡村工程安全设施薄弱的现状。省厅对经济欠发达地区的安全设施经费，将按照以奖代补的方式进行适当奖励。

为了加快欠发达地区安全保障工作的顺利开展，在资金上为乡村工程的安全保障工作提供了有力保障。交通局必须按规定严格使用与管理补助资金，合理确定补助标准，将资金全部

用于隧道、桥梁及路基工程量特别大的特殊困难项目和安全设施的建设，严禁截留、移用或挪用，严禁弄虚作假、暗箱操作。

14.4　实例分析：穿越学校、集镇、村庄路段

公路穿越学校、集镇、村庄路段，主要的安全隐患是快速行驶的车辆和横穿行人、自行车的碰撞，解决的基本原则是规范行人的过路行为，给车辆提供必要的警告，并使车辆降低车速。方案设计时，可采取以下措施之一或综合采用以下措施：

(1)穿越学校路段，设置注意儿童标志和限速标志，在学校学生集中穿越公路的地方设置人行横道线。视距不良路段还可设置强制性减速设施。

(2)穿越集镇和村庄路段，设置限速标志、村庄警告标志或注意行人等警告标志。易超速路段可以设置强制性减速措施。

(3)在横向干扰严重的事故多发路段可设置护栏等隔离设施。设置隔离设施处考虑行人、牲畜穿越公路的路径。

(4)在街道化较严重的路段，设置信号灯、黄闪灯和安全岛等设施。

14.4.1　示例 14-1（图 14-1）

处治措施：

(1)进入学校、集镇和村庄前，路面中间设置突起的环岛，使车道变得弯曲，车辆降低车速通过环岛和其后的行人可能横穿的路段；

(2)视横穿道路的行人交通量的大小，设置人行横道线，给横穿的行人提供横穿道路。

图 14-1　穿越学校、集镇、村庄路段

14.4.2　示例 14-2（图 14-2）

处治措施：进入村庄、集镇前，设置减速丘，降低车辆通过村庄、集镇的车速。

14.4.3　村庄群路段

低等级公路常常沿线存在多个村庄（以下简称村庄群），且村庄群中多有学校。此路段横向干扰严重，交通组织混乱，道路开口多，路面污染严重，路侧净区内存在住宅，易发生碾压行人事故。此路段安全设施的设计分析如下：

设计中无论是对各村庄分别进行限速（将导致标志繁多）还是对从村庄群的起终点进行限速（将导致限速距离过长）都不尽合理。对此，可考虑设置村庄及慢行警告标志，在学校路口路段设置限速禁令标志和注意儿童警告标志以及表示警告理由的学校附着标志。为解决提醒驾驶员村庄路段的路口众多问题，若在每个路口都设置规范中的 T 形交叉口标志，会导致 T 形交叉口警告标志过多造成驾驶员麻痹，可考虑推荐采用的左右交错路口警告标志以及连续路口警告标志。

图 14-2　穿越学校、集镇、村庄路段

安装 PVC 护栏或抬高路肩（道路大修工程）等手段为解决路宅分离的问题提供了较好的手段。PVC 护栏（塑钢护栏）是以 PVC 型材为外套，以钢材为内部增强材料，采用特殊方法连接成型的一种护栏，具有材料环保、抗腐蚀、安装简便、快捷等优点，其立柱、横杆及重要部位，均用镀锌钢材内衬增强，安全性较好。在村庄段使用 PVC 彩色护栏，同时由于其动感的彩条兼具装饰性，对道路也起到了一定的美化作用。

在道路开口处设计道口标柱主要用来提醒驾驶员提供警觉，防止小路口车辆、行人突然出现而造成意外。设计采用 TUP（热塑性聚氨酯）立柱，柱体 7 级防晒等级，高弹性、高韧性、高亮度，反光晶格不易脱落，采用高强级反光膜带背胶反光晶格，拧紧螺丝固定于路面。出于夜间行车安全性的考虑，在村庄路段中心线设置双面突起反光路钮，路侧可根据实际需要设置单面反光路钮（处治措施见图 14-3 所示）。

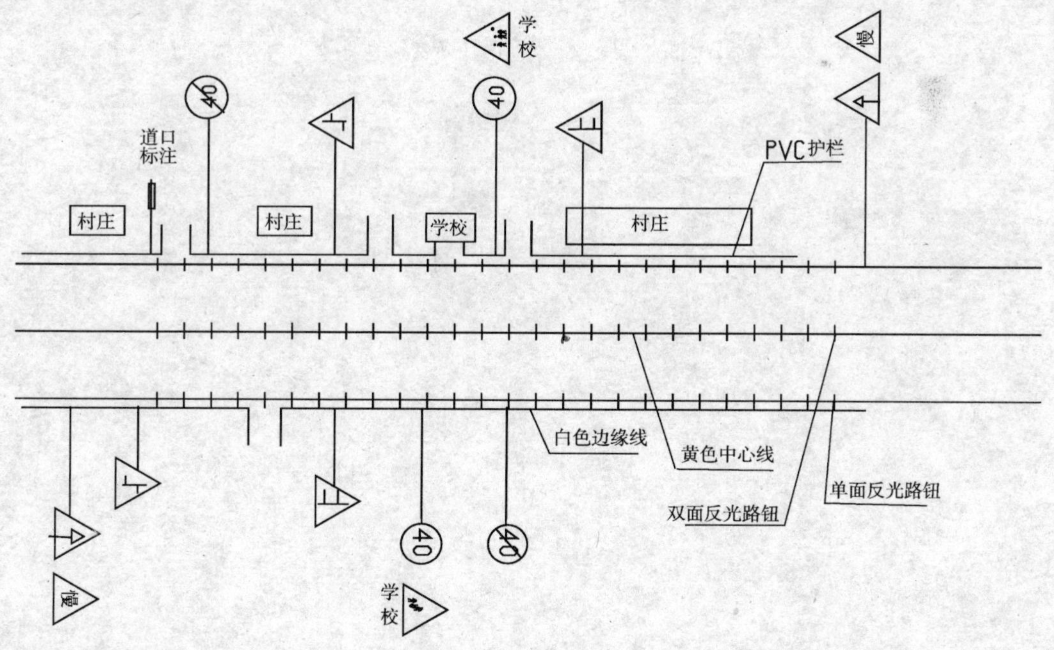

图 14-3　村庄群路段处治示意图

第四篇

公路安全保障工程的实施及评价

第15章 工程施工及验收

施工是实现实施理念、展示设计思路的关键环节。没有好的施工,再先进的理念、再完美的设计,都是空话。公路安全保障工程项目规模小,但是数量多,施工管理难度大。为了确保工程质量,除了要严格按照相关标准及规范进行施工外,尽量利用原有设施、就地取材以降低工程造价,同时还要重视推广运用新技术、新工艺和新材料,通过技术创新,着力解决施工中的难点问题,切实提高工程技术含量。

公路安全保障工程的验收工作要严格按照《公路工程质量检验评定标准与施工规范对照手册》以及相关标准来执行,达不到验收要求的需进行返工或重新设计并施工,直到满足验收要求为止。

15.1 一般规定

15.1.1 公路安全保障工程所使用的材料及设施产品

安全保障工程所用的材料均应符合现行国标《道路交通标志和标线》(GB 5768—1999)和交通部《公路交通标志板技术条件》(JT/T 279)、《路面标线涂料》(JT/T 280)、《高级公路波形梁钢护栏》(JT/T 281)等以及《公路工程质量检验评定标准》(JTG F80/1—2004)的要求。

公路安全保障工程所用的设施产品须经有资质的检测机构检测,取得合格证,并经工地检验确认满足设计要求后方可使用。

外购产品必须满足规范要求,具有产品合格证,并经工地监理工程师检验或经监理工程师认可的试验室委托试验,确认满足设计要求后方可使用。

安全保障工程安全设施采用钢质材料时,必须进行防护处理。构件采用螺栓组合时,螺栓、垫圈的规格应满足设计要求,并应组合牢固。

15.1.2 其他公路安全保障工程项目

本章未包括的其他安全保障工程项目,可根据相关质量检验评定标准或根据设计文件和其他相关规范执行。

15.1.3 工程验收内容

护栏、标志、标线、视线诱导设施、边沟及边坡、路面抗滑、其他等。

15.2 护栏

15.2.1 波形梁钢护栏

15.2.1.1　基本要求

(1)波形梁钢护栏产品

波形梁钢护栏产品应符合JT/T 281《高速公路波形梁钢护栏》及JT/T 457《公路三波形梁钢护栏》的规定。

(2)护栏立柱、波形梁、防阻块及托架的安装

护栏立柱、波形梁、防阻块及托架的安装应符合设计和施工的要求。

(3)土基压实度

为保证护栏的整体强度,路肩处护栏立柱、基础处理及中央分隔带的土基压实度均不应小于设计值。达不到压实度要求的路段不应进行护栏立柱打入施工。石方路段和挡土墙上的护栏立柱的埋深及基础处理应符合设计要求。

(4)波形梁护栏的端头处理及与桥梁护栏过渡段的处理

波形梁护栏的端头处理及与桥梁护栏过渡段的处理应满足设计要求。

15.2.1.2　具体检测项目及技术指标

具体检测项目及技术指标参见《公路工程质量检验评定标准》的规定表15-1。

波形梁钢护栏实测项目　　表15-1

项目	检 查 项 目	规定值或允许偏差	检查方法和频率
1△	波形梁板基底金属厚度(mm)	±0.16	板厚千分尺:抽检5%
2△	立柱壁厚(mm)	4.5±0.25	测厚仪、千分尺:抽检5%
3△	镀(涂)层厚度	符合设计	测厚仪:抽检10%
4	拼接螺栓(45号钢)抗拉强度(MPa)	≥600	抽样做拉力试验:每批3组
5	立柱埋入深度	符合设计规定	过程检查直尺:抽检10%
6	立柱外边缘距路肩边线距离(mm)	±20	直尺:抽检10%
7	立柱中距(mm)	±50	钢卷尺:抽检10%
8△	立柱竖直度(mm/m)	±10	垂线、直尺:抽检10%
9△	横梁中心高度(mm)	±20	直尺:抽检10%
10△	护栏顺直度(mm/m)	±5	拉线、直尺:抽检10%

注:"△"为关键项目。

(1)一般规定

①护栏的安装一般应在路面施工完成后进行,但设置于立交桥、小桥、通道上的护栏立柱,其基础应做预先处理。

②安装护栏之前应做出详细的施工组织设计。

③无论采取何种方法安装护栏,施工操作都应谨慎,不得破坏路面下埋设的电缆、管道等设施。

(2)立柱放样

①立柱应根据设计图进行放样,并以桥梁、通道、隧道、涵洞、中央分隔带开口、立交、平交等为控制点,进行测距定位。

②立柱放样时可利用调整段调节间距,并利用分配方法处理间距零头数。

③立柱放样后,应调查每根立柱位置的地基状态。如遇地下通讯管线、泄水管等,或涵洞顶部埋土深度不足时,应调整某些立柱的位置,改变立柱固定形式。

(3)立柱安装

①立柱安装应与设计图相符,并与道路线形相协调。

②立柱应牢固的埋入土中,达到设计深度,并与路面垂直。

③一般路段,立柱可采用打入法施工,施工时应精确定位。当打入过深时,不得将立柱部分拔出加以纠正,须将其全部拔出,待基础压实后再重新打入。

④无法采用打入法施工时,可采用开挖法埋设立柱。埋设立柱时,回填土应采用良好的材料并分段夯实(每层厚不超过15cm),回填土的压实度不应小于相邻原状土。岩石中的柱坑应用粒料回填并夯实。

⑤立柱可采用钻孔法进行安装。立柱定位后应用与路基相同的材料回填,并分层夯实。

⑥铺有路面的路段设置立柱时,柱坑从路基至面层下5cm采用与路基相同的材料回填并分层夯实,余下部分采用与路面相同的材料回填并压实。

⑦立柱安装就位后,其水平方向和竖直方向形成平顺的线形。

⑧护栏渐变段及端部的立柱,应按设计规定的坐标进行安装。

(4)波形梁安装

①波形梁通过拼接螺栓相互拼接,并由连接螺栓固定于立柱或横梁上。

②波形梁的连接螺栓及拼接螺栓不宜过早拧紧,以便在安装过程中利用波形梁的长圆孔及时进行调整,使其形成平顺的线形,避免局部凹凸。

③波形梁顶面应与道路竖曲线相协调。当认为护栏的线形比较满意时,方可最后拧紧螺栓。

(5)横隔梁、防阻块及端头安装

①设有横隔梁的中央分隔带护栏,在立柱准确定位后安装横隔栏。波形梁安装前横隔梁与立柱间的连接螺栓不应过早拧紧,当横隔梁与波形梁准确定位后,方可最后拧紧螺栓。

②防阻块通过连接螺栓固定于波形梁与立柱之间。在拧紧连接螺栓前应调整防阻块使其准确就位。

③中央分隔带开口处的端头梁应与分隔带标准段的护栏连接。路侧护栏开口处应安装端头梁并进行锚固。端头锚固主要包括钢丝绳锚固件及混凝土基础。在端部基础混凝土设计强度达到50%以后,方可拧紧螺栓或固定缆索。

(6)活动护栏施工

①活动护栏的基础应在路面铺装前施工完毕,施工中基础的预埋管件应采取保护措施,以防杂物掉入。

②活动护栏的安装,应使其垂直于地面,纵向线形顺适,不得有凹凸和扭曲。活动护栏安装后,应易于拔出及重新插入。

(7)外观鉴定

①焊接钢管的焊缝应平整，无焊渣、突起。构件镀锌层表面应均匀完整、颜色一致，表面光滑，不得有流挂、滴流或多余结块。镀件表面应无漏镀、露铁、擦痕、锈蚀、气泡、裂纹等缺陷。构件镀铝层表面应连续，不得有明显影响外观质量的熔渣、色泽暗淡及假浸、漏浸等缺陷。构件涂塑层应均匀光滑、连续，无肉眼可分辨的小孔、空间、空隙、裂缝、脱皮及其他有害缺陷。

②直线段护栏不得有明显的凹凸、起伏现象,曲线段护栏应圆滑顺畅,与线形协调一致,中央分隔带开口端头护栏的抛物线形应与设计图相符。

③波形梁板搭接方向正确,搭接平顺,垫圈齐备,螺栓紧固。

④防阻块、托架、端头的安装应与设计图相符,安装到位,不得有明显变形、扭转、倾斜。

⑤波形梁板和立柱不得现场焊割和钻孔。

⑥立柱及柱帽安装牢固,其顶部应无明显塌边、变形、开裂等缺陷。

15.2.2 混凝土护栏

15.2.2.1 基本要求

(1)混凝土

混凝土所用的水泥、砂、石、水及外渗剂的质量、规格必须符合有关规范的要求,按规定的配合比施工。

(2)混凝土护栏预制块件

混凝土护栏预制块件在吊装、运输、安装过程中,不得断裂。

(3)混凝土护栏块件之间、护栏与基础之间的连接

混凝土护栏块件之间、护栏与基础之间的连接应符合设计要求。

(4)混凝土护栏块件的几何尺寸

混凝土护栏块件标准段、混凝土护栏起终点及其他开口处的混凝土护栏块件的几何尺寸应符合设计标准。

(5)混凝土护栏的地基强度、埋入深度

混凝土护栏的地基强度、埋入深度应符合设计要求。

(6)混凝土护栏块件的损边、掉角长度

混凝土护栏块件的损边、掉角长度每处不得超过20mm,否则应予及时修补。

15.2.2.2 具体检测项目及技术指标

具体检测项目及技术指标参见《公路工程质量检验评定标准》的规定(表 15-2)。

混凝土护栏实测项目 表 15-2

项次	检查项目		规定值或允许偏差	检查方法和频率
1△	护栏混凝土强度(MPa)		在合格标准内	按《公路工程质量检验评定标准》附录 D 检查
2	地基压实度(%)		符合设计要求	现场检查
3	护栏断面尺寸(mm)	高度	±10	直尺、钢卷尺,抽检 10%
		顶宽	±5	直尺、钢卷尺,抽检 11%
		底宽	±5	直尺、钢卷尺,抽检 12%
4	基础平整度(mm)		10	水平尺,检查 100%
5△	轴向横向偏位(mm)		±20 或符合设计要求	直尺、钢卷尺,抽检 10%
6	基础厚度(mm)		±10% H	过程检查,直尺,检查 100%

注:1. H 为基础的设计原理。

2.“△”为关键项目。

(1)预制混凝土护栏块施工

1)预制场地应平整、坚实、并应采取必要的排水措施,防止场地沉陷。

2)预制混凝土护栏块使用的模板,应采用钢模板。钢模板的长度一般应根据吊装运输的条件,尽量采用固定的尺寸。钢模板应用强度高的钢材,其厚度不应小于 4mm。钢模侧面要刨光,拼接应紧密牢固,不得出现漏浆现象,内侧尺寸应符合设计要求。

3)混凝土拌合物,应采用机械搅拌。搅拌站根据施工方便设置,搅拌机的容量应根据施工方法、工程量和施工进度等配置。投入搅拌机的拌合物数量应按混凝土配合比搅拌机容量计算确定。并根据搅拌机的性能和拌合物的和易性要求确定搅拌时间。

4)每块预制件的混凝土必须一次浇筑完成,不得间断。

5)混凝土拌合物应采用机械振捣。一般可用附着在侧模的振捣器,辅以插入式振捣器来振动密实。应以拌合物停止下沉,不再冒气泡并泛出水泥砂浆为准,不宜过振。振捣过程中,应随时检查模板,如有变形或松动,应及时采取措施补救。

6)混凝土护栏预制块浇筑完毕,应及时养护。

7)模板拆除时,应符合下列规定:

①拆除时间应根据气温和混凝土强度情况而定,拆模时混凝土护栏强度不应低于设计强度的 70%;

②拆模时,不得损坏混凝土护栏的边、角,应保持模板完好并经常效验模板的尺寸(每次使用前均应效验)。

8)混凝土护栏构件在脱底膜、移动、堆放、吊装时,混凝土的强度不应低于设计所要求的吊装强度,一般不得低于设计强度的 70%。

在起吊、运输和堆放过程中,不得损坏混凝土护栏构件的边角。如有小的碰损,安装就位后,应采用高于构件强度的拌合物及时修补。

9)混凝土护栏构件在安装前,应先精确放样定位,按设计要求做好基层,在基层夯实、整平,并复核高程平面位置无误后,方可开始安装护栏。

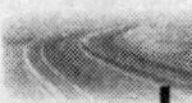

10)混凝土护栏的安装应从一端逐步向前推进。在安装过程中应使每块护栏构件的中线与公路中心线相一致。在曲线路段,应使护栏布设圆滑;在竖曲线路段,应使护栏与公路线形协调。

11)凡采用传力钢筋与基础连续的路段,应根据传力钢筋的布设放样,并把传力钢筋固定在基层混凝土块中,再将混凝土护栏吊装就位。

(2)外观鉴定

①混凝土护栏块件之间的错位不大于5mm。

②混凝土护栏外观、色泽均匀一致,表面的蜂窝麻面、裂缝、脱皮等缺陷面积不超过该面积的0.5%,深度不超过10m。

③护栏线形顺适,直线段不允许有明显的凹凸现象,曲线段护栏应圆滑顺畅,与线形协调一致。中央分隔带开口端头护栏尺寸应与设计图相符。

15.2.3 缆索护栏

15.2.3.1　基本要求

(1)缆索性能、缆索直径、单丝半径、构造(3股7芯)、锚具及其镀锌质量

缆索性能、缆索直径、单丝半径、构造(3股7芯)、锚具及其镀锌质量应符合设计与施工规范的要求,缆索抗拉强度、镀锌质量须经抽检,合格后方可使用。

(2)拉张前要求

拉张前应标定拉力测定计。

(3)立柱埋深不得小于设计值

立柱埋深不得小于设计值。采用挖埋法施工,立柱埋入土中时,基础混凝土的几何尺寸、强度等应符合设计要求。

(4)立柱壁厚、外径、长度要求

立柱壁厚、外径、长度不得小于设计要求。

(5)采用打入法施工

采用打入法施工时,立柱顶部不应出现明显变形、倾斜、扭曲或卷边等现象。

15.2.3.2　具体检测项目及技术指标

具体检测项目及技术指标参见《公路工程质量检测评定标准》的规定(表15-3)。

钢索护栏实测项目　　表15-3

项次	检查项目	规定值或允许偏差	检查方法和频率
1	缆索直径(mm)	18±0.5	卡尺,抽检10%
	单丝直径(mm)	2.86+0.10,-0.02	
2△	初张力(kN)	±5%	过程检查,张拉计,抽检10%
3	最后一根缆索的高度(mm)	±20	直尺,抽检10%
4△	立柱壁厚(mm)	±0.10	千分尺,抽检10%
5	立柱埋入深度	符合设计要求	过程检查,抽检10%
6△	立柱竖直度(mm/m)	±10	垂线、直尺,抽检10%

续上表

项次	检 查 项 目	规定值或允许偏差	检查方法和频率
7	立柱中距(mm)	±50	直尺,抽检 10%
8△	镀锌层厚度(um)	立柱不小于 85	测厚仪,抽检 10%
		索端锚具不小于 50	
		紧固件不小于 50	
		镀锌钢丝不小于 33	
9	混凝土基础尺寸	符合设计规定	过程检查,直尺,检查 10%
10△	混凝土强度	在合格标准内	基础施工同时做试件,每个工作班 1 组(3 件),检查试件的强度,抽检 100%

注:"△"为关键项目。

(1)施工

1)一般规定

①缆索护栏的安装施工一般应在路面施工完成以后开始。

②施工安装前应做出详细的缆索护栏施工组织设计。

③做好施工前的各项准备工作。如:缆索护栏类别的确认;各种材料(钢丝绳、立柱、托架、索端锚具)的准备;各种施工工具(钢丝绳切断器、张紧设备、锚固工具、打桩机、测量用具、钳子、锤子、扳手、铁锹、镐等)的准备。

2)放样

①应在设置缆索护栏的路段确定好控制点,例如桥梁、涵洞、通道、中央分隔带开口、立体交叉、平面交叉路口等,然后在控制点之间测定距离。

②端部立柱、中间端部立柱、中间立柱的位置根据实测距离及控制点分布情况进行最后调整、定位。

③立柱位置确定后,应详细了解地下管线、构造物的位置,以便进行合理的处理。

3)端部立柱和中间端部立柱的基础施工

①应根据最后确定的基础位置挖坑,达规定高程,基坑尺寸经检验合格后,铺砌基底的片石混凝土。经夯实后,立基础模板,各部尺寸检查合格后,浇筑水泥混凝土。待混凝土完全凝固后拆模,然后回填夯实,每层不超过 15cm,直至规定的高程。

②端部立柱或中间端部立柱设置在桥梁、挡墙、涵洞、通道等人工构造物的水泥混凝土中时,需要在构造物的水泥混凝土浇筑前,按设计图的要求支立模板,在孔穴周围配置钢筋,并与构造物的混凝土一起浇筑。

4)中间立柱的埋设

中间立柱埋设于土中时,一般有以下几种施工方法:

①挖埋法。在设置中间立柱的位置挖孔穴,孔的直径不应小于 20cm。达规定深度后,放入中间立柱。定位后,用砂土分层回填夯实,每层回填土的厚度不得超过 10cm。

②钻孔法。在设置中间立柱的位置用螺旋钻孔机等机械钻孔,待钻孔达埋置立柱深度的一半左右时,再把立柱打到要求深度。

③打入法。在设置中间立柱的位置直接用打桩机(气动打桩机、振动打桩机等)把立柱打

入土中。立柱不应产生明显的变形、倾斜或扭曲。

无论采用哪一种施工方法,都要求立柱位置正确,纵向和横向位置与道路线形相一致,高程符合规定,并不得损坏立柱端部。

中间立柱埋设于混凝土中时,可根据底座条件及护栏类型进行埋入部分的设计。一般需要在水泥混凝土构造物上预留孔穴,在孔穴周围配置钢筋。

5)安装托架

中间立柱或中间端部立柱上的托架,应按各类护栏托架编号和组合正确固定在立柱上。

6)架设缆索

①在端部立柱和中间端部立柱的基础混凝土强度达设计强度80%以上时,准许架设缆索。

②把缆索支放在端部立柱的旁边,通过中间的支架向另一端滚放缆索。应避免在路面上长距离拖拽缆索,以免擦伤镀锌层。

③从一头的端部立柱开始,先调节好端部立柱的索端锚具,把缆索一端松开,用楔子固定或采用注入合金把缆索锚固。再装上拉杆调节螺栓,并把索端锚具安装到端部立柱上。

④装设端部立柱上的索端锚具后,顺着中间立柱依次把缆索临时夹持在托架规定位置上,一直连接到另一端的端部立柱或中间端部立柱上。

⑤在另一端的端部立柱或中间端部立柱上设置倒链滑车(或杠杆式倒链张紧器)把缆索临时拉紧,直到看不出缆索有挠曲为止。A级和S级缆索护栏的初张力为20kN。

⑥在临时张紧的状态下,根据索端锚具的尺寸,把多余的缆索切断。

缆索切断面要垂直整齐,不得松散,必要时应用铁丝绑扎再切断,缆索的切割应采用高转速无齿锯,以避免引起钢缆端部起火。

缆索切断以后,穿入索端锚头中,当采用楔子固定时,应将缆索按股分开,当采用浇铸合金时,则应按单线分开并将钢丝拉直,然后打入楔子或浇铸合金进行锚固,再与拉杆调节螺栓相连,并安装到端部立柱上。

⑦索端锚具安装到端部立柱上后,即可卸除临时张拉力。缆索应从上到下架设,直至全部架设完毕。最后对全部拉杆螺栓再进行一次调整。

⑧缆索调整完毕后,应拧紧各中间立柱托架上的索夹螺栓。

(2)外观鉴定

①金属构件表面不得有气泡、剥落、漏镀及划痕等表面缺陷。

②直线段护栏没有明显的凹凸现象,曲线段护栏圆滑顺畅。

③索端锚具、托架、索夹螺栓应安装到位、固定牢固,托架编号和组合应与缆索护栏的类别相适应;上下托架位置正确,中央分隔带缆索护栏的托架应两边对称。

15.3 交通标志

15.3.1 基本要求

(1)交通标志的制作

交通标志的制作应符合GB 5768《道路交通标志和标线》和JT/T 279《公路交通标志板技

术条件》的规定。

(2)交通标志在运输、安装过程中的要求

交通标志在运输、安装过程中不应损伤标志面及金属构件的镀层。

(3)标志的位置、数量及安装角度

标志的位置、数量及安装角度应符合设计要求。

(4)大型标志的地基承载力

大型标志的地基承载力应符合设计要求。大型标志柱、梁的焊接部分应符合钢结构焊接规范的质量要求,无裂缝、熔合、夹渣等缺陷。

(5)标志面

标志面应平整完好,无起皱、开裂、缺损或凹凸变形,标志面任一处面积为 50cm × 50cm 表面上,不得存在总面积大于 10mm^2 的一个或一个以上气泡。

(6)反光膜

反光膜应尽可能减少拼接,任何标志的字符不允许拼接,当标志板的长度或宽度、圆形标志的直径小于反光膜产品的最大宽度时,底膜不应有拼接缝。当粘贴反光膜不可避免出现接缝时,应按反光膜产品的最大宽度进行拼接。

15.3.2 具体检测项目及技术指标

(1)具体检测项目及技术指标参见《公路工程质量检验评定标准》的规定。

(2)实测项目(表 15-4)。

交通标志实测项目 表 15-4

项次	检 查 项 目	规定值或允许偏差	检查方法和频率
1	标志板外形尺寸(mm)	±5。当边长尺寸大于 1.2m 时,允许偏差为边长的 ±0.5%;三角形内角应为 60° ±5°	钢卷尺,万能角尺,卡尺:检查 100%
	标志底板厚度(mm)	不小于设计	
2	标志汉字,数字,拉丁字的字体及尺寸(mm)	应符合规定字体,基本字高不小于设计	字体与标准字体对照,字高用刚卷尺:检查 10%
3△	标志面反光膜等级及逆反射系数($cd \cdot lx^{-1} \cdot m^{-2}$)	反光膜等级符合设计。逆反射系数值不低于 JT/T 279《公路交通标志板技术条件》的规定	反光膜等级用目测初定。便携式测定仪:检查 100%
4	标志板下缘至路面净空高度及标志板内缘距路边缘距离(mm)	+100,0	直尺、水平尺或经纬仪:检查 100%
5	立柱竖直度(mm/m)	±3	垂线、直尺:检查 100%
6△	标志金属构件镀层厚度(μm)	标志柱、横梁≥78,紧固件≥50	测厚仪:检查 100%
7	标志基础尺寸(mm)	−50,+100	钢尺、直尺:检查 100%
8	基础混凝土强度(MPa)	在合格标准内	基础施工同时做试件每处 1 组(3 件):检查 100%

注:"△"为关键项目。

(3)外观鉴定包括:

①标志板安装后应平整,夜间在车灯照射下,标志板底色和字符应清晰明亮,颜色均匀,不出现明暗不均的现象,不能影响标志的识读。

②标志板在粘贴底膜时,横向不宜有拼接,竖向拼接时,上膜须压接下膜,压接宽度不应小于5mm。当采用平接时,其间隙不应超过1mm。距标志板边缘50mm之内,不得有接缝。

③标志金属构件镀层应均匀、颜色一致,不允许有流挂、滴流或多余结块。镀件表面应无漏镀、露铁等缺陷。

15.4 交通标线

15.4.1 基本要求

(1)路面标线涂料

路面标线涂料应符合JT/T 280《路面标线涂料》规定。

(2)路面标线喷涂前要求

路面标线喷涂前应仔细清洁路面,表面干燥,无起灰现象。

(3)路面标线的颜色、形状和设置位置

路面标线的颜色、形状和设置位置应符合GB 5768《道路交通标志和标线》的规定和设计要求。

15.4.2 具体检测项目及技术指标

(1)具体检测项目及技术指标参见《公路工程质量检验评定标准》的规定。

(2)实测项目(表15-5)。

路面标线实测项目 表15-5

项次	检查项目		规定值或允许偏差	检查方法和频率
1	标线线段长度(mm)	6 000	±50	钢卷尺:抽检10%
		4 000	±40	
		3 000	±30	
		1 000~2 000	±20	
2	标线宽度(mm)	400~450	+15,0	钢尺:抽检10%
		150~200	+8,0	
		100	+5,0	
3△	标线厚度(mm)	常温型(0.12~0.2)	-0.03,+0.10	湿膜厚度计:干膜用水平尺、塞尺或用卡尺,抽检10%
		加热型(0.20~0.40)	-0.05,+0.15	
		热熔型(1.0~4.50)	-0.10,+0.50	
4	标线横向偏位(mm)		±30	钢卷尺:抽检10%

续上表

<table>
<tr><th>项次</th><th colspan="2">检 查 项 目</th><th>规定值或允许偏差</th><th>检查方法和频率</th></tr>
<tr><td rowspan="4">5</td><td rowspan="4">标线纵向间距
(mm)</td><td>9 000</td><td>±45</td><td rowspan="4">钢卷尺:抽检 10%</td></tr>
<tr><td>6 000</td><td>±30</td></tr>
<tr><td>4 000</td><td>±20</td></tr>
<tr><td>3 000</td><td>±15</td></tr>
<tr><td>6</td><td colspan="2">标线剥落面积</td><td>检查总面积的 0 ~3%</td><td>4 倍放大镜:目测检查</td></tr>
<tr><td>7△</td><td colspan="2">反光标线逆反射系数
($cd \cdot lx^{-1} \cdot m^{-2}$)</td><td>白色标线不小于 150
黄色标线不小于 100</td><td>反光标线逆反射系数
测量仪:抽检 10%</td></tr>
</table>

注:"△"为关键项目。

(3)外观鉴定包括:

①标线施工污染路面应及时清理。每处污染面积不超过 1 000mm²。

②标线线形应流畅,与道路线形相协调,不允许出现折线,曲线圆滑。

③反光标线玻璃珠应散布均匀,附着牢固,反光均匀。

④标线表面不应出现网状裂缝、断裂裂缝、气泡现象。

15.5　视线诱导设施

15.5.1　突起路标

15.5.1.1　基本要求

(1)突起路标产品

突起路标产品应符合 JT/T 390《突起路标》的规定。

(2)突起路标的布设及其颜色

突起路标的布设及其颜色应符合 GB 5768《道路交通标志和标线》的规定或符合设计要求。

(3)突起路标与路面的粘结

突起路标与路面的粘结应牢固、耐久,能经受汽车轮胎的冲击而不会脱落。

(4)突起路标施工要求

突起路标应在路面干燥、清洁,并经测量定位后施工。

15.5.1.2　具体检测项目及技术指标

(1)具体检测项目及技术指标参见《公路工程质量检测评定标准》的规定。

(2)实测项目(表 15-6)。

(3)外观鉴定包括:

①突起路标外观应美观,尺寸符合有关规范要求,表面光滑,不许有尖角、毛刺存在,表面无明显的划伤、裂纹。

②突起路标纵向安装应成直线,不得出现折线。曲线段的突起路标应与道路曲线相吻合,线形圆滑、顺畅。

③突起路标粘结剂不得造成路面污染。

突起路标实测项目　　表 15-6

项次	检 查 项 目	规定值或允许偏差	检查方法和频率
1	安装角度(°)	±5	角尺:抽检 10%
2	纵向间距(mm)	±50	钢卷尺:抽检 10%
3△	损坏及脱落(%)	<0.5	检查损坏及脱落个数:抽检 30%
4△	横向偏位(mm)	±50	钢卷尺:抽检 10%
5	承受压力(kN)	>160	检查测试记录
6△	光度性能	在规定范围内	检查测试报告

注:"△"为关键项目。

15.5.2 轮廓标

15.5.2.1　基本要求

(1)轮廓标产品

轮廓标产品应符合 JT/T 338《轮廓标》的规定。

(2)轮廓标的布设

轮廓标的布设应符合设计及施工规范的要求。

(3)柱式轮廓标的基础混凝土强度、基础尺寸

柱式轮廓标的基础混凝土强度、基础尺寸应符合设计要求。

(4)柱式轮廓标

柱式轮廓标应安装牢固,逆反射材料表面应与行车方向垂直,色度性能和光度性能应与设计相符。

15.5.2.2　具体检测项目及技术指标

(1)具体检测项目及技术指标参见《公路工程质量检测评定标准》的规定。

(2)实测项目(表 15-7)。

轮廓标实测项目　　表 15-7

项次	检 查 项 目	规定值或允许偏差	检查方法和频率
1	柱式轮廓标尺寸(mm)	三角形断面、底边允许偏差为 ±5,三角形高允许偏差为 ±5;柱式轮廓标总长允许偏差为 ±10	钢尺:抽检 10%
2	安装角度(°)	0~5	花杆、十字架、卷尺、万能角尺:抽检 10%
3	反射器中心高度(mm)	±20	直尺:抽检 10%
4△	反射器外形尺寸(mm)	±5	卡尺、直尺:抽检 10%
5△	光度性能	在合格标准内	检查检测报告

注:"△"为关键项目。

(3)外观鉴定包括:

①轮廓标不应有明显的划伤、裂纹、损边、掉角、脱皮等缺陷。表面应平整光滑,无明显凹痕或变形。

②轮廓标安装牢固,线形顺畅,遇弯道、桥梁处应平稳过渡。

③柱式轮廓标的垂直度不超过 ±8mm/m。

15.5.3 线形诱导标

15.5.3.1 基本要求

(1)线形诱导标应符合《道路交通标志和标线》(GB 5768—1999)第 8.3.23 规定。

(2)在运输安装过程中不应损伤标志表面和金属构件的镀层和反光膜。

(3)安装位置、角度和数量应符合设计要求。

(4)立柱位置、角度和数量应符合设计要求。

(5)线形安装顺畅舒适。

15.5.3.2 具体检测项目及技术指标

(1)具体检测项目及技术指标参见《公路工程质量检测评定标准》的规定。

(2)实测项目(表 15-8)。

线形诱导标实测项目　　表 15-8

项目	检 查 项 目	规定值或允许偏差	检查方法和频率
1	立柱竖直度(mm/m)	±5	垂线、直尺:检查 100%
2	标志板安装角度(°)	±3	拉线、量角尺:检查 100%
3△	标志板下缘至路面净空(mm)	+100,0	直尺:检查 100%
4	标志板内侧距路肩边线距离(mm)	±100	直尺:检查 100%
5	基础尺寸(mm)	+50,-15	直尺:检查 100%
6△	基础混凝土强度(MPa)	在合格标准内	按相关行业标准检查

注:"△"为关键项目。

(3)外观鉴定包括:

①金属构件镀锌面和反光面不得有划痕、擦伤等损伤。

②立柱式诱导标的垂直度不超过 +8mm/m。

③线形安装要求顺适,角度安装须符合要求。

④托架或组合件安装要牢固。

15.6 防眩设施

15.6.1 基本要求

(1)防眩设施的材质、镀锌量应符合部标《公路防眩设施技术条件》(JT/T 333),以及相关设计和施工规范的要求。

(2)防眩设施整体应与道路线形相一致,做到美观大方,结构合理。

(3)防眩设施的几何尺寸及遮光角应符合设计要求。

(4)防眩板的平面弯曲度不得超过板长的0.3%。

(5)防眩设施应安装牢固。

15.6.2 具体检测项目及技术指标

(1)具体检测项目及技术指标参见《公路工程质量检测评定标准》的规定。

(2)实测项目(表15-9)。

防眩设施实测项目　表15-9

项次	检查项目	规定值或允许偏差	检查方法和频率
1△	安装高度(mm)	±10	钢卷尺:抽检5%
2	镀(涂)层厚度	符合设计	涂层测厚仪:抽检5%
3	防眩板宽度(mm)	±5	直尺:抽检5%
4	防眩板设置间距(mm)	±10	钢卷尺:抽检10%
5	竖直度(mm/m)	±5	垂线,直尺:抽检10%
6△	顺直度(mm/m)	±8	拉线,直尺:抽检10%

注:"△"为关键项目。

(3)外观鉴定包括:

①防眩板表面不得有气泡、裂纹、疤痕、端面分层等缺陷。

②防眩设施色泽均匀。

15.7 隔离栅和防落网

15.7.1 基本要求

(1)隔离栅和防落网用的材料规格及防腐处理应符合部标《隔离栅》(JT/T 374),以及相关设计和施工规范的规定。

(2)用金属网制作的隔离栅和防落网,安装后要求网面平整,无明显翘曲现象。刺铁丝的中心垂度小于15mm。

(3)防落网应网孔均匀,结构牢固,围封严实。

(4)金属立柱弯曲度超过8mm/m,有明显变形、卷边、划痕等缺陷者,以及混凝土立柱折断者均不得使用。

(5)立柱埋深应符合设计要求。立柱与基础、立柱与网之间的连接应稳固。混凝土强度不小于设计要求。

(6)隔离栅起终点应符合端头围封设计的要求。

15.7.2 具体检测项目及技术指标

(1)具体检测项目及技术指标参见《公路工程质量检测评定标准》的规定。

(2)实测项目(表 15-10)。

隔离栅和防落网实测项目　表 15-10

项次	检查项目	规定值或允许偏差	检查方法和频率
1	高度(mm)	±15	钢卷尺:每 100 根测 2 根
2△	镀(涂)层厚度(μm)	符合设计	测厚仪:抽检 5%
3△	网面平整度(mm/m)	±2	直尺、塞尺:抽检 5%
4△	立柱埋深	符合设计	直尺:过程检查,抽检 10%
5	立柱中距(mm)	±30	钢卷尺:每 100 根测 2 根
6△	混凝土强度(MPa)	在合格标准内	基础施工同时做试件,每工作班做 1 组(3 件),检查试件的强度,抽检 10%
7	立柱竖直度(mm/m)	±8	直尺,垂线:每 100 根测 2 根

注:"△"为关键项目。

(3)外观鉴定包括:

①电焊网不得脱焊、虚焊。

②镀锌层表面应具有均匀完整的锌层,颜色一致,表面光滑,不允许有流挂、滴流或多余结块。镀件表面应无漏镀、露铁等缺陷。涂塑层应均匀光滑、连续,无肉眼可分辨的小孔、空间、孔隙、裂缝、脱皮及其他有害缺陷。

③混凝土立柱应密实平整,无裂缝、翘曲、蜂窝、麻面等缺陷。

④有框架的隔离栅和防落网,网片应与框架焊牢,网片应拉紧。整网铺设的隔离栅,端柱与网连接牢固,网面平整绷紧。刺铁丝间距符合设计要求,刺线平直、绷紧。

⑤隔离栅安装位置应符合设计规定。安装线形整体顺畅并与地形相协调。围封严实,安装牢固。

15.8　边沟

15.8.1　基本要求

(1)边沟

边沟满足路侧排水需要,形式安全并与环境协调。

(2)清理要求

便于清淤。

(3)横向排水沟

横向排水沟的端口应经处理。

(4)边沟盖板排水沟的要求

①砌体砂浆配合比准确,砌体内砂浆均匀饱满、匀缝密实。

②浆砌片(块)石、混凝土预制块板的质量和规格应符合设计要求。

③边沟盖板平稳牢固,板顶略低于路肩高程,路肩不得因有盖板而积水。

15.8.2 具体检测项目

(1)排水沟盖板强度

排水沟盖板强度符合设计要求。

(2)实测项目见表15-11。

浆砌盖板排水沟实测项目　　表15-11

项次	检查项目	规定值或允许偏差	检查方法和频率
1△	砂浆强度(MPa)	在合格标准内	按相关行业标准检查
2	轴线偏位(mm)	50	经纬仪:每200m测5点
3	沟底高程(mm)	±15	水准仪:每200m测5点
4	墙面直顺度(mm)或坡度	30或符合设计要求	20m拉线、坡度尺:每200m查2点
5	断面尺寸(mm)	±30	尺量:每200m查2点
6	铺砌厚度(mm)	不小于设计	尺量:每200m查2点
7△	混凝土强度(MPa)	在合格标准内	按相关行业标准检查
8	盖板尺寸(mm)	不小于设计	尺量:每100m查3点

注:"△"为关键项目。

(3)外观鉴定

①砌体内侧及沟底应平顺。

②边沟不得有杂物。

③盖板不得高于路肩高程。

15.9 路面抗滑

15.9.1 基本要求

(1)路面抗滑性能

路面抗滑性能符合相应的路面设计规范的要求。根据事故情况、弯道半径、运行车速等条件需进行抗滑性能改进的路段可以相应地提高要求。

(2)路面标线抗滑性能

路面标线抗滑性能不低于路面抗滑性能要求。

15.9.2 具体检测项目

(1)薄层铺装表面任意点的抗滑摆值

薄层铺装表面任意点的抗滑摆值BPN不小于55。

(2)路面拉毛或机具压槽等抗滑措施

路面拉毛或机具压槽等抗滑措施,其构造深度不小于0.5mm。

15.10　其他公路安全保障工程设施

15.10.1 减速丘

15.10.1.1　基本要求

(1)减速丘全断面铺设要求

减速丘全断面铺设,和路面黏结牢固,其表面线形平顺,和路面交界处边线平直。

(2)沿道路纵向边缘处理要求

沿道路纵向边缘处理符合设计要求。

(3)减速丘的标志标线要求

减速丘的标志标线设置齐全。

15.10.1.2　检测项目

(1)断面尺寸

宽度用直尺量取;厚度须施工时检查并记录,各控制点摊铺厚度,用干净、平直铁丝探入摊铺的沥青混凝土,拔出后量取。

(2)压实度

沥青碎(砾)石压实度的规定值为试验室标准密度的96%,取至少6个点,用核子密度仪验证可靠后测量,每个点的压实度都符合规定值。

15.10.2 避险车道

15.10.2.1　基本要求

(1)避险车道阴道、避险车道、服务车道及配套交通设施

避险车道阴道、避险车道、服务车道及配套交通设施齐全，各部结构、尺寸符合设计要求。

(2)制动床集料

制动床集料干净、平整、松散。

15.10.2.2　检测项目

(1)避险车道长度、宽度、坡度

直尺、坡度尺取至少10点,取均值,大于等于设计规定值。

(2)避险车道制动床集料的集配

制动床集料的集配可检查施工记录,应符合要求。

(3)避险车道制动床集料深度

钢筋插入制动床或检查施工记录,符合设计要求。

15.10.3 小型停车区及观景台

(1)小型停车区及观景台

小型停车区及观景台的出入符合设计要求,对主线交通无不良影响。

(2)小型停车区停车位

小型停车区停车位便于车辆停入和驶出。

(3)观景台

观景台的休息、观景、停车设施布置合理。

第16章 公路安全保障工程后续评价

公路安全保障工程实施以来,这项"救命工程"在全国范围内如火如荼地开展开来,取得了骄人的成绩。然而公路安全保障工程实施之后,效果到底如何,还需要一个科学合理的评价。这既是工作经验的总结,也是对以后公路安全保障工程实施的指导。

目前,在评价的过程中,仅仅靠指南中的几个静态指标得出的评价结果,很是单薄,稍显片面。因此,在实际的工作中,急需一个能够全面合理地评价公路安全保障工程实施效果的评价体系。本章介绍的后续评价方法和内容主要借鉴了公路项目后评价方面的研究成果,并赋予了公路安全保障工程后续评价实际的意义。

16.1 后续评价的目的和意义

公路安全保障工程后续评价,是指对省、市乃至更大区域内的公路,在实施公路安全保障工程一段时间后,用系统工程的思想方法,对实施路段的选择、方案设计、工程施工和养护管理各阶段工作,进行全面的跟踪、调查和评价。

评价的目的,在于通过全面的总结,不断提高公路安全保障工程设计、施工、养护、管理水平,为合理利用资金、提高投资效益、改进管理、制定相关政策等提供科学依据。通过公路安全保障工程后续评价,反映出公路安全保障工程实施路段的选择、公路安全保障工程方案设计、工程施工和养护管理过程中出现的一系列问题,并将各类信息反馈到管理决策部门,可以检验决策的正确与否,促进公路安全保障工程更快地发展。

另外,在我国积极开展公路安全保障工程后续评价工作具有十分重要的作用。

第一,通过建立完善的公路安全保障工程后续评价制度和科学的理论方法体系,一方面可以对公路安全保障工程实施工作进行较全面、客观的检测和衡量。另一方面可以通过公路公路安全保障工程后续评价的反馈信息,及时纠正公路公路安全保障工程决策过程中存在的问题,从而提高公路安全保障工程未来决策的科学化水平。

第二,通过公路安全保障工程后续评价,对比公路安全保障工程实施前后的公路安全水平,知道公路安全保障工程能多大程度地提高中国公路安全水平,能多大程度地降低公路交通事故率,从而总结公路安全保障工程在实施过程中一切成功的经验及失败的教训,并将其储存起来，反馈到今后的公路安全保障工程工作中去，不断提高公路安全保障工程实施水平。

第三，通过公路安全保障工程后续评价，可以了解公路安全保障工程实施后产生的影响，公路安全保障工程是否成为了人们心目中真正的“民心工程”、“保命工程”，同时树立起了中国公路交通行业的全新形象。

16.2 评价的准备工作

公路安全保障工程后续评价的准备工作主要包括：

(1)建立评价机构；

(2)确定评价对象；

(3)收集资料。

16.2.1 建立评价机构

组建评价领导小组与工作小组，有时可同为一个小组。评价工作的领导小组可由公路交通主管部门与政府来组建，工作小组可由公路交通主管部门、专家评估组及委托工程咨询单位组成。评价领导小组负责协调组织工作；工作小组负责开展具体评价工作。工作小组按评价的具体要求制订公路安全保障工程后续评价工作计划，在计划内明确各组织机构评价人员的配备、评价的内容范围、评价的方法、评价经费及工作进度的安排、评价工作具体要求等。

16.2.2 确定评价对象

这里将公路安全保障工程后续评价的对象分为两类：个别路段或重点整治路段和区域路段。

小范围或小区域内的公路安全保障工程后续评价，可以选择有代表性的路段作为评价对象，如重点整治路段，特别是在很多数据不容易采集的情况下。其评价内容应该包括效果评价、效益评价。

而区域路段是指较大区域(地、市级以上行政单位)内的路段集合，作为评价对象，若路段过多，应确定样本率和抽样方法。此时，还应该考虑影响评价、可持续发展评价等。

16.2.3 收集资料

通过调查收集有关政策法规、技术经济、运营及涉及公路安全保障工程实施路段全过程的有关文件与资料，为后续评价的分析研究提供依据。为了更好完善调查收集工作，必须制订调查提纲，明确调查范围、调查方法和调查收集中的具体要求。

选定安全保障工程实施后待评价的路段，评价需要收集下列资料：

(1)该路段交通量；

(2)交通构成；

(3)该路段交通事故次数、重特大事故发生次数；

(4)该路段交通事故死亡人数；

(5)设施损坏次数；

(6)设施损坏程度；

(7)交通标志标线、交通安全设施的设置状况；

(8)沿线人口居住及其出入情况(学校、村庄、厂矿企业的分布，公路离小城镇的距离等)。

公路安全保障工程实施前最少三年的事故率可参照前面公路安全保障工程的判定中收集的事故率资料。

(1)路段交通量

可采用固定地点机械计数法和人工计数法进行交通量调查。在公路安全保障工程实施后，选定合适的地点设置观测站点，进行长年不间断的观测，得到较为准确的交通量。

(2)交通构成

在我国道路中，二级及其以下等级道路，一般是汽车与其他各种车辆混和行驶。交通构成一般包括：小型载货汽车、中型载货汽车、大型载货汽车、小型客车、大型客车、载货拖拉机、小型拖拉机、大中型拖拉机、农用车、机动三轮车、三轮摩托车、人力车、自行车等。

(3)该路段交通事故次数、交通事故死亡人数、重特大事故发生次数

公路安全保障工程实施后，可采用向有关管理部门收集数据资料的调查方法，进行交通事故方面的调查。如通过各级交警部门收集，必要时也可通过路政部门收集。

交通事故次(起)数，是指公路安全保障工程实施以来到评价所需要的一段时间内，发生交通事故的次数。

(4)设施损坏次数、设施损坏程度

这方面的数据资料也可采用向有关管理部门收集数据资料的调查方法，进行收集。如在公路管理部门或公路养护部门收集数据资料。

设施损坏程度，是指公路安全保障工程设施遭受损害的程度，用以评价预防交通事故的程度。

设施损坏次数，是指由于道路上行驶的车辆撞击、刮擦等作用而造成公路安全保障工程设施损坏的次数，可分为人为破坏和车辆破坏，可用以估计预防交通事故的次数。设施损坏次数统计时，设施损坏次数分护栏、示警墩(桩)的损坏次数，并按表 16-1 的格式填写统计表。

护栏、示警墩(桩)的损坏次数统计　　表 16-1

路线编号	实施里程	损坏次数				
		合计	人为	客车	货车	不明

(5)其他需要提供的资料

有目击及公安、路政部门处理的损坏事件还应提供表 16-2 所示资料：

有证据的损坏统计　　表 16-2

路线编号	桩号	车辆类型	载乘人数	事故原因	日期	备注

16.3 后续评价的原则和方法

16.3.1 评价的原则

公路安全保障工程后续评价必须遵循一定的原则:科学、公正、独立、全面、真实、客观。

(1)科学、适用的原则

深入社会调查研究,详细考察公路安全保障工程实施对国家、区域的影响,遵循科学依据,从实际出发,实事求是,采用科学、可靠、适应性强的评价方法。

(2)全面性

从系统工程的角度来进行评价,既要考虑经济效益,又要考虑社会效益、环境影响和可持续发展,进行综合全面的评价。

(3)客观性

确保评价数据的客观性,应该实事求是地采集评价数据,尽量采取可以量化的客观性强的评价指标,采用客观性强的评价方法,评价人员应该持客观的态度,防止倾向性和外界干扰。

(4)公正、独立的原则

评价工作要保证独立性,才具有客观性,才能得到真实的评价结果。评价过程要公正,应尽量使用量化的指标。

(5)实用的原则

为使评价结果对决策及评价能产生反馈作用,评价方法必须具有可操作性,即实用性强。评价方法应避免过于繁琐、深奥,应便于计算、推广。

16.3.2 评价方法

(1)对比法

对比法是项目后评价中最常用、最基本和最重要的方法,也是改造项目后评价的基本方法。对比法主要包括前后对比、横向对比和有无对比。

前后对比(也称纵向对比)是将公路安全保障工程实施后实际效果与实施前确定的目标、投入和产出效益等进行对比,确定原定各项指标的实现程度,用以直接估量公路安全保障工程实施的相对成效。

横向对比是将公路安全保障工程实施效果与国内其他公路安全保障工程的实施效果进行比较,通过对主要技术指标的分析,确定公路安全保障工程实施效果最好的地区,并将其经验在全国范围内推广。

有无对比法,是将实施公路安全保障工程后实际发生的情况与假定没有实施公路安全保障工程可能发生的情况进行对比,以度量项目的真实效益、影响和作用。对比的目的主要是分清公路安全保障工程自身作用及其以外的作用。

在公路安全保障工程后续评价工作中主要应用有无对比法,应用前后对比和有无对比的方法,得到的结论往往只能是各项指标的偏差程度。而无法知道造成偏差的原因,因此前后对比和有无对比主要用于发现问题,此后还需更加深入地分析问题的原因。应用横向对比法不仅可以比较出项目的相对竞争力和可持续发展的能力，还可以发现同类公路安全保障工程项目实施效果的差距，便于确定项目今后完善和改进的方向。

(2)成功度法

成功度法是一种综合评价方法，它依靠专家的经验，综合评价公路安全保障工程的实施效果。成功度法主要根据项目建立一套评价指标体系和各指标的权重，通过对项目的各项指标打分或评级的方法，最后得到项目的综合得分或综合评级。成功度评价表模式见表 16-3。

成功度法的关键在于要根据专家的经验建立合理的指标体系，并采用适当的方法对各个指标进行赋权。常用的赋权法有主观经验赋权法、德尔菲法、两两对比法、环比评分法、层次分析法等。有些特别项目可能需要对指标体系的赋权结合实际情况进行调整，所以成功度法是相对比较复杂的后评价工作方法，但其结论明确，容易较快地掌握项目的整体评价结论，所以应用范围较广。在实际的公路安全保障工程评价过程中，应根据具体的项目合理地确定出评价指标及其权重，不可一概而论。

成功度评价表模式　　表 16-3

项目成功度评价指标	相关重要性	权　重	等级或评分
指标 1 指标 2 … 综合评价			综合评级或评分

上述两种评价方法都可以用来做公路安全保障工程项目后续评价，但应针对不同的情况选择不同的评价方法。在一般的公路安全保障工程项目后续评价中，推荐用对比法，此方法简单有效，适合于安保工程项目后续评价。

公路安全保障工程后续评价的方法一般是采用综合比较法，即根据项目各阶段所预定的目标，从安保工程项目作用与影响、效果与效益、实施与管理、运营与服务等方面追踪对比，分析评价。

16.4　后续评价的内容

16.4.1　评价的目标

评价目标是根据主体所关心的问题来制定的。评价的主体可以包括决策部门、相关政府部门、受影响的私人机构和普通公民。同时，评价目标也跟评价的内容息息相关，因此我们通常在每部分的评价内容里，根据评价主体最关心的方面，列出评价目标。

(1)决策部门与相关政府部门所关心的问题

1)通过实施公路安全保障工程有没有达到预期的目标。

①交通事故率有没有降低到预期的程度。

②交通事故中死亡人数有没有减少到预期的区间。

③各项事故指标有没有下降的趋势。

2)本地区与其他地区相比，实施公路安全保障工程的效果是否更好。若不是，原因是什么。

①交通事故率降低的程度。

②交通事故中死亡人数减少的程度。

③其他交通事故指标降低的程度。

3)公众对公路安全保障工程的认可度有多大。

(2)道路使用者所关心的问题

①道路的行车舒适性;

②行车更安全;

③指示、指路标志等信息更清晰、明确、准确。

(3)施工单位所关心的问题

①施工质量能否达到标准;

②新工艺、新材料能否保障安全。

16.4.2 评价指标选取的原则

指标选取要符合下面的原则:

(1)能够清楚地反映系统的绩效和影响,能够说明评价的目的是如何被满足的,指标要求实用、简单、容易理解、合理、敏感、定义清楚和易被评价主体接受。

(2)考虑到数据采集的经济性和可能性,采用一定的工具和手段能够量测。

(3)指标之间应尽可能避免显而易见的包含关系。

(4)指标的选择要保证可比性。

16.4.3 公路安全保障工程效果评价

效果主要反映项目的产出对目的和目标的实现程度。项目的效果主要取决于项目对象群对项目活动反映。对象群对项目的行为是分析的关键。公路安全保障工程项目效果评价需要完成两项主要任务:一是评定公路安全保障工程实施后取得的效果;二是对公路安全保障工程实施路段以及所采取的措施,是否经济、科学、合理,还有哪些地方需要改进。

(1)效果评价方法

可采用对比法进行公路安全保障工程效果评价,对公路安全保障工程实施前后的一些指标进行对比,进而评价其效果。对比法又分为横向对比和纵向对比,见表16-4。

横向对比法与纵向对比法　　表16-4

评价方法	评价指标
纵向对比法	设施损坏次数(评价预防事故次数)、设施损坏程度(评估预防事故程度)、交通事故次起数、交通事故死亡率、重特大事故的发生率
横向对比法	预防事故次数、交通事故减少率、交通事故死亡人数减少率、重特大事故减少率

1)纵向对比法评价指标

有设施损坏次数(评价预防事故次数)、交通事故减少次(起)数、交通事故死亡率、重特大事故的发生率、设施损坏情况(评估预防事故程度)。

①设施损坏次数

该指标用来评估预防事故次数,可得预防交通事故起数 = 设施损坏次数 - 设施人为损坏次数。

②交通事故减少次(起)数

年平均交通事故减少次(起)数 = 公路安全保障工程实施前的年平均交通事故次数 - 公路安全保障工程实施后年平均交通事故次数

③交通事故年平均死亡减少人数

交通事故年平均死亡减少人数 = 公路安全保障工程实施前交通事故年平均死亡人数 - 公路安全保障工程实施后交通事故年平均死亡人数

④预防重特大事故的起数

通过评估设施的损坏情况,并结合周边的道路交通环境,推测预防重特大事故的发生起数。

2)横向对比法评价指标

有单位里程预防事故次数、交通事故起数减少率、交通事故死亡人数减少率、重特大事故减少率。然而随着交通量的增加,交通事故发生的概率增大,因此也采用单位交通量下的事故指标,如:

①单位里程预防事故次数;

②交通事故起数减少率;

③交通事故死亡人数减少率;

④重特大事故减少率。

(2)效果评价

1)绝对数法

用四项评价指标:事故起数、死亡人数、受伤人数、直接经济损失表示,如表 16-5。

绝对数法的四项评价指标 表 16-5

评价指标	公路安全保障工程实施前	公路安全保障工程实施后	差值
交通事故发生起数			
交通事故死亡人数			
交通事故受伤人数			
交通事故直接经济损失			

注:应根据差值评价公路安全保障工程实施效果。

2)事故率法

可分为:路段事故率法(运行事故率法和事故密度法)、地区事故率法(人口事故率法、车辆事故率法)、综合事故率法。

①人口事故率法

$$R_P = (D/P) \times 10^6 \tag{16-1}$$

式中:D——死亡人数;

P——某城市的人口数;

R_P——100 万人口交通事故死亡率。

②车辆事故率

$$R_N = (D/N) \times 10^6 \tag{16-2}$$

式中：D——死亡人数；

N——该地区机动车拥有量；

R_N——100 万辆车交通事故死亡率。

③运行事故率

$$R_T = (D/T) \times 10^6 \tag{16-3}$$

式中：D——死亡人数；

T——该地区总运行公里数；

R_T——亿车公里交通事故死亡率。

3）事故强度分析法

① 综合事故强度分析法

$$K = \frac{M \times 10^4}{\sqrt{RCL}} \tag{16-4}$$

式中：K——死亡强度指标，K 越小就越安全；

M——当量死亡人数，M＝死亡人数＋0.33 重伤人数＋0.10 轻伤人数＋2 直接经济损失；

C——当量汽车数，C＝汽＋0.4 摩托车＋0.4 三轮车＋0.3 自行车；

R——人口数，$R=0.7P$，（P 为人口总数）；

L——道路因素，见表 16-6。

不同道路条件下的修正系数值　　表 16-6

公路等级＼里程（km）	<50	50～500	500～2 000	2 000～10 000	10 000
	不同道路条件下的修正系数 L				
二	0.9	1	1.1	1.2	1.3
三	1	1.1	1.2	1.3	1.4
四	0.9	1	1.1	1.2	1.3
等外	0.8	0.9	1	1.1	1.2

②当量事故强度

$$K_d = 10^3 \times \frac{D_d}{3\sqrt{PN_dL}} \tag{16-5}$$

式中：K_d——当量死亡强度；

D_d——当量死亡人数（同上式 M）；

N_d——当量汽车数（同上式 C）；

P——辖区人口总数；

L——辖区道路总里程。

道路安全评价方法指标汇总如表 16-7。

道路安全度评价方法指标汇总　　表 16-7

实施公路安全保障工程后道路交通安全度评价				
评价方法	指标	公路安全保障工程实施前	公路安全保障工程实施后	差值
绝对数法	事故起数			
	死亡人数			
	受伤人数			
	直接经济损失			
事故率法	人口事故率			
	车辆事故率			
	运行事故率			
事故强度分析法	综合事故强度			
	当量事故强度			

4）事故折减系数

是指平均事故减少率，是一项评价改造项目的推算和预估交通量事故减少的指标，可用来评价目标实现程度。

①单一改善措施的事故折减系数（AR）

进行一个单一的改善措施，期望能减少的事故数，如式（16-6）：

$$期望减少的事故数=\frac{N\cdot AR\cdot ADT'}{ADT} \tag{16-6}$$

式中：N——未进行改善设计的期望事故数；

ADT——改善前的日交通量；

ADT'——改善后的日交通量。

由式（16-6）可变形得到事故折减系数公式如式（16-7）：

$$AR=\frac{期望减少的事故数\times ADT}{N\times ADT'} \tag{16-7}$$

②多种改善措施的事故折减系数（AR）

同一时期采取多种改善措施，如设置一个左转车道、标线、增设交通标志和信号灯等。事故折减系数不能运用逐项相加累计的方法，因为相加累计折减系数就要大于 1，而大于 1 等于没有事故，所以采用式（16-8）：

$$AR_m=AR_1+(1-AR_1)AR_2+(1-AR_1)(1-AR_2)AR_3+\cdots+(1-AR_1)\cdots(1-AR_{n-1})AR_n \tag{16-8}$$

式中：AR_m——多种改善措施的总 AR 系数；

AR_n——单一改善措施的 AR 系数；

n——对某一路段的改善项目数。

在综合的改善措施中，如果某一特定改善措施只能减少一种特定类型的事故，则应使用经计算得出的平均折减系数，因为有的交通事故率是对全面交通事故讲的，具有共性。有的对某一种交通事故而言具有个性，如增加照明设备，只能对减少晚上的交通事故有利；抗路面槽纹，增加摩擦力，只能对下雨天防止事故有利。为此，对某一特定的改善措施后所发生的效果，就应该使用经计算得出的平均折减系数。

用事故折减系数来评价实施效果，是比较科学和合理的。

16.4.4 公路安全保障工程经济评价

公路安全保障工程的经济评价就是成本和效益的比较。以下主要介绍三种经济评价的方法：

(1)效益成本法

①事故费用

在事故费用数据里，将死亡事故、受伤事故和财产损失事故分开，这是一种简便的惯用方法，适用于以事故严重性作为最重要的有效量度的情况，缺点是缺少事故费用数据。

②年度平均费用等效值

按式(16-9)计算。

$$EUAC = I(CR_n^i) + K - T(SF_n^i) \tag{16-9}$$

式中：$EUAC$——相当年度平均费用等效值；

I——设计项目的工程费；

i——假定的利率，%；

n——估计工程措施的使用年限，a；

T——回收值；

K——工程完成后的营运和保养维修费，元/a；

CR——每年的开支，元/a；

CR_n^i——当利率为 i 时，n 年的投资还本系数，$CR_n^i = \dfrac{i(1+i)^n}{(1+i)^n - 1}$；

SF——每年要开支的费用；

SF_n^i——回收值，当利率为 i 时，n 年的还债基金系数 $= CR_n^i - i$(每年的投入数)。

③效益成本比

即效益和成本支出进行对比。公路安全保障工程更多的是社会效益，不会产生直接的用货币单位来衡量的、有法人单位的经济效益。大多数情况下，用货币单位能衡量的效益，也是事故减少后的直接或间接的损失。因为未发生或减少的事故实际上不可能计算数值，只能按以往交通事故费用来计算，通常认为效益成本比等于1或者大于1就是合算的，是好的。公路安全保障工程效益成本比是比较低的。

④净安全利益

成本比的计算方法是传统的经济分析法，用于交通工程方案分析时，往往会出现一种情况，即效益与成本的比值很大，但实际收入却体现不出来，为此采用净安全利益加以验证。

(2)安全指数法

此法是用于造价低于100万元的小型工程的计算方法，如式(16-10)：

$$安全指数 = \frac{改善前的全部事故费用 - 改善后的全部事故费用}{项目设计的总费用} \times 100\% \tag{16-10}$$

这实际上是一个修改过的 B/C 效益成本法，小型工程不需要考虑 $EUAC$ 相当年度平均费用等效值，不需考虑 i 的利率，但要知道工程措施的使用年限。

(3)成本有效法

成本有效法是确定防止一起交通事故的费用，由于期望效益不是用价值计算，因此难以确定某项改善措施的正确与否。如式(16-11)：

$$\text{有效费用} = \frac{EUAC}{B} \tag{16-11}$$

式中：$EUAC$——相当年度平均费用等效值；

B——年平均效益，只计算减少的事故数。

公路安全保障工程经济评价就是从经济角度，分析计算公路安全保障工程项目所需投入的成本费用和获得的效益，成本效益是衡量项目成功与否的关键因素。公路安全保障工程项目建成后，通过分析成本构成，进行财务分析，并以一些主要经济指标进行衡量，主要包括经济内部收益率和财务净现值。

(1)公路安全保障工程项目的费用

费用是产生一定质量的交通安全要求的资源，可分为直接费用和间接费用。

直接费用是对交通安全提供者(政府和交通部等有关部门)而言的内部费用。例如项目的劳动力、规划、设计、施工的费用。

间接费用常常是由于项目实施后，为了维持较高的安全水平而进行的不断完善、修复设施等养护过程中所需的费用，以及运营管理所需费用。另外，由于施工造成的环境污染，在治理时所需费用也是由政府和社会支付。

公路安全保障工程项目费用还可以进一步分为一次性费用、重复性费用和其他费用。

①一次性费用

是指规划和实施公路安全保障工程的一次性费用，这些费用包括土地购买、施工建设、硬件设施购买、规划、设计和其他费用。

②重复性费用

是指在服务生命周期中的不间断的运营和维护费用，发生在项目的运营阶段。这些费用包括运营、养护、管理和支持人员的劳动力费用，运营和养护的供给费用，零部件修理费用。

③其他费用

包括治理施工过程中造成的环境污染所需费用以及其他无形的费用。

(2)公路安全保障工程项目的效益

公路安全保障工程的受益者主要可分为三类：道路使用者、政府和研究区域内相关的团体。道路使用者的效益主要是安全性的提高。政府的主要效益是贯彻以人为本的执政理念，促进了社会经济的发展，得到了人们的拥护和支持。研究区域内相关团体主要包括施工单位、材料和设备供给单位以及其他经济单位。公路安全保障工程提高了安全水平，降低了运输风险，降低了事故率，可以将其转化为经济货币单位。具体说来，公路安全保障工程的效益可以分为以下两类：

①安全水平的提高

安全水平的提高是指事故数量和严重性的降低。

②促进经济发展

政府在公路安全保障工程方面的投资，会刺激社会经济的发展。

(3)计算费用和效益

公路安全保障工程效益流：

$B_0, B_1, B_2, \cdots, B_{t-1}, B_t$

费用流：

$C_0, C_1, C_2, \cdots, C_{t-1}, C_t$

表示从当前时间0到项目终止的时间 t 的费用和效益，例如 B_0 是当前年的效益，B_1 是次年的效益，……，直到 B_t 是第 t 年的效益。由于在不同的时间付出和得到同样数额的资金在价值上是不同的。也就是说，资金的价值会随时间变化，因此应该将费用和效益的值换算到一个相同的时间点，假设折现率为 i，则有：

$$P = \frac{F}{(1+i)^t} \tag{16-12}$$

式中：P——现值；

F——终值；

i——折现率；

t——时间周期数。

式(16-12)表示在折现率为 i，时间周期数为 t 的条件下，现值 P 和终值 F 之间的等值关系。

于是效益流的现值是：

$$PVB = \frac{B_0}{(1+i)^0} + \frac{B_1}{(1+i)^1} + \frac{B_2}{(1+i)^2} + \cdots + \frac{B_t}{(1+i)^t} = \sum_{n=0}^{t} \frac{B_n}{(1+i)^n} \tag{16-13}$$

于是费用流的现值是：

$$PVB = \frac{C_0}{(1+i)^0} + \frac{C_1}{(1+i)^1} + \frac{C^2}{(1+i)^2} + \cdots + \frac{C_t}{(1+i)^t} = \sum_{n=0}^{t} \frac{C_n}{(1+i)^n} \tag{16-14}$$

(4)评价

计算公路安全保障工程项目的总费用，和总效益进行比较，确定实施效果的优劣，也可进行横向对比。

比较的指标有两类：一类是反映直接经济或财务效果的绝对指标，在此取效益费用比、净现值和内部收益率；另一类是反映项目直接经济效益后评价指标与前评估指标偏离程度的相对指标，取实际净现值变化率和实际内部收益率。

①费用比 B/C

$$B/C = \sum_{n=0}^{t} \frac{B_n}{(1+i)^n} \Big/ \sum_{n=0}^{t} \frac{C_n}{(1+i)^n} \tag{16-15}$$

②净现值

$$NPV = \sum_{n=0}^{t} \frac{B_n}{(1+i)^n} - \sum_{n=0}^{t} \frac{C_n}{(1+i)^n} \tag{16-16}$$

在进行公路安全保障工程效果评价时，上述指标来评价效果之优劣。另外，采用净现值和

内部收益率的结果是相同的。

通过以上指标分析,可以有效评价公路安全保障工程实施后的效益变化情况,从而为政府及交通主管部门进行下一步分析决策提供必要的参考依据。

16.4.5 环境影响评价

环境影响评价是指区域内的公路安全保障工程项目建成投入正常营运后,在一定的时间内分析并评价已建成发挥作用的安保设施对该区域环境质量、环境保护措施、公路景观等实际的影响。

16.4.5.1 社会环境影响评价

公路安全保障工程社会环境影响评价一般包括工农业生产、地区发展规划、文物古迹、旅游资源和文化教育等。评价范围是实施线路直接经过的市县一级行政辖区。

(1)社会环境影响评价内容

①公路安全保障工程实施对沿线基础设施的影响;

②公路安全保障工程实施对旅游文化事业发展的作用;

③公路安全保障工程实施对交通运输水平的改善;

④公路安全保障工程实施对交通行业形象的影响。

(2)评价方法

评价应分路段进行;根据行政区划、自然和社会环境特征以及项目影响情况划分路段,在不同路段内选择代表性的点或路段进行分析评价。

(3)公众参与

公路安全保障工程公众参与,是公路安全保障工程实施后社会环境评价过程中进行的征询和协商。

1)公众参与在环境影响后评价中的作用主要有:

①为公众监督项目环境保护措施的实施提供监督管理平台;

②可以发现环境影响评价中未预见的环境问题,并对其环境保护措施的可行性、有效性进行论证;

③提高公众参与社会建设的意识;

④增强项目的环境合理性和社会可接受性;

⑤有利于确定不能用货币形式表现的社会环境资源的价值。

2)调查的内容

包括对公路安全保障工程的认可程度、对旅游资源发展的促进程度、对本地区经济发展的推动作用等。

3)调查范围、对象、容量

①调查范围

社会环境影响评价公众参与的调查范围一般为公路两侧500m内的范围,根据实际情况可扩大范围。同时项目直接影响区内人口稠密、村镇集中、经济发达和有特殊意义的地区应作为重点调查地区。

②调查对象

社会环境影响评价公众参与调查对象一般包括：

a. 项目直接影响区内，因项目的建设和营运而获益的个人、企事业单位和非政府组织；

b. 关心项目及其所造成各种影响的有关方面的专家和组织。

重点调查直接受影响人群的意见。

4）调查样本容量

在社会环境影响评价公众参与工作中，应重点对直接影响区内有代表性的公众样本（即满足调查对象的要求）进行调查。考虑到调查的实际可操作性以及调查成本问题，确定样本容量时可参考：

①平均每公里调查对象不少于1人；

②如公路长度不足50km时，调查对象不少于50人；

③对于重点调查地区，调查对象的数量应适当增加。

在后评价公众参与调查样本中，应确保有一定数量的样本与环境影响评价公众参与调查的样本保持一致。

5）调查表的制订原则

在社会环境影响评价公众参与中，调查表应尽可能使被调查者全面反映出他们对项目在施工期和营运期产生的实际环境影响的感受、意见和建议。所以在制订调查表时，应遵循以下原则：

①调查表应简明扼要，用词准确，不能太抽象，问题易懂易回答；

②问题和答案的设计要求具有真实性、中立性和可排误性，问题不能带有诱导性。

此外调查表的设计还要考虑到资料的统计分析和处理等方面的问题。

6）调查结果的统计整理

根据社会环境影响评价公众参与的目的，将调查所得的原始资料进行分类、汇总，使其成为统计分析条理化、系统化的综合资料。

7）调查结果分析

①分析调查对象的结构情况及其代表性；

②分析推断一定区域内公众对拟建公路安全保障工程实施路段的态度；

③分析各种公众意见的合理性；

④采取统计分析方法，做出较全面、客观的分析结论；

⑤对公众座谈会的集中式意见，直接归纳、分析，并与调查表的统计结果进行一致性比较分析。

8）公众意见反馈

①社会环境影响评价应在整理归纳公众意见后，将其客观地反馈给建设单位。同时对直接影响区公众意见的合理性进行评价，并对公路安全保障工程实施单位提出在后续的研究设计阶段应注意的问题和处理原则。

②给出工程实施单位对于公众意见的初步处理意向。

16.4.5.2 景观影响评价

公路景观是指公路本身形成的景观以及公路沿线的自然景观和人文景观，即展现在行车者视野中的由公路线形、公路构造物和周围环境共同组成的图景。公路安全保障工程实施应在保障公路基本功能的前提下，建设公路景观。

(1)评价内容

可对工程构造物的造型、色彩等美学特性评价，并对其周围环境的协调性进行评价；对景观的完整性、美学价值、科学价值、生态价值及文化价值等方面因公路建设所受到的影响进行评价。

(2)景观评价方法

①可采用“文字描述”结合“效果模拟分析”的方法对工程构造物的美学特性进行评价；另外，可采用“文字描述”及“眺望点视觉模拟分析法”对景观的影响进行评价。

②景观评价中，人工景观所占道路景观的比重应尽量小，以自然景观为主，辅以人工景观。对自然保护区等敏感区还可采用“专家评议法”。

16.4.6 可持续发展评价

(1)公路公路安全保障工程可持续发展评价的含义

公路公路安全保障工程是一个长期的、可持续的专项工作。随着工作的深入，大家对公路安全保障工程的内涵有了更深刻的理解，公路公路安全保障工程不是三年时间就可完成的，不是一项简单的运动或任务，需要持之以恒，不断深入。作为一项提升中国长达 180 多万公里国省道干线公路网安全水平的工程，作为 21 世纪国民经济的发展对国省道干线公路网管理养护水平的需求来说，规划中三年的工作，仅仅是第一阶段的工作而已。应该认识到这是一项长期艰巨复杂的工程，应有打持久战的思想和准备。

公路安全保障工程可持续发展评价就是公路建设项目在建成通车一段时间后，通过对公路安全保障工程实施、养护等进行分析评价，来判断公路安全保障工程是否能顺利地持续下去，并且有能力持续保持公路安全、通畅、舒适。公路安全保障工程可持续发展评价不仅考虑公路安全保障工程本身的经济效果，更为重要的是要充分考虑公路安全保障工程给公众带来的安全，充分认识到公路安全保障工程是一项“救命工程”，要把这项工程不停地发展下去。因此，可以说公路安全保障工程可持续发展评价能更好地防止一些短视的、急功近利的现象，同时总结经验教训，指出不足并提出相应的解决措施和建议，推动安保工程不断地发展。

(2)社会经济发展条件对公路安全保障工程可持续发展的影响

根据我国国民经济与社会发展计划纲要和远景规划，国民经济仍将以较高的速度持续增长，社会经济的发展必将对公路运输提出更高的要求，这包括对客货运输送达速度和运输效率的要求。随着人民生活水平的不断提高，生活方式的改变及时间观念的增强，人们出行更加注重方便、快捷、安全和舒适。同时随着改革开放的进一步深入，国家各地区有待进一步改善投资环境，发展经济。而公路的建设正好能满足这些需要，可以深化改革开放、发展社会经济、提高人民生活水平和改善生活方式。

我们可以说，社会经济的持续发展对公路安全保障工程持续发展提供了动力，同时公路安全保障工程的可持续发展又保证了交通运输的安全，推动着社会经济的持续发展。两者是相互依赖、相互补充的。

公路安全保障工程实施效果评价，尚处于起步阶段，各种评价方法以及评价指标的选取，都需要不断地修正。另外，每一条公路都具有其特殊性，不同的地理位置、地形、地貌、气候气象，不同的社会环境、文化传统、风俗习惯、审美观等，都要求安全保障工程应追求安全、环保与投资、功能的平衡，应充分发挥技术人员的创造性，有针对性地搞好安全保障工程。而绝不是追求全线统一、全省统一甚至全国统一，而要有针对性和创造性。因此在进行效果评价过程中，要根据实际情况，选取不同的评价方法，全面评价。最终形成"经济发展促进安保工程的实施"→"公路安全保障工程后续评价"→"公路安全保障工程的实施"的良性循环，使事故降低到合理的水平，真正达到安全、舒适、通畅的目标。

第17章 日常养护

交通设施的养护与管理是相当重要的,它是保证交通设施能够在实际年限内正常运行并延长其使用寿命、节省使用费用和降低维护成本的重要措施。养护工艺和技术的落后将是公路事业的一大瓶颈。随着我国公路建设的飞速发展和交通科技的进步,使得道路自身、管理及养护都会出现越来越多的变化和新特点,通过养护来降低周期成本、降低维护费用成为关键。建设期过后,将转入管理的重要时期,而养护作为公路管理的一部分将起到重要作用。所以在进行公路设施养护设计时,不仅要遵循国家标准的规定,考虑公路本身的特色和特点,更要考虑驾驶者的需求,即养护应以人为本,考虑全寿命周期费用,采用简单实用,高效低耗,经济合理,安全可靠的养护设备和技术。在养护的过程中还应提高公路人的社会责任感,体现养护工程的服务社会功能。

17.1 公路养护管理概述

公路养护是指为保持公路经常处于完好状态,防止其使用质量下降,并向公路使用者提供良好的服务所进行的作业。这里,公路养护管理特指公路建成投入使用后所进行的养护作业管理。国际道路会议常设协会(PIARC)于1983年建议,公路养护统一划分为日常养护、定期养护、特别养护和改善工程四类。公路养护管理的目的是充分实现公路的使用功能,并不断提高服务水平。

(1)公路养护管理的特点

由于高公路设计标准、建设质量、运营方式与一般公路有很大不同,其养护管理工作主要有以下特点:

①实施养护作业的强制性。

②养护对象的广泛性、全面性。

③养护作业方式的机动性与时效性。

④养护技术的专业性和复杂性。

⑤综合养护成本高、人员素质要求高。

⑥养护管理行为已上升为可持续发展的战略高度,必须树立服务观念、环保观念。

(2)我国公路养护管理目前存在的问题

由于我国公路的建设发展异常迅猛,传统的、长期计划经济体制下的经验型养护管理模式,已不能适应其发展要求,目前暴露出的问题集中反映在以下几个方面:

①养护管理体制不顺。

②养护运行机制落后,“重建轻养”思想严重。

③缺少养护定额与规范。

④养护机械配套率不足,养护科技含量低。

⑤养护管理人员总体素质普遍偏低。

上述问题造成了我国高等级公路养护管理技术落后,已严重制约了高等级公路安全、快捷、舒适、经济等性能的充分发挥,已形成我国公路事业发展的瓶颈。

按照实施“安全保障工程”的要求,应积极开展险路和短缺标志的调查核实工作;加强绿色通道建设。激发一线养护和机械操作人员学科技、用科技、走岗位成才之路的巨大热情;养护创新活动扎实开展,紧抓管理,公路交通环境得到进一步改善和提升。坚持建养管并重的方针,把管理放在突出位置。加强交通安全设施养护工程管理,加快养护市场化进程,提高养护工程质量和投资效益,以养护企业化、社会化、市场化为目标,全面贯彻落实建、养、管统筹协调发展的方针政策,不断提高养护专业化水平和投资效益,改善服务功能和整体形象,促进养护事业的全面、协调、可持续发展。

(3)管理与养护的措施

管养分离正在走向深入,有重点地建设了一批机械化养护中心,有的正式注册为公司企业,实现企业化运行。

1)养护管理

①贯彻执行国家法律、法规、政策及有关交通公路行业规范、标准等;

②组织养护工程和技术管理培训,提高养护管理水平和职工素质;

③负责养护工程程序监督管理;

④监督检查养护工程质量和管理程序执行情况,组织公路养护检查,发布情况通报;

⑤指导养护技术研究开发、应用等工作。积极推广应用养护新技术、新材料、新设备、新工艺,提高养护科技含量。

2)日常监督检查

负责本辖区养护工程的日常巡检工作。为了更好地实施以“消除隐患、珍视生命”的养护宗旨,应按照“安全、经济、环保、有效”的原则,统一规划、分期实施,逐步提高交通安全和养护服务水平。

①技术养护管理

执行公路安全保障工程实施路段判定标准,注重实施方案、公路环境、经济效益的协调统一。

坚持“经济上可能、技术上可行、方案上有效”的原则确定设计方案;鼓励采用新技术、新材料、新工艺、新产品。

对危险路段应根据周边环境和不同交通事故形态综合治理,主要工程措施有:钢筋混凝土防撞墙(连续式钢筋混凝土护栏)、钢筋混凝土护栏、波形板钢护栏、示警桩或示警防护墩、反

光镜、标志、标线、减速设施、挡墙等。

②质量管理

养护工作所要参考的规范及标准:《公路安全保障工程实施技术指南》、《高速公路交通安全设施设计及施工技术规范》(JTJ 074);《高速公路波形梁钢护栏》(JT/T 281)、《公路三波形梁钢护栏》(JT/T 457);《道路交通标志和标线》(GB 5768),《路面标线涂料》(JT/T 280);《突起路标》(JT/T 390);《轮廓标技术条件》(JT/T 388);《公路养护技术规范》(JTJ 073—96)等规范标准对所要求的设施进行质量养护。

3)养护管理方式

①实行管建、管养分离;

②创建养护管理新机制。

加强管理。按照统一领导、分级管理、依法治路、综合治理的原则进行。保障公路交通设施的完好、安全和畅通。

细化日常养护。养护是设施管理的一项长期性日常工作。目前,有两种模式行之有效:一种是单位或个人承包的模式。将公路中所有修复管理工程实行向社会公开招投标的方式,逐步取消养护包干经费。全面实行养护工程费用制度,按量核定,按合同拨付。对自然条件极差的路段可以采取专人包干的特殊办法,分段、承包的方式实行养护。

17.2 护栏养护

(1)概述

设施养护内容包括检查、保养维护和更新改造。检查包括日常检查、特殊检查、定期检查和专项检查。对于保养维护和更新改造应结合设施特点,加强对设施的保养和更新改造设施。养护质量应从设施完整性、外观、质量、安装质量、技术性能、材料性能等各项要求去做,更新改造的设施质量应不低于更新改造前的质量。

(2)常见护栏养护

1)波形梁钢护栏

波形梁钢护栏养护质量要求:应保持波形梁钢护栏的结构合理、安全可靠;护栏板、立柱、柱帽、防阻块、紧固件等部件应完整无缺损;护栏产品质量符合相关要求及技术指标;护栏防腐层应无明显破损、锈蚀等现象;护栏板搭接方向正确,螺栓紧固;护栏安装线形流畅、无明显变形、扭转、倾斜。

日常养护要求:注意波形梁及活动式钢护栏采用钢材要注意日常防腐;波形梁板、立柱、端头、防阻块、横隔梁、端头、螺栓螺母等构件使用一段时间是否能满足强度要求、结构要求和质量要求。

①梁板:是最早和车辆发生接触的构件,通过波形梁的传递将碰撞力分散传递给多根立柱,再通过立柱传递给地基。养护过程时刻检查梁板是否变形、扭曲,强度是否达到设计要求。

②立柱养护:立柱和波形梁及地基共同承受碰撞力,起着重要的支撑作用,养护时要注意降低强度的因素,给予其他构件的结合力是否牢固,能否达到整体性,这是养护的关键。护栏立柱纵向横向是否垂直,护栏基底构造物和护栏结合松动,以免影响防撞强度,钢管立柱的防

雨帽和密封焊端是否密实。

③防阻块：连接波形梁板和立柱，使波形梁板悬出。养护时要注意防阻块与这两构件是否牢固，以免影响整体对撞及力的缓冲。

④螺栓螺母垫圈：小小的零件却起着至关重要的作用。养护时要注意采用高强螺栓、螺母及垫圈，避免发生撞击时螺栓螺母首先发生破坏。

⑤护栏构件的防腐：镀件满足使用要求，并进行润滑处理，防止生锈弄脏。镀件的镀层是否均匀，检查是否有针孔，镀层是否和构件基底金属结合牢固，保证护栏镀层不剥离、不突起、不开裂或者漆层不至于用手就能擦掉。

⑥养护用涂层涂料要满足技术和质量要求：镀层表面应完整，颜色一致，表面要光滑，可适当涂沫润滑剂，不允许有流挂、滴流和结块。要观察涂层颜色是否暗淡变色掉渣，不能有肉眼可看到的小孔等影响性能的因素。养护时要严格防止发生漏出构件金属，防止镀层脱落，及时补漏。镀层不均匀很容易发生局部脱落，养护时要注意均匀性检查。养护时要根据当地不利气候（如酸雨和盐雾），采用耐酸雨、耐盐雾的涂层材料。

⑦护栏线形与公路线形要一致，检查是否有被撞弯、撞倒、丧失防护作用。

波形梁日常养护注意内容：检查测试波形梁钢护栏的各项质量要求；清洗护栏表面，去除油污和脏物。补充更换缺损的波形梁护栏配件；紧固松动的连接螺栓和拼接螺栓；对破损和锈蚀的防腐涂层进行部分或全部重新防腐处理；矫正、修复或更换损毁的波形梁板、立柱等构件；对事故多发段的波形梁进行相应调整和加固。

2）混凝土护栏

是一种具有一定断面形式的墙式护栏结构。当汽车与其相撞时，在瞬间冲击力及动负荷作用下，护栏基本上不移动不变形，处于完全刚性状态下，撞击中的能量主要靠车辆和护栏接触面并沿着接触面爬高和转向来吸收。所以这种护栏的几何尺寸很重要，要能满足受力要求，这在设计与施工过程中已经进行要求，这里不多谈及。下面主要讨论养护的质量要求及内容。

混凝土护栏养护内容：混凝土护栏不得出现断裂现象，混凝土块之间、混凝土与基础之间的连接方式是否牢固；从经济安全角度出发对混凝土护栏进行养护，注意影响混凝土强度的因素；混凝土块间和混凝土起终点处及其他开口处混凝土块件有无出现边缘破损、掉角等，并及时补正。

混凝土护栏表面养护要求：经过一段时间的运营，护栏外观不应出现漏石、风化、麻面、裂缝、脱皮、啃边、掉角及各种印痕等现象；对混凝土护栏养护同时，不应忘掉对护栏基础地基的养护，以保证地基稳定和强度要求，地基稳定性问题，松动、塌陷、下沉等现象，要及时处理，采取相关要求，进行加固。

日常检验要求：为了保证混凝土护栏的强度，要经常对混凝土断面尺寸进行衡量，检查时，用钢尺、直尺、钢卷尺等工具，对横纵主尺寸进行测量，定期检测以防止断面尺寸缩小影响强度。

混凝土质量养护要满足：混凝土所使用的材料如水泥、砂、石、水、外加剂、钢筋等材料，质量要满足相关标准、规范及设计要求。混凝土护栏的几何尺寸、地基强度、埋入深度以及各块之间、护栏与基础之间的连接应符合质量要求。养护人员要有第一手设计、标准、规范等资料，以定期与这些资料对照，找出隐患及时处置。

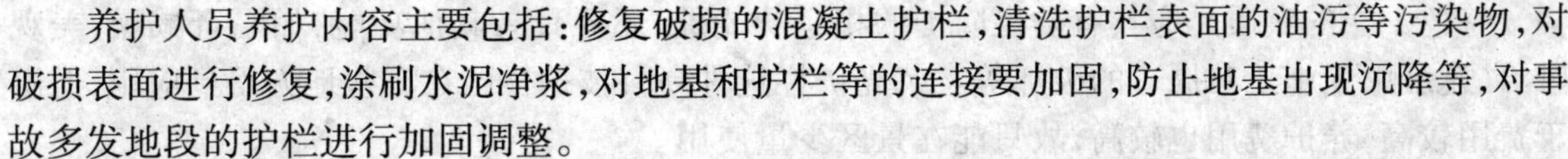

养护人员养护内容主要包括:修复破损的混凝土护栏,清洗护栏表面的油污等污染物,对破损表面进行修复,涂刷水泥净浆,对地基和护栏等的连接要加固,防止地基出现沉降等,对事故多发地段的护栏进行加固调整。

3)缆索护栏

这种护栏由端部立柱、中间端部立柱、中间立柱、缆索、托架和索端接头等部分组成。车辆冲撞缆索时产生最大位移时是安全防范的重点。因此缆索要具有较高强度和抗腐蚀性能。

端部立柱、中间端部立柱、中间立柱养护质量要求:端部立柱埋置混凝土基础,而中间立柱可选择埋置土中和混凝土基础中。在保证立柱强度的情况下,要考虑基础与立柱的连接强度,日常养护不能忽视。

托架结构:托架宽度决定着缆索与立柱表面的距离。托架在固定缆索的同时,使缆索从立柱表面悬出一定距离,防止碰撞车辆在立柱处发生阻绊,使撞击力产生缓冲。养护要注意缆索与托架之间摩擦时缆索长期磨损,使缆索截面变小,影响强度,养护时要注意对托架和缆索接合处进行润滑。

缆索、索端结构:缆索主要是为了均匀分配撞击力,防止车辆越出或钻入缆索。要使尽可能多的缆索共同承受撞击力,不至于集中在少数几根上,使拦阻效果大打折扣。养护时要注意缆索的强度,索端接头的牢固程度。缆索、索端接头的防腐性是重要养护指标。

养护质量要求:缆索要采用优质碳素钢,使用多股同向捻制以加强强度;立柱和托架采用强度较高的结构钢;索端锚具,螺栓螺母垫圈也要采用钢结构;在日常养护检查时要注意螺母螺栓锚具的松动,及时加固。构件的防腐对于日常养护不仅起到防腐养护,特别是对美观要求较高的路段,还能对护栏美观视线诱导起到作用。定期对构件进行防腐喷涂,尽量选用日照下不易老化,具有良好耐候性,耐酸碱性好的油漆、涂料及塑料包裹。这样既增加了防锈年限,又增加视线诱导效果,使缆索更加漂亮。紧固件、连接件也要定期防锈养护。养护要求镀层厚度要均匀,对于要经常拆卸的构件镀层要不易脱落。尽量采用对环境无污染的镀层材料。缆索护栏各构件应无缺损、无明显变形、倾斜、松动、锈蚀等,各构件要符合材料质量的相关标准规范及设计要求。

养护内容:检测缆索护栏的各项质量指标,补充更换缺损的缆索护栏构件,紧固松动连接,对锈蚀的构件进行更换和重新防腐。对事故多发段的缆索护栏进行加固和调整。金属构件表面不能有气泡,剥落,漏镀及划痕等表面缺陷,采取措施及时处理。锚具托架螺栓要固定牢固。立柱与混凝土基础连接是否牢固、倾斜、基础有无沉降等。

4)钢背木护栏

钢背木护栏是一种钢材和木材完美相结合的护栏。该种护栏是一种半刚性护栏,对于小汽车和货运卡车具有较好的安全防护作用,是一种适宜在旅游公路上采用的高档安全防护产品,木质的外观对环境具有很好的协调性和适应性。

钢背木护栏不仅实现了其他护栏的基础功能,而且基本实现了安全、环保、舒适、和谐、耐久的目标。

养护要求:除满足护栏安全性及各方面养护要求外,还要特别注意与周边环境、风景等密切结合,尽量使用环保设施、涂料等防腐材料,减少对周边生态的影响。

5)景区旅游区特色护栏状构造物

特色护栏的实质是应具有护栏防护的相应功能外，还要具有其他功能，如隔音减噪、美观融洽、遮蔽由于施工对周边的破坏等。荧光护栏这种高科技护栏已在有些地方得到应用，但由于费用较高，养护费用也较高，故只能在景区少量使用。

如风行欧洲的木制声屏障因具有以下特点：美观性、易安装、有效减少噪声、高性价比，做到了绿化和景观自然风景优美、文化氛围浓郁，形成了公路周边设施护栏与环境融为一体、互相辉映的绿色画廊。不但没有破坏环境，而且原路施工留下的一些破坏痕迹也得到了很好的恢复，沿线优美的自然风光和浓郁的民族风情得到了很好的展示。在高原草甸区，地势平缓，视野开阔，公路流动在点缀着五彩斑斓灌木的茵茵绿草之间，极目远望，峰峦起伏，蓝天、白云、雪山融在一起，令人心旷神怡；在原始森林区，公路缠绕山间，满目苍翠，淙淙清泉，幽谷鸟语，让人倍感清新；在藏羌风情区，公路两旁散布着藏式民居，再辅以藏式挡墙式护栏等公路附属设施，让人感受到民族文化的独特魅力。旅游区特色构造物与优美的环境自然地融在一起，给人以“车在路上行，人在画中游”的享受，在理念、管理、技术等方面实现了一系列创新。

6)桥梁护栏

桥梁护栏基本养护方法和公路护栏养护接近，需要特别注意的是桥梁护栏与桥梁上部结构的连接的养护，常采用混凝土护栏和钢管护栏、波形梁护栏，对于碰撞角度较大的大桥不易采用波形梁护栏。桥梁护栏的养护要针对桥梁的特点去养护，同时桥梁护栏要与路基护栏在线形和刚度上顺畅过渡，避免突变。要注意一旦碰撞发生破坏，不能对桥梁主体造成安全影响。

不同护栏的功能有其共性，但也有其特性，养护时要随着这些特性功能和目的要求区别对待，有针对性地养护，这样才能达到养护的目的。

现在，随着科技的发展，已经出现了一些新型养护设备和新型养护材料，如防撞护栏清洗车，能很好的减少养护工作的负荷。夜间荧光涂层，它是一种在夜间微光下发光的材料，能很好的引导司机的视线，将其涂于护栏上不仅能起到护栏的基本功能，而且在夜间还能很好地诱导视线。随着科技的大发展，还会有更多更好的养护方法和养护器材出现。

17.3 交通标志标线养护

(1)交通标志养护

道路标志标线是通过文字、符号、图案等直接在道路现场对驾驶员、行人传递准确的视觉信息，指示交通情况，提出交通要求，公布交通规定等的交通设施。国内外大量研究和实践证明，有效地使用和配置道路标志可以减少交通事故、提高道路通行能力、节省能源、保护环境。另外，道路标志标线还是道路景观美化工程的重要部分。道路标志标线在设置一段时间后，随着时间的推移，会出现破损、可见性自然退化等现象，影响其功效和美观性，需定期养护。目前，道路标志标线养护决策主要通过养护人员的经验确定，缺乏科学性。因此，开发道路标志标线养护管理系统具有重要意义 。

交通标志主要分为：警告标志，禁令标志，指示标志，指路标志，旅游区标志，道路施工安全标志及设施，辅助标志，可变信息标志等，养护要根据不同标志的相关标准和规范进行。交通标志是在路上具有法律效应的，所以养护是认真的工作，尽量避免由于养护不当对交通流造成影响,给管理上造成麻烦。

标志养护的原则是:道路标志养护要通盘考虑,整体布置;应保证道路行驶的安全快捷顺畅;不能对道路视距造成影响;标志要提供正确的及时的信息,避免信息过载,误导道路使用者。

交通标志主要由三大要素组成:颜色,形状,图符。根据世界上多国研究设置的这三大要素对道路使用者心理视觉、可辨识性等运用科学的研究,养护时不得随意更改这三大要素。

交通标志养护质量:应保持交通标志设置合理,结构安全,版面内容整洁、清晰、便于使用者的识别和理解。标志板、支柱、连接件、基础等标志部件应完整,无缺损且功能正常。标志应无明显倾斜、变形,钢构件无明显脱落、锈蚀。标志面应平整完好,不得有明显褪色、污损、气泡、起皱、裂纹、剥落等现象。标志板的图案、字体、颜色应符合相关标准要求。反光标志应保持完好夜间视认性。标志材料应符合标准规范的要求。对于标志面材料要考虑材料的色度性能,逆反射性能,耐候性能。涂层材料要无明显裂缝、刻痕,凹陷气泡,侵蚀、剥落,粉化。

交通标志养护内容:检查测试交通标识的各项质量要求。清理标志周围的杂物及杂草。清除影响标志视认性的树木等遮挡物,或在规定范围内挪动标志位置。清洁标志板面,取出黏附在其上的污物。修复变形、弯曲、倾斜的标志板和支柱。补涂剥落的防腐涂层。增补缺损的标志件。紧固松动的连接件。标志设置或板面内容存在问题时,应进行必要的变更。对破损的基础进行修补。对事故多发段的标志应进行必要的增补,更换。大型交通标志的地基承载的养护法符合设计要求。

(2)交通标线养护

交通标线按功能分:警告标线,指示标线,禁止标线。

标线的养护质量要求:标线应具有良好的视认性,边缘整齐,线形流畅,无大面积脱落。标线的颜色、线形等应符合相关标准要求。反光标线应保持良好的夜间视认性。重新划设的新标线应与旧标线基本重合。

标线养护原则:要从标线的外观上(颜色、宽度、长度)、材料上,根据标准进行养护。材料要具有基本的夜间反光性,鲜明的辨识效果,附着性、耐候性、耐久性、防滑性、不易变色等性能。

标线养护内容:检查测试路面标线的各项质量要求,清洁标线表面,标线的局部补充,事故多发段标线的变更、增补。

现在国外为提高养护及养护管理效果,已采用了一些养护管理的先进技术。在此简要阐述。国外先进的智能道路标志标线养护管理系统包括:

①养护信息采集系统(视频、语音信息采集子系统、地理信息采集子系统、信息处理子系统、信息管理子系统);

②承载车与辅助子系统;

③性能评估预测、养护管理决策等(地理信息系统、多媒体网络数据库、条形码技术);

④道路标志标线使用周期分析技术(道路标线可见性性能预测研究、道路标志可见性性能预测分析研究);

⑤其他技术(机器视觉、语音识别、GPS 技术、光学文字识别)。

其中养护数据信息是整个系统的基础,当前主要由人工现场目测评价或手工测量采集,费

时费力，数据的准确度易受人为因素的影响，且现场操作存在安全隐患。为提高养护信息采集效率和养护管理决策的科学性，国外道路交通发达国家将许多高新技术应用到道路标志标线信息自动采集、信息管理和性能预测中，这里将对此进行综述，为开展本领域研究提供借鉴。

①道路标志标线可见性标准的研究。结合国内驾驶员的视觉特性、车辆特性以及道路特性建立道路标线可见性模型。

②道路标志标线养护信息采集智能化技术研究。运用各种先进的传感器(视觉、听觉、GPS 等)技术、人工智能技术等开发道路标志标线养护信息智能化信息采集系统，提高养护信息采集的实时性和效率。

③道路标志标线信息管理技术研究。综合运用多媒体、网络数据库、GIS 等技术对道路标志标线信息进行管理。

17.4 视线诱导设施养护

视线诱导设施是随着公路的修建逐步受到重视的，这些设施为驾驶人员提供道路线形轮廓的指示、诱导车辆运行，指示或警告前方行驶方向的改变，对提高行驶的安全性和舒适性有重大作用。视线诱导设施事实上属于交通标志标线的范畴，由于其对保障行车安全的特性，故单独列出来讨论。

视线诱导设施按功能分：轮廓标，分流合流诱导标，指示和警告性线形诱导标，突起路标四大类。

养护质量要求：外观各部分应成形完整，外表面不得有明显划伤，金属基体表面不得有砂眼、毛刺。合成树脂材料不得有毛刺、裂缝、气泡等缺陷，无明显凹痕、变形。外观无明显的溶解和破坏现象。设施要具有耐油性、耐水性，色度光度性能，耐高温，附着性能良好，耐候性。要符合各种施工设计标准和规范。表面应无严重缺陷，破损的设施不应对车辆行人构成威胁，或造成伤害。表面应进行清洗。无明显褪色，夜间光度性能良好，应保持夜间良好的可视性。

养护内容：补装更换缺损的设施，修复或更换太阳能突起路标，清理各种可能对人和车造成威胁或伤害的残渣。紧固各种松动的连接，对事故多发段增设或更换诱导设施。

17.5 边沟及边坡养护

(1)边沟

公路边沟设在路基的两侧。是公路的主要排水设施之一。它的作用是把雨水从路面路肩上排出去；并能降低地下水位使路基不致过分潮湿而软化。边沟养护不善会影响路基和路面的技术状况，因此切不可等闲视之。公路边沟要勤于养护，防止造成淤塞。淤塞会使洪期路面上的雨水不能顺畅地排出去，易造成水毁病害。因积水长时间的浸泡，土路面会逐渐软化，在过往车辆轮胎的反复推压力的作用下会产生露骨、坑槽、翻浆等病害；路面上的积水则会使车轮打滑，造成交通安全事故隐患。路面基层因过分潮湿而软化同样也会产生病害。

公路边沟平时应注意经常检查清理，发现边沟外缘有藤蔓等植物侵入沟里，应顺藤摸根给予铲除。雨季前后尤其应检查边沟的完好程度及时修理养护，在大雨时检查边沟，要随时清除杂物防止水流冲刷路肩。

在山岭或丘陵地区的公路边沟，因条件的限制，不能及时修筑石砌边沟，可采取临时措施进行简易处理。每隔15～20m用石块埋设防水段，每段长度1m左右。边沟纵坡有了若干个防水段就可以防止水流过度冲刷沟底，减少减轻淘空病害。日常只需注意及时清除沟中淤积的沙土和杂物即可。沟里砌石之间的缝口中若长出杂草来应及时拔除。缝口中原勾缝的水泥砂浆已经剥落的要及时重新勾缝，修复沟体砌石，已发生松动或移动的，也要及时修复。

近年来公路部门兴起修建生态边沟的热潮，从根本上治理了上述弊病。修建"生态路沟"的方法是：先把路基两侧原有边沟按标准重新整挖成形，接着在边沟两面斜坡上种上草皮，然后洒水养护使之成活。这样杜绝了沟坡水土流失，沟底淤塞的现象也大为减少，并且不必每年两次兴师动众来整修养护边沟。"生态路沟"平时养护只须注意清除沟底中的积沙和杂物即可，沟坡上的草皮长得过长，可用割草机修剪或用园林剪刀进行人工修剪。"生态路沟"既减轻养护难度又减少养护投入，还能美化路容路貌，显现公路文化，是值得推广的。

(2)边坡

边坡分路堤边坡和路堑边坡。

1)浆砌片石护坡养护维修

日常养护检查内容：检查护坡有无松动现象；有无局部脱落及陷没现象；护坡工程有无滑动、下沉、隆起、裂缝等现象；检查是否有涌水及渗水状况，泄水孔是否起作用，基础是否受到冲刷。

养护维修内容包括以下几个方面：

①对已加固的高危边坡，应加强养护和巡查，发现变形破坏，及时修补或更换构件。

②护坡片石若沉陷、勾缝脱落，应将开裂的护坡拆除重砌，重砌前应先将护坡下的填土补足、夯实、修平。若沉陷严重可能出现滑坡时，可采用压密注浆加固土体的方法进行加固处理。

③若出现勾缝砂浆脱落，应将脱落的砂浆铲除，并将附在片石表面的砂浆清干净，重新按施工规范要求勾缝。

④如出现潜流涌水，可采取开沟隔断水源，将潜水引向路基外排出。

2)圬工骨架植草护坡的养护维修

检查内容：应经常检查植物的发育状态，以及是否有病虫害、地下水及地表水流出状况。草皮护坡有无局部的根部冲毁现象；坡面及坡顶有无裂缝、隆起等异常现象；坡面及坡顶的尘埃、土砂等堆积状况。

养护维修内容：建坪初期因为草的幼苗嫩绿多汁，易受各种食叶性害虫的侵害。当发现有虫害时，须及时喷洒农药。植一年后，为不使坡面发黑影响景观，亦需喷洒需要的农药。

3)挡土墙养护维修(路堑)

除经常检查外，每年还应在春秋两季各进行一次定期检查。在异常情况下(如汛期)应进行特殊检查，应注意发现是否出现裂缝、倾斜、鼓肚、滑动、下沉、表面风化、泄水孔不通、墙后积水、地基错台或空隙、砌体断裂或坍塌等情况，应查明原因并观察其发展情况。然后根据结构种类，针对损坏实情，采取合理的修理加固措施；对检查和修理加固情况，应做好工程施工档案备查。其工程技术措施如下：

①圬工或混凝土砌块石挡墙的裂缝、断缝的处理

a. 对已停止发展的挡土墙裂缝、断缝，应立即进行修理、加固，其方法是将裂缝缝隙凿平，清除碎渣和杂物，然后用水泥砂浆填塞；对混凝土或钢筋混凝土挡土墙裂缝，可采用环氧树脂凝合。

b. 对裂缝较宽较深，墙内形成空洞的，可先用细石混凝土封堵裂缝外围，预留空洞，然后进行压浆处理。

c. 如出现通缝处裂缝，必要时采取注浆或 U 形钢筋植入补强。

② 挡土墙倾斜的处理

a. 套墙加固法。在原墙外侧加宽基础，加厚墙身。施工时，应挖除部分墙后填土，减小土压力，同时应注意新旧基础和墙身的结合。方法是凿毛旧基础和旧墙身，必要时设置钢筋锚栓和石榫，以增强联结。

b. 增建支撑墙加固法。在挡墙外侧，每隔一定的间距，增建支撑墙。支撑墙的基础埋置深度、尺寸和间距应通过计算确定。

③挡土墙断裂或坍塌的处理

挡土墙若产生较大的裂缝，整体倾斜或下沉严重时发生断裂的处理方法：

a. 如系基础原因，可挖开墙前基础填土，加宽基础或打入桩基，但新基础必须与原基础连成一体。

b. 如系防水原因，可封闭渗水部分裂缝、设置地表散水坡等措施，以堵截水渠加强防水。

④挡土墙泄水孔堵塞的处理

挡土墙的泄水孔应经常保持畅通。如果泄水孔有堵塞，排不出水，孔内被杂物堵塞，可消除孔内堵塞杂物；或泄水孔进水处反滤材料被堵塞，填土进入反滤层，如条件允许，可开挖墙后填土，重新填筑反滤材料；如疏通工程艰巨，应针对墙后土体含水情况，另行选择适当位置增设泄水孔，一般可增设盲沟将水引出路基以外，以防止墙后积水，引起土压力增加，造成土壤膨胀，将墙体挤裂、挤倒。

⑤砖石、混凝土或钢筋混凝土挡土墙、风化剥落的处理

砖石、混凝土或钢筋混凝土挡土墙表面如出现风化剥落，应将风化表层凿除，喷涂水泥砂浆保护层，防止剥落恶化。当风化剥落严重时，应将风化部分拆除重砌。

17.6　路面抗滑养护

17.6.1　沥青路面抗滑养护

(1)沥青路面抗滑影响因素

①使用耐磨程度较差的石灰岩做矿料；

②表层用矿料的规格偏小；

③沥青粘度低，表层用量偏大；

④路面污染；

⑤养护措施不当。

根据以上影响因素,采用相应的方法养护。

(2)沥青路面防滑

加强养护,保持与提高路面抗滑能力。要使路面表层抗滑性能优良,除施工时应用合理的组配方案外,使用过程中的养护工作也非常重要。

(3)养护工作的要求

①采用良好的养护方法

在正常的养护中除经常扫除被车辆带进的泥土、杂物外,还应注意当路面出现裂纹和老化龟裂时需进行封面处理。过去一般是采用油砂或石屑单处方法,这种方法虽然可以封闭渗水,养护费用较低,但易改变原有路面的抗滑能力。目前国内外都在采用乳化沥青稀浆封层的方法,这种封层方法不但表面色泽均匀,不产生泛油现象,而且稀浆破乳后还能形成较好的粗糙度,摩擦系数和纹理深度都能满足使用要求,是一种较好的养护工艺。

②综合治理公路环境

为防止尘土带上路面,在公路两侧进行绿化,可减少尘土污染,又增加路容美观度。尽量将路肩硬化,土路与油路正交连接时土路应在100 m以外开始硬化,力争做到公路两侧不见土。公路严禁堆放杂物,加强平时的路政管理工作。

17.6.2 混凝土路面抗滑

(1)混凝土路面抗滑影响因素

①粗细集料物理性能的影响;

②水泥的选择;

③水泥混凝土配合比设计。

(2)混凝土路面抗滑养护要求

目前多采用混凝土塑性塑态时压纹工艺,凝固时刻槽工艺混凝土路面抗滑养护要求:

①提高现场施工管理人员对水泥混凝土路面的总体质量意识,重视纹理构造深度,掌握规范的要求。

②日常养护材料:粗细集料要搭配合理,细集料要多采用石英含量多的坚硬洁净的偏粗的中砂。粗集料宜采用花岗岩、玄武岩等耐磨材料,不宜采用石灰岩等易磨光材料。水泥应采用强度高、收缩性小、耐磨性强、抗冻性好的普通硅酸盐水泥,其强度等级不低于425为宜。

③日常养护所用水泥配合比不易低于设计施工时的配合比。

④日常压纹刻槽机械要尽量选用机械化程度高的,减少人为因素影响。

我国目前多采用横向压纹或刻槽,目前已出现纵向刻槽技术。这两种技术的使用既起到路面抗滑作用,又降低了轮胎与混凝土面层的摩擦声,提高了路面行车的舒适性。虽然我国目前对路面行车舒适性的研究尚处于初级阶段,也未采用低噪声水泥混凝土路面,但是它的重要性将会越来越得到国人的重视。

17.7 其他设施养护

在对其他设施进行养护时,应注意以下几个方面:

(1)应保持设施的功能完整和功能正常。

(2)应保持减速丘、避险车道、小型停车场区及观景台等设施的清洁完整和功能正常。减速丘应保持和原路面牢固结合。沿公路纵向边沿完好无损,避险车道应及时拖出驶入的车辆并尽快恢复制动床,小型停车区及观景台应保持清洁。

(3)应选择恰当可行的养护方法对上述设施进行合理养护。

参考文献

[1] 裴玉龙,王炜．道路交通事故成因及预防对策．北京:科学出版社,2004

[2] 张殿业编．道路交通事故与黑点分析．北京:人民交通出版社,2005

[3] 刘运通编．道路交通安全指南．北京:人民交通出版社,2004

[4] 许洪国主编．道路交通事故分析与处理．北京:人民交通出版社,2004

[5] 金会庆．道路交通事故防治工程．北京:人民交通出版社,2005

[6] 周志强主编．公路安全保障工程实施技术指南及技术标准实用手册．北京:腾图电子出版社,2005

[7] 王建军,韩荣良．交通工程设施试验检测技术．北京:人民交通出版社,2005

[8] 谢玉洪,雷正保,李海侠,宁英．高速公路防撞护栏的研究与发展趋势．工程建设与设计,2003(12)

[9] 祝庆林,姚兴良．浅谈交通护栏标准与城市交通安全．交通标准化,2004(10)

[10] 郑安文,牛倬民．高速公路静态交通标志设置科学性分析．交通运输工程学报,2002(12)

[11] 黄红武,莫劲翔,杨济匡,钟志华．影响护栏防护性能的相关因素研究．湖南大学学报,2004(4)

[12] 初秀民,严新乎,章先阵．道路标志标线养护管理先进技术．交通与计算机,2005(3)

[13] 孙立东,邹筑煜．高速公路路堑高边坡养护维修内容研究．建筑技术开发,2005(9)

[14] 王永青．浅谈喷播植草技术在高速公路边坡绿化中的应用．西部探矿工程,2006(3)

[15] 林文体．混凝土路面抗滑性能探讨．浙江交通科技,2002(1)

[16] 王国库．沥青路面抗滑性能的影响因素及防滑措施．路面建设,2003(17)

[17] 张金水,张延楷．道路勘察设计.上海:同济大学出版社,2005

[18] 袁国林,程建川编译．缓和竖曲线的视距研究(上、下)．中外公路,2002(4)

[19] 张映雪,符锌砂．平面视距保证的计算方法及其程序实现．长沙交通学院学报,2000(9)

[20] 郝继辉,韩杰．浅谈山岭重丘区公路行车视距问题．黑龙江交通科技,2004(7)

[21] 杜博英,石红星．竖曲线上的车速、视距及设计．公路交通技术,2003(6)

[22] 王吉双,奚勇．视距要求对路线平竖曲线半径的影响．公路交通科技,2001(12)

[23] 交通部公路司,交通部公路科学研究所编．国际公路安全研讨会论文集．北京:人民交通出版社,2005

[24] 中华人民共和国交通部．公路交通标志板等十七项．北京:人民交通出版社,2005

[25] 任福田,刘小明．道路交通系统安全分析．北京:人民交通出版社,2001

[26] 刘涛等编．公路工程质量检验评定标准与施工规范对照手册．北京:人民交通出版社,2004
[27] 苏权科等编．交通工程设施施工监理指南．北京:人民交通出版社,2005
[28] 赵剑强编．公路交通与环境保护．北京:人民交通出版社,2002
[29] 刘兆祺．道路交通安全应用心理学．北京:警官教育出版社,1998.2
[30] 钟小明,孙小端,孙国萍,刘小明．公路安全保障工程设计新理念的探讨．第四届亚太可持续发展交通与环境技术大会论文集,2005
[31] JTG/T D81—2006,公路交通安全设施设计细则. 北京:人民交通出版社,2006
[32] GB 5768—1999,道路交通标志标线．北京:中国标准出版社,1999
[33] 交通部公路司．新理念公路设计指南．北京:人民交通出版社,2005
[34] 马荣国,杨立波．交通工程设计理论与方法．北京:人民交通出版社,2002
[35] 吴德华,方守恩．路侧安全对策分析．交通科技,2004(5)
[36] 唐峥峥,贡锁白．路侧护栏设计．公路交通科技,2001(6)
[37] 秦丽辉．路侧净区计算方法及路侧安全保障技术研究．长春工程学院学报,2006(3)
[38] 王松根等编．公路安全保障工程实施细则．北京:人民交通出版社,2006
[39] 交通部公路司．降低造价公路设计指南．北京:人民交通出版社,2005
[40] 吴京梅,杨秀峰,张高强．山区公路避险车道设计研究．公路交通科技,2004(6)
[41] 韩凤春,曹金璇．平面交叉口的安全设计．公安大学学报,2002(5)
[42] JTG F80/1—2004,公路工程质量检验评定标准．北京:人民交通出版社,2005
[43] 交通部公路科学研究所．公路安全保障工程实施技术指南(试行)
[44] JTG D81—2006,公路交通安全设施设计技术规范．北京:人民交通出版社,2006
[45] JTG F71—2006,公路交通安全设施施工技术规范．北京:人民交通出版社,2006
[46] JTG D80—2006,高速公路交通工程及沿线设施设计通用规范. 北京:人民交通出版社,2006